前言

"经济越发展，会计越重要"。数字与智能时代，会计人员摆脱了计算、填制凭证等繁重的日常性工作，与此同时，会计的职业判断、参与企业决策和管理的功能更加重要，一名优秀的会计从业人员应能够为企业的投融资决策提供必要的信息，而高级财务会计涉及的内容有深度、有广度，是会计学习者提高从业水平必不可少的知识储备。

在二十多年的高级财务会计教学中，我们意识到如何培养学生"知其所以然"是重中之重。我们一直想把自己多年的教学积累写出来，经过三年多时间的撰写，在中国人民大学出版社编辑的精心编校下，本教材终于出版面世。

本教材主要涉及外币折算、所得税、企业合并、合并报表、租赁、非货币性资产交换、债务重组、股份支付和政府补助等内容，主要特点如下：

1. 注重分析问题和解决问题。将理论应用于实务中，对实务案例进行详细分析，使学习者能够"知其所以然"，理解来龙去脉，运用理论知识解决实务问题。

2. 实例丰富，实用性强。理论阐述之后，通过实务案例强化对理论的理解。

3. 紧密结合现行会计准则和税法规定。

4. 有丰富的习题、课件以及在线课程平台。

本教材由罗素清、贾明月担任主编，其中，第一至第七章由罗素清编写，第八至第九章由贾明月编写，由罗素清负责审稿和定稿。

本教材主要面向普通高等学校会计、财务管理、审计等专业开设的高级财务会计课程，也可配合相关会计考试学习之用，适用性强。

本教材在编写的过程中参考了相关文献资料，在此向相关作者表示衷心感谢。

本教材获浙江师范大学教材建设基金立项资助。同时，我们还要特别向中国人民大学出版社的编辑致敬，他们专业的功底和细心至极使本教材避免了很多错误和疏漏，证明了我们在众多出版社中选择中国人民大学出版社是正确的。

本教材编写工程浩大，尽管历经多年、谨慎认真，但是问题难免，恳请各位专家、学者同仁不吝赐教。

编者

浙江省“十四五”普通高等教育本科规划教材
省级线上一流课程配套教材

普通高等学校应用型教材·会计与财务

高级财务会计

主编◎罗素清　贾明月

ADVANCED FINANCIAL ACCOUNTING

中国人民大学出版社
·北京·

目　录

第一章

外币折算

学习目标

了解外币折算的相关概念，理解记账本位币的确定，掌握外币交易业务的会计处理，掌握期末汇兑损益的计算和外币报表的折算。

第一节　外币折算概述

什么是记账本位币？企业购销商品、接受投资等经营业务涉及多种货币时采用哪种货币作为记账本位币？会计上所指的外币是什么含义？通过本节的学习可以理解这些问题。

会计以货币作为统一的计量尺度，但由于企业的经济活动往往涉及多种货币，这就要求会计核算选择一种具体的货币来统一反映企业的财务状况与经营成果，综合披露企业的各项信息。会计主体确定记账本位币后，其他的货币币种则为非记账本位币，即会计概念上的外币。凡是以记账本位币计量的各项经济业务，均可在会计处理时以记账本位币计量，根据实际发生额直接记入账户；对于各项以非记账本位币计量的业务，在会计处理时则要通过货币换算，将非记账本位币换算成记账本位币后记入账户。我国的《企业会计准则》规定，中华人民共和国境内的企业应以人民币为记账本位币，业务收支以外币为主的企业，也可以某种外币作为记账本位币，但编制的财务报表应当折算为人民币反映。境外企业向中国有关部门编报财务报表，应当折算为人民币反映。会计准则规定，企业平时记账和期末编制财务报表可以采用不同的货币单位，因此从理论上讲，可以采用狭义的记账本位币概念，即会计记账所用的统一货币单位，将企业编制财务报表所用的货币单位称为报告本位币。一般情况下，记账本位币与报告本位币是一致的。记账本位币一经选定，不得随意变更。只有在企业主要经营业务发生根本性变化等特殊情况下，在确有充分理由证明原有记账本位币已不再适应时，才能变更企业的记账本位币。一般应在新的会计年度开始时变更，并在变更年度的财务报告中做出必要的说明。

一、记账本位币的含义及确定

企业进行经济活动如购销商品、对外投资或接受投资等，可能支付或收到不同的货币，如人民币、美元、欧元等，那么企业应该采用哪种货币来记账呢？这就涉及记账本位币的问题。什么是记账本位币？如何确定记账本位币？首先我们学习记账本位币的含义以及如何确定记账本位币。

（一）记账本位币的含义

记账本位币是指企业经营所处的主要经济环境中的货币。主要经济环境，通常是指企业主要产生和支出现金的环境，使用该环境中的货币最能反映企业主要交易的经济结果。例如，我国大多数企业主要产生或支出现金的环境在境内，因此，一般以人民币作为记账本位币。

（二）记账本位币的确定

1. 境内企业记账本位币的确定

中国境内企业通常应选择人民币作为记账本位币。《中华人民共和国会计法》（以下简称《会计法》）规定，业务收支以人民币以外的货币为主的单位，可以选定其中一种货币作为记账本位币，但是编报的财务报告应当折算为人民币。

按照我国会计准则的要求，在选定记账本位币时应考虑以下因素：

一是从日常活动收入现金的角度看，所选择的货币要能够对企业商品和劳务的销售价格产生主要影响，通常以该货币进行商品和劳务销售的计价和结算。

二是从日常活动支出现金的角度看，所选择的货币要能够对商品和劳务所需人工、材料和其他费用产生主要影响，通常以该货币进行这些费用的计价和结算。

三是融资活动获得的资金以及保存从经营活动中收取款项所使用的货币，即视融资活动获得的资金在其生产经营活动中的重要性，或者企业通常留存的销售收入的货币种类而定。

企业在确定记账本位币时，上述因素的重要程度因企业具体情况的不同而不同，需要企业管理层根据实际情况进行判断。一般情况下，综合考虑前两项因素即可确定企业的记账本位币，但有些情况下，仅根据收支情况难以确定记账本位币的，企业需要进一步结合第三项因素进行综合分析后做出选择。需要强调的是，这并不是指企业管理层可以根据需要随意选择记账本位币，只能根据实际情况确定其中的一种货币作为记账本位币。

2. 境外经营记账本位币的确定

首先要判断什么是境外经营。按照《企业会计准则》的要求，确定企业是否为境外经营，不是根据企业的位置是否在境外来确定，而是要看企业选定的记账本位币是否与其母公司、总公司使用的记账本位币相同。境外经营有以下两个方面的含义：

（1）企业在境外的子公司、合营企业、联营企业、分支机构，一般采用所在国或地区的货币为记账本位币，这种单位即为境外经营单位。

（2）企业在境内的子公司、合营企业、联营企业、分支机构，选定的记账本位币不同于企业的记账本位币的，也视同境外经营。

由此可见，区分某实体是否为该企业的境外经营的关键有两项：

一是该实体与企业的关系，是否为该企业的子公司、合营企业、联营企业、分支机构；

二是该实体的记账本位币是否与该企业的记账本位币相同，而不是以该实体是否在企业所在地的境外为标准。

除了上述因素，企业在选择确定境外经营记账本位币时，还应当考虑下列情况：

（1）境外经营对其所从事的活动是否拥有很强的自主性。如果境外经营所从事的活动视同企业经营活动的延伸，该境外经营应当选择与企业记账本位币相同的货币作为记账本位币；如果境外经营所从事的活动拥有极大的自主性，则境外经营不能选择与企业记账本位币相同的货币作为记账本位币。

（2）境外经营活动中与企业的交易是否在境外经营活动中占有较大比重。如果境外经营与企业的交易在境外经营活动中所占的比例较高，境外经营应当选择与企业记账本位币相同的货币作为记账本位币；反之，应选择其他货币。

（3）境外经营活动产生的现金流量是否直接影响企业的现金流量、是否可以随时汇回。如果境外经营活动产生的现金流量直接影响企业的现金流量，并可随时汇回，境外经营应当选择与企业记账本位币相同的货币作为记账本位币；反之，应选择其他货币。

（4）境外经营活动产生的现金流量是否足以偿还其现有债务和可预期的债务。如果境外经营活动产生的现金流量在企业不提供资金的情况下，难以偿还其现有债务和正常情况下可预期的债务，境外经营应当选择与企业记账本位币相同的货币作为记账本位币；反之，应选择其他货币。

实务 1-1 企业记账本位币的确定

中国境内阳光股份有限公司是一家外商投资企业，该企业生产的商品主要出口至欧洲市场，其商品销售以欧元结算，营业收入主要受欧元的影响。阳光公司除厂房设施，20%的人工成本在国内以人民币采购，生产所需原材料、机器设备及80%以上的人工成本都来自欧洲投资者在国际市场以欧元采购。

要求：

请为阳光公司确定其记账本位币。

实务分析：

根据我国《企业会计准则第19号——外币折算》的要求，企业在选定记账本位币时应考虑的因素有日常活动的现金收支和融资活动使用的货币。该货币主要影响商品和劳务的销售价格，通常以该货币进行商品和劳务的计价和结算，阳光公司日常活动营业收入来源形式主要是欧元；该货币主要影响商品和劳务所需人工、材料和其他费用，通常以该货币进行上述费用的计价和结算，阳光公司上述支出形式主要是欧元。

由会计实务分析可以判断，从影响商品销售价格的角度看，阳光公司应选择欧元作为记账本位币；从影响费用支出的角度看，则可进一步确定阳光公司的记账本位币是欧元。

实务 1－2　境外经营记账本位币的确定操作

国内辉正公司以人民币作为记账本位币，该公司在美国设有一家子公司——R&D公司，R&D公司的产品主要在美国市场销售，其一切费用开支等均由R&D公司在当地自行解决。该公司在美国的经营活动拥有完全的自主权：自主决定其经营政策、销售方式、进货来源等，辉正公司与R&D公司除投资与被投资关系外，基本不发生业务往来。

要求：

请为R&D公司确定记账本位币。

实务分析：

记账本位币是指企业所处的主要经济环境所采用的货币。R&D公司的日常活动收支现金都是美元，所处的主要经济环境采用的货币是美元。此外，境外经营记账本位币的选择还应当考虑该境外经营与企业的关系：第一，R&D公司所从事的经营活动拥有很强的自主性；第二，R&D公司经营活动中与辉正公司不发生往来业务，因此，R&D公司与辉正公司的交易在境外经营活动中占有的比重为0。R&D公司应当选择以美元作为记账本位币。

（三）记账本位币变更的会计处理

企业记账本位币一经确定，不得随意变更，除非与确定记账本位币相关的企业经营所处的主要经济环境发生重大变化。主要经济环境发生重大变化，通常是指企业主要收取和支出现金的环境发生重大变化，使用该环境中的货币最能反映企业主要交易业务的经济结果。

企业因经营所处的主要经济环境发生重大变化，确需变更记账本位币的，应提供确凿的证据证明企业经营所处的主要经济环境确实发生了重大变化，并在附注中披露变更的理由。企业变更记账本位币的，应当采用变更当日的即期汇率将所有项目折算为变更后的记账本位币，折算后的金额作为新的记账本位币的历史成本。由于采用同一即期汇率进行折算，因此，不会产生汇兑差额。比较财务报表应当以可比当日的即期汇率折算所有资产负债表项目和利润表项目。

二、外币、外币交易、外币兑换等相关概念

前面我们学习了记账本位币的含义及确定，接下来学习外币、外币交易、外币兑换、汇兑损益等相关概念。理解这些术语的含义，有利于理解外币交易的核算和报表折算。

（一）外币

外币是企业记账本位币以外的货币。例如，企业选择以人民币作为记账本位币，则人民币以外的货币对企业来讲都是外币；如果企业选择以美元作为记账本位币，则美元以外的货币对企业来讲都是外币。由此可见，即使在中国境内的企业，人民币也可能成为该企业的外币。

（二）外币交易

外币交易是以外币计价或结算的交易，也就是以企业记账本位币以外的货币进行计价或结算的交易。主要包括下列交易：

（1）买入或者卖出以外币计价的商品、劳务或设备等。例如，以人民币为记账本位币的国内辉正公司向国外 R&D 公司销售商品，货款以美元结算；辉正公司购买宏伟公司发行的 H 股股票；辉正公司从境外以美元购买固定资产或生产用原材料等。

（2）借入或者借出外币资金以及接受外币投资。例如，以人民币为记账本位币的公司从中国银行借入美元、经批准向海外发行美元债券等。

（3）进行货币之间的相互兑换。例如，以人民币为记账本位币的公司用美元兑换人民币。

（4）在会计期末将以外币计价的交易事项进行期末汇率的折算调整。

（5）其他以外币计价或结算的交易。指除上述外，以记账本位币以外的货币计价或结算的其他交易。例如，企业接受外币现金捐赠或企业对外以外币捐赠等。

（三）外汇

大家学习时注意不要把外币与外汇混淆。前面我们知道了外币的含义，它是指对一个企业来讲不同于该企业记账本位币的其他货币。外汇是指一国持有的以外币表示的用以进行国际结算的支付手段；是货币行政当局（中央银行、货币管理机构、外汇平准基金及财政部）以银行存款、财政部库券、长短期政府证券等形式保有的在国际收支逆差时可以使用的债权。

根据《中华人民共和国外汇管理条例》规定，外汇包括下列内容：

（1）外国货币，包括纸币、铸币。

（2）外币支付凭证，包括票据、银行存款凭证、邮政储蓄凭证等。

（3）外币有价证券，包括政府债券、公司债券、股票等。

（4）特别提款权、欧洲货币单位。特别提款权（special drawing right，SDR），亦称“纸黄金”，最早发行于 1969 年，是国际货币基金组织根据会员国认缴的份额分配的，可用于偿还国际货币基金组织债务、弥补会员国政府之间国际收支逆差的一种账面资产。其价值目前由美元、欧元、人民币、日元和英镑组成的一篮子储备货币决定。会员国可用它向基金组织指定的其他会员国换取外汇，以偿付国际收支逆差或偿还基金组织的贷款，还可与黄金、自由兑换货币一样充当国际储备。因为它是国际货币基金组织原有的普通提款权以外的一种补充，所以称为特别提款权。欧洲货币单位（european currency unit，ECU）是欧洲共同体国家共同用于内部计价结算的一种货币单位，是欧洲货币体系的关键一环。1979 年 3 月 13 日开始使用。欧洲货币单位是欧洲货币体系的核心，它由德国马克、法国法郎、英国英镑、意大利里拉等 12 种货币组成。欧洲货币单位是一种没有现金、没有中央银行而又具有多种货币职能的特殊货币。

（5）其他外汇资产。

（四）汇率与汇率分类

汇率又称外汇汇价，是指两国的货币在指定时间相互交换的比价。汇率有直接标价法和间接标价法。直接标价法是指以一定单位的外国货币为标准，折算为一定数额的本国货币的标价方法，也称应付标价法。比如对中国来讲，1 美元＝6.96 元人民币这种标价法就是直接标价法。间接标价法是指以一定单位的本国货币为标准，折算为一定数额的外币的标价方法，也称应收标价法。比如对中国来讲，1 元人民币＝0.143 7 美元这种标价法就是间接标价法。

汇率的分类主要包括以下几种方法：

1. 按汇率的制定和使用方式

按汇率的制定和使用方式分为市场汇率和法定汇率。市场汇率是指在自由外汇市场上买卖外汇的实际汇率，是在外汇市场上由交易双方供求关系形成的汇率。法定汇率又称官方汇率，是由各国政府根据发展经济政策和交易性质而制定的汇率。法定汇率具有法定的性质，一切官方的外汇交易都应以该汇率为准。

2. 按汇率入账的时间

按汇率入账的时间分为现行汇率和历史汇率。现行汇率是指企业将外汇款项记入账中，或者是编制财务报表时采用的汇率，因此又称记账汇率。历史汇率是相对于现行汇率而言的，是指最初取得外币资产、承担外币负债时入账的汇率，因此又称账面汇率。现行汇率与历史汇率是整个外币业务核算的重要内容，是形成汇兑损益的基础。

3. 按银行买卖外汇的角度

按银行买卖外汇的角度分为买入汇率和卖出汇率。买入汇率也称买入价，即银行向同业或客户买入外汇时所使用的汇率。卖出汇率也称卖出价，即银行向同业或客户卖出外汇时所使用的汇率。中间价是银行买入价与卖出价的平均价。

4. 按外汇交易交割期限

按外汇交易交割期限分为即期汇率和远期汇率。即期汇率也称现汇汇率，是指买卖外汇双方成交当天或两天以内进行交割的汇率。在汇率变动不大时，为简化核算，企业在外币交易日或对外币报表的某些项目进行折算时，可以选择即期汇率的近似汇率折算。即期汇率的近似汇率是按照系统合理的方法确定的、与交易发生日即期汇率近似的汇率，通常指当期平均汇率或加权平均汇率等。加权平均汇率需要将用外币交易的金额作为权重进行计算。确定即期汇率的近似汇率的方法应在前后各期保持一致。如果汇率变动使得采用即期汇率的近似汇率折算不适当，应当采用交易发生日的即期汇率折算。至于何时不适当，需要企业根据汇率变动情况及计算近似汇率的方法等进行判断。

远期汇率是指在未来一定时期进行交割，事先由买卖双方签订合同、达成协议的汇率。到了交割日期，由协议双方按预订的汇率、金额进行钱汇两清。远期外汇买卖是一种预约性交易，是由于外汇购买者对外汇资金需要的时间不同，以及为了避免外汇汇率变动风险而产生的交易。远期外汇的汇率与即期汇率相比是有差额的，这种差额称远期差价，有升水、贴水、平价三种情况，升水表示远期汇率比即期汇率贵，贴水表示远期汇率比即期汇率便宜，平价表示两者相等。

记账本位币变更的条件和升水、贴水的理解

（五）其他相关概念

1. 外币折算

外币折算是指以外币编制的财务报表转换为以记账本位币编制的财务报表的折合换算过程。外币折算是把不同的外币金额换算为等值的本国货币或者另一种外币的程序，它只是在会计上对原外币金额的重新表述，或者说，将外币统一换算成等值的记账本位币。

2. 外币兑换

外币兑换是指企业根据需要，并在规定允许的情况下，将一种货币兑换为另一种货币的实际交易活动。

3. 货币性项目

货币性项目是指企业持有的货币资金和将以固定或可确定的金额收取的资产或者偿付的负债。货币性项目分为货币性资产和货币性负债。货币性资产包括库存现金、银行存款、应收账款、其他应收款、长期应收款等。货币性负债包括短期借款、应付账款、其他应付款、长期借款、应付债券、长期应付款等。

4. 非货币性项目

非货币性项目是货币性项目以外的项目，包括存货、长期股权投资、固定资产、无形资产、实收资本、资本公积等。

5. 汇兑损益

汇兑损益亦称汇兑差额、外汇损益，是指企业在发生外币交易、外币兑换业务和期末外币账户调整及外币报表折算时，由于采用不同货币或同一货币不同比价的汇率核算产生的、按记账本位币折算的差额。简单地讲，汇兑损益是在各种外币业务的会计处理过程中，因采用不同的汇率而产生的会计记账本位币金额的差异。

汇兑损益包括交易损益和报表折算损益。交易损益可能来自实际的外币兑换业务，也可能来自存储外币以及其他外币交易事项所形成的折算差异。报表折算损益来自财务报表各外币项目的折算。

第二节　赊销或赊购涉及的外币业务的会计处理

当企业赊购商品或赊销商品涉及外币业务时，所购商品的成本或所销商品的收入的金额如何确定？交易发生日与交易结算日之间汇率变动产生的汇兑差额如何核算？

一、外币交易的记账方法

外币交易的记账方法有外币统账制和外币分账制。

（一）外币统账制

外币统账制是指企业在发生外币交易时即折算为记账本位币入账。

（二）外币分账制

外币分账制是指企业在日常核算时分币种记账，在资产负债表日区分货币性项目和非货币性项目进行调整：货币性项目按资产负债表日即期汇率折算，非货币性项目按交易日即期汇率折算；产生的汇兑差额计入当期损益。

从我国目前的情况看，绝大多数企业采用外币统账制，只有银行等少数金融企业由于外币交易频繁，涉及外币币种较多，采用外币分账制记账方法进行日常核算。

无论是采用外币分账制记账方法，还是采用外币统账制记账方法，只是账务处理程序不同，产生的结果都相同，即计算出的汇兑差额相同；相应的会计处理也相同，即均计入当期损益。

本节主要介绍外币统账制下的账户设置及其会计核算的基本程序。

（三）账户设置

外币统账制方法下，对外币交易的核算不单独设置科目，外币交易金额因汇率变动产生的差额可在“财务费用”科目下设置二级科目“汇兑差额”反映。该科目借方反映因汇率变动产生的汇兑损失，贷方反映因汇率变动产生的汇兑收益。期末余额转入“本年利润”科目，结转后一般无余额。

（四）外币核算的基本程序

初始确认与计量。企业发生外币交易的，应在初始确认时将外币金额采用交易发生日的即期汇率或即期汇率的近似汇率折算为记账本位币金额。例如，销售商品产生的应收账款 100 美元，以当日中间价 6.997 6 元人民币折算。

期末，将所有外币货币性项目的外币余额，按照期末即期汇率折算为记账本位币金额，并与原记账本位币金额相比较，其差额即为汇兑差额。

结算外币货币性项目时，将其外币结算金额按照当日的即期汇率折算为记账本位币金额，并与原记账本位币金额相比较，其差额即为汇兑差额。

二、购销业务汇兑差额的会计处理

企业发生购销业务涉及外币交易的，在初始确认与计量时，购入的商品成本、主营业务收入、应付账款、应收账款等应采用交易发生日的即期汇率或即期汇率的近似汇率将外币金额折算为记账本位币金额。这里的即期汇率可以是中国人民银行公布的外汇牌价即买入价或卖出价，也可以是中间价，在与银行不进行货币兑换的情况下，一般以中间价作为即期汇率。企业发生的外币兑换业务或涉及外币兑换的交易事项，应当按照交易时实际采用的汇率（即银行买入价或卖出价）折算。

当发生赊销或赊购业务后，企业会确认应收账款或应付账款，在交易发生日和交易结算日之间由于汇率变动产生的汇兑差额调整应收账款或应付账款账户金额时，是调整营业收入或购入商品的成本还是计入当期损益即财务费用，取决于企业采用哪种观点，即期末汇兑损益的会计处理有两种不同观点：一项业务观和两项业务观。

（一）一项业务观

一项业务观又称单一交易观，是将交易的发生和交易的结算视为一项完整的业务，即只在实际收到或支付货币资金时才确认销货或购货的实现，也就是说，交易发生时销售收入或商品成本还没有最终确定，只有等到交易结算时销售收入或商品成本才能确定。

按照这一观点，由于交易发生日、报表编制日、交易结算日汇率变动所产生的折合成记账本位币的全部差额，都应列作已入账的销售收入或购入商品成本的调整额，而不作为外币折算损益处理。

实务 1-3 一项业务观下赊销业务的会计处理

辉正公司以人民币作为记账本位币，2×14 年 12 月 22 日，该公司以赊销方式向美国某公司出口一批商品为2 000美元，双方买卖合同约定货款以美元结算。销售当天的汇率为1美元=6.96元人民币；2×14年12月31日的汇率为1美元=6.93元人民币；结算日2×15年1月26日的汇率为1美元=6.91元人民币。假设辉正公司采用一项业务观核算赊销涉及的外币业务。

要求：

(1) 编制交易发生日2×14年12月22日赊销业务的会计分录；

(2) 编制资产负债表日2×14年12月31日汇率变动的调整分录；

(3) 编制交易结算日2×15年1月26日的会计分录。

实务分析：

辉正公司采用人民币作为记账本位币，但是赊销业务以美元进行结算，也就是在结算日2×15年1月26日，辉正公司收到的货款是美元。所以在交易发生日2×14年12月22日，辉正公司需要将未收到的货款作为应收账款进行确认，并分别开设应收账款人民币账户和应收账款外币账户即美元账户，同时确认主营业务收入。确认的应收账款美元金额为2 000美元，确认的应收账款和主营业务收入人民币金额按交易发生日的即期汇率1美元=6.96元人民币进行计算的结果如下：

2 000×6.96=13 920(元)

由于辉正公司采用一项业务观，2×14年12月22日确认的主营业务收入只是一个暂记金额，并不是最终确认的金额，交易发生日2×14年12月22日至结算日2×15年1月26日汇率变动引起的汇兑差额将调整主营业务收入金额。所以至结算日，辉正公司因该笔赊销业务产生的主营业务收入人民币金额就可以确定为13 820元（2 000×6.91)。

一项业务观下赊销业务的会计处理如下：

(1) 2×14年12月22日交易发生日初始确认时，会计分录为：

借：应收账款——美元　　13 920

　贷：主营业务收入　　13 920

(2) 2×14年12月22日至2×14年12月31日的汇率由6.96元下降为6.93元，所以因汇率变动产生的汇兑差额为：

2 000×(6.93−6.96)=−60(元)

一项业务观下应调减主营业务收入60元，会计分录为：

借：主营业务收入　　60

　贷：应收账款——美元　　60

因此，截至2×14年12月31日，辉正公司在利润表上报告的主营业务收入金额为13 860元（13 920−60)。

(3) 2×14年12月31日至2×15年1月26日的汇率由6.93元下降为6.91元，所以因汇率变动产生的汇兑差额为：

2 000×(6.91－6.93)＝－40(元)

一项业务观下应调减主营业务收入 40 元，会计分录为：

借：主营业务收入　　40

　贷：应收账款——美元　　40

2×15 年 1 月 26 日结算日收到美元款项时，按当日即期汇率 1 美元＝6.91 元人民币折算的记账本位币金额为：

2 000×6.91＝13 820(元)

会计分录为：

借：银行存款——美元　　13 820

　贷：应收账款——美元　　13 820

可以看出，一项业务观下销售商品业务因汇率变动产生的汇兑差额调整的是主营业务收入。请大家思考本例中一项业务观下主营业务收入最终应该是多少？

以上是一项业务观下企业赊销涉及外币业务的会计处理，下面我们来学习一项业务观下企业赊购涉及外币业务的会计处理。

实务 1－4　一项业务观下赊购业务的会计处理

辉正公司以人民币作为记账本位币，2×14 年 12 月 22 日，该公司以赊购方式从美国某公司进口一批商品为 2 000 美元，双方买卖合同约定货款以美元结算。企业采用实际成本法核算原材料。交易发生日的汇率为 1 美元＝6.96 元人民币；2×14 年 12 月 31 日的汇率为 1 美元＝6.93 元人民币；结算日 2×15 年 1 月 26 日的汇率为 1 美元＝6.91 元人民币。假设辉正公司采用一项业务观核算赊购涉及的外币业务。

要求：

(1) 编制交易发生日 2×14 年 12 月 22 日赊购业务的会计分录；

(2) 编制资产负债表日 2×14 年 12 月 31 日汇率变动的调整分录；

(3) 编制交易结算日 2×15 年 1 月 26 日的会计分录。

实务分析：

辉正公司采用人民币作为记账本位币，但是赊购业务以美元进行结算，也就是在结算日 2×15 年 1 月 26 日，辉正公司支付的货款是美元。所以在交易发生日 2×14 年 12 月 22 日，辉正公司需要将未支付的货款作为应付账款进行确认，并分别开设应付账款人民币账户和应付账款外币账户即美元账户，同时确认在途物资。确认的应付账款美元金额为 2 000 美元，确认的应付账款和在途物资人民币金额按交易发生日的即期汇率 1 美元＝6.96 元人民币进行计算的结果如下：

2 000×6.96＝13 920(元)

由于辉正公司采用一项业务观，2×14 年 12 月 22 日确认的在途物资只是一个暂记金额，并不是最终确认的金额，交易发生日2×14年12月22日至结算日2×15年1月26日汇率变动引起的汇兑差额将调减在途物资金额。所以至结算日，辉正公司因该笔赊购业务产生的在途物资人民币金额就可以确定为13 820元（2 000×6.91）。

一项业务观下赊购业务的会计处理如下：

(1) 2×14年12月22日交易发生日初始确认的应付账款和在途物资金额为：

$$2\,000\times6.96=13\,920(\text{元})$$

会计分录为：

借：在途物资　　13 920

　贷：应付账款——美元　　13 920

(2) 2×14年12月22日至2×14年12月31日汇率由6.96元下降为6.93元，所以因汇率变动产生的汇兑差额为：

$$2\,000\times(6.93-6.96)=-60(\text{元})$$

一项业务观下应调减在途物资的成本，而不是计入当期损益，会计分录为：

借：应付账款——美元　　60

　贷：在途物资　　60

因此，截至2×14年12月31日，辉正公司在资产负债表上报告的在途物资金额为13 860元（13 920－60）。

(3) 2×14年12月31日至2×15年1月26日的汇率由6.93元下降为6.91元，所以因汇率变动产生的汇兑差额为：

$$2\,000\times(6.91-6.93)=-40(\text{元})$$

一项业务观下应调减在途物资的成本40元，会计分录为：

借：应付账款——美元　　40

　贷：在途物资　　40

结算日支付的款项为：

$$2\,000\times6.91=13\,820(\text{元})$$

会计分录为：

借：应付账款——美元　　13 820

　贷：银行存款——美元　　13 820

可以看出，一项业务观下购买商品业务因汇率变动产生的汇兑差额调整的是商品成本。不考虑其他因素，请大家思考本例中所购商品的最终成本应该是多少？

（二）两项业务观

我们学习了一项业务观，汇率变动引起的汇兑差额要调整销售收入或购货成本，那么在两项业务观下如何核算购销业务呢？也就是交易发生日与结算日之间汇率变动产生的汇兑差额如何核算？

什么叫两项业务观？所谓两项业务观，是将交易的发生和交易的结算视为两项业务。这种观点认为，销售收入、购货成本在交易发生时就可以确认，无须等到结算即实际收到或支付货币资金时才确认销货或购货的实现。

按照这一观点，交易发生日、报表编制日、交易结算日汇率变动所产生的折合成记账本位币的全部差额，都应作为外币折算损益处理，不再调整已入账的销售收入或购货成本。两项业务观下，外币折算损益处理可以计入当期损益（当期确认法）或进行递延（递延法）。

两项业务观（递延法）

从我国外币折算准则的内容可以看出，准则体现的是两项业务观（当期确认法），下面的两项业务观的实务操作体现的是外币折算损益的当期确认法。

实务1-5　两项业务观（当期确认法）下赊销业务的会计处理

辉正公司以人民币作为记账本位币，2×14年12月22日，该公司以赊销方式向美国某公司出口一批商品为2 000美元，双方买卖合同约定货款以美元结算。销售当天的汇率为1美元=6.96元人民币；2×14年12月31日的汇率为1美元=6.93元人民币；结算日2×15年1月26日的汇率为1美元=6.91元人民币。假设辉正公司采用两项业务观（当期确认法）核算赊销涉及的外币业务。

要求：

(1) 编制交易发生日2×14年12月22日赊销业务的会计分录；

(2) 编制资产负债表日2×14年12月31日汇率变动的调整分录；

(3) 编制交易结算日2×15年1月26日的会计分录。

实务分析：

辉正公司采用人民币作为记账本位币，但是赊销业务以美元进行结算，也就是在结算日2×15年1月26日，辉正公司收到的货款是美元。所以在交易发生日2×14年12月22日，辉正公司需要将未收到的货款作为应收账款进行确认，并分别开设应收账款人民币账户和应收账款外币账户即美元账户，同时确认主营业务收入。确认的应收账款美元金额为2 000美元，确认的应收账款和主营业务收入人民币金额按交易发生日的即期汇率1美元=6.96元人民币进行计算的结果如下：

2 000×6.96=13 920(元)

由于辉正公司采用两项业务观（当期确认法），2×14年12月22日确认的主营业务收入就是最终确定的金额，交易发生日2×14年12月22日至结算日2×15年1月26日汇率变动引起的汇兑差额将不再调整主营业务收入金额，而是计入当期损益即财务费用。所以至结算日，辉正公司因该笔赊销业务产生的主营业务收入人民币金额是13 920元。

两项业务观（当期确认法）下赊销业务的会计处理如下：

(1) 2×14 年 12 月 22 日交易发生日初始确认的应收账款和主营业务收入金额为：

2 000×6.96=13 920(元)

会计分录为：

借：应收账款——美元　13 920

　贷：主营业务收入　13 920

(2) 2×14 年 12 月 22 日至 2×14 年 12 月 31 日汇率由 6.96 元下降为 6.93 元，所以因汇率变动产生的汇兑差额为：

2 000×(6.93−6.96)=−60(元)

会计分录为：

借：财务费用——汇兑差额　60

　贷：应收账款——美元　60

(3) 2×14 年 12 月 31 日至 2×15 年 1 月 26 日的汇率由 6.93 元下降为 6.91 元，所以因汇率变动产生的汇兑差额为：

2 000×(6.91−6.93)=−40(元)

会计分录为：

借：财务费用——汇兑差额　40

　贷：应收账款——美元　40

结算日收到的款项为：

2 000×6.91=13 820(元)

会计分录为：

借：银行存款——美元　13 820

　贷：应收账款——美元　13 820

请大家思考本例中主营业务收入应该是多少？

我国采用的是两项业务观对购销涉及的外币业务进行核算。我们已学完了一项业务观和两项业务观的会计实务操作，请大家比较这两种方法。

第三节　外币兑换的会计处理

企业在生产经营过程中，用一种货币兑换另一种货币或者将外币汇往境外时，应如何进行会计处理呢？

外币兑换是将一种货币兑换为另一种货币的实际交易活动。例如，企业以A货币向银行兑换B货币，或者用B货币兑换A货币。两种货币的兑换可能是现钞或现汇，如图1-1所示。

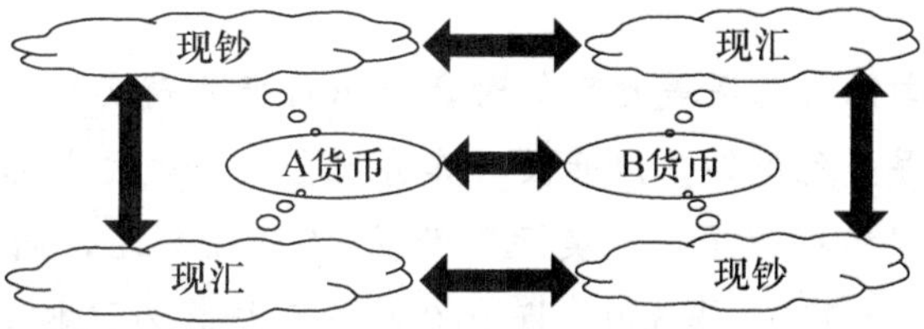

图1-1

现钞和现汇是不同的。现钞主要是指由境外携入或个人持有的可自由兑换的外国货币，简单地说，就是个人或企业所持有的外国钞票，如美元、日元、英镑等。人民币是我国的法定货币，外币现钞在我国境内不能作为支付手段，只有在境外才能成为流通货币。

现汇是指由国外汇入或由境外携入、寄入的外币票据和凭证，在我们日常生活中能够经常接触到的主要有境外汇款和旅行支票等。银行在使用中需要支付包装、运输、保险等费用，而现汇作为账面上的外汇，它的转移出境只需进行账面上的划拨即可。因此，在银行公布的外汇牌价中现钞与现汇并不等值，现钞的买入价要低于现汇的买入价。

下面我们介绍外币兑换核算的基本原理。

假设A货币为企业的记账本位币，B货币对该企业来讲就是外币，对这两种货币的相互兑换进行会计处理时，企业需要建立记账本位币账户"库存现金——A货币"或"银行存款——A货币"和外币账户"库存现金——B货币"或"银行存款——B货币"。企业收到或支付A货币时，借记或贷记"库存现金——A货币"或"银行存款——A货币"，记账本位币账户的金额采用银行现钞或现汇买入价或卖出价折算的记账本位币；企业收到或支付B货币时，借记或贷记外币账户"库存现金——B货币"，或"银行存款——B货币"，按外币金额入账的同时，还需要采用即期汇率即银行公布的外汇牌价中间价折算为A货币的金额入账。由此可以看出，借记或贷记"库存现金"或"银行存款"记账本位币金额和借记或贷记"库存现金"或"银行存款"外币账户折算为记账本位币金额所采用的汇率是不同，因汇率不同产生的汇兑差额计入当期损益即财务费用。

实务1-6 以人民币（银行存款）兑换美元现钞的会计处理

辉正公司采用人民币作为记账本位币。辉正公司从银行购入10 000美元现钞，购入当日中国人民银行的外汇牌价为＄100＝￥699，银行的现钞买入价为＄100＝￥696，现钞卖出价为＄100＝￥700。

要求：

（1）计算辉正公司从银行购入10 000美元现钞应向银行支付的人民币金额；

(2) 计算辉正公司从银行购入10 000美元现钞按即期汇率折算为人民币的金额；

(3) 计算辉正公司购入10 000美元现钞产生的汇兑差额；

(4) 编制辉正公司外币兑换的会计分录。

实务分析：

当企业用人民币向银行购买美元现钞时，对银行来讲是卖出美元，对企业来讲是买入美元。辉正公司获得美元现钞，应开设“库存现金——美元”账户和“库存现金——人民币”账户。借记“库存现金——美元”账户10 000美元，同时根据交易发生日的即期汇率（外汇牌价）＄100＝￥699，将10 000美元折算为记账本位币即人民币69 900元进行记账。辉正公司为购入10 000美元而支付的人民币金额是根据交易发生日的银行现钞卖出价＄100＝￥700折算的，贷记“银行存款——人民币”账户。因此，借记“库存现金——美元”账户折算为人民币的金额与贷记“银行存款——人民币”账户因采用不同的汇率折算而产生了汇兑损益。

(1) 辉正公司向银行支付的人民币金额用银行现钞卖出价来计算，金额为：

10 000/100×700＝70 000(元)

(2) 辉正公司收到的美元现钞即“库存现金——美元”外币账户要采用即期汇率也就是外汇牌价来折算，金额为：

10 000/100×699＝69 900(元)

(3) 辉正公司购入10 000美元现钞产生的汇兑差额为：

70 000－69 900＝100(元)(损失)

(4) 辉正公司外币兑换的会计分录为：

借：库存现金——美元	69 900
财务费用——汇兑损益	100
贷：银行存款——人民币	70 000

实务1-7　以人民币（银行存款）兑换美元现汇的会计处理

辉正公司采用人民币作为记账本位币。辉正公司从银行购入10 000美元现汇，购入当日中国人民银行的外汇牌价为＄100＝￥699，银行的现汇买入价为＄100＝￥698，现汇卖出价为＄100＝￥700。

要求：

(1) 计算辉正公司从银行购入10 000美元现汇应向银行支付的人民币金额；

(2) 计算辉正公司从银行购入10 000美元现汇按即期汇率折算为人民币的金额；

(3) 计算辉正公司购入10 000美元现汇产生的汇兑差额；

(4) 编制辉正公司外币兑换的会计分录。

实务分析：

辉正公司采用人民币作为记账本位币，因此购入美元现汇时借记“银行存款——美元”账户 10 000 美元，同时将 10 000 美元现汇按交易发生日的中国人民银行公布的外汇牌价（即期汇率）＄100＝￥699 折算为人民币，记入“银行存款——人民币”账户 69 900 元。辉正公司为购入 10 000 美元现汇而向银行支付的人民币金额按银行现汇卖出价＄100＝￥700 进行折算，贷记“银行存款——人民币”账户。由此可以看出，借方和贷方所采用的汇率不同，从而产生了汇兑损益。

（1）公司购入美元现汇，对银行来讲是卖出现汇，所以辉正公司向银行支付的人民币金额用现汇卖出价来计算，金额为：

10 000/100×700＝70 000(元)

（2）辉正公司收到的美元现汇按外汇牌价折算的人民币金额为：

10 000/100×699＝69 900(元)

（3）辉正公司购入 10 000 美元现汇产生的汇兑差额为：

70 000－69 900＝100(元)(损失)

（4）辉正公司外币兑换的会计分录为：

借：银行存款——美元	69 900
财务费用——汇兑损益	100
贷：银行存款——人民币	70 000

实务 1-8　以美元现钞兑换人民币的会计处理

辉正公司采用人民币作为记账本位币。辉正公司将 10 000 美元现钞卖给银行，收到人民币存入银行，卖出当日中国人民银行的外汇牌价为＄100＝￥699，银行的现钞买入价为＄100＝￥696，现钞卖出价为＄100＝￥700。

要求：

（1）计算辉正公司将 10 000 美元现钞卖给银行应收到的人民币金额；

（2）计算辉正公司卖给银行 10 000 美元现钞按即期汇率折算为人民币的金额；

（3）计算辉正公司卖出 10 000 美元现钞产生的汇兑差额；

（4）编制辉正公司外币兑换的会计分录。

实务分析：

辉正公司采用人民币作为记账本位币，因此卖出美元现钞收到人民币时，外币账户“库存现金——美元”减少，贷记“库存现金——美元”账户 10 000 美元，同时将 10 000 美元现钞按交易发生日的中国人民银行公布的外汇牌价（即期汇率）＄100＝￥699 折算为人民币记入“库存现金——人民币”账户 69 900 元。辉正公司卖出 10 000

美元现钞而从银行收到的人民币金额按银行现钞买入价＄100＝￥696进行折算，借记“银行存款——人民币”账户。由此可以看出，借方和贷方所采用的汇率不同，借方采用银行现钞买入价折算，贷方采用当日即期汇率折算，从而产生了汇兑损益。

（1）当公司把美元现钞卖给银行时，对银行来讲是买入美元现钞，所以辉正公司收到的人民币金额要用现钞买入价来计算，金额为：

10 000/100×696＝69 600（元）

（2）辉正公司卖出的美元现钞按即期汇率也就是外汇牌价来计算，金额为：

10 000/100×699＝69 900（元）

（3）辉正公司卖出10 000美元现钞产生的汇兑差额为：

69 900－69 600＝300（元）（损失）

（4）辉正公司外币兑换的会计分录为：

借：银行存款——人民币	69 600
财务费用——汇兑损益	300
贷：库存现金——美元	69 900

实务1-9　以美元现汇兑换人民币的会计处理

辉正公司采用人民币作为记账本位币。辉正公司将10 000美元现汇卖给银行，收到人民币存入银行，卖出当日中国人民银行的外汇牌价为＄100＝￥699，银行的现汇买入价为＄100＝￥698，现汇卖出价为＄100＝￥700。

要求：

（1）计算辉正公司将10 000美元现汇卖给银行应收到的人民币金额；

（2）计算辉正公司卖给银行10 000美元现汇按即期汇率折算为人民币的金额；

（3）计算辉正公司卖出10 000美元现汇产生的汇兑差额；

（4）编制辉正公司外币兑换的会计分录。

实务分析：

辉正公司采用人民币作为记账本位币，因此卖出美元现汇收到人民币时，外币账户“银行存款——美元”减少，贷记“银行存款——美元”账户10 000美元，同时将10 000美元现钞按交易发生日的中国人民银行公布的外汇牌价（即期汇率）＄100＝￥699折算为人民币记入“银行存款——人民币”账户69 900元。辉正公司卖出10 000美元现汇而从银行收到的人民币金额按银行现汇买入价＄100＝￥698进行折算，借记“银行存款——人民币”账户。由此可以看出，借方和贷方所采用的汇率不同，借方采用银行现汇买入价折算，贷方采用当日即期汇率折算，从而产生汇兑损益。

（1）公司将美元现汇卖给银行，对银行来讲是买入现汇，所以辉正公司收到的人民币金额要用现汇买入价来计算，金额为：

10 000/100×698＝69 800(元)

(2) 辉正公司卖出的美元现汇按即期汇率折算为人民币的金额为：

10 000/100×699＝69 900(元)

(3) 辉正公司卖出 10 000 美元现汇产生的汇兑差额为：

69 900－69 800＝100(元)(损失)

(4) 辉正公司外币兑换的会计分录为：

借：银行存款——人民币　　69 800
　　财务费用——汇兑损益　　100
　贷：银行存款——美元　　69 900

实务 1-10　企业将现汇汇往境外的会计处理

辉正公司采用人民币作为记账本位币。辉正公司将 1 000 美元现汇汇到境外企业偿付应付账款，当日中国人民银行的外汇牌价为＄100＝￥699，银行的现汇买入价为＄100＝￥698，现汇卖出价为＄100＝￥700。

要求：

(1) 计算辉正公司将 1 000 美元现汇折算为人民币的金额；

(2) 编制辉正公司偿付应付账款的会计分录。

实务分析：

辉正公司将现汇汇往境外偿还负债，外币账户“银行存款——美元”减少 1 000 美元，记在该账户的贷方；外币账户“应付账款——美元”减少 1 000 美元，记在该账户的借方；同时由于辉正公司采用人民币作为记账本位币，还应将该 1 000 美元按交易发生日的即期汇率即外汇牌价＄100＝￥699 折算为人民币金额，分别记在“银行存款——人民币”账户的贷方和“应付账款——人民币”账户的借方。

(1) 辉正公司外币账户 1 000 美元按即期汇率即外汇牌价计算，金额为：

1 000/100×699＝6 990(元)

(2) 辉正公司偿付应付账款的会计分录为：

借：应付账款——美元　　6 990
　贷：银行存款——美元　　6 990

实务 1-11　企业将现钞汇往境外的会计处理

辉正公司将 1 000 美元现钞汇到境外企业偿付应付账款，当日中国人民银行的外汇牌价为＄100＝￥699，银行的现钞买入价为＄100＝￥696，现钞卖出价为＄100＝￥700。银行的现汇买入价为＄100＝￥698，现汇卖出价为＄100＝￥700。

将外币现钞汇往境外，银行收取的"钞转汇"费用的计算方式举例

要求：

（1）计算辉正公司将1 000美元现钞折算为人民币的金额；

（2）计算辉正公司将外币现钞转换为外币现汇的费用；

（3）编制辉正公司偿付应付账款的会计分录。

实务分析：

在实际业务处理中，我们经常遇到这样的现象：企业将持有的外币现汇直接汇到境外企业、单位时，不必再缴纳由于汇率差而形成的费用。但是，如果要将手中持有的外币现钞汇到境外，则要另外缴纳一笔将外币现钞转换为外币现汇的费用。"钞转汇"费用的产生，是因为银行在其中进行了两次转换操作，先把外币现钞按照当时的现钞买入价转换成人民币，再将这笔人民币以卖出价折算成相应的外币。不同银行钞转汇的费用不同，这里我们采用银行现汇与现钞之间的汇率差异计算缴纳外币现钞转换为外币现汇的费用。

辉正公司将现钞汇往境外偿还负债，外币账户"库存现金——美元"减少1 000美元，记在该账户的贷方；外币账户"应付账款——美元"减少1 000美元，记在该账户的借方；同时由于辉正公司采用人民币作为记账本位币，还应将该1 000美元按交易发生日的即期汇率即外汇牌价＄100＝￥699折算为人民币金额，分别记在"库存现金——人民币"账户的贷方和"应付账款——人民币"账户的借方。

（1）辉正公司1 000美元现钞折算为人民币的金额为：

1 000/100×699＝6 990（元）

（2）辉正公司外币现钞转换为外币现汇的费用为：

698×1 000/100－696×1 000/100＝20（元）

（3）辉正公司偿付应付账款的会计分录为：

借：应付账款——美元　　6 990

　贷：库存现金——美元　　6 990

（4）辉正公司缴纳费用的会计分录为：

借：财务费用——汇兑损益　　20

　贷：银行存款　　20

第四节　其他外币业务的会计处理

中国经济的发展日益融入国际市场，企业经营除了购销、外币兑换涉及外币业务

之外，还可能涉及外币借款、接受外币投资，那么这样的业务如何进行会计处理呢？

一、外币借款业务核算的原则

企业在生产经营过程中需要资金可以通过负债进行融资，如有必要，可以借入外币资金。外币借款是指企业借入的以外币表现的各种款项，包括外币长（短）期贷款、外币债券、长期应付票据以及补偿贸易引进设备应付款等。外币借款业务的核算原则为：企业借入外币时，按照借入外币时的市场汇率折算为记账本位币入账，同时按照借入外币的金额登记相关的外币账户。

对于相关的外币银行存款和外币借款账户，由于折算汇率变动而形成的汇兑损益，一般通过月末调整加以确认。对于汇兑损益的处理应视借款的性质而定，例如，属于与购建固定资产、无形资产有关的借款所产生的汇兑损益，应按照借款费用资本化的原则处理，除此之外，应予费用化。也就是说，在资本化期间内，外币专门借款本金及其利息的汇兑差额应当予以资本化，计入符合资本化条件的资产的成本；除外币专门借款之外的其他外币借款本金及其利息所产生的汇兑差额，应当作为财务费用计入当期损益。

实务 1-12　外币借款的会计处理

辉正公司采用人民币作为记账本位币。外币业务采用业务发生时的市场汇率折算。本期从中国银行借入 100 000 美元，期限为 6 个月，借入的外币暂存银行。借入时的市场汇率为 1 美元＝6.60 元人民币。

要求：

（1）计算辉正公司借入的 100 000 美元折算为人民币的金额；

（2）编制辉正公司外币借款的会计分录。

实务分析：

辉正公司借入美元，根据准则要求，按借入时的即期汇率 1 美元＝6.60 元人民币折算为人民币金额，既要在“银行存款”和“短期借款”的外币账户记账，也要在记账本位币账户记账。

（1）辉正公司借入的 100 000 美元折算为人民币的金额为：

100 000×6.6＝660 000(元)

（2）该笔外币借款的期限是 6 个月，所以是短期借款。

辉正公司外币借款的会计分录为：

借：银行存款——美元　　660 000

　贷：短期借款——美元　　660 000

二、接受外币投资业务核算的原则

根据外币折算准则的要求，企业接受外币投资时，按照收到外币投入资本时的即期汇率折合计算，不得采用合同约定汇率或即期汇率的近似汇率。货币性项目和非货币性项目均是如此，不产生外币资本折算差额。

实务 1-13　接受外币投资的会计处理

辉正公司采用人民币作为记账本位币。该公司接受了境外公司 R&D 公司的投资，根据投资合同，R&D 公司以 1 000 000 美元投资所占股份为 14%，合同约定汇率为 1 美元=7.00 元人民币，实际投资时的汇率为 1 美元=6.80 元人民币。

要求：

（1）计算辉正公司接受的美元投资折算为人民币的金额；

（2）判断辉正公司接受投资时是否产生折算差额；

（3）编制辉正公司接受投资的会计分录。

实务分析：

根据准则要求，辉正公司接受投资时，按照收到外币投入资本时的即期汇率（1 美元=6.80 元人民币）折算，而不是采用合同约定汇率（1 美元=7.00 元人民币）折算，不管是银行存款还是所有者权益项目都是如此，所以不会产生外币资本折算差额。

（1）辉正公司接受的美元投资折算为人民币的金额为：

$$1\,000\,000\times 6.80=6\,800\,000(\text{元})$$

（2）根据实务分析可知，辉正公司接受投资不会产生折算差额。

（3）辉正公司接受投资的会计分录为：

借：银行存款——美元	6 800 000	
贷：实收资本		6 800 000

三、期末外币货币性项目折算的原则

企业经过一个会计期间核算后，在会计期末需要计算资产、负债等项目的汇兑差额并入账，应当区分外币货币性项目和外币非货币性项目进行折算的会计处理。

货币性项目是指企业持有的货币和将以固定或可确定金额的货币收取的资产或者偿付的负债。货币性项目分为货币性资产和货币性负债。根据《企业会计准则》的规定，期末或结算货币性项目时，应以当日即期汇率折算外币货币性项目，该项目因期末即期汇率不同于该项目初始入账时或前一期末即期汇率而产生的汇兑差额一般计入当期损益，同时调增或调减外币货币性项目的记账本位币金额。

但是，企业为购建或生产符合资本化条件的资产而借入的专门借款为外币借款时，在借款费用资本化期间内，由于外币借款在取得日、使用日及结算日的汇率不同而产生的汇兑差额，应当予以资本化，计入固定资产成本。

期末外币货币性项目调整步骤：第一步，计算外币货币性项目外币余额，也就是这些货币性项目的外币期末余额；第二步，用外币余额乘以资产负债表日即期汇率计算记账本位币余额；第三步，上述记账本位币余额与原记账本位币余额的差额即为汇兑差额；第四步，编制调整分录。

实务1-14 期末外币货币性项目折算的会计处理

辉正公司采用人民币作为记账本位币，年初汇率为1美元=7.01元人民币，年末汇率为1美元=6.96元人民币。年初和年末各外币账户的余额如表1-1和表1-2所示。

表1-1 年初各外币账户的余额

项目	外币期初数额	期初汇率	折合人民币数额
银行存款	$10 000	7.01	¥70 100
应收账款	$60 000	7.01	¥420 600
应付账款	$30 000	7.01	¥210 300
短期借款	$20 000	7.01	¥140 200

注：第四列是用第二列外币期初数额乘以第三列期初汇率计算而得。

表1-2 年末账项调整前各外币账户的余额

项目	外币期末数额	折合人民币数额
银行存款	$35 000	¥244 800
应收账款	$10 000	¥70 100
应付账款	$30 000	¥210 300
短期借款	$0	¥800

要求：

(1) 以外币货币性项目银行存款为例，探讨“银行存款——美元”账户期末35 000美元的计算过程。具体资料如下：

“银行存款——美元”账户期初10 000美元，本期收支共三笔：收到50 000美元，支出两笔分别是5 000美元、20 000美元。

(2) 以外币货币性项目银行存款为例，探讨“银行存款——美元”账户期末账项调整前的账面折合人民币数额244 800元的计算过程，具体资料如下：

假设银行存款期初外币10 000美元和本期外币发生额50 000美元、5 000美元、20 000美元分别按交易发生时的即期汇率折算为人民币的金额为70 100元、349 000元、34 900元、139 400元。

(3) 计算各外币货币性项目按期末汇率折算为人民币的金额以及汇兑差额。

（4）编制汇兑差额的会计分录。

实务分析：

辉正公司各外币货币性项目的外币账户的期末余额，是这些项目的外币账户的期初余额加减本期外币增减金额而得；期末账项调整前各外币货币性项目账面折合为人民币的数额，是期初外币折合为记账本位币人民币的余额加减本期这些外币项目增减时按交易发生时的即期汇率折算的记账本位币金额，即原记账本位币余额；四个外币货币性项目人民币账户期末余额是将外币账户期末余额按期末汇率折合的人民币金额，该金额减去账项调整前折合的人民币余额，差额为汇率变动差异即汇兑差额。汇兑差额计入当期损益即财务费用。

（1）“银行存款——美元”账户期末 35 000 美元的计算过程：

10 000＋50 000－5 000－20 000＝35 000(美元)

（2）“银行存款——美元”账户期末账项调整前的账面折合人民币数额 244 800 元的计算过程：

70 100＋349 000－34 900－139 400＝244 800(元)

（3）各外币货币性项目按期末汇率折算为人民币的金额以及汇兑差额如表 1－3 所示。

表 1－3

项目	外币期末数额 a	折合人民币数额 b	期末汇率 c	按期末汇率折合人民币数额 d＝a×c	汇兑差额 e＝d－b
银行存款	＄35 000	￥244 800	6.96	￥243 600	￥－1 200
应收账款	＄10 000	￥70 100	6.96	￥69 600	￥－500
应付账款	＄30 000	￥210 300	6.96	￥208 800	￥－1 500
短期借款	＄0	￥800	6.96	￥0	￥－800

（4）汇兑差额的会计分录。

对外币货币性资产的调整分录：

借：财务费用——汇兑差额　　1 700

　贷：银行存款——美元　　1 200

　　　应收账款——美元　　500

对外币货币性负债的调整分录：

借：应付账款——美元　　1 500

　　短期借款——美元　　800

　贷：财务费用——汇兑差额　　2 300

四、期末外币非货币性项目折算的原则

非货币性项目是指货币性项目以外的项目，未来收取或支付的金额不确定。例如，

存货、长期股权投资、固定资产、无形资产等。期末非货币性项目与货币性项目的折算处理是不同的，下面我们学习期末外币非货币性项目折算的会计处理原则。

（1）对于以历史成本计量的外币非货币性项目，仍采用交易发生日的即期汇率折算，不改变其记账本位币金额。

（2）对于以成本与可变现净值孰低计量的存货，如果其可变现净值以外币确定，则在确定存货的期末价值时，应先将可变现净值按资产负债表日即期汇率折算为记账本位币，再与以记账本位币反映的存货成本进行比较，确定存货是以成本还是可变现净值计量以及计提减值损失。

（3）以公允价值计量的外币非货币性项目，如交易性金融资产、其他债权投资、其他权益工具投资、投资性房地产等，采用公允价值确定日的即期汇率折算，折算后的记账本位币金额与原记账本位币金额的差额，作为公允价值变动处理，计入当期损益或所有者权益。

实务 1-15　固定资产购建期间发生的汇兑损益的会计处理

辉正公司采用人民币作为记账本位币，年初借入长期借款 50 000 美元用于购建固定资产，利率为 6%，借入时汇率为 1 美元＝7.00 元人民币，年末汇率为 1 美元＝6.98 元人民币。固定资产建造还未完成，按年支付美元利息，不考虑相关税费。

要求：

（1）计算辉正公司长期借款本年利息的美元金额和折算为人民币的金额；

（2）计算辉正公司本年长期借款产生的汇兑差额；

（3）编制辉正公司本年利息的会计分录；

（4）编制辉正公司汇率变动的会计分录。

实务分析：

长期借款本年的外币利息金额是本金 50 000 美元与利率 6%的乘积，按期末汇率折算为人民币，记入“在建工程”的借方；长期借款属于货币性项目，所以期末人民币金额按期末汇率折算，本金按年初汇率和年末汇率折算为人民币的差额是汇兑差额即汇兑收益（期末汇率小于期初汇率），记入“在建工程”的贷方。因为该借款用于建造固定资产，所以建造期间，利息和汇兑差额应资本化，记入“在建工程”的借方。

（1）辉正公司长期借款本年利息的美元金额和折算为人民币的金额分别为：

美元金额＝50 000×6%＝3 000(美元)

人民币金额＝3 000×6.98＝20 940(元)

（2）辉正公司本年长期借款产生的汇兑差额为：

50 000×(6.98－7.00)＝－1 000(元)

（3）辉正公司本年利息的会计分录为：

借：在建工程　　20 940

　贷：银行存款——美元　　20 940

(4) 辉正公司汇率变动的会计分录为：

借：长期借款——美元　　1 000

　贷：在建工程　　1 000

实务 1-16　期末外币非货币性项目存货折算的会计处理

辉正公司采用人民币作为记账本位币。2×16 年 12 月 6 日，从美国市场购入商品 1 000 吨，每吨价格为 500 美元，当日即期汇率为 1 美元＝7.00 元人民币，款项已支付。2×16 年 12 月 31 日，该商品还有 300 吨尚未销售，该日国际市场的价格降至 480 美元，即期汇率为 1 美元＝6.98 元人民币。假定不考虑相关税费，采用实际成本法核算存货。

要求：

(1) 计算 2×16 年 12 月 6 日辉正公司购入商品时支付的美元金额和折算为人民币的金额；

(2) 编制 2×16 年 12 月 6 日辉正公司购入商品时的会计分录；

(3) 计算 2×16 年 12 月 31 日用美元和人民币表示的存货的可变现净值；

(4) 判断 2×16 年 12 月 31 日存货是否发生减值；如果减值，计算减值损失金额；

(5) 如果存货发生减值，编制减值损失的会计分录。

实务分析：

由于辉正公司采用人民币作为记账本位币，根据准则要求，应按交易发生日的即期汇率（1 美元＝7.00 元人民币）折算所购存货的人民币金额，增加存货的同时，减少银行存款外币账户和人民币账户。

期末，库存存货 300 吨采用成本与可变现净值孰低计量，可变现净值采用美元计量，根据期末的市场价格计算出美元表示的可变现净值，然后按期末即期汇率（1 美元＝6.98 元人民币）折算为人民币金额，再与 300 吨存货成本的人民币金额（按原购入时的汇率折算）比较，判断存货是否发生减值。如果折算后的可变现净值金额小于成本，说明存货发生减值（假设存在减值迹象），两者的差额为减值损失，借记“资产减值损失”，贷记“存货跌价准备”。

(1) 2×16 年 12 月 6 日辉正公司购入商品时支付的美元金额和折算为人民币的金额分别为：

美元金额＝1 000×500＝500 000(美元)

人民币金额＝500 000×7.00＝3 500 000(元)

(2) 2×16 年 12 月 6 日辉正公司购入商品时的会计分录为：

借：原材料　　3 500 000

　贷：银行存款——美元　　3 500 000

(3) 以美元表示的300吨存货的可变现净值为：

300×480=144 000(美元)

以人民币表示的存货的可变性净值为：

144 000×6.98=1 005 120(元)

(4) 由于本期期末存货还有300吨未销售形成库存存货，按原来交易发生时的即期汇率折算，以人民币表示的300吨存货成本（账面价值）的金额为：

300×500×7.00=1 050 000(元)

很显然，可变现净值1 005 120元小于存货成本1 050 000元，说明存货发生了减值。

减值损失金额=1 005 120−1 050 000=44 880(元)

(5) 存货发生减值损失的会计分录为：

借：资产减值损失　　44 880

　贷：存货跌价准备　　44 880

实务1-17　以公允价值计量的外币非货币性项目期末折算的会计处理

辉正公司采用人民币作为记账本位币。2×16年12月20日以每股5美元的价格购入雨露公司H股2 000股作为交易性金融资产，当日汇率为1美元=6.95元人民币，款项已支付。2×16年12月31日，当月购入的雨露公司H股的市价变为每股6美元，当日汇率为1美元=6.90元人民币。不考虑相关税费影响。

要求：

(1) 计算2×16年12月20日辉正公司购买股票支付的美元金额和折算为人民币的金额；

(2) 编制2×16年12月20日辉正公司购买股票的会计分录；

(3) 计算2×16年12月31日辉正公司的交易性金融资产公允价值的美元金额以及折算为人民币的金额；

(4) 计算交易性金融资产公允价值变动额；

(5) 编制2×16年12月31日交易性金融资产公允价值变动的会计分录。

实务分析：

交易性金融资产初始计量为公允价值，金额为支付的外币金额按交易发生日的汇率折算的人民币金额；该资产期末按公允价值计量，公允价值的美元金额为持股数量乘以期末每股美元金额，将公允价值的美元金额按期末汇率折算即期末公允价值的人民币金额；期末公允价值的人民币金额与期初公允价值的人民币金额的差额为交易性金融资产的公允价值变动额，计入当期损益。

(1) 2×16 年 12 月 20 日辉正公司购买股票支付的美元金额和折算为人民币的金额分别为:

美元金额=2 000×5=10 000(美元)
人民币金额=10 000×6.95=69 500(元)

(2) 2×16 年 12 月 20 日辉正公司购买股票的会计分录为:

借:交易性金融资产——成本　　69 500
　贷:银行存款——美元　　69 500

(3) 2×16 年 12 月 31 日辉正公司的交易性金融资产公允价值的美元金额以及折算为人民币的金额分别为:

美元金额=2 000×6=10 000(美元)
人民币金额=12 000×6.90=82 800(元)

(4) 交易性金融资产公允价值变动额为:

82 800-69 500=13 300(元)

(5) 2×16 年 12 月 31 日交易性金融资产公允价值变动的会计分录为:

借:交易性金融资产——公允价值变动　　13 300
　贷:公允价值变动损益　　13 300

第五节　外币财务报表折算

企业境外经营(如子公司、分公司)如果以外币编制财务报表,应如何将外币财务报表折算为企业记账本位币反映的财务报表呢?

一、外币财务报表折算的定义及意义

在将企业的境外经营通过合并等纳入企业的财务报表时,需要将境外经营的财务报表折算为以企业记账本位币反映的财务报表,这一过程就是外币财务报表折算。外币财务报表折算是指将以外币表示的财务报表折算为某一特定货币(通常为母公司的记账本位币)表示的财务报表。可见,境外经营及其记账本位币的确定是进行财务报表折算的关键。

外币财务报表折算的意义在于以下几点:(1)满足跨国公司合并其在世界范围内的子公司财务报表,以反映集团综合财务状况和经营成果的需要;(2)为了向国外股东和其他财务报表使用者提供适合其阅读和使用的财务报表的需要;(3)为了在国外证券市

场上发行股票和债券，需要按一定的汇率将本国货币表示的财务报表折算为相关的外币表示的财务报表。

二、外币财务报表折算差额处理的争议

外币财务报表折算主要涉及两大问题：一是采用何种汇率对外币报表项目的数据进行折算——企业可以采用单一汇率折算或不同汇率折算；二是对由于报表各项目所使用的折算汇率不同所产生的外币财务报表折算差额如何处理。外币财务报表折算差额是指外币财务报表折算时，由于财务报表的不同项目采用不同的汇率折算而产生的差额。

究竟如何对外币财务报表折算差额进行会计处理，争议较多。总的说来，在国际上主要有两种处理方法，即递延法和当期损益法。

（一）递延法

递延法下外币财务报表折算差额的会计处理是指将外币财务报表折算差额以单独项目列示于资产负债表的所有者权益中，作为递延处理，而不与所有者权益的其他项目合并列示。这种处理方法认为，外币财务报表折算差额只是将外币表示的资产和负债项目以母公司的记账本位币（等值货币）重新计算所产生的调整数额，而不是已实现的损益。如果将其计入当期损益，有可能使财务报表的使用者对子公司的盈利能力产生误解。采用递延法有利于保持子公司财务报表有关项目的原有比例关系，有利于财务比例的分析和对比。外币财务报表折算差额反映在资产负债的“其他综合收益”项目中，为了便于理解和解释，本教材采用递延法将外币财务报表折算差额单独反映在资产负债表的所有者权益中。

（二）当期损益法

当期损益法下外币财务报表折算差额的会计处理是将本期发生的外币财务报表折算差额，以汇兑损益项目列入当期利润表，合并反映在资产负债表的有关项目之中。这种处理方法认为，汇率变动是客观存在的，对合并财务报表的影响也是不容忽视的，采用递延法实际上掩盖了汇率变动的客观现实，只有将外币财务报表的折算差额计入当期损益，才能为财务报表使用者提供真实的财务信息。但这一方法将外币财务报表折算差额这一事实上并未实现的损益计入了当期损益，也可能会导致会计信息使用者对合并财务报表提供的信息产生误解。

三、外币财务报表折算差额与外币交易汇兑损益的比较

外币财务报表折算差额与外币交易汇兑损益不同，主要表现为以下三个方面：

1. 产生的原因不同

外币交易汇兑损益是在交易过程中发生的，或资产负债表日将外币交易金额折算为记账本位币与原入账金额之间产生的差异；而外币财务报表折算差额则是在子公司以外币表示的财务报表的基础上，将一种货币表示的财务报表折算为另一种货币表示的财务报表而产生的差异。

2. 性质不同

外币交易汇兑损益包括已实现的和未实现的损益；而外币财务报表折算差额则全部为未实现的损益。

3. 记录的方式不同

外币交易汇兑损益应在会计账簿中进行记录；而外币财务报表折算差额通常不记录在会计账簿中，只是反映在折算后的财务报表中。

四、外币财务报表折算方法

外币业务的核算是国际会计公认的三大会计难题之一，外币财务报表折算的方法至今尚未形成统一的国际惯例。从目前世界各国外币财务报表折算的情况来看，所采用的外币财务报表折算方法基本上可以分为单一汇率法和多种汇率法两大类。单一汇率法主要包括现行汇率法；多种汇率法主要包括流动性与非流动性法、货币性与非货币性法、时态法。

（一）流动性与非流动性法

流动性与非流动性法是指将资产负债表的项目按照其流动性质，划分为流动项目与非流动项目两大类，然后对各项目分别采用不同的汇率进行折算：对于流动项目类的资产和负债项目，按照资产负债表日的即期汇率折算；对于非流动项目类的资产和负债项目，按照原入账时的历史汇率折算。对于利润表中的项目，除折旧费用和摊销费用等按照相关资产入账时的历史汇率折算外，其他收入和费用项目均按照当期的平均汇率进行折算。

这种方法由于是对流动资产和流动负债项目按照现行汇率折算，有利于对子公司营运资产的分析。但人为规定流动性项目按照现行汇率折算，非流动性项目按照历史汇率折算，在折算汇率选用标准方面缺乏足够的理论依据。例如，对存货这一流动资产项目采用现行汇率而非历史汇率进行折算，不符合会计核算的历史成本原则。

实务 1-18　流动性与非流动性法的会计处理

国内A公司的记账本位币为人民币，该公司在境外有一子公司B公司，B公司确定的记账本位币为美元。根据合同约定，A公司拥有B公司70%的股权，并能够控制B

公司的财务和经营政策。母公司A公司编制合并报表时，需要将B公司用美元编制的财务报表折算为以人民币编制的财务报表。假设A公司采用流动性与非流动性法折算B公司的财务报表。

B公司的有关资料如下：

20×7年12月31日的汇率为1美元=7.00元人民币，20×7年的平均汇率为1美元=6.98元人民币；非流动项目发生时的汇率如下所示：

长期应收款	6.60	长期借款	6.80
固定资产	6.68	应付债券	6.90
在建工程	6.90	其他非流动负债	6.91
无形资产	6.82	股本	6.80
其他非流动资产	6.90		

20×6年12月31日：股本为500万美元，折算成人民币为3 400万元；累计盈余公积为50万美元，折算成人民币为405万元；累计未分配利润为120万美元，折算成人民币为972万元；B公司当年提取的盈余公积为70万美元。

要求：

编制A公司采用流动性与非流动性法折算的B公司的财务报表。

实务分析：

采用流动性与非流动性法折算B公司的财务报表时，A公司应按照当期平均汇率1美元=6.98元人民币折算B公司的利润表项目（为了简化折算手续，本期有关的折旧费用及摊销费用均按本期平均汇率折算）。

(1) 所有者权益变动表的折算分析。

1) 股本项目采用交易发生日的即期汇率即历史汇率1美元=6.80元人民币折算。

2) 盈余公积项目是前期折算累积后的405万元与20×7年提取的盈余公积70万美元采用20×7年的平均汇率1美元=6.98元人民币折算之和，即

$$405+70\times6.98=893.6(\text{万元})$$

3) 未分配利润项目是前期折算累积后的972万元与20×7年实现的净利润折算后的1 954.4万元（来自利润表）之和再扣除20×7年提取的盈余公积折算后的金额488.6万元（70×6.98），即

$$972+1\,954.4-488.6=2\,437.8(\text{万元})$$

(2) 资产负债表的折算分析。

1) 流动资产、流动负债项目采用20×7年12月31日的汇率1美元=7.00元人民币进行折算。

2) 股本、盈余公积、未分配利润项目来自所有者权益变动表的折算结果。

3) 非流动资产和非流动负债项目采用交易发生日的汇率折算。

根据会计恒等式资产=负债+所有者权益，外币财务报表折算差额计算过程如下：

$$\text{外币财务报表折算差额}=\text{折算后资产总计}-\left(\text{折算后负债总额}+\text{折算后股本金额}+\text{折算后盈余公积金额}+\text{折算后未分配利润金额}\right)$$

报表折算结果如表1-4、表1-5和表1-6所示。

表1-4 利润表

20×7年度　　　　单位：万元

项目	本期数（美元）	折算汇率	折算为人民币金额
一、营业收入	2 000	6.98	13 960
减：营业成本	1 500	6.98	10 470
税金及附加	40	6.98	279.2
管理费用	100	6.98	698
财务费用	10	6.98	69.8
加：投资收益	30	6.98	209.4
二、营业利润	380		2 652.4
加：营业外收入	40	6.98	279.2
减：营业外支出	20	6.98	139.6
三、利润总额	400		2 792
减：所得税费用	120	6.98	837.6
四、净利润	280		1 954.4

表1-5 所有者权益变动表

20×7年度　　　　单位：万元

项目	股本			盈余公积			未分配利润		外币财务报表折算差额	股东权益合计人民币
	美元	折算汇率	人民币	美元	折算汇率	人民币	美元	人民币		
一、本年年初余额	500	6.8	3 400	50		405	120	972		4 777
二、本年增减变动金额										
（一）净利润							280	1 954.4		1 954.4
（二）直接计入所有者权益的利得和损失										−290.3
其中：外币财务报表折算差额									−290.3	−290.3
（三）利润分配										
提取盈余公积				70	6.98	488.6	−70	−488.6		0
三、本年年末余额	500	6.8	3 400	120		893.6	330	2 437.8	−290.3	6 441.1

表 1-6　资产负债表

20×7 年 12 月 31 日　　单位：万元

资产	期末数（美元）	折算汇率	折算为人民币金额	负债和股东权益	期末数（美元）	折算汇率	折算为人民币金额
流动资产：				流动负债：			
货币资金	190	7.00	1 330	短期借款	45	7.00	315
应收账款	190	7.00	1 330	应付账款	285	7.00	1 995
存货	240	7.00	1 680	其他流动负债	110	7.00	770
其他流动资产	200	7.00	1 400	流动负债合计	440		3 080
流动资产合计	820		5 740				
				非流动负债：			
非流动资产：				长期借款	140	6.80	952
长期应收款	120	6.60	792	应付债券	80	6.90	552
固定资产	550	6.68	3 674	其他非流动负债	90	6.91	621.9
在建工程	80	6.90	552	非流动负债合计	310		2 125.9
无形资产	100	6.82	682	负债合计	750		5 205.9
其他非流动资产	30	6.90	207	股东权益：			
非流动资产合计	880		5 907	股本	500	6.80	3 400
				盈余公积	120		893.6
				未分配利润	330		2 437.8
				外币财务报表折算差额			−290.3
				股东权益合计	950		6 441.1
资产总计	1 700		11 647	负债和股东权益总计	1 700		11 647

注：外币财务报表折算差额＝11 647－（3 080＋3 400＋893.6＋2 437.8）＝－290.3 万元。

（二）货币性与非货币性法

货币性与非货币性法是指将资产负债表的项目按照其性质，划分为货币性项目与非货币性项目两大类，然后对各项目分别采用不同的汇率进行折算：对于资产负债表中的货币性项目，按照资产负债表日的即期汇率折算；对于非货币性项目和所有者权益项目，按照原入账时的历史汇率折算。对于利润表中的折旧费用及摊销费用，按照原入账时的历史汇率折算；对于销售成本项目，按照历史汇率折算；其他收入和费用项目均按照当期的平均汇率进行折算。

这种方法是以货币性与非货币性作为资产、负债项目选择折算汇率的依据，其理由是：外币应收、应付款项等货币性资产与负债代表在以后期间要收回或付出的一笔固定的外币债权或债务。这些外币债权债务的价值，随着市场汇率的变动而增减变化，因而将其按照现行汇率折算是合理的。但这一方法也存在一定的缺陷，它同样没有超越对资产和负债项目进行某种分类组合的框架，没有涉及外币财务报表的折算实质，即未涉及外币会计计量的问题。

实务 1－19　货币性与非货币性法的会计处理

国内A公司的记账本位币为人民币，该公司在境外有一子公司B公司，B公司确定的记账本位币为美元。根据合同约定，A公司拥有B公司70%的股权，并能够控制B公司的财务和经营政策。母公司A公司编制合并报表时，需要将B公司用美元编制的财务报表折算为以人民币编制的财务报表。假设A公司采用货币性与非货币性法折算B公司的财务报表。

B公司的有关资料如下：

20×7年12月31日的汇率为1美元＝7.00元人民币，20×7年的平均汇率为1美元＝6.98元人民币；非货币性项目发生时的汇率如下所示：

存货	6.96	其他非流动资产	6.90
其他流动资产	6.99	其他流动负债	6.94
固定资产	6.68	其他非流动负债	6.91
在建工程	6.90	股本	6.80
无形资产	6.82		

20×6年12月31日：股本为500万美元，折算成人民币为3 400万元；累计盈余公积为50万美元，折算成人民币为405万元；累计未分配利润为120万美元，折算成人民币为972万元；B公司当年提取的盈余公积为70万美元。

要求：

编制A公司采用货币性与非货币性法折算的B公司的财务报表。

实务分析：

采用货币性与非货币性法折算B公司的财务报表时，A公司应按照当期平均汇率1美元＝6.98元人民币折算B公司的利润表项目（为了简化折算手续，本期有关的折旧费用、销售成本项目及摊销费用均按本期平均汇率折算）。

（1）所有者权益变动表的折算分析。

1）股本项目采用交易发生日的即期汇率即历史汇率1美元＝6.80元人民币折算。

2）盈余公积项目是前期折算累积后的405万元与20×7年提取的盈余公积70万美元采用20×7年的平均汇率1美元＝6.98元人民币折算之和，即

$$405+70\times 6.98=893.6(\text{万元})$$

3）未分配利润项目是前期折算累积后的972万元与20×7年实现的净利润折算后的1 954.4万元（来自利润表）之和再扣除20×7年提取的盈余公积折算后的金额488.6万元（70×6.98），即

972＋1 954.4－488.6＝2 437.8(万元)

(2) 资产负债表的折算分析。

1) 货币性项目（货币资金、应收账款、短期借款、应付账款、长期应收款、长期借款、应付债券）采用20×7年12月31日的汇率1美元＝7.00元人民币进行折算。

2) 非货币性项目采用交易发生时的汇率折算。

3) 股本、盈余公积、未分配利润项目来自所有者权益变动表的折算结果。

4) 非流动资产和非流动负债项目采用交易发生日的汇率折算。

根据会计恒等式资产＝负债＋所有者权益，外币财务报表折算差额计算过程如下：

$$\text{外币财务报表折算差额}=\text{折算后资产总计}-\left(\text{折算后负债总额}+\text{折算后股本金额}+\text{折算后盈余公积金额}+\text{折算后未分配利润金额}\right)$$

报表折算结果如表1-7、表1-8和表1-9所示。

表1-7　利润表

20×7年度　　单位：万元

项目	本期数（美元）	折算汇率	折算为人民币金额
一、营业收入	2 000	6.98	13 960
减：营业成本	1 500	6.98	10 470
税金及附加	40	6.98	279.2
管理费用	100	6.98	698
财务费用	10	6.98	69.8
加：投资收益	30	6.98	209.4
二、营业利润	380		2 652.4
加：营业外收入	40	6.98	279.2
减：营业外支出	20	6.98	139.6
三、利润总额	400		2 792
减：所得税费用	120	6.98	837.6
四、净利润	280		1 954.4

表1-8　所有者权益变动表

20×7年度　　单位：万元

项目	股本			盈余公积			未分配利润		外币财务报表折算差额	股东权益合计人民币
	美元	折算汇率	人民币	美元	折算汇率	人民币	美元	人民币		
一、本年年初余额	500	6.8	3 400	50		405	120	972		4 777
二、本年增减变动金额										
(一) 净利润							280	1 954.4		1 954.4
(二) 直接计入所有者权益的利得和损失										−283.3

续表

项目	股本			盈余公积			未分配利润		外币财务报表折算差额	股东权益合计人民币
	美元	折算汇率	人民币	美元	折算汇率	人民币	美元	人民币		
其中：外币财务报表折算差额									−283.3	−283.3
（三）利润分配										
提取盈余公积				70	6.98	488.6	−70	−488.6		0
三、本年年末余额	500	6.8	3 400	120		893.6	330	2 437.8	−283.3	6 448.1

表 1-9　资产负债表

20×7 年 12 月 31 日　　单位：万元

资产	期末数（美元）	折算汇率	折算为人民币金额	负债和股东权益	期末数（美元）	折算汇率	折算为人民币金额
流动资产：				流动负债：			
货币资金	190	7	1 330	短期借款	45	7	315
应收账款	190	7	1 330	应付账款	285	7	1 995
存货	240	6.96	1 670.4	其他流动负债	110	6.94	763.4
其他流动资产	200	6.99	1 398	流动负债合计	440		3 073.4
流动资产合计	820		5 728.4				
				非流动负债：			
非流动资产：				长期借款	140	7	980
长期应收款	120	7	840	应付债券	80	7	560
固定资产	550	6.68	3 674	其他非流动负债	90	6.91	621.9
在建工程	80	6.9	552	非流动负债合计	310		2 161.9
无形资产	100	6.82	682	负债合计	750		5 235.3
其他非流动资产	30	6.9	207	股东权益：			
非流动资产合计	880		5 955	股本	500	6.8	3 400
				盈余公积	120		893.6
				未分配利润	330		2 437.8
				外币财务报表折算差额			−283.3
				股东权益合计	950		6 448.1
资产总计	1 700		11 683.4	负债和股东权益总计	1 700		11 683.4

注：外币财务报表折算差额＝11 683.4－(5 235.3＋3 400＋893.6＋2 437.8)＝－283.3 万元。

（三）时态法

时态法也称时间度量法，它是针对货币性与非货币性法的缺点提出的。时态法要求现金、应收及应付项目（包括流动与非流动）按照资产负债表日的汇率折算，其他所有以货币计量的资产和负债根据其特征，按照交易发生时的历史汇率或现行汇率进行折算。时态法的理论依据在于：外币折算只是一种计量变更程序，是对既定价值的重新表述，报表折算只是改变计量单位，不能改变计量项目的属性。由于现金资产是按照资产负债表日所拥有的金额计量的，应收和应付款项是按照资产负债表日可收到或偿还的金额列示的，所以这些项目应按现行汇率进行折算，以反映其实际价值；由于所有其他资产和负债是按照取得或承担这些项目时的价格计量的，所以按照其所属日期的汇率折算能够合理地表现其价值。时态法的实质是，折算后的财务报表应当保持各资产、负债项目在子公司财务报表中的计量基础。

根据时态法的基本原则，在外币财务报表折算中，现金、应收和应付项目，无论是在现行成本计量模式下，还是在历史成本计量模式下，都统一按照现行汇率进行折算；按历史成本反映的非货币性资产，必须按照历史汇率折算；按现行成本反映的非货币性资产，必须按照现行汇率折算；收入和费用项目则必须按交易发生时的实际汇率折算，如果与收入和费用有关的交易发生频繁，则可采用当期加权平均汇率进行折算；所有者权益项目中除未分配利润外，均按照历史汇率进行折算，未分配利润则作为一个平衡数列入。

目前，在世界上采用时态法进行外币财务报表折算的国家主要有加拿大、美国、阿根廷、智利、秘鲁等。

实务 1-20　时态法的会计处理

国内A公司的记账本位币为人民币，该公司在境外有一子公司B公司，B公司确定的记账本位币为美元。根据合同约定，A公司拥有B公司70%的股权，并能够控制B公司的财务和经营政策。母公司A公司编制合并报表时，需要将B公司用美元编制的财务报表折算为以人民币编制的财务报表。假设A公司采用时态法折算B公司的财务报表。

B公司的有关资料如下：

20×7年12月31日的汇率为1美元=7.00元人民币，20×7年的平均汇率为1美元=6.98元人民币。非货币性资产中，根据成本与市价孰低法，假设存货按市价即现行成本反映，其他非货币性资产按历史成本反映。除存货外的其他非货币性资产发生时的汇率如下所示：

其他流动资产	6.99	无形资产	6.82
固定资产	6.68	其他非流动资产	6.90
在建工程	6.90	股本	6.80

20×6年12月31日：股本为500万美元，折算成人民币为3 400万元；累计盈余公积为50万美元，折算成人民币为405万元；累计未分配利润为120万美元，折算成人民币为972万元；B公司当年提取的盈余公积为70万美元。

要求：

编制A公司采用时态法折算的B公司的财务报表。

实务分析：

采用时态法折算B公司的财务报表时，A公司应按照当期平均汇率1美元＝6.98元人民币折算B公司的利润表项目（为了简化折算手续，本期有关的折旧费用、销售成本项目及摊销费用均按本期平均汇率折算）。

（1）所有者权益变动表的折算分析。

1）股本项目采用交易发生日的即期汇率即历史汇率1美元＝6.80元人民币折算。

2）盈余公积项目是前期折算累积后的405万元与20×7年提取的盈余公积70万美元采用20×7年的平均汇率1美元＝6.98元人民币折算之和，即

$$405+70\times 6.98=893.6(\text{万元})$$

3）未分配利润项目是前期折算累积后的972万元与20×7年实现的净利润折算后的1 954.4万元（来自利润表）之和再扣除20×7年提取的盈余公积折算后的金额488.6万元（70×6.98），即

$$972+1\,954.4-488.6=2\,437.8(\text{万元})$$

（2）资产负债表的折算分析。

1）现金、应收和应付项目（货币资金、应收账款、短期借款、应付账款、长期应收款、长期借款、应付债券）采用20×7年12月31日的汇率1美元＝7.00元人民币进行折算。

2）存货按市价即现行成本反映，所以必须按照现行汇率1美元＝7.00元人民币折算，其他非货币性资产按交易发生日的汇率反映。

3）股本、盈余公积、未分配利润项目来自所有者权益变动表的折算结果。

4）非流动资产和非流动负债项目采用交易发生日的汇率折算。

根据会计恒等式资产＝负债＋所有者权益，外币财务报表折算差额计算过程如下：

$$\begin{matrix}\text{外币财务报表}\\\text{折算差额}\end{matrix}=\begin{matrix}\text{折算后}\\\text{资产总计}\end{matrix}-\left(\begin{matrix}\text{折算后}\\\text{负债总额}\end{matrix}+\begin{matrix}\text{折算后}\\\text{股本金额}\end{matrix}+\begin{matrix}\text{折算后盈余}\\\text{公积金额}\end{matrix}+\begin{matrix}\text{折算后未分配}\\\text{利润金额}\end{matrix}\right)$$

报表折算结果如表1-10、表1-11和表1-12所示。

表1-10　利润表

20×7年度　　　　单位：万元

项目	本期数（美元）	折算汇率	折算为人民币金额
一、营业收入	2 000	6.98	13 960
减：营业成本	1 500	6.98	10 470
税金及附加	40	6.98	279.2
管理费用	100	6.98	698
财务费用	10	6.98	69.8
加：投资收益	30	6.98	209.4

续表

项目	本期数（美元）	折算汇率	折算为人民币金额
二、营业利润	380		2 652.4
加：营业外收入	40	6.98	279.2
减：营业外支出	20	6.98	139.6
三、利润总额	400		2 792
减：所得税费用	120	6.98	837.6
四、净利润	280		1 954.4

表 1-11 所有者权益变动表

20×7 年度　　单位：万元

项目	股本			盈余公积			未分配利润		外币财务报表折算差额	股东权益合计人民币
	美元	折算汇率	人民币	美元	折算汇率	人民币	美元	人民币		
一、本年年初余额	500	6.8	3 400	50		405	120	972		4 777
二、本年增减变动金额										
(一) 净利润							280	1 954.4		1 954.4
(二) 直接计入所有者权益的利得和损失										−288.4
其中：外币财务报表折算差额									−288.4	−288.4
(三) 利润分配										
提取盈余公积				70	6.98	488.6	−70	−488.6		0
三、本年年末余额	500	6.8	3 400	120		893.6	330	2 437.8	−288.4	6 443

表 1-12 资产负债表

20×7 年 12 月 31 日　　单位：万元

资产	期末数（美元）	折算汇率	折算为人民币金额	负债和股东权益	期末数（美元）	折算汇率	折算为人民币金额
流动资产：				流动负债：			
货币资金	190	7.00	1 330	短期借款	45	7.00	315
应收账款	190	7.00	1 330	应付账款	285	7.00	1 995
存货	240	7.00	1 680	其他流动负债	110	7.00	770
其他流动资产	200	6.99	1 398	流动负债合计	440		3 080
流动资产合计	820		5 738				
				非流动负债：			
非流动资产：				长期借款	140	7.00	980
长期应收款	120	7.00	840	应付债券	80	7.00	560
固定资产	550	6.68	3 674	其他非流动负债	90	7.00	630

续表

资产	期末数（美元）	折算汇率	折算为人民币金额	负债和股东权益	期末数（美元）	折算汇率	折算为人民币金额
在建工程	80	6.90	552	非流动负债合计	310		2 170
无形资产	100	6.82	682	负债合计	750		5 250
其他非流动资产	30	6.90	207	股东权益：			
非流动资产合计	880		5 955	股本	500	6.80	3 400
				盈余公积	120		893.6
				未分配利润	330		2 437.8
				外币财务报表折算差额			−288.4
				股东权益合计	950		6 443
资产总计	1 700		11 693	负债和股东权益总计	1 700		11 693

注：外币财务报表折算差额＝11 693－(5 250＋3 400＋893.6＋2 437.8)＝－288.4 万元。

（四）现行汇率法

现行汇率法又称期末汇率法、单一汇率法，是指主要以现行汇率对财务报表的各个项目进行折算，是各种折算方法中最简单、使用最早的一种折算方法。这种方法是将外币财务报表中所有的资产和负债项目、收入和费用项目，统一按照资产负债表日的现行汇率进行折算（收入和费用项目也可以按照当期的加权平均汇率进行折算），而将子公司的实收资本项目仍然按照实际收到时的历史汇率进行折算。

采用现行汇率法对外币财务报表进行折算，实际上是将外币财务报表的所有项目乘以一个常数，因而它只改变了外币财务报表的表现形式，而没有改变资产和负债的内部结构。采用这种方法，可以使合并报表中的外币项目维持等值原始成本。我国外币折算准则基本采用现行汇率法。

在对企业境外经营财务报表进行折算前，应当调整境外经营的会计期间和会计政策，使之与企业的相一致，根据调整后的会计期间和会计政策编制相应货币（记账本位币以外的货币）的财务报表，再按照以下方法对境外经营财务报表进行折算：

（1）资产负债表中的资产和负债项目，采用资产负债表日的即期汇率折算，所有者权益项目除未分配利润项目外采用交易发生日的即期汇率折算。

（2）利润表中的收入和费用项目，采用交易发生日的即期汇率或即期汇率的近似汇率折算。

（3）产生的外币财务报表折算差额，在编制合并财务报表时，应在合并资产负债表中所有者权益项目下的“其他综合收益”项目列示。为了便于解释，下面把外币财务报表折算差额单独反映在报表中。

实务 1-21　现行汇率法的会计处理

国内A公司的记账本位币为人民币，该公司在境外有一子公司B公司，B公司确定的记账本位币为美元。根据合同约定，A公司拥有B公司70%的股权，并能够控制B公司的财务和经营政策。母公司A公司编制合并报表时，需要将B公司用美元编制的财务报表折算为以人民币编制的财务报表。假设A公司采用现行汇率法折算B公司的财务报表。

B公司的有关资料如下：

20×7年12月31日的汇率为1美元=7.00元人民币，20×7年的平均汇率为1美元=6.98元人民币。

20×6年12月31日：股本为500万美元，折算成人民币为3 400万元；累计盈余公积为50万美元，折算成人民币为405万元；累计未分配利润为120万美元，折算成人民币为972万元；B公司当年提取的盈余公积为70万美元。

要求：

编制A公司采用现行汇率法折算的B公司的财务报表。

实务分析：

采用现行汇率法折算B公司的财务报表时，A公司应按照当期平均汇率1美元=6.98元人民币折算B公司的利润表项目（为了简化折算手续，本期有关的折旧费用、销售成本项目及摊销费用均按本期平均汇率折算）。

(1) 所有者权益变动表的折算分析。

1) 股本项目采用交易发生日的即期汇率即历史汇率1美元=6.80元人民币折算。

2) 盈余公积项目是前期折算累积后的405万元与20×7年提取的盈余公积70万美元采用20×7年的平均汇率1美元=6.98元人民币折算之和，即

$$405+70\times6.98=893.6(\text{万元})$$

3) 未分配利润项目是前期折算累积后的972万元与20×7年实现的净利润折算后的1 954.4万元（来自利润表）之和再扣除20×7年提取的盈余公积折算后的金额488.6万元（70×6.98），即

$$972+1\,954.4-488.6=2\,437.8(\text{万元})$$

(2) 资产负债表的折算分析。

1) 资产、负债项目采用20×7年12月31日的汇率1美元=7.00元人民币进行折算。

2) 股本、盈余公积、未分配利润项目来自所有者权益变动表的折算结果。

根据会计恒等式资产=负债+所有者权益，外币财务报表折算差额计算过程如下：

$$\begin{matrix}\text{外币财务报表}\\\text{折算差额}\end{matrix}=\begin{matrix}\text{折算后}\\\text{资产总计}\end{matrix}-\left(\begin{matrix}\text{折算后}\\\text{负债总额}\end{matrix}+\begin{matrix}\text{折算后}\\\text{股本金额}\end{matrix}+\begin{matrix}\text{折算后盈余}\\\text{公积金额}\end{matrix}+\begin{matrix}\text{折算后未分配}\\\text{利润金额}\end{matrix}\right)$$

报表折算结果如表1－13、表1－14和表1－15所示。

表1－13　利润表

20×7年度　　单位：万元

项目	本期数（美元）	折算汇率	折算为人民币金额
一、营业收入	2 000	6.98	13 960
减：营业成本	1 500	6.98	10 470
税金及附加	40	6.98	279.2
管理费用	100	6.98	698
财务费用	10	6.98	69.8
加：投资收益	30	6.98	209.4
二、营业利润	380		2 652.4
加：营业外收入	40	6.98	279.2
减：营业外支出	20	6.98	139.6
三、利润总额	400		2 792
减：所得税费用	120	6.98	837.6
四、净利润	280		1 954.4

表1－14　所有者权益变动表

20×7年度　　单位：万元

项目	股本			盈余公积			未分配利润		外币财务报表折算差额	股东权益合计人民币
	美元	折算汇率	人民币	美元	折算汇率	人民币	美元	人民币		
一、本年年初余额	500	6.80	3 400	50		405	120	972		4 777
二、本年增减变动金额										
（一）净利润							280	1 954.4		1 954.4
（二）直接计入所有者权益的利得和损失										−81.4
其中：外币财务报表折算差额									−81.4	−81.4
（三）利润分配										
提取盈余公积				70	6.98	488.6	−70	−488.6		0
三、本年年末余额	500	6.80	3 400	120		893.6	330	2 437.8	−81.4	6 650

表1－15　资产负债表

20×7年12月31日　　单位：万元

资产	期末数（美元）	折算汇率	折算为人民币金额	负债和股东权益	期末数（美元）	折算汇率	折算为人民币金额
流动资产：				流动负债：			
货币资金	190	7.00	1 330	短期借款	45	7.00	315

续表

资产	期末数（美元）	折算汇率	折算为人民币金额	负债和股东权益	期末数（美元）	折算汇率	折算为人民币金额
应收账款	190	7.00	1 330	应付账款	285	7.00	1 995
存货	240	7.00	1 680	其他流动负债	110	7.00	770
其他流动资产	200	7.00	1 400	流动负债合计	440		3 080
流动资产合计	820		5 740				
				非流动负债：			
非流动资产：				长期借款	140	7.00	980
长期应收款	120	7.00	840	应付债券	80	7.00	560
固定资产	550	7.00	3 850	其他非流动负债	90	7.00	630
在建工程	80	7.00	560	非流动负债合计	310		2 170
无形资产	100	7.00	700	负债合计	750		5 250
其他非流动资产	30	7.00	210	股东权益：			
非流动资产合计	880		6 160	股本	500	6.80	3 400
				盈余公积	120		893.6
				未分配利润	330		2 437.8
				外币报表折算差额			−81.4
				股东权益合计	950		6 650
资产总计	1 700		11 900	负债和股东权益总计	1 700		11 900

注：外币财务报表折算差额＝11 900－(5 250＋3 400＋893.6＋2 437.8)＝－81.4 万元。

外币财务报表折算的上述四种方法比较如表 1－16 所示。

表 1－16　外币财务报表折算方法比较表

项目		流动性与非流动性项目法	货币性与非货币性项目法	时态法	现行汇率法
货币资金		现行汇率	现行汇率	现行汇率	现行汇率
应收账款		现行汇率	现行汇率	现行汇率	现行汇率
存货	按成本	现行汇率	历史汇率	历史汇率	现行汇率
	按市价	现行汇率	历史汇率	现行汇率	现行汇率
投资	按成本	历史汇率	历史汇率	历史汇率	现行汇率
	按市价	历史汇率	历史汇率	现行汇率	现行汇率
固定资产		历史汇率	历史汇率	历史汇率	现行汇率
无形资产		历史汇率	历史汇率	历史汇率	现行汇率
应付账款		现行汇率	现行汇率	现行汇率	现行汇率
长期负债		历史汇率	现行汇率	历史汇率	现行汇率
实收资本（股本）、资本公积		历史汇率	历史汇率	历史汇率	历史汇率
盈余公积、未分配利润		前期累计数＋本期折算后金额	前期累计数＋本期折算后金额	前期累计数＋本期折算后金额	前期累计数＋本期折算后金额

知识巩固

恶性通货膨胀经济情况下外币财务报表的折算

一、业务处理题

1. 中国境内阳光公司是一家外商投资企业，该企业生产的商品主要出口至欧洲市场，其商品销售价格以欧元结算，营业收入主要受欧元的影响。阳光公司的人工成本、原材料及相应的厂房设施、机器设备等在国内采购并以人民币计价。阳光公司的融资活动主要是接受欧元投资。

要求：

请为阳光公司确定记账本位币。

2. 辉正公司以人民币作为记账本位币，2×14 年 12 月 22 日，该公司以赊购方式从美国某公司进口一批商品为 2 000 美元，双方买卖合同约定货款以美元结算。企业采用实际成本法核算原材料。销售当天的汇率为 1 美元＝6.96 元人民币；2×14 年 12 月 31 日的汇率为 1 美元＝6.93 元人民币；结算日为 2×15 年 1 月 26 日，汇率为 1 美元＝6.91 元人民币。假设辉正公司采用两项业务观核算赊购涉及的外币业务。

要求：

(1) 编制交易发生日 2×14 年 12 月 22 日赊购业务的会计分录；

(2) 编制资产负债表日 2×14 年 12 月 31 日汇率变动的调整分录；

(3) 编制交易结算日 2×15 年 1 月 26 日的会计分录。

二、简答题

1. 什么是记账本位币？如何确定企业的记账本位币？

2. 什么是一项业务观？什么是两项业务观？比较这两种观点下的会计处理。

3. 简述外币财务报表折算的方法并进行比较。

第二章

所得税

学习目标

了解所得税相关概念，掌握所得税相关数据的计算，掌握资产负债表债务法下的会计处理，理解所得税的特殊问题处理。

第一节　所得税概述

会计收益与税法收益为什么会产生差异？会计上对二者的差异如何进行处理？计税基础和暂时性差异如何确定？

一、会计收益与税法收益

会计收益与税法收益的差异产生了所得税会计。财务会计和税法的原则和目的不同：财务会计遵循一般会计原则，规范企业的对外财务报告，以便如实地反映企业的财务状况、经营成果与现金流量；税法以课税为直接目的，强调公平与效率，具有调节社会资源的配置、公平社会财富的分配等功能。我国采用会计与税法相分离的原则。

会计收益是企业遵守会计准则而确认的收入与费用之间的差额，更多地体现了权责发生制原则；而税法收益是企业根据税法确认的收入与费用之间的差额，更多地体现了收付实现制原则。由于财务会计和税法所遵守的原则和目的不同（如罚款支出、减值损失等），导致会计收益与税法收益产生差异，例如，资产发生减值时会计上要计提减值准备并计入当期损益，而税法认为这种损失只有在真正发生时才计入当期损益即减少发生期间的应纳税所得额，从而产生会计与税法对于资产减值处理的差异。会计与税法对收入或利得、费用或损失确认的原则不同，导致会计上的税前会计利润与税法的应纳税所得额之间产生差异，引申的问题是，利润表报告的所得税费用与纳税申报表上的应纳所得税额是否要一致，即所得税会计的处理方法。会计上对这种差异的处理方法包括两大类：一类是应付税款法；一类是纳税影响会计法。如果会计上不确认二者的差异，即会计上确认与报告的所得税费用与应纳所得税额相同，则称为应付税款法或当期计列法；如果会计上反映二者差异的累积和转回，则称为纳税影响会计法或所得税的跨期分摊法。

二、应付税款法

应付税款法又称当期计列法，是以企业纳税申报表上所列示的本期应付所得税作为本期所得税费用列入利润表，也就是会计上确认的所得税费用等于本期应纳所得税额。采用应付税款法时，如果把税前会计利润调整为应纳税所得额，调整公式如下：

应纳税所得额＝税前会计利润±永久性差异±时间性差异

然后，利用下面公式就可以计算会计上确认的所得税费用：

所得税费用＝应交所得税＝应纳税所得额×适用税率

会计分录：

借：所得税费用

贷：应交税费——应交所得税

（一）永久性差异

永久性差异是指在某一期间发生的，不能在以后期间转回的税前会计利润与应纳税所得额之间或资产、负债的账面价值与计税基础之间的差异，产生于税前会计利润与应纳税所得额之间的计算口径不同，也就是会计与税法在收入和费用的确认范围和标准方面的不一致所造成的差异。这种差异一旦发生，即永久存在。基于税收政策、社会政策及经济政策的考虑，有些财务报表上的收入或费用，在税法上不属于收入或费用；而有些财务报表上不属于收入的项目，在税法上却作为应税收入。永久性差异包括以下四类：

A. 会计确认为收入，而税法不确认为收入。例如，国库券利息收入。

B. 会计不确认为收入，而税法确认为收入。例如，企业销售时因发票误开而作废，但冲转发票存根未予保留，税法上仍视为销售收入征税；销售退回与折让，未取得合法凭证，税法上不予认定，仍按销售收入征税；企业与关联企业以不合理定价手段减少应纳税所得额，税法上也不予认定。

C. 会计确认为费用或损失，而税法不允许扣减。例如，会计确认的高于税法允许扣除的金额而产生的工资差异、业务招待费差异以及非公益性捐赠、资产减值损失等。

D. 会计不确认为费用或损失，而税法确认为费用或损失。例如，使用寿命不确定的无形资产，会计上可以不摊销，但税法上允许摊销且可以税前扣除。

将当期税前会计利润调整为当期应纳税所得额时，加减上述永久性差异的计算公式如下：

应纳税所得额＝税前会计利润－A＋B＋C－D

（二）时间性差异

税前会计利润与应纳税所得额之间由于收支确认的时间先后顺序不同而形成的、可以在以后期间转回的差异。时间性差异按其对会计利润及应税利润的影响，可分为两种情况：一是未来会产生应税金额；二是未来会产生可扣除金额。当会计利润大于应税利润形成时间性差异时，在以后年度会产生应税金额；相反，则产生可扣除金额。具体分为以下四类：

E. 企业产生的收益，按会计准则要求应当期确认收益，从而增加了税前会计利润，而税法是在未来确认这部分收益。例如，被投资企业宣告发放现金股利时，会计上投资企业应确认为投资收益，但税法规定收到时才确认收益。

F. 企业发生的费用或损失，按会计准则要求应当期确认为费用或损失，从而减少了税前会计利润，税法不在当期而是在未来确认这部分费用或损失。例如，会计规定应在销货当期将产品质量担保费用列为费用，税法上则是在实际发生时才作为费用扣除，因而产生会计与税法之间的差异。股票投资采用权益法处理时，若被投资企业发生亏损，会计上投资企业按持股比例确认损失，但税法上则不予确认。固定资产的折旧，会计上采用加速折旧法，税法上采用直线法，在固定资产使用的前期，会计的折旧费用比税法的折旧费用高，从而产生会计与税法的差异，税法将这部分差异在固定资产使用的后期从应纳税所得额中扣除。

G. 企业产生的收益，按会计准则要求应在未来确认，所以当期没有将这部分收益计入税前会计利润，而税法在当期确认为收益。例如，企业销售商品开具了增值税发票，但不满足收入确认的条件，所以销售当期会计不能确认收入，未来满足收入确认的条件时才确认，但税法要求计入当期应纳税所得额。

H. 企业发生的费用或损失，按会计准则要求应在未来确认，所以当期没有将这部分费用或损失从税前会计利润中扣除，而税法当期确认为费用或损失。例如，固定资产的折旧，会计上采用直线法，税法上采用加速折旧法，在固定资产使用的前期，税法的折旧费用比会计的折旧费用高，从而产生会计与税法的差异，会计上会将这部分差异在固定资产使用的后期确认。

将当期税前会计利润调整为当期应纳税所得额时，加减上述时间性差异的计算公式如下：

应纳税所得额＝税前会计利润－E＋F＋G－H

综合永久性差异和时间性差异，将税前会计利润调整为应纳税所得额的公式如下：

应纳税所得额＝税前会计利润－A＋B＋C－D－E＋F＋G－H

实务 2-1 应付税款法的会计处理

辉正公司税前会计利润为 50 000 元，税法折旧比会计折旧多 5 000 元，会计上本期计提产品质量担保费用 6 000 元，国债利息收入 3 000 元，会计上确认了工资费用 500 000 元，而按照税法只允许扣除 450 000 元。假设辉正公司采用应付税款法核算所得税费用，所得税税率为 25%。

要求：

(1) 确定永久性差异总额；

(2) 确定时间性差异总额；

(3) 确定应纳税所得额；

(4) 确定应纳所得税额和所得税费用金额；

(5) 编制所得税费用确认的会计分录。

实务分析：

根据会计准则，会计上确认国债利息收入 3 000 元，而税法规定国债利息收入免税，所以产生了永久性差异−3 000 元。

会计上确认了工资费用 500 000 元，而税法规定只允许扣除 450 000 元，产生了永久性差异 50 000 元。

在整个固定资产使用期间内，会计折旧总额和税法折旧总额是相等的，本期税法折旧比会计折旧多了 5 000 元，而会计将在未来比税法多确认折旧费用 5 000 元，也就是会转回，即税法本期确认为费用，会计未来确认为费用，所以产生时间性差异−5 000 元。

会计上本期计提产品质量担保费用 6 000 元，而税法要求只有真实发生了产品质量维修、退换等服务，这种费用才能扣除，即会计本期确认费用 6 000 元，而税法未来确认该费用，所以产生了时间性差异 6 000 元。

将税前会计利润调整为应纳税所得额时，税前会计利润加减时间性差异和永久性差异就可以计算出应纳税所得额。

(1) 永久性差异总额＝−3 000＋50 000＝47 000(元)

(2) 时间性差异总额＝−5 000＋6 000＝1 000(元)

(3) 应纳税所得额＝50 000＋47 000＋1 000＝98 000(元)

(4) 应纳所得税额＝所得税费用＝98 000×25%＝24 500(元)

(5) 所得税费用确认的会计分录为：

借：所得税费用	24 500	
贷：应交税费——应交所得税		24 500

永久性差异不会在将来产生应税金额或可扣除金额，故不存在跨期分摊问题。即永久性差异只影响当期的应税利润，不会影响以后各期纳税额，因此，永久性差异不必做账务处理。在计算所得税费用和应纳所得税时，均需将其调整税前会计利润。

三、纳税影响会计法

纳税影响会计法又称所得税的跨期分摊法，主要是针对时间性差异，将本期税前会计利润与应纳税所得额之间的暂时性差异（时间性差异）造成的纳税影响额递延分配到以后期间的会计方法。实际上，纳税影响会计法是对税前利润（利润总额）与应纳税所得额（计税利润）之间的时间性差异逐步确认和依法转销（过程中的积累和转回）的会计方法。纳税影响会计法的实际作用是使公司的财务会计记录与财务报表的目标相一致，即坚持按照财务会计的基本概念（资产与负债）和固有程序（权责发生制）进行有关会计确认和计量，避免会计信息使用者对会计信息误解。纳税影响会计法主要有递延法和债务法两大类。

（一）递延法

递延法下，递延所得税是按暂时性差异形成时的税率确认的，并随着时间的推移而逐渐转销。税率发生变更时，不需要调整原来税率下的递延所得税余额，也就是未来转回时按原来发生时的税率转回，符合历史成本原则，所以该余额并不是企业未来差异转回时真正的应收或应付税款金额。递延法因不符合资产或负债的定义，不能披露有关经济业务的实际纳税影响而逐渐被淘汰。

（二）债务法

债务法是指以估计的将于暂时性差异转回时的税率为根据计算递延所得税款的方法，反映税率变更对递延所得税的影响。递延所得税余额反映的是企业的递延所得税资产或负债。债务法包括利润表债务法和资产负债表债务法。

1. 利润表债务法

利润表债务法注重税前会计利润与应纳税所得额之间的时间性差异，并将其对未来所得税的影响处理为对递延税款和本期所得税费用的调整。由于这种方法只能处理时间性差异，不能处理非时间性差异的暂时性差异，将所得税跨期分摊的财务影响局限于利润表，无法正确确认新的经济业务或特殊经济情况所导致的纳税影响。

2. 资产负债表债务法

资产负债表债务法强调资产负债表中确认的资产和负债的账面价值与计税基础之间的暂时性差异，从产生这种差异的本质出发，分析其产生的原因以及对本期递延所得税资产或负债的影响，进而确认未来所得税的责任和利益，因此，这种方法下的递延税款真正代表企业未来的所得税责任和利益。资产负债表债务法在一定程度上弥补了利润表债务法的缺陷，得到了更广泛的运用。

永久性差异、时间性差异举例

递延法和债务法的比较

第二节　计税基础与暂时性差异的确定

什么是计税基础、暂时性差异？如何计算确定资产负债表上各项资产和负债的计税基础与暂时性差异？接下来，我们将阐述资产负债表债务法的核算。资产负债表债务法注重资产、负债的账面价值与计税基础之间的暂时性差异，我们从暂时性差异产生的本质出发，分析暂时性差异产生的原因及其对期末资产、负债的影响，进而确认未来所得税的责任和利益。

一、计税基础与暂时性差异的含义

资产负债表债务法涉及两个重要概念，即计税基础与暂时性差异。

（一）计税基础的定义

资产的计税基础是企业在收回资产账面价值的过程中，计算应纳税所得额时按照税法规定可以在应税经济利益中抵扣的金额。资产账面价值是指期末估计未来该资产能够给企业带来的经济利益，是从会计的角度在资产负债表上报告的金额；而从税法的角度，资产未来经济利益流入时能够扣除的金额即资产的计税基础。

一般来说，资产初始确认时的计税基础等于取得成本，资产持续持有期间的计税基础是取得成本与以前期间税前扣除的金额之间的差额，例如，固定资产折旧费用从固定资产取得成本中扣除后才是固定资产的计税基础，表示未来还能从应税经济利益中扣除的金额。

负债的计税基础是指负债的账面价值减去未来清偿负债期间计算应纳税所得额时按照税法规定可予抵扣的金额。例如，企业确认产品质量担保费用产生的预计负债，当实际发生产品退换或维修费用时，税法才允许扣除，这时预计负债的计税基础就是账面价值减去退换或维修产生的已经发生并且税法允许作为费用扣除后的差额。

（二）暂时性差异的定义及分类

1. 暂时性差异的定义

暂时性差异是指资产、负债的账面价值与其计税基础不同产生的差额。也就是说，资产的暂时性差异等于资产的账面价值减去资产的计税基础，负债的暂时性差异等于负债的账面价值减去负债的计税基础，差额是未来清偿负债期间计税时按照税法规定可予税前扣除的金额。这里的资产、负债的账面价值来自资产负债表。

2. 暂时性差异的分类

根据暂时性差异产生的是未来应税金额还是可抵扣金额，可将其分类为应纳税暂时性差异和可抵扣暂时性差异。

（1）应纳税暂时性差异。应纳税暂时性差异是指在确定未来收回资产或清偿负债期间的应纳税所得额时，将导致产生应税金额的暂时性差异，即增加未来期间的应纳税所得额和应纳所得税额。因此，在产生当期确认为负债。产生应纳税暂时性差异的情形包括：1）资产的账面价值大于资产的计税基础；2）负债的账面价值小于负债的计税基础。

（2）可抵扣暂时性差异。可抵扣暂时性差异是指在确定未来收回资产或清偿负债期间的应纳税所得额时，将导致产生可抵扣金额的暂时性差异，即减少未来期间的应纳税所得额和应纳所得税额。因此，在产生当期确认为资产。产生可抵扣暂时性差异的情形包括：1）资产的账面价值小于资产的计税基础；2）负债的账面价值大于负债的计税基础。

掌握了计税基础和暂时性差异的概念后，下面阐述如何计算确定资产负债表中各项资产、负债的计税基础和暂时性差异。这些计算将为当期递延所得税资产和递延所得税负债的确认或转回金额、所得税费用金额的确定奠定基础。

二、存货与应收款项的计税基础与暂时性差异的确定

会计核算时，企业期末减值测试发现存货和应收款项发生减值，分别对存货计提了存货跌价准备、应收款项计提了坏账准备，导致资产负债表上报告的存货和应收款项的账面价值低于其账户的余额，而我国税法规定企业计提的减值准备在发生实质性损失前不允许在税前扣除，因此，在有关减值准备转变为实质性损失前，会造成资产的账面价值与计税基础的差异，产生可抵扣暂时性差异。

实务 2-2 存货的计税基础与暂时性差异的确定

辉正公司采用资产负债表债务法核算所得税。20×7 年 12 月 31 日，辉正公司存货成本为 2 600 万元，估计可变现净值为 2 400 万元。

要求：

（1）计算确定辉正公司计提的存货跌价准备金额和存货的账面价值；

（2）计算确定辉正公司存货的计税基础；

（3）计算确定辉正公司存货的暂时性差异金额；

（4）判断辉正公司存货的暂时性差异的种类。

实务分析：

根据存货准则，存货期末是按照成本与可变现净值孰低法计量，显然，辉正公司存货的可变现净值 2 400 万元低于其成本 2 600 万元，存货发生了减值，二者的差额是存货跌价准备，故期末资产负债表上存货的账面价值是可变现净值 2 400 万元。

根据税法的规定，企业计提的存货跌价准备在发生实质性损失前不允许扣除，所以计税基础是成本 2 600 万元。存货账面价值 2 400 万元与计税基础 2 600 万元的差额为暂时性差异。显然，存货的账面价值小于其计税基础，所以属于可抵扣暂时性差异。

（1）辉正公司计提的存货跌价准备金额和存货的账面价值的确定。

存货跌价准备＝2 600－2 400＝200（万元）

存货的账面价值＝可变现净值＝2 400（万元）

或　　＝存货的成本－存货跌价准备＝2 600－200＝2 400（万元）

（2）辉正公司存货的计税基础＝存货的成本＝2 600（万元）

（3）辉正公司存货的暂时性差异金额＝2 400－2 600＝－200（万元）

（4）辉正公司存货的暂时性差异是可抵扣暂时性差异。

实务 2－3　应收账款的计税基础与暂时性差异的确定

辉正公司所得税的会计处理采用资产负债表债务法。20×7 年 12 月 31 日，辉正公司应收账款余额为 3 000 万元，计提了 300 万元的坏账准备。税法规定企业计提的坏账准备金实行限额扣除法，即只有计提的不超过年末应收款项余额 5‰的坏账准备才允许税前扣除。

要求：

（1）计算确定辉正公司应收账款的账面价值；

（2）计算确定 20×7 年税法允许扣除的坏账损失；

（3）计算确定辉正公司应收账款的计税基础；

（4）计算确定辉正公司应收账款的暂时性差异金额；

（5）判断辉正公司应收账款的暂时性差异的种类。

实务分析：

辉正公司会计处理的结果是计提了 300 万元的坏账准备，期末资产负债表上应收账款的账面价值是应收账款余额与坏账准备的差额。由于税法规定企业只有计提的不超过年末应收款项余额 5‰的坏账准备才允许税前扣除，超过部分不允许扣除，只能在未来发生实质性损失即收不回来时才能扣除。因此，税法本年允许扣除的坏账损失是应收账款余额与税法允许的扣除率的乘积。由于这部分本期已经扣除，未来收回应收账款的账面价值允许扣除的金额即计税基础应为应收账款的账面余额与税法本年允许扣除的坏账损失（已扣除金额）之间的差额。应收账款的账面价值与计税基础的差异为暂时性差异。显然，应收账款的账面价值小于计税基础，所以属于可抵扣暂时性差异。

(1) 辉正公司应收账款的账面价值＝3 000－300＝2 700(万元)

(2) 20×7 年税法允许扣除的坏账损失＝3 000×5‰＝15(万元)

(3) 辉正公司应收账款的计税基础＝3 000－15＝2 985(万元)

(4) 辉正公司应收账款的暂时性差异金额＝2 700－2 985＝－285(万元)

(5) 辉正公司应收账款的暂时性差异是可抵扣暂时性差异。

三、固定资产的计税基础与暂时性差异的确定

固定资产的使用期限在一年以上，它的成本随着使用而分摊到各期成本费用中。如何确定固定资产的计税基础与暂时性差异呢?

固定资产初始确认时的计税基础等于固定资产的账面价值即初始确认金额，这时一般不会产生固定资产的暂时性差异。固定资产持有期间，因会计与税法在折旧方法、折旧年限、净残值、资产减值方面处理不同而产生了账面价值与计税基础之间的暂时性差异。

实务 2-4 固定资产的计税基础与暂时性差异的确定 (1)

辉正公司所得税的会计处理采用资产负债表债务法。20×7 年 6 月 25 日，辉正公司购入一项固定资产，原价为 1 000 万元，使用年限为 5 年，净残值为 0。会计和税法都采用年限平均法计提折旧，但是税法要求的折旧年限为 10 年。

要求：

(1) 计算确定辉正公司固定资产使用期间各年的账面价值、计税基础、暂时性差异；

(2) 判断该固定资产暂时性差异的种类。

实务分析：

根据题意分析可知，辉正公司没有对该固定资产计提减值准备，所以固定资产的账面价值等于固定资产原值与累计会计折旧额的差额，固定资产的计税基础是固定资产原值与累计计税折旧额之间的差额。本题中，会计折旧年限比税法折旧年限少，所以会计年折旧额比税法年折旧额多。因此，固定资产每期期末账面价值小于固定资产的计税基础，产生可抵扣暂时性差异。

(1) 辉正公司固定资产使用期间各年的账面价值、计税基础、暂时性差异如表 2-1 所示。

表 2-1 计税基础与暂时性差异计算表 单位：万元

项目	1	2	3	4	5	6	…
原价	1 000	1 000	1 000	1 000	1 000	1 000	…
累计会计折旧额	100	300	500	700	900	1 000	…
账面价值	900	700	500	300	100	0	…
累计计税折旧额	50	150	250	350	450	550	…
计税基础	950	850	750	650	550	450	…
暂时性差异	−50	−150	−250	−350	−450	−450	…

以第 1 年为例：

20×7 年累计会计折旧额$=1\,000/5\times\frac{1}{2}=100$(万元)

20×7 年 12 月 31 日固定资产的账面价值=1 000−100=900(万元)

20×7 年累计计税折旧额$=1\,000/10\times\frac{1}{2}=50$(万元)

20×7 年 12 月 31 日固定资产的计税基础=1 000−50=950(万元)

暂时性差异=900−950=−50(万元)

(2) 显然，该固定资产暂时性差异是可抵扣暂时性差异。

实务 2-5 固定资产的计税基础与暂时性差异的确定 (2)

辉正公司所得税的会计处理采用资产负债表债务法。20×7 年 6 月 25 日，辉正公司购入一项固定资产，原价为 1 000 万元，使用年限为 5 年，净残值为 0。会计和税法都采用年限平均法计提折旧，折旧年限都为 5 年。20×7 年 12 月 31 日估计该固定资产可收回金额为 850 万元，计提了减值准备 50 万元。

要求：

(1) 计算确定 20×7 年 12 月 31 日固定资产的账面价值；

(2) 计算确定 20×7 年 12 月 31 日固定资产的计税基础；

(3) 计算确定 20×7 年 12 月 31 日固定资产的暂时性差异。

实务分析：

由于会计和税法的折旧方法和折旧年限都相同，所以各期会计折旧额和税法折旧额相等，二者没有差异。但是辉正公司 20×7 年计提了减值准备 50 万元，固定资产的账面价值等于固定资产原值减去累计折旧再减去减值准备，而税法不允许不是实质性损失的扣除，所以计税基础等于固定资产原值与税法累计折旧之差。显然，固定资产的账面价值小于其计税基础，所以产生了会计上的账面价值与税法上的计税基础之间的可抵扣暂时性差异。

(1) 20×7 年 12 月 31 日固定资产的账面价值的确定。

$$20\times7\text{ 年累计会计折旧额}=1\,000/5\times\frac{1}{2}=100(\text{万元})$$

计提减值准备=1 000−100−850=50(万元)

账面价值=1 000−100−50=850(万元)

(2) 20×7 年 12 月 31 日固定资产的计税基础的确定。

$$20\times7\text{ 年累计计税折旧额}=1\,000/5\times\frac{1}{2}=100(\text{万元})$$

计税基础=1 000−100=900(万元)

(3) 20×7 年 12 月 31 日固定资产的暂时性差异=850−900=−50(万元)

显然，该固定资产暂时性差异是可抵扣暂时性差异。

实务 2-6 固定资产的计税基础与暂时性差异的确定(3)

辉正公司所得税的会计处理采用资产负债表债务法。20×7 年 6 月 25 日，辉正公司购入一项固定资产，原价为 1 000 万元，净残值为 0。会计折旧年限为 10 年，折旧方法为直线法。税法规定可以采用双倍余额递减法计提折旧，折旧年限为 5 年。20×7 年 12 月 31 日估计该固定资产可收回金额为 850 万元，计提了减值准备 100 万元。

要求：

(1) 计算确定 20×7 年会计折旧额和税法折旧额；

(2) 计算确定 20×7 年 12 月 31 日固定资产的账面价值；

(3) 计算确定 20×7 年 12 月 31 日固定资产的计税基础；

(4) 计算确定 20×7 年 12 月 31 日固定资产的暂时性差异；

(5) 判断该固定资产暂时性差异的种类。

实务分析：

辉正公司固定资产 20×7 年 6 月 25 日购入固定资产投入使用，所以当年只使用了半年，应计提半年的折旧额。会计折旧年限为 10 年，折旧方法为直线法，而税法折旧年限为 5 年，并且采用双倍余额递减法计提折旧，所以 20×7 年税法折旧额（200 万元）要比会计折旧额（50 万元）多，再加上会计上计提了固定资产减值准备（100 万元），而税法当年不能将非实质性损失扣除。固定资产的账面价值等于固定资产原值（1 000 万元）扣除累计会计折旧额（50 万元）和固定资产减值准备（100 万元），而固定资产的计税基础等于固定资产原值（1 000 万元）减去累计计税折旧额（200 万元）。综合以上分析，可以判断该固定资产会计上的账面价值大于税法上的计税基础，产生应纳税暂时性差异。

(1) 20×7 年会计折旧额和税法折旧额的确定。

$$20\times7\text{ 年会计折旧额}=1\,000/10\times\frac{1}{2}=50(\text{万元})$$

$$20\times7\text{ 年税法折旧额}=1\,000\times\frac{2}{5}\times\frac{1}{2}=200(\text{万元})$$

（2）20×7 年 12 月 31 日固定资产的账面价值的确定。

固定资产的账面价值=1 000－50－100=850(万元)

（3）20×7 年 12 月 31 日固定资产的计税基础=1 000－200=800(万元)

（4）20×7 年 12 月 31 日固定资产的暂时性差异=850－800=50(万元)

（5）显然，该固定资产暂时性差异是应纳税暂时性差异。

四、无形资产的计税基础与暂时性差异的确定

固定资产和无形资产都属于长期资产，我们学习了固定资产计税基础与暂时性差异的确定，那么无形资产的计税基础和暂时性差异如何确定呢？二者确定计税基础与暂时性差异时有何不同？

企业可以通过自主研发或其他方式如外购、接受捐赠等方式获得无形资产。无形资产的暂时性差异主要产生于内部研究开发形成的无形资产以及使用寿命不确定的无形资产。会计和税法在无形资产上的差异主要体现在二者是否摊销、可摊销总额、减值处理等方面。

（一）研究开发产生的无形资产计税基础和暂时性差异的确定

税法规定，企业为开发新技术、新产品、新工艺发生的研究开发费用，未形成无形资产计入当期损益的，按照研究开发费用的 75%加计扣除；形成无形资产的，按照无形资产成本的 175%摊销，即

初始确认时的计税基础=资本化成本×175%

对于研发支出形成无形资产的部分，如果符合税法加计扣除的条件，则允许按照无形资产成本的 175%计算每期摊销额，即计税基础为无形资产账面价值的 175%，形成可抵扣暂时性差异。自行研发无形资产的确认，不是产生于企业合并交易，同时在确认时既不影响会计利润也不影响应纳税所得额，按照所得税准则的规定，不确认有关暂时性差异的所得税影响。

（二）使用寿命不确定的无形资产计税基础和暂时性差异的确定

根据会计准则，使用寿命不确定的无形资产不需要摊销，但是需要进行减值测试，如果发生减值，需要计提减值准备，所以每期期末无形资产的账面价值是无形资产的原值与减值准备的差额。根据税法规定，使用寿命不确定的无形资产可以在一定期限内摊

销，从应纳税所得额中扣除，但减值损失不允许扣除，所以无形资产计税基础是无形资产原值与累计计税摊销额之间的差额。无形资产的账面价值与其计税基础的差额形成无形资产的暂时性差异。

实务 2-7 无形资产的计税基础与暂时性差异的确定（1）

辉正公司所得税的会计处理采用资产负债表债务法。辉正公司 20×1 年发生研发支出 1 500 万元，其中符合资本化条件后发生的支出为 1 000 万元。当年无形资产开发完成但尚未摊销。无形资产按 5 年摊销，会计与税法相同。20×2 年开始投入使用。按照税法的规定，该无形资产符合加计 75%的扣除标准。

要求：

（1）计算确定 20×1 年末无形资产的账面价值、计税基础和暂时性差异；

（2）计算确定无形资产使用期间的账面价值、计税基础和暂时性差异。

实务分析：

根据会计准则的规定，自主研发成功的无形资产入账成本为研发支出资本化的金额 1 000 万元，所以 20×1 年末无形资产的账面价值为 1 000 万元；该无形资产符合税法规定加计 75%扣除的要求，而且该无形资产还未摊销，所以 20×1 年末无形资产的计税基础为无形资产入账成本的 175%。自主研发成功的无形资产在使用期间，一般情况下，会计与税法对无形资产的摊销方法相同即直线法，但是摊销总额不同，会计上 5 年的摊销总额为 1 000 万元，每年年末无形资产的账面价值是无形资产的原值即资本化金额与会计上的累计摊销额的差额，而税法 5 年的摊销总额为原值的 175%即 1 750 万元，每年年末无形资产的计税基础为 1 750 万元减去以前已扣除金额即税法上的累计摊销额，从而导致无形资产的账面价值小于无形资产的计税基础，产生可抵扣暂时性差异。

（1）20×1 年末无形资产的账面价值、计税基础和暂时性差异的确定。

无形资产的账面价值=1 000(万元)

计税基础=1 000×175%=1 750(万元)

暂时性差异=1 000−1 750=−750(万元)

（2）无形资产使用期间的账面价值、计税基础和暂时性差异的确定。

无形资产使用期间会计每年摊销额=1 000/5=200(万元)

无形资产使用期间税法每年摊销额=1 750/5=350(万元)

无形资产使用期间账面价值、计税基础和暂时性差异的确定如表 2-2 所示。

表 2-2 无形资产使用期间账面价值、计税基础和暂时性差异 单位：万元

项目	20×2 年	20×3 年	20×4 年	20×5 年	20×6 年
资本化成本	1 000	1 000	1 000	1 000	1 000
累计会计摊销额	200	400	600	800	1 000

续表

项目	20×2 年	20×3 年	20×4 年	20×5 年	20×6 年
账面价值	800	600	400	200	0
累计计税摊销额	350	700	1 050	1 400	1 750
计税基础	1 400	1 050	700	350	0
暂时性差异	−600	−450	−300	−150	0

以 20×2 年（第 1 年）为例：

20×2 年累计会计摊销额＝200(万元)

20×2 年 12 月 31 日无形资产的账面价值＝1 000－200＝800(万元)

20×2 年累计计税摊销额＝350(万元)

20×2 年 12 月 31 日无形资产的计税基础＝1 750－350＝1 400(万元)

暂时性差异＝800－1 400＝－6 00(万元)

显然，这是可抵扣暂时性差异。

实务 2－8　无形资产的计税基础与暂时性差异的确定（2）

辉正公司所得税的会计处理采用资产负债表债务法。辉正公司 20×1 年发生研发支出 1 500 万元，其中符合资本化条件后发生的支出为 1 000 万元。当年无形资产开发完成但尚未摊销。无形资产按 5 年摊销，会计与税法相同。20×2 年开始投入使用。按照税法的规定，该无形资产符合加计 75%的扣除标准。20×2 年末无形资产发生减值 100 万元。

要求：

计算确定 20×2 年末无形资产的账面价值、计税基础和暂时性差异。

实务分析：

无形资产的会计摊销总额为 1 000 万元，税法摊销总额为 1 750 万元。会计上在 20×2 年末计提了无形资产减值准备 100 万元，无形资产的账面价值是无形资产原值减去累计摊销额再减去无形资产减值准备的差额，而税法不允许扣除非实质性损失，故计税基础的确定与实务 2－7 一致，导致无形资产的账面价值小于其计税基础，产生可抵扣暂时性差异。

20×2 年末无形资产的账面价值、计税基础和暂时性差异的计算确定如下：

无形资产使用期间会计每年摊销额＝1 000/5＝200(万元)

无形资产使用期间税法每年摊销额＝1 750/5＝350(万元)

无形资产的账面价值＝1 000－200－100＝700(万元)

无形资产的计税基础＝1 750－350＝1 400(万元)

暂时性差异＝700－1 400＝－700(万元)(可抵扣暂时性差异)

实务 2-9　无形资产的计税基础与暂时性差异的确定（3）

辉正公司所得税的会计处理采用资产负债表债务法。20×7 年初，辉正公司取得一项无形资产，取得成本为 800 万元，无法预计其使用年限，因此将其作为使用寿命不确定的无形资产。税法规定对该无形资产按照 10 年摊销，摊销金额允许税前扣除。20×7 年末减值测试结果显示该无形资产发生减值 60 万元。

要求：

计算确定辉正公司 20×7 年末该无形资产的账面价值、计税基础和暂时性差异。

实务分析：

根据会计准则的规定，辉正公司对该无形资产不必摊销，但是 20×7 年末计提了资产减值准备 60 万元，所以无形资产的账面价值是无形资产原值 800 万元与无形资产减值准备 60 万元的差额即 740 万元。税法允许该无形资产摊销，每年摊销额为无形资产原值除以 10 年即 80 万元。20×7 年末，无形资产的计税基础为无形资产的原值 800 万元与累计计税摊销额 80 万元的差额即 720 万元。很显然，无形资产的账面价值大于其计税基础，产生应纳税暂时性差异。

20×7 年末该无形资产的账面价值、计税基础和暂时性差异的计算确定如下：

无形资产的账面价值＝800－60＝740(万元)

税法规定每年摊销额＝800/10＝80(万元)

无形资产的计税基础＝800－80＝720(万元)

暂时性差异＝740－720＝20(万元)(应纳税暂时性差异)

五、交易性金融资产、其他债权投资和其他权益工具投资的计税基础与暂时性差异的确定

根据会计准则的要求，交易性金融资产期末按公允价值计量，公允价值变动计入当期损益；其他债权投资和其他权益工具投资按公允价值计量，公允价值变动计入所有者权益。因此，上述三种金融资产的账面价值一般为期末公允价值（不同于账面价值）。根据税法规定，公允价值变动未实现，不能计入当期应纳税所得额，待处置时一并计入应纳税所得额，所以上述金融资产的计税基础为其取得成本。因此，这些金融资产的账面价值与计税基础不同，产生可抵扣暂时性差异（账面价值小于计税基础）或应纳税暂时性差异（账面价值大于计税基础）。

实务 2-10　交易性金融资产的计税基础与暂时性差异的确定

辉正公司所得税的会计处理采用资产负债表债务法。20×7 年 8 月 25 日，辉正公司从证券市场取得一项权益性投资，支付价款 500 万元，作为交易性金融资产核算。20×7 年 12 月 31 日，该投资的市场价值为 560 万元。

要求：

计算确定 20×7 年 12 月 31 日交易性金融资产的账面价值、计税基础和暂时性差异。

实务分析：

会计核算时，确认交易性金融资产的会计分录为（以下会计分录单位为万元）：

借：交易性金融资产——成本 500

贷：银行存款 500

交易性金融资产期末以公允价值计量，期末调整分录为：

借：交易性金融资产——公允价值变动 60

贷：公允价值变动损益 60

因此，交易性金融资产的账面价值为 560 万元（500＋60）。

而税法规定，交易性金融资产公允价值变动损益不计入当期应纳税所得额，故该交易性金融资产的计税基础为取得成本 500 万元。交易性金融资产的账面价值减去其计税基础得到交易性金融资产的暂时性差异。显然，该交易性金融资产账面价值大于计税基础，所以产生应纳税暂时性差异。

交易性金融资产的账面价值＝560(万元)

交易性金融资产的计税基础＝500(万元)

暂时性差异＝560－500＝60(万元)(应纳税暂时性差异)

六、投资性房地产计税基础与暂时性差异的确定

投资性房地产后续计量有两种计量模式即成本计量模式和公允价值计量模式。如果采用成本计量模式，与固定资产的计税基础和暂时性差异的计算确定方法相同，这里不再赘述。另一种是公允价值计量模式，公允价值变动计入当期损益，因此期末投资性房地产的账面价值为期末公允价值，而税法规定公允价值变动不能计入当期应纳税所得额，只有实现时才能计入，所以投资性房地产的计税基础为其取得成本，从而产生会计与税法的差异。

实务 2-11　投资性房地产的计税基础与暂时性差异的确定

辉正公司所得税的会计处理采用资产负债表债务法。20×7 年 6 月 2 日取得一房屋用于出租，作为投资性房地产核算，采用公允价值模式对该投资性房地产进行后续计量。投资性房地产取得成本为 60 万元，预计使用 15 年，净残值为 0，税法允许采用直线法计提折旧。20×7 年 12 月 31 日该投资性房地产的公允价值为 85 万元。

要求：

(1) 计算确定 20×7 年 12 月 31 日投资性房地产的账面价值；

(2) 计算确定20×7年12月31日投资性房地产的计税基础；

(3) 计算确定20×7年12月31日投资性房地产的暂时性差异。

实务分析：

根据会计准则规定，辉正公司对投资性房地产采用公允价值模式进行后续计量时，不需要计提折旧，所以20×7年12月31日投资性房地产的账面价值即为公允价值85万元，这是会计处理的结果。但是，税法允许计提折旧并从当期应纳税所得额中扣除，因此20×7年12月31日投资性房地产的计税基础为取得成本60万元扣除半年折旧额后的金额，显然，投资性房地产的账面价值大于其计税基础，产生应纳税暂时性差异。

(1) 20×7年12月31日投资性房地产的账面价值的确定。

账面价值＝公允价值＝85(万元)

(2) 20×7年12月31日投资性房地产的计税基础的确定。

20×7年税法折旧额$=60/15\times\frac{1}{2}=2$(万元)

计税基础＝60－2＝58(万元)

(3) 20×7年12月31日投资性房地产的暂时性差异的确定。

暂时性差异＝85－58＝27(万元)

这是应纳税暂时性差异，会增加企业在未来期间的应纳税所得额。

七、负债的计税基础与暂时性差异的确定

我们学习了各项资产的计税基础和暂时性差异的确定，那么负债的计税基础和暂时性差异如何确定呢?

负债的确认和偿还，通常不会对当期损益和应纳税所得额产生影响，未来计算应纳税所得额时按照税法规定可予抵扣的金额为0，如短期借款、应付票据、应付账款等，其计税基础即为账面价值。但在某些情况下，负债的确认可能会影响损益，并影响不同期间的应纳税所得额，使其计税基础与账面价值之间产生差额。例如，企业因某事项在当期确认了100万元负债，计入当期损益。假定按照税法规定，与确认该负债相关的费用在实际发生时才准予税前扣除，则该负债的计税基础为0，其账面价值与计税基础之间形成可抵扣暂时性差异。

(一) 预计负债的计税基础与暂时性差异的确定

预计负债是指因过去事项而形成的现时义务，且结算该义务时预期会有经济资源流出企业。尽管预计负债在金额上不确定，但可以进行合理的估计。会计核算时按照或有

事项准则的规定确认预计负债，但是税法规定实际支付时才能税前扣除，从而产生可抵扣暂时性差异。

实务 2－12　预计负债的计税基础与暂时性差异的确定

2×19 年辉正公司销售产品承诺提供 5 年的保修服务，根据企业以往经验，预计本年销售的产品未来 5 年保修服务期内将很可能产生 60 万元的保修服务费用，因此，会计上当期确认了 60 万元的销售费用，同时确认预计负债。假设 2×19 年未发生任何保修支出。

要求：

(1) 计算确定 2×19 年末预计负债的账面价值；

(2) 计算确定 2×19 年末预计负债的计税基础；

(3) 计算确定 2×19 年末预计负债的暂时性差异；

(4) 如果 2×20 年企业发生保修支出 10 万元，计算确定 2×20 年末预计负债的计税基础和暂时性差异。

实务分析：

根据会计准则的规定，如果或有负债发生的可能性很大，并且金额能够可靠估计，则应确认负债，因此，辉正公司确认了预计负债 60 万元，计入销售费用。但是，按照税法规定保修支出未实际发生前不能扣除，该费用只有在将来保修服务期内实际发生时才允许税前扣除，2×19 年未发生任何保修支出，所以 2×19 年末该负债将来允许扣除的金额为 60 万元。

2×20 年，企业实际发生了 10 万元的保修支出，预计负债年末余额为 50 万元，按照税法规定，该 10 万元实际支出允许在 2×20 年税前扣除，所以未来 4 年清偿负债期间还可以税前扣除的金额为 50 万元。

(1) 2×19 年末预计负债的账面价值＝60(万元)

(2) 2×19 年末预计负债的计税基础＝60－60＝0

负债的计税基础等于负债的账面价值减去未来清偿负债期间允许税前扣除的金额。

(3) 2×19 年末预计负债的暂时性差异＝60－0＝60(万元)

这是可抵扣暂时性差异，会减少企业在未来期间的应纳税所得额。

(4) 如果 2×20 年企业发生保修支出 10 万元，则 2×20 年末预计负债的计税基础和暂时性差异的计算如下：

2×20 年末预计负债的账面价值＝50(万元)

2×20 年末预计负债的计税基础＝50－50＝0

2×20 年末预计负债的暂时性差异＝50－0＝50(万元)(可抵扣暂时性差异)

（二）预收账款的计税基础与暂时性差异的确定

企业在收到客户预付款时，因不符合收入确认条件，会计上将其确认为负债。税法中对收入的确认原则一般与会计规定相同，即会计上未确认收入时，计税时一般亦不计入收入总额，该部分经济利益在未来期间计税时可予税前扣除的金额为0，计税基础等于账面价值，暂时性差异为0。但在某些情况下，税法规定的收入确认原则与会计规定不完全一致，如企业所得税法有一些特殊的规定，对部分预收账款也要求计入应纳税所得额征税，或预征税款。也就是会计在收到款项当期不能确认为收入，但税法在收到款项当期确认为收入，计税基础不等于账面价值，从而产生暂时性差异。

实务 2-13　预收账款的计税基础与暂时性差异的确定

2×19 年 11 月 26 日，辉正公司从客户收到 180 万元货款，款项已经收存银行，并开具了增值税专用发票。会计上由于不符合收入确认的条件没有确认为收入，而确认为预收账款，但是按税法规定，纳税义务已经发生，该款项应计入取得当期应纳税所得额计算缴纳所得税。

要求：

（1）计算确定 2×19 年末预收账款的账面价值；

（2）计算确定 2×19 年末预收账款的计税基础；

（3）计算确定 2×19 年末预收账款的暂时性差异。

实务分析：

根据会计准则，尽管辉正公司款项已经收到，也开具了增值税专用发票，但是不满足收入确认的条件，从而将该款项确认为负债即预收账款；而税法规定该收入已经实现，款项收到当期应计算缴纳所得税。未来期间按照会计准则的规定应确认收入时，税法不再计入收入总额，也就是不再重复缴税，计算应纳税所得额可予以纳税调整做调减处理的金额为 180 万元。

（1）2×19 年末预收账款的账面价值＝180(万元)

（2）2×19 年末预收账款的计税基础＝180－180＝0

（3）2×19 年末预收账款的暂时性差异＝180－0＝180(万元)

这是可抵扣暂时性差异，会减少企业未来期间的应纳税额。

（三）应付职工薪酬和其他负债的计税基础与暂时性差异的确定

企业根据实际职工薪酬计入有关成本、费用和负债，企业经营因为各种原因可能会产生罚款等负债，但税法并不是把所有的职工薪酬都作为费用扣除，也不允许把罚款从应纳所得税额中扣除，从而会计和税法产生了差异。

1. 应付职工薪酬的计税基础与暂时性差异的确定

会计准则规定，企业为获得职工提供的服务而给予的各种形式的报酬以及其他相关支出均作为企业的成本费用，在未支付之前确认为负债，即应付职工薪酬。税法中对于合理的职工薪酬允许在税前扣除，但对职工福利费、职工教育经费、工会经费等有税前扣除标准，按照会计准则规定计入成本费用的金额超过规定标准的部分，应进行纳税调整。超过规定标准的部分，如职工福利费、工会经费在发生当期不允许扣除，在以后期间也不允许税前扣除，即该部分差额对未来期间计税不产生影响，从而应付职工薪酬负债的账面价值等于计税基础。

实务 2-14　应付职工薪酬的计税基础与暂时性差异的确定

2×19 年，辉正公司计入成本费用的职工工资总额为 5 000 万元，尚未支付。按照税法规定，当年计入成本费用的 5 000 万元工资中，可予税前扣除的金额为 4 500 万元。

要求：

(1) 计算确定 2×19 年末应付职工薪酬的账面价值；

(2) 计算确定 2×19 年末应付职工薪酬的计税基础；

(3) 计算确定 2×19 年末应付职工薪酬的暂时性差异。

实务分析：

根据会计准则的要求，企业应将发生的职工薪酬费用全部确认，所以 2×19 年 12 月 31 日，资产负债表上应付职工薪酬的账面价值为 5 000 万元。但是在税务处理上，企业实际发生的职工福利费支出 5 000 万元不能全部扣除，允许税前扣除的金额为 4 500 万元，二者之间所产生的差额 500 万元在当期即应进行纳税调整，并且在以后期间也不允许税前扣除，即应付职工薪酬这项负债在未来清偿期间允许税前扣除的金额为 0。

(1) 2×19 年末应付职工薪酬的账面价值=5 000(万元)

(2) 2×19 年末应付职工薪酬的计税基础=5 000−0=5 000(万元)

(3) 2×19 年末应付职工薪酬的暂时性差异=5 000−5 000=0

2. 其他负债的计税基础与暂时性差异的确定

企业的其他负债项目，如应缴的税收滞纳金、罚金、罚款和被没收财物的损失，在尚未支付之前按照会计规定应确认为费用，同时作为负债反映。按照税法规定，税收滞纳金、罚金、罚款和被没收财物的损失不允许在税前扣除，即该部分费用无论是在发生当期还是在以后期间均不允许在税前扣除，其计税基础为账面价值减去未来期间计税时可予税前扣除的金额 0 之间的差额，即计税基础等于账面价值。

实务 2-15　其他应付款的计税基础与暂时性差异的确定

2×19 年辉正公司因违反相关法规被罚款 90 万元，2×19 年 12 月 31 日罚款尚未支付。

要求：

（1）计算确定2×19年末其他应付款的账面价值；

（2）计算确定2×19年末其他应付款的计税基础；

（3）计算确定2×19年末其他应付款的暂时性差异。

实务分析：

会计核算时，对于该项罚款辉正公司应计入2×19年利润表，同时确认资产负债表中的负债即其他应付款。按照税法规定，企业罚金、罚款和被没收财物的损失不允许在税前扣除，所以与该项负债相关的支出在未来期间计税时按照税法规定准予税前扣除的金额为0。

（1）2×19年末其他应付款的账面价值＝90（万元）

（2）2×19年末其他应付款的计税基础＝90－0＝90（万元）

（3）2×19年末其他应付款的暂时性差异＝90－90＝0

暂时性差异与时间性差异的比较

自行研发无形资产不确认暂时性差异的所得税影响的理解

会计和税法对投资产生的交易费用的处理差异

第三节 递延所得税与所得税费用的核算

前面我们学习了资产、负债的计税基础与暂时性差异的计算确定。暂时性差异包括可抵扣暂时性差异和应纳税暂时性差异。那么如何核算可抵扣暂时性差异产生的递延所得税资产和应纳税暂时性差异产生的递延所得税负债？如何确定当期会计上确认的所得税费用？

一、所得税会计的一般程序

按照现行会计准则的规定，所得税会计采用资产负债表债务法核算。资产负债表债务法体现资产/负债观，是以估计转销年度的所得税税率为依据，计算递延所得税款的一种所得税会计处理方法。资产负债表债务法下，所得税会计的一般程序如下：

（1）确定资产、负债的账面价值；

（2）确定资产、负债的计税基础；

（3）确定当期应确认的递延所得税资产和递延所得税负债金额或应予转销的金额；

（4）计算确定当期应纳税所得额和当期应交所得税；

（5）确定所得税费用。

二、递延所得税负债的确认与计量

一般来讲，资产负债表债务法下，应纳税暂时性差异是以相关应纳税暂时性差异转回期间适用的所得税税率计量并确认为递延所得税负债，同时增加所得税费用（与直接计入所有者权益的交易或事项以及企业合并中取得的资产、负债相关的除外，我们将在后面的所得税会计特殊问题中学习）。

税率发生变化的，应对已确认的递延所得税负债重新计量，影响数计入当期所得税费用（除直接在权益中确认的交易或事项产生的递延所得税负债外）。

实务 2-16　递延所得税负债的确认与计量

辉正公司于20×1年12月26日购入生产设备一台，成本为5 000万元，预计使用年限为5年，无残值。会计上日常处理采用直线法计提折旧，而税法规定可以采用双倍余额递减法计提折旧，假设无其他会计与税收差异，适用的所得税税率为33%。

要求：

（1）计算确定各年累计会计折旧额和各年末固定资产的账面价值；

（2）计算确定各年累计计税折旧额和各年末固定资产的计税基础；

（3）计算确定各年固定资产的暂时性差异；

（4）计算确定各年递延所得税负债期末余额；

（5）计算确定各年应确认或转回的递延所得税负债；

（6）编制各年确认或转回递延所得税负债的会计分录。

实务分析：

会计上企业采用直线法计提折旧，每年折旧额等于应计折旧总额除以固定资产的预计使用年限，其中应计折旧总额等于固定资产成本减去预计净残值。各年末累计会计折旧额等于各年折旧额之和，各年末固定资产的账面价值（资产负债表上反映的金额）等于固定资产原值减去累计会计折旧额，再减去固定资产减值准备。

计税时，税法允许企业采用双倍余额递减法计提折旧，该方法下，每年计税折旧额等于每年年初固定资产的账面价值乘以直线法折旧率（固定资产预计使用年限的倒数）的2倍，累计计税折旧额为各年计税折旧额之和，每年年初固定资产的账面价值等于固定资产原值减去以前年度累计计税折旧额。固定资产的计税基础等于固定资产原值减去至本年末已经从应纳税所得额中扣除的累计计税折旧额。

固定资产的暂时性差异等于会计上固定资产的账面价值与其计税基础之差。本案例中，固定资产的账面价值大于计税基础，所以产生应纳税暂时性差异。

各年末递延所得税负债余额等于固定资产的暂时性差异乘以所得税税率，各年应确认或转回的递延所得税负债等于递延所得税负债的期末余额减去期初余额。

确认递延所得税负债的会计分录：

借：所得税费用

　贷：递延所得税负债

递延所得税负债转回时做相反的会计分录：

借：递延所得税负债

　贷：所得税费用

历年相关数据计算如表2-3所示。

表2-3 历年相关数据计算表 单位：万元

项目	20×2年	20×3年	20×4年	20×5年	20×6年
实际成本①	5 000	5 000	5 000	5 000	5 000
累计会计折旧额②	1 000	2 000	3 000	4 000	5 000
账面价值 (1)=①-②	4 000	3 000	2 000	1 000	0
累计计税折旧额③	2 000	3 200	3 920	4 460	5 000
计税基础 (2)=①-③	3 000	1 800	1 080	540	0
暂时性差异 (3)=(1)-(2)	1 000	1 200	920	460	0
适用税率④	33%	33%	33%	33%	33%
递延所得税负债期末余额 (4)=(3)×④	330	396	303.6	151.8	0
确认的递延所得税负债 (5)=(4)-调整前(4)	330	66	-92.4	-151.8	-151.8

表中相关数据具体计算过程和会计分录（单位为万元）如下：

20×2年12月31日：

累计会计折旧额=5 000/5=1 000(万元)

累计计税折旧额=5 000×2/5=2 000(万元)

固定资产的账面价值=5 000-1 000=4 000(万元)

计税基础=5 000-2 000=3 000(万元)

暂时性差异=4 000-3 000=1 000(万元)

这是应纳税暂时性差异，会增加未来的应纳税所得额和应纳所得税额。

递延所得税负债期末余额=1 000×33%=330(万元)

确认的递延所得税负债=330-0=330(万元)

会计分录：

借：所得税费用　　330

　贷：递延所得税负债　　330

20×3 年 12 月 31 日：

累计会计折旧额＝5 000/5×2＝2 000(万元)

累计计税折旧额＝(5 000－2 000)×2/5＋2 000＝3 200(万元)

固定资产的账面价值＝5 000－2 000＝3 000(万元)

计税基础＝5 000－3 200＝1 800(万元)

暂时性差异＝3 000－1 800＝1 200(万元)

这是应纳税暂时性差异，会增加未来的应纳税所得额和应纳所得税额。

递延所得税负债期末余额＝1 200×33%＝396(万元)

确认的递延所得税负债＝396－330＝66(万元)

会计分录：

借：所得税费用　　66

　贷：递延所得税负债　　66

20×4 年 12 月 31 日：

累计会计折旧额＝5 000/5×3＝3 000(万元)

累计计税折旧额＝(5 000－3 200)×2/5＋3 200＝3 920(万元)

固定资产的账面价值＝5 000－3 000＝2 000(万元)

计税基础＝5 000－3 920＝1 080(万元)

暂时性差异＝2 000－1 080＝920(万元)

递延所得税负债期末余额＝920×33%＝303.6(万元)

确认的递延所得税负债＝303.6－396＝－92.4(万元)

递延所得税负债开始转销。

会计分录：

借：递延所得税负债　　92.40

　贷：所得税费用　　92.40

20×5 年 12 月 31 日：

累计会计折旧额＝5 000/5×4＝4 000(万元)

累计计税折旧额＝(5 000－3 920)/2＋3 920＝4 460(万元)

固定资产的账面价值＝5 000－4 000＝1 000(万元)

计税基础＝5 000－4 460＝540(万元)

暂时性差异＝1 000－540＝460(万元)

递延所得税负债期末余额＝460×33%＝151.80(万元)

确认的递延所得税负债＝151.8－303.6＝－151.80(万元)

这是递延所得税负债转销。

会计分录：

借：递延所得税负债　　151.80

　贷：所得税费用　　151.80

20×6 年 12 月 31 日：

累计会计折旧额＝5 000/5×5＝5 000(万元)

累计计税折旧额＝(5 000－3 920)/2＋4 460＝5 000(万元)

固定资产的账面价值＝5 000－5 000＝0

计税基础＝5 000－5 000＝0

暂时性差异＝0－0＝0

递延所得税负债期末余额＝0×33%＝0

确认的递延所得税负债＝0－151.8＝－151.8(万元)

这是递延所得税负债转销。

会计分录：

借：递延所得税负债　　151.80

　贷：所得税费用　　151.80

实务 2-17　税率变更时递延所得税负债的确认与计量

假设实务 2-16 中，20×4 年 1 月 1 日所得税税率由 33%降为 25%，其他条件不变。

要求：

(1) 计算 20×4 年 1 月 1 日税率由 33%降为 25%时递延所得税负债的调整额；

(2) 编制税率变更时递延所得税负债的调整分录；

(3) 计算 20×4 年 12 月 31 日的递延所得税负债余额；

(4) 计算 20×4 年 12 月 31 日应转回的递延所得税负债；

(5) 编制 20×4 年 12 月 31 日应转回的递延所得税负债会计分录。

实务分析：

有关各年固定资产的账面价值、计税基础、暂时性差异、递延所得税负债期末余额和应确认或转回的递延所得税负债的分析过程详见实务 2-16 的分析，这里不再赘述。

20×4 年 1 月 1 日，递延所得税负债的期初余额 396 万元是根据 20×3 年 12 月 31 日适用的税率 33%和暂时性差异 1 200 万元计算的结果。根据资产负债表债务法的原理，税率发生变更时，需要按照未来适用的税率 25%调整递延所得税负债的余额，同时税率 33%与税率 25%产生的递延所得税负债的差额调整所得税费用。

特别注意，20×4 年 12 月 31 日，递延所得税负债的余额是根据新税率 25%计算的结果，所以当年应转回（本例是转回）的递延所得税负债等于递延所得税负债的余额减去20×4年1月1日按新税率调整后计算的递延所得税负债。

历年相关数据计算如表2-4所示。

表2-4　历年相关数据计算表　　单位：万元

项目	20×2年	20×3年	20×4年	20×5年	20×6年
实际成本①	5 000	5 000	5 000	5 000	5 000
累计会计折旧额②	1 000	2 000	3 000	4 000	5 000
账面价值 (1)=①-②	4 000	3 000	2 000	1 000	0
累计计税折旧额③	2 000	3 200	3 920	4 460	5 000
计税基础 (2)=①-③	3 000	1 800	1 080	540	0
暂时性差异 (3)=(1)-(2)	1 000	1 200	920	460	0
适用税率④	33%	33%	25%	25%	25%
递延所得税负债期末余额 (4)=(3)×④	330	396	230	115	0
确认的递延所得税负债 (5)=(4)-调整前(4)	330	66	-70	-115	-115

第1年和第2年的计算和会计处理过程同上例，这里不再赘述。

(1) 20×4年1月1日税率由33%降为25%时递延所得税负债的调整额的确定。

调整后年初递延所得税负债余额=396/33%×25%=300(万元)

应冲减的递延所得税负债=396-300=96(万元)

(2) 编制税率变更时递延所得税负债的调整分录：

借：递延所得税负债　　96

　贷：所得税费用　　96

(3) 20×4年12月31日递延所得税负债的确定。

计税基础=920(万元)

递延所得税负债期末余额=920×25%=230(万元)

(4) 20×4年12月31日应转回的递延所得税负债的确定。

确认的递延所得税负债=230-300=-70(万元)(转回)

(5) 20×4年12月31日应转回的递延所得税负债会计分录：

借：递延所得税负债　　70

　贷：所得税费用　　70

以后年度相关计算和会计处理与实务2-16类似，这里不再赘述。

三、递延所得税资产的确认与计量

可抵扣暂时性差异产生递延所得税资产，一般可抵扣暂时性差异应按照预期收回资产期间的使用税率为基础，计算并确认递延所得税资产（以可抵扣暂时性差异转回的未来期间能产生足够的应纳税所得额为限）并同时确认所得税费用（与直接计入所有者权益的交易或事项以及企业合并中取得的资产、负债相关的除外）。

税率发生变化的，应对已确认的递延所得税资产重新计量，影响数计入当期所得税费用（除直接在权益中确认的交易或事项产生的递延所得税资产外）。

实务 2-18　递延所得税资产的确认与计量

辉正公司于 20×1 年 12 月 26 日购入生产设备一台，成本为 5 000 万元，预计使用年限为 5 年，无残值。会计上日常处理采用双倍余额递减法计提折旧，而税法规定采用直线法计提折旧。假设无其他会计与税收差异，适用的所得税税率为 33%，未来有足够的应纳税所得额抵扣以前年度产生的可抵扣暂时性差异。

要求：

（1）计算确定各年末累计会计折旧额和各年末固定资产的账面价值；

（2）计算确定各年末累计计税折旧额和各年末固定资产的计税基础；

（3）计算确定各年固定资产的暂时性差异；

（4）计算确定各年递延所得税资产期末余额；

（5）计算确定各年应确认或转回的递延所得税资产；

（6）编制各年确认或转回递延所得税资产的会计分录。

实务分析：

企业会计处理时采用双倍余额递减法计提折旧，该方法下，每年会计折旧额等于年初固定资产的账面价值乘以折旧率（固定资产预计使用年限的倒数的 2 倍），其中年初固定资产的账面价值等于固定资产原值减去以前年度累计会计折旧额，各年末累计会计折旧额等于各年折旧额之和，各年末固定资产的账面价值（资产负债表上反映的金额）等于固定资产原值减去累计会计折旧额，再减去固定资产减值准备。

但是税法规定企业只能对该固定资产采用直线法计提折旧，所以每年计税折旧额等于应计折旧总额除以固定资产的预计使用年限，其中应计折旧总额等于固定资产成本减去预计净残值。累计计税折旧额为各年计税折旧额之和。年末固定资产的计税基础等于固定资产原值减去至本年末已经从应纳税所得额中扣除的累计计税折旧额。

固定资产的暂时性差异等于固定资产的账面价值减去计税基础。本案例中，固定资产的账面价值小于计税基础，所以产生可抵扣暂时性差异。

各年末递延所得税资产余额等于固定资产的暂时性差异乘以所得税税率，各年应确认或转回的递延所得税资产等于递延所得税资产的期末余额减去期初余额。

确认递延所得税资产的会计分录：

借：递延所得税资产

贷：所得税费用

递延所得税资产转回时做相反的会计分录：

借：所得税费用

贷：递延所得税资产

历年相关数据计算如表2-5所示。

表2-5 历年相关数据计算表　　单位：万元

项目	20×2年	20×3年	20×4年	20×5年	20×6年
实际成本①	5 000	5 000	5 000	5 000	5 000
累计会计折旧额②	2 000	3 200	3 920	4 460	5 000
账面价值 (1)=①-②	3 000	1 800	1 080	540	0
累计计税折旧额③	1 000	2 000	3 000	4 000	5 000
计税基础 (2)=①-③	4 000	3 000	2 000	1 000	0
暂时性差异 (3)=(1)-(2)	-1 000	-1 200	-920	-460	0
适用税率④	33%	33%	33%	33%	33%
递延所得税资产期末余额 (4)=(3)×④	330	396	303.6	151.8	0
确认的递延所得税资产 (5)=(4)-调整前(4)	330	66	-92.4	-151.8	-151.8

表中相关数据具体计算过程和会计分录（单位为万元）如下：

20×2年12月31日：

累计会计折旧额=5 000×2/5=2 000(万元)

累计计税折旧额=5 000/5=1 000(万元)

固定资产的账面价值=5 000-2 000=3 000(万元)

计税基础=5 000-1 000=4 000(万元)

暂时性差异=3 000-4 000=-1 000(万元)

这是可抵扣暂时性差异，会减少未来的应纳税所得额和应纳所得税额。

递延所得税资产期末余额=1 000×33%=330(万元)

确认的递延所得税资产=330-0=330(万元)

会计分录：

借：递延所得税资产　　330

　贷：所得税费用　　330

20×3 年 12 月 31 日：

累计会计折旧额＝(5 000－2 000)×2/5＋2 000＝3 200(万元)

累计计税折旧额＝5 000/5×2＝2 000(万元)

固定资产的账面价值＝5 000－3 200＝1 800(万元)

计税基础＝5 000－2 000＝3 000(万元)

暂时性差异＝1 800－3 000＝－1 200(万元)

这是可抵扣暂时性差异递增，会减少未来的应纳税所得额和应纳所得税额。

递延所得税资产期末余额＝1 200×33%＝396(万元)

确认的递延所得税资产＝396－330＝66(万元)

会计分录：

借：递延所得税资产　　66

　贷：所得税费用　　66

20×4 年 12 月 31 日：

累计会计折旧额＝(5 000－3 200)×2/5＋3 200＝3 920(万元)

累计计税折旧额＝5 000/5×3＝3 000(万元)

固定资产的账面价值＝5 000－3 920＝1 080(万元)

计税基础＝5 000－3 000＝2 000(万元)

暂时性差异＝1 080－2 000＝－920(万元)

递延所得税资产期末余额＝920×33%＝303.6(万元)

确认的递延所得税资产＝303.6－396＝－92.4(万元)

递延所得税资产开始转销。

会计分录：

借：所得税费用　　92.40

　贷：递延所得税资产　　92.40

20×5 年 12 月 31 日：

累计会计折旧额＝(5 000－3 920)/2＋3 920＝4 460(万元)

累计计税折旧额＝5 000/5×4＝4 000(万元)

固定资产的账面价值＝5 000－4 460＝540(万元)

计税基础＝5 000－4 000＝1 000(万元)

暂时性差异＝540－1 000＝－460(万元)

递延所得税资产期末余额＝460×33%＝151.8(万元)

确认的递延所得税资产＝151.8－303.6＝－151.8(万元)

这是递延所得税资产转销。

会计分录：

借：所得税费用　　151.80

　贷：递延所得税资产　　151.80

20×6 年 12 月 31 日：

累计会计折旧额＝(5 000－3 920)/2＋4 460＝5 000(万元)

累计计税折旧额＝5 000/5×5＝5 000(万元)

固定资产的账面价值＝5 000－5 000＝0

计税基础＝5 000－5 000＝0

暂时性差异＝0－0＝0

递延所得税资产期末余额＝0×33%＝0

确认的递延所得税资产＝0－151.8＝－151.8(万元)

这是递延所得税资产转销。

会计分录：

借：所得税费用　　151.80

　贷：递延所得税资产　　151.80

实务 2－19　税率变更时递延所得税资产的确认与计量

假设实务 2－18 中，20×4 年 1 月 1 日所得税税率由 33%降为 25%，其他条件不变。

要求：

(1) 计算 20×4 年 1 月 1 日税率由 33%降为 25%时递延所得税资产的调整额；

(2) 编制税率变更时递延所得税资产的调整分录；

(3) 计算 20×4 年 12 月 31 日的递延所得税资产余额；

(4) 计算 20×4 年 12 月 31 日应转回的递延所得税资产；

(5) 编制 20×4 年 12 月 31 日应转回的递延所得税资产会计分录。

实务分析：

有关各年固定资产的账面价值、计税基础、暂时性差异、递延所得税资产期末余额和应确认或转回的递延所得税资产的分析过程详见实务 2－18 的分析，这里不再赘述。

20×4 年 1 月 1 日，递延所得税资产的期初余额 396 万元是根据 20×3 年 12 月 31 日适用的税率 33%和暂时性差异 1 200 万元计算的结果。根据资产负债表债务法的原理，税率发生变更时，需要按照未来适用的税率 25%调整 20×4 年 1 月 1 日递延所得税资产的余额，同时税率 33%与税率 25%产生的递延所得税资产的差额调整所得税费用。

特别注意，20×4 年 12 月 31 日，递延所得税资产的余额要按新税率 25%计算，所以当年应转回（本例是转回）的递延所得税资产等于递延所得税资产的余额减去 20×4 年 1 月 1 日按新税率调整后计算的递延所得税资产金额。

历年相关数据计算如表2-6所示。

表2-6　历年相关数据计算表　　单位：万元

项目	20×2年	20×3年	20×4年	20×5年	20×6年
实际成本①	5 000	5 000	5 000	5 000	5 000
累计会计折旧额②	2 000	3 200	3 920	4 460	5 000
账面价值 (1)=①-②	3 000	1 800	1 080	540	0
累计计税折旧额③	1 000	2 000	3 000	4 000	5 000
计税基础 (2)=①-③	4 000	3 000	2 000	1 000	0
暂时性差异 (3)=(1)-(2)	-1 000	-1 200	-920	-460	0
适用税率④	33%	33%	25%	25%	25%
递延所得税资产期末余额 (4)=(3)×(4)	330	396	230	115	0
确认的递延所得税资产 (5)=(4)-调整前(4)	330	66	-70	-115	-115

第1年和第2年的计算和会计处理过程同上例，这里不再赘述。下面是税率变更时和变更当年末的处理过程（以下会计分录单位为万元）。

(1) 20×4年1月1日税率由33%降为25%时递延所得税资产的调整额的确定。

调整后年初递延所得税资产余额=396/33%×25%=300(万元)

应冲减(转回)的递延所得税资产=396-300=96(万元)

(2) 税率变更时递延所得税资产的调整分录：

借：所得税费用　　96

　贷：递延所得税资产　　96

(3) 20×4年12月31日递延所得税资产余额的确定。

根据实务2-18计算得知，暂时性差异=-920万元。

递延所得税资产期末余额=920×25%=230(万元)

(4) 20×4年12月31日应转回的递延所得税资产的确定。

确认的递延所得税资产=230-300=-70(万元)(转回)

(5) 20×4年12月31日应转回的递延所得税资产会计分录：

借：所得税费用　　70

　贷：递延所得税资产　　70

以后年度相关计算和处理与实务2-18类似，这里不再赘述。

四、所得税费用的确认与计量

一般来讲，递延所得税资产和递延所得税负债会影响本期所得税费用，那么，会计上当期到底要确认多少所得税费用呢？

所得税费用是指企业经营利润应缴纳的所得税。“所得税费用”科目，核算企业负担的所得税，属于损益类科目，一般不等于当期应交所得税，因为可能存在暂时性差异；如果只有永久性差异，则等于当期应交所得税。

（一）所得税费用的确定

当采用资产负债表债务法核算所得税时，利润表中的所得税费用由两个部分组成：当期所得税和递延所得税。

所得税费用＝当期所得税＋递延所得税

（二）当期所得税的确定

当期所得税是指企业按照税法规定计算确定的针对当期发生的交易和事项，应缴纳给税务部门的所得税金额，即应交所得税。对于当期发生的交易或事项，企业在确定当期所得税时，会计处理与税收处理不同，应在会计利润的基础上，按照适用税法的要求进行调整，计算当期应纳税所得额，按照应纳税所得额与适用所得税税率计算确定当期应交所得税。

当期所得税＝应交所得税＝应纳税所得额×所得税税率

应纳税所得额＝税前会计利润±调整项目

调整项目＝纳税调整增加额－纳税调整减少额

此业务的具体实务应用过程请详见本章第一节里的实务 2-1。

（三）递延所得税的确定

递延所得税是指按照企业会计准则规定应予确认的递延所得税资产和递延所得税负债在期末应有的金额相对于原已确认金额之间的差额，即递延所得税资产及递延所得税负债的当期发生额，但不包括直接计入所有者权益的交易或事项及企业合并产生的所得税影响。用公式表示为：

$$递延所得税=\left(\begin{array}{c}递延所得税负债的\\期末余额\end{array}-\begin{array}{c}递延所得税负债的\\期初余额\end{array}\right)-\left(\begin{array}{c}递延所得税资产的\\期末余额\end{array}-\begin{array}{c}递延所得税资产的\\期初余额\end{array}\right)$$

实务 2-20　所得税费用的确认与计量

假设辉正公司当年应交所得税为 10 500 万元，递延所得税负债和递延所得税资产的期初余额分别为 410 万元、380 万元，期末根据资产、负债的暂时性差异计算出递延所得税负债和递延所得税资产期末余额分别为 490 万元、320 万元。

要求：

(1) 计算当期应确认或转回的递延所得税资产；

(2) 计算当期应确认或转回的递延所得税负债；

(3) 计算当期递延所得税；

(4) 计算应确认的所得税费用；

(5) 编制会计分录。

实务分析：

辉正公司当期应确认或转回的递延所得税资产或递延所得税负债等于递延所得税资产或递延所得税负债期末余额减去它们各自的期初余额。如果差额是正数，说明是确认，相应地借记“递延所得税资产”或贷记“递延所得税负债”；如果差额是负数，说明是转回，相应地借记“递延所得税负债”或贷记“递延所得税资产”。递延所得税等于递延所得税负债变化额（期末余额－期初余额）减去递延所得税资产变化额（期末余额－期初余额），所得税费用等于当期应交所得税加上递延所得税。

特别提示：在不同业务中，递延所得税负债变化额和递延所得税资产变化额可能是负数也可能是正数，所以计算时应特别注意正负符号，避免导致结果错误。

(1) 当期应确认或转回的递延所得税资产＝320－380＝－60(万元)

显然，应该转回递延所得税资产，同时调增所得税费用。

(2) 当期应确认或转回的递延所得税负债＝490－410＝80(万元)

这是确认递延所得税负债，同时调增所得税费用。

(3) 当期递延所得税＝80－(－60)＝140(万元)

(4) 应确认的所得税费用＝140＋10 500＝10 640(万元)

(5) 会计分录（单位为万元）如下：

借：所得税费用	10 640	
贷：递延所得税资产		60
递延所得税负债		80
应交税费——应交所得税		10 500

第四节　所得税会计特殊问题

一般企业确认递延所得税资产或递延所得税负债的同时调整所得税费用，但也有例外情况，即不能计入所得税费用，例如，直接计入所有者权益的所得税问题、企业合并产生的所得税问题。此外，如果企业发生了亏损，如何处理纳税亏损产生的所得税?

一、直接计入所有者权益的所得税问题

直接计入所有者权益的利得或损失是指不应计入当期损益、会导致所有者权益变动的、与所有者投入资本或向所有者分配利润无关的利得或损失。有的暂时性差异并不影响利润，而是直接计入所有者权益。例如，其他权益工具投资或其他债权投资后续计量是按照公允价值计量的，公允价值发生变动，会计上会调整其他权益工具投资或其他债权投资的账面价值，并确认其他综合收益，这项业务并不影响利润。同时，税法规定公允价值发生变动，在实际交易时，才计算损益，所以也不影响应纳税所得额。

但在税法规定的计税基础中，其他权益工具投资或其他债权投资的账面价值仍然是最初的成本，不含公允价值变动额，因此，在计算递延所得税资产或递延所得税负债时，这种暂时性差异对所得税的影响应计入所有者权益，而不是计入所得税费用。

实务 2-21　直接计入所有者权益的所得税问题

20×7 年 7 月 5 日，辉正公司从证券市场购入债券作为其他债权投资核算，实际成本为 60 万元。20×7 年 12 月 31 日，该债券的公允价值为 52 万元；20×8 年 12 月 31 日，该债券的公允价值为 57 万元；20×9 年 5 月 4 日，公司将该债券出售，售价为 82 万元。公司适用的所得税税率为 25%。

要求：

(1) 编制 20×7 年 7 月 5 日投资业务的会计分录；

(2) 编制 20×7 年 12 月 31 日其他债权投资公允价值变动、递延所得税资产确认的会计分录；

(3) 编制 20×8 年 12 月 31 日其他债权投资公允价值变动、确认或转回递延所得税资产的会计分录；

(4) 编制 20×9 年 5 月 4 日出售其他债权投资以及转销递延所得税资产的会计分录。

实务分析：

根据现行会计准则，其他债权投资初始确认金额为 60 万元，20×7 年 12 月 31 日按 52 万元计量，公允价值下降 8 万元，冲减其他债权投资 8 万元，同时冲减所有者权益即其他综合收益 8 万元，账面价值 52 万元小于计税基础 60 万元，产生可抵扣暂时性差异 8 万元，从而产生递延所得税资产 2 万元（8×25%），同时增加其他综合收益 2 万元（8×25%）。20×8 年 12 月 31 日，按 57 万元计量，公允价值上升 5 万元，增加其他债权投资 5 万元，同时增加其他综合收益 5 万元，账面价值 57 万元小于计税基础 60 万元，产生可抵扣暂时性差异 3 万元，显然，应转回递延所得税资产 1.25 万元（2—3×25%），同时调整其他综合收益 1.25 万元（2—3×25%）。处置时，处置价款 82 万元与

所处置的其他债权投资的账面价值57万元的差额25万元计入当期损益，同时转出其他综合收益和递延所得税资产，计入当期损益。

(1) 20×7年7月5日投资业务的会计分录：

借：其他债权投资——成本　　600 000
　贷：银行存款　　600 000

(2) 20×7年12月31日其他债权投资公允价值变动、递延所得税资产确认的会计处理。

公允价值变动额＝52－60＝－8(万元)

借：其他综合收益　　80 000
　贷：其他债权投资——公允价值变动　　80 000

暂时性差异＝52－60＝－8(万元)

递延所得税资产＝8×25%＝2(万元)

借：递延所得税资产　　20 000
　贷：其他综合收益　　20 000

(3) 20×8年12月31日其他债权投资公允价值变动、确认或转回递延所得税资产的会计处理。

公允价值变动额＝57－52＝5(万元)

借：其他债权投资——公允价值变动　　50 000
　贷：其他综合收益　　50 000

暂时性差异＝57－60＝－3(万元)

递延所得税资产＝3×25%－2＝－1.25(万元)

借：其他综合收益　　12 500
　贷：递延所得税资产　　12 500

(4) 20×9年5月4日出售其他债权投资以及转销递延所得税资产的会计处理。

处置损益＝82－57＝25(万元)

借：银行存款　　820 000
　　其他债权投资——公允价值变动　　30 000
　贷：其他债权投资——成本　　600 000
　　　投资收益　　250 000

结转其他综合收益余额和剩余的递延所得税资产：

借：投资收益　　30 000
　贷：递延所得税资产　　7 500
　　　其他综合收益　　22 500

二、企业合并的所得税问题

合并企业支付给被合并企业或其股东的收购价款中，除合并企业股权以外的现金、有价证券和其他资产（以下简称非股权支付额），不高于所支付的股权票面价值（或支付的股本的账面价值）20%的，经税务机关审核确认，当事各方可选择按下列规定进行所得税处理：被合并企业不确认全部资产的转让所得或损失，不计算缴纳所得税，合并企业接受被合并企业全部资产的计税成本以被合并企业原账面价值为基础确定，从而使合并企业取得的资产或负债的账面价值与计税基础产生暂时性差异。

实务 2-22　企业合并所得税问题

辉正公司于20×7年1月1日（购买日）以自身发行的普通股1 000万股（面值为10元，市价为15元）为对价，以吸收合并方式购买宏伟公司。该合并为非同一控制下的企业合并。经税务机关审核确认，被合并企业宏伟公司不确认全部资产的转让所得或损失，不计算缴纳所得税。两个公司的所得税税率为25%。宏伟公司20×7年1月1日有关资产和负债的账面价值、公允价值如表2-7所示。

表 2-7　　单位：万元

项目	公允价值	账面价值
应收账款	5 000	5 000
存货	4 800	4 000
固定资产	8 000	7 000
应付账款	2 000	2 000
预计负债*	500	500
长期应付款	2 300	2 300
净资产	13 000	11 700

* 预计负债为预计发生的保修服务支出。

假设辉正公司获得宏伟公司的全新固定资产使用年限为20年，采用直线法计提折旧，会计与税法相同。辉正公司在20×7年将获得宏伟公司的存货全部售出。20×7年实现税前会计利润8 000万元，20×7年未发生保修服务支出。无其他会计与税法之间的差异。

要求：

（1）计算购买日产生的暂时性差异；

（2）计算购买日产生的递延所得税资产、递延所得税负债、商誉；

（3）编制购买日辉正公司企业合并的会计分录；

（4）编制购买日后至20×7年12月31日，辉正公司转回的递延所得税资产和递延所得税负债以及应交所得税的会计分录。

实务分析：

该合并是非同一控制下的企业合并。购买日，宏伟公司的资产和负债转让给辉正公司，但由于符合税法相关规定，宏伟公司不计算缴纳所得税，而是由辉正公司在未来计算缴纳。辉正公司取得的资产和负债按购买日的公允价值入账，而代替宏伟公司履行纳税义务时，所取得的资产和负债的计税基础是基于宏伟公司的原账面价值，所以在购买日产生了暂时性差异，由此产生了递延所得税资产和递延所得税负债，辉正公司取得的净资产在宏伟公司的原净资产 13 000 万元（公允价值）的基础上，加减这些递延所得税，将影响最终确认的商誉。根据资料，辉正公司获得的存货和固定资产的公允价值都大于账面价值，分别产生应纳税暂时性差异 800 万元和 1 000 万元，承担的预计负债产生可抵扣暂时性差异 500 万元，显然，该合并导致辉正公司未来的应税义务大于权利，所以净资产将小于未考虑所得税影响时的净资产 13 000 万元。

由于辉正公司在 20×7 年将获得的宏伟公司的存货全部售出，售出时也要将与该存货相关的递延所得税负债 200 万元(800×25%) 全部转回。

辉正公司使用固定资产，对固定资产计提了折旧，所以相应要转回一部分原购买日确认的递延所得税负债 12.5 万元((8 000−7 000)/20×25%)。

20×7 年，将会计利润调整为应纳税所得额。辉正公司实现会计利润 8 000 万元，计算该利润时，确认的出售所取得的宏伟公司存货的主营业务成本是基于入账价值即购买日的公允价值 4 800 万元，但在计税时，由于宏伟公司在购买日的纳税义务由辉正公司履行，辉正公司出售该存货的计税成本应是 4 000 万元，二者差额为 800 万元，所以将会计利润调整为应纳税所得额时，应调增 800 万元。会计计提折旧是基于 8 000 万元，而计税折旧是基于 7 000 万元，二者差额为 1 000 万元，采用直线法计提折旧分摊到每年，会计利润要比应纳税所得额多 50 万元，所以将会计利润调整为应纳税所得额时，应调增 50 万元。

（1）购买日产生的暂时性差异如表 2-8 所示。

表 2-8　　　　单位：万元

项目	公允价值	计税基础	暂时性差异
应收账款	5 000	5 000	0
存货	4 800	4 000	800
固定资产	8 000	7 000	1 000
应付账款	2 000	2 000	0
预计负债	500	0*	(500)**
长期应付款	2 300	2 300	0
净资产	13 000	11 700	1 300

* 预计负债的计税基础=500−500=0。

** 预计负债的暂时性差异=500−0=500 万元（可抵扣暂时性差异）。

（2）购买日产生的递延所得税资产、递延所得税负债、商誉计算如下：

递延所得税资产=500×25%=125(万元)

存货产生的递延所得税负债＝800×25％＝200(万元)

固定资产产生的递延所得税负债＝1 000×25％＝250(万元)

递延所得税负债＝200＋250＝450(万元)

调整后的净资产＝13 000＋125－450＝12 675(万元)

商誉＝15 000－12 675＝2 325(万元)

(3) 购买日辉正公司企业合并的会计分录：

借：应收账款	50 000 000	
存货	48 000 000	
固定资产	80 000 000	
商誉	23 250 000	
递延所得税资产	1 250 000	
贷：应付账款		20 000 000
预计负债		5 000 000
长期应付款		23 000 000
股本		100 000 000
资本公积		50 000 000
递延所得税负债		4 500 000

(4) 购买日后至20×7年12月31日，辉正公司转回的递延所得税资产和递延所得税负债以及应交所得税的会计处理。

辉正公司全部出售取得的存货时，应转回全部与该存货有关的递延所得税负债：

借：递延所得税负债	2 000 000	
贷：所得税费用		2 000 000

20×7年对固定资产计提折旧：

会计折旧＝8 000/20＝400(万元)

固定资产的账面价值＝8 000－400＝7 600(万元)

税法折旧＝7000/20＝350(万元)

固定资产的计税基础＝7 000－350＝6 650(万元)

应纳税暂时性差异＝7 600－6 650＝950(万元)

固定资产产生的递延所得税负债期末余额＝950×25％＝237.5(万元)

固定资产有关的递延所得税负债转回金额＝250－237.5＝12.5(万元)

或 ＝1 000/20×25％＝12.5(万元)

借：递延所得税负债	125 000	
贷：所得税费用		125 000

应交所得税＝(8 000＋800＋50)×25％＝2 212.5(万元)

借：所得税费用　　22 125 000

　贷：应交税费——应交所得税　　22 125 000

三、纳税亏损的所得税问题

由于亏损可以税前弥补，企业可以把纳税亏损视同可抵扣暂时性差异处理。

实务 2-23　纳税亏损的所得税问题

辉正公司 20×4—20×7 年的税前会计利润如表 2-9 所示。所得税税率为 25%，假设无其他会计与税法差异。

表 2-9　　单位：万元

年度	20×4	20×5	20×6	20×7
税前会计利润	−700	200	400	400

要求：

计算亏损对各年所得税的影响额并编制会计分录。

实务分析：

根据税法规定，企业发生的 700 万元亏损可以在以后连续 5 年内进行税前弥补，所以会计对此进行处理时，可以把当年发生的亏损 700 万元视同可抵扣暂时性差异，产生递延所得税资产，同时调整所得税费用，以后年度发生盈利税前弥补以前年度亏损时，视同转回递延所得税资产。5 年内只要亏损未弥补完，应纳税所得额就为 0；5 年内弥补完以前年度的亏损后，应纳税所得额等于弥补亏损前的所得额与弥补亏损额之间的差额，应履行纳税义务。

20×4 年 12 月 31 日：

递延所得税资产＝700×25%＝175(万元)

借：递延所得税资产——营业亏损　　1 750 000

　贷：所得税费用　　1 750 000

20×5 年 12 月 31 日：

递延所得税资产转回额＝200×25%＝50(万元)

借：所得税费用　　500 000

　贷：递延所得税资产——营业亏损　　500 000

由于亏损未弥补完，当年应纳税所得额为 0。

20×6 年 12 月 31 日：

递延所得税资产转回额＝400×25%＝100(万元)

借：所得税费用　　1 000 000
　　贷：递延所得税资产——营业亏损　　1 000 000

由于亏损未弥补完，当年应纳税所得额为0。

20×7年12月31日：

本年弥补亏损前的应纳税所得额为400万元，本年弥补以前年度亏损100万元。

弥补亏损后应纳税所得额＝400－100＝300(万元)

递延所得税资产转回额＝100×25%＝25(万元)

应交所得税＝300×25%＝75(万元)

借：所得税费用　　250 000
　　贷：递延所得税资产——营业亏损　　250 000

借：所得税费用　　750 000
　　贷：应交税费——应交所得税　　750 000

知识巩固

一、计算题

2×20年12月31日，辉正公司有产品100件，单位产品成本为105万元，市场价格（不含增值税）预期为92万元；销售每件产品预期发生的销售费用及税金（不含增值税）为5万元。假设所得税税率为25%，2×21年销售该产品60件。

要求：

(1) 计算该存货应计提的减值准备；

(2) 计算2×20年12月31日存货产生的暂时性差异；

(3) 计算2×20年12月31日应确认的递延所得税资产；

(4) 计算2×21年销售产品时应结转的存货跌价准备；

(5) 计算2×21年销售产品时应转回的递延所得税资产。

二、业务处理题

1. 辉正公司2×16年1月1日购入一项价值为90万元的无形资产，使用年限不可预测，预计无残值。计税时采用直线法按照10年摊销。2×16年末对该项无形资产进行减值测试，计提减值损失6万元，2×17年末经测试未减值。2×17年及以前期间适用的所得税税率为33%，按照2×17年颁布的企业所得税法新规定，辉正公司从2×18年起适用的所得税税率为25%。

要求：

(1) 计算2×16年12月31日无形资产的账面价值、计税基础以及确认的递延所得税负债；

（2）编制 2×16 年 12 月 31 日确认递延所得税负债的会计分录；

（3）计算 2×17 年 12 月 31 日无形资产的账面价值、计税基础以及确认的递延所得税负债；

（4）编制 2×17 年 12 月 31 日确认递延所得税负债的会计分录。

2. 20×7 年，辉正公司税前会计利润为 10 000 万元，适用的所得税税率为 25%。递延所得税资产和递延所得税负债的期初余额分别为 230 万元和 870 万元。当年辉正公司发生的交易和事项中会计处理与税法处理存在的差异如下所示：

（1）采用成本法核算当年投资形成的长期股权投资，实际成本为 1 500 万元，当年享有被投资企业已分配但尚未支付的股利 120 万元（假设被投资企业未纳税），确认为投资收益。不考虑其他调整因素。

（2）公司拥有一项固定资产，20×5 年 12 月 25 日购入的实际成本为 5 000 万元，使用年限为 5 年，无残值。会计处理采用直线法计提折旧，税法规定可采用双倍余额递减法处理。当年计提减值准备 100 万元。

（3）公司拥有的交易性金融资产年初账面价值为 500 万元，12 月 31 日公允价值为 560 万元。

（4）向关联企业捐赠现金 300 万元，按照税法规定该项捐赠不允许税前扣除。

（5）当年发生研发支出 800 万元，其中 600 万元资本化计入无形资产成本，还未开始摊销。税法规定公司发生的研发支出可按实际发生额的 175%加计扣除。

（6）公司本年销售产品因提供保修服务而确认了 480 万元的销售费用，同时确认为预计负债。按照税法规定保修服务支出只有实际发生时允许税前扣除。

（7）12 月 31 日，存货账面余额为 1 500 万元，估计可变现净值为 1 300 万元。

（8）应收账款期初余额为 4 000 万元，期末余额为 5 000 万元；坏账准备期初余额为 400 万元，期末余额为 500 万元。税法规定坏账准备按照应收账款期末余额的 5‰ 计提。

（9）公司因违反法规应支付但尚未支付的罚款为 90 万元。公司持有的国库券投资当年实现但尚未收到的利息收入为 180 万元。

要求：

（1）计算确定计税基础、暂时性差异；

（2）计算确定应交所得税、递延所得税、所得税费用；

（3）编制所得税相关的会计分录。

三、简答题

1. 请举例说明会计收益与税法收益之间产生差异的情形。

2. 简述计税基础、暂时性差异、应纳税暂时性差异、可抵扣暂时性差异的概念。

3. 如何理解资产计税基础概念中的应税经济利益？

4. 简述产生应纳税暂时性差异、可抵扣暂时性差异的情形。

5. 分析可抵扣暂时性差异、应纳税暂时性差异由递增变为递减的内涵。

6. 简述无形资产暂时性差异产生的主要原因。

7. 简述为什么递延所得税有可能计入所有者权益。

8. 购入交易性金融资产时支付的相关交易费用，会计和税法处理的差异是否会导致暂时性差异？如果有暂时性差异，是哪种差异？

9. 举例说明其他债权投资和其他权益工具投资的计税基础和暂时性差异的确定。

10. 比较投资性房地产后续计量成本计量模式和公允价值计量模式下的计税基础与暂时性差异。

11. 简述资产、负债产生暂时性差异的原因。

第三章

企业合并

学习目标

了解企业合并遇到的会计问题，掌握企业合并的会计处理。

第一节　企业合并概述

企业合并可以加快企业发展，短时间内扩大企业规模，实现规模经济；容易实现生产经营多样化；控制原材料、资源，获得稳定的原材料供应，拥有更大的市场支配权；取得成本优势、分散风险；获得技术和经营管理能力，以及管理、经营和财务上的协同效应；等等。企业合并是资本集中从而市场集中的基本形式。在日本以及欧美国家，企业合并只要不带来垄断弊端，就被视为合理，甚至受到政府政策的鼓励，但可能导致垄断的企业合并，会受到反垄断政策的干预。那么，什么是企业合并？企业合并遇到的会计问题有哪些？不同种类企业合并的会计处理方法有哪些？

一、企业合并的含义

（一）关于企业合并的定义

《国际财务报告准则第 3 号——企业合并》将企业合并定义为是将单独的主体或业务集合为一个报告主体的交易或事项。美国财务会计准则委员会认为企业合并指一个公司与另一个或几个公司或非公司组织的企业合成一个会计主体，这个会计主体继续从事以前彼此分离、相互独立的企业经营活动。我国《企业会计准则第 20 号——企业合并》对企业合并的概念界定如下：企业合并是将两个或两个以上单独的企业合并形成一个报告主体的交易或事项。

从此概念可以看出，参与合并的企业是单独的或独立的。虽然在合并过程中一个或一个以上的企业可能会丧失其独立的法人资格，但从会计上看，法人资格的消失并不是企业合并的必要条件。合并后，有的企业法人资格消失，如吸收合并和新设合并；有的企业法人资格不消失，如控股合并。因此，只要以前彼此独立的企业合成一个报告主体，而它们的经济资源和经营活动处于单一的管理机构控制之下，则企业合并就完成了。合并的实质是控制，形成统一的会计主体，而不是法律主体的解散。

广义的企业合并包括仅通过合同而不是所有权份额将两个或者两个以上单独的企业合并形成一个报告主体的企业合并，但一般会计准则在规范企业合并时通常都不包括这种情况，本章也不包括这种情况。

企业合并准则规定不涉及下列企业合并：

（1）两方或者两方以上形成合营企业的企业合并。

（2）仅通过合同而不是所有权份额将两个或者两个以上单独的企业合并形成一个报告主体的企业合并。

（3）购买子公司的少数股权。一个企业能够控制另一个企业，已经形成母子关系，母公司为了增加对子公司的持股比例，从子公司的少数股东手里购买其持有子公司的股权。该交易发生前后，子公司的控制权都属于原母公司，不涉及控制权的转移，报告主体没有变化，所以不属于企业合并。

（二）会计上关于交易构成企业合并的判断

构成企业合并至少包括两层含义：一是取得对另一个或多个企业（或业务）的控制权；二是所合并的企业必须构成业务。具体来讲，在会计处理方面，一项交易是否能够按照企业合并准则进行会计处理，需要判断该交易是否构成企业合并，可以从以下两个方面进行判断。

1. 被购买方是否构成业务

企业合并本质上是一种购买行为，但其不同于单项资产的购买，而是一组有内在联系、为了某一既定的生产经营目的存在的多项资产组合或是多项资产、负债构成的净资产的购买。企业合并的结果通常是一个企业取得了对一个或多个业务的控制权，也就是要形成会计意义上的企业合并，前提是被购买的资产或资产、负债组合要形成业务。如果一个企业取得了对另一个或多个企业的控制权，而被购买方（或被合并方）并不构成业务，则该交易或事项不形成企业合并。

业务是指企业内部某些生产经营活动或资产的组合，该组合一般具有投入、加工处理过程和产出能力，能够独立计算其成本费用或所产生的收入，但该组合又不构成一个企业，不具有独立的法人资格。例如，2008 年中国电信以 1 100 亿元人民币的价格购买了中国联通的 CDMA 网络及全部业务，而不是购买了中国联通，但这仍然属于企业合并。

要构成业务不需要有关资产、负债的组合一定构成一个企业，或是具有某一具体法律形式。实务中，虽然也有企业只经营单一业务，但一般情况下企业的分公司、独立的生产车间、不具有独立法人资格的分部等也会构成业务。有关的资产或资产、负债组合是否构成业务，不是看其在被购买方手中如何经营，也不是看购买方在购入该部分资产或资产、负债组合后准备如何使用。为保持业务判断的客观性，判断一组资产或资产、负债组合是否构成业务，要看在正常的市场条件下，从一定的商业常识和行业惯例等出发，其能否被作为具有内在关联度的生产经营目的整合起来使用。

企业购买资产或资产、负债组合进行会计处理时为什么要判断是不是业务的购买？因为如果是业务的购买就构成企业合并，不是业务的购买就不构成企业合并，而构成企业合并的交易与不构成企业合并的资产或资产、负债组合的购买，企业的会计处理存在实质上的差异：

（1）企业取得了不形成业务的一组资产或资产、负债组合时，不按照企业合并准则进行处理，而是应识别并确认所取得的单独可辨认资产（包括符合《企业会计准则第6号——无形资产》中无形资产定义和确认标准的资产）及承担的负债，并将购买成本基于购买日所取得各项可辨认资产、负债的相对公允价值，在各单独可辨认资产和负债间进行分配。打包购买资产或资产、负债组合中多付或少付的部分均需要分配到取得的资产、负债项目中，不会产生商誉或购买利得。

（2）企业购买的资产或资产、负债组合构成业务时，需要按照企业合并准则的有关规定进行处理。例如，在构成非同一控制下企业合并的情况下，购买方自被购买方取得的各项可辨认资产、负债应当按照其在购买日的公允价值计量，合并成本与取得的可辨认净资产公允价值份额的差额应当确认为单独的一项资产即商誉，或是在企业合并成本小于合并时取得的可辨认净资产公允价值份额的情况下（廉价购买），将该差额计入当期损益。

（3）交易费用的会计处理不同。在购买资产或资产、负债组合不形成业务的交易中发生的交易费用，通常作为转让对价的一部分，并根据适用的准则资本化为所购买的资产成本的一部分。而购买业务构成企业合并的，按照企业合并准则的规定，交易费用应被费用化，计入当期损益。

（4）是否确认递延所得税的处理不同。资产购买中因账面价值与计税基础不同形成的暂时性差异不应确认递延所得税资产或负债；而业务合并中购买的资产和承担的债务因账面价值与计税基础不同形成的暂时性差异应确认递延所得税影响。

2. 交易发生前后是否涉及对标的业务控制权的转移

从企业合并的定义看，是否形成企业合并，除了要看取得的资产或资产、负债组合是否构成业务之外，还要看有关交易或事项发生前后，是否引起报告主体的变化。报告主体的变化缘于控制权的变化。在交易或事项发生以后，投资方拥有对被投资方的权力，通过参与被投资方的相关活动享有可变回报，且有能力运用对被投资方的权力影响其回报金额的，投资方对被投资方具有控制，形成母子公司关系，则涉及控制权的转移，子公司需要纳入母公司合并财务报表的范围中，从合并财务报告角度形成报告主体的变化；一方能够控制另一方的全部净资产，被投资方在合并后失去其法人资格，也涉及控制权及报告主体的变化，形成企业合并。

二、企业合并的分类

企业合并可以按不同方式进行分类。

(一) 按法律形式分类

按法律形式分类，企业合并分为吸收合并、新设合并、控股合并。

1. 吸收合并

合并方在企业合并中取得被合并方的全部净资产，并将有关资产、负债并入合并方自身生产经营活动中。企业合并完成后，注销被合并方的法人资格，由合并方持有合并中取得的被合并方的资产、负债在新的基础上继续经营，此类合并为吸收合并。例如，第一百货吸收合并华联商厦、中国铝业吸收合并山东铝业和兰州铝业、清华同方吸收合并鲁颖电子、新潮实业吸收合并新牟股份、华夏基金吸收合并中信基金、控股股东TCL集团吸收合并TCL通讯、青岛双星吸收合并青岛华星、亚盛集团吸收合并龙喜股份等。吸收合并后，合并方应将合并中取得的资产、负债作为本企业的资产、负债核算。

吸收合并中，因被合并方在合并发生以后被注销或法律主体消失，合并方遇到的会计问题是如何确定在合并日（或购买日）取得的被合并方有关资产、负债的入账价值以及为进行企业合并支付的对价与所取得被合并方资产、负债的入账价值之间差额的会计处理。

2. 新设合并

参与合并的各方在企业合并后法人资格均被注销，重新注册成立一个新的企业，由新注册成立的企业持有参与合并各方的资产、负债在新的基础上经营，此类合并为新设合并。例如，原港湾集团与原路桥集团合并为中交集团。新设合并中，各参与合并企业投入到新设企业的资产、负债价值以及相关构成新设企业的资本等，一般应按照有关法律法规及参与合并各方的合同、协议执行。

3. 控股合并

合并方通过企业合并交易或事项取得对被合并方的控制权，企业合并后能够通过所取得的股权等主导被合并方的生产经营决策，并从被合并方的生产经营活动中获益，被合并方在企业合并后仍维持其独立法人资格继续经营，此类合并为控股合并。例如，四川长控合并浪莎内衣、东航合并上航、世纪鼎利收购鼎力发展和世源信通等。控股合并中，因合并方通过企业合并交易或事项取得了对被合并方的控制权，被合并方成为其子公司，在企业合并发生后，被合并方应当纳入合并方合并财务报表的编制范围，从合并财务报表角度，形成报告主体的变化。

（二）按所涉及的行业分类

按所涉及的行业分类，企业合并分为横向合并、纵向合并、混合合并。

1. 横向合并

横向合并又称水平式合并，是指生产和销售相同或相似产品或经营相似业务、提供相同劳务的企业间的合并。例如，美国波音收音机制造公司与麦道收音机制造公司的合并、法国雷诺汽车制造公司与瑞曲伏尔汽车制造公司的合并、中国铝业合并山东铝业和兰州铝业等。横向合并可以使不同规模的企业联合起来实现规模效益，提高产量和市场占有率等。过度的横向合并可能会削弱企业间的竞争，甚至形成垄断。横向合并的结果将直接减少甚至完全消灭市场中的其他竞争者，导致市场上竞争者数量过少、集中度过高，最终形成独占，使市场的有效竞争受到威胁。

2. 纵向合并

纵向合并又称垂直式合并，是指生产的产品或提供的劳务具有内在联系但处于不同阶段的企业间的合并。参与合并的各家企业，其产品相互配套，或有一定的内在联系，形成供产销一条龙；或提供的劳务具有前后的联系；或某种产品的购销双方合并；或产品的上下游经营者之间的合并。例如，汽车制造公司合并橡胶轮胎企业或汽车零配件厂，可保证汽车零配件的供应；美国迪斯尼公司收购大都会——美国广播公司，可以使前者制作的娱乐节目通过后者传播给公众，而后者则可提高收视率。纵向合并可以减少外部竞争的压力，节约交易成本，提高生产效率。其垄断性表现在合并发生后，没有参与合并的企业减少了交易的机会，而合并企业增加了相对于其他竞争者的不公平竞争优势。

3. 混合合并

混合合并又称多种经营合并，是指经营不同业务或制造不同产品的没有任何内在联系的企业间的合并。在混合合并下，一些大企业可能通过实施低价倾销的市场策略，将竞争对手逐出市场，同时使潜在的竞争者不敢进入市场参与竞争。

（三）按最终控制分类

我国企业合并准则按照是否受同一方或相同的多方最终控制分类，将企业合并分为同一控制下的企业合并、非同一控制下的企业合并。企业合并的类型划分不同，所遵循的会计处理原则也不同。

1. 同一控制下的企业合并

同一控制下的企业合并，是指参与合并的企业在合并前后均受同一方或相同的多方最终控制且该控制并非暂时性的企业合并。

同一方，是指对参与合并的企业在合并前后均实施最终控制的投资者，如企业集团的母公司。相同的多方，通常是指根据投资者之间的合同或协议约定，拥有最终决定参与合并企业的财务和经营政策，并从中获取利益的投资者群体。控制并非暂时性，是指参与合并各方在合并前后较长的时间内受同一方或相同的多方最终控制，具体是指在企业合并之前（即合并日之前），参与合并各方受最终控制方的控制时间在一年以上（含一年），企业合并后所形成的报告主体受最终控制方的控制时间也应达一年以上（含一年）。参与合并的企业在合并前后均受同一方或相同的多方最终控制如图 3－1 和图 3－2 所示。

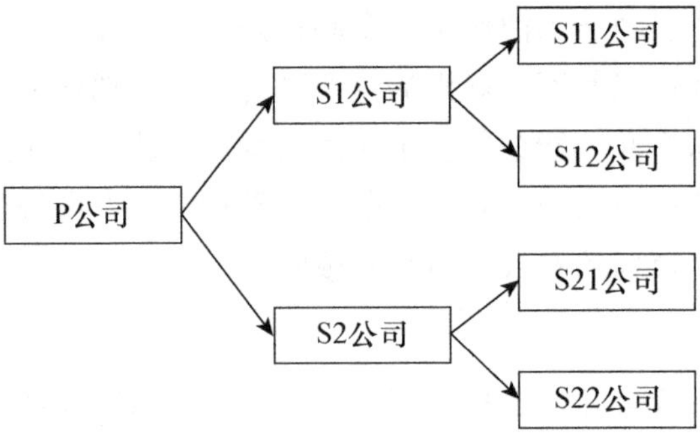

图 3－1　参与合并的企业在合并前后均受同一方最终控制示意图

如图 3－1 所示，P 公司有两个子公司 S1 公司和 S2 公司，S1 公司有两个子公司 S11 公司和 S12 公司，S2 公司有两个子公司 S21 公司和 S22 公司。很显然，P 公司是 S1 公司、S2 公司、S11 公司、S12 公司、S21 公司和 S22 公司的最终控制方。假设该控制不是暂时性的，则 S1 公司、S2 公司、S11 公司、S12 公司、S21 公司和 S22 公司中任意两个或多个公司的合并均属于同一控制下的企业合并。

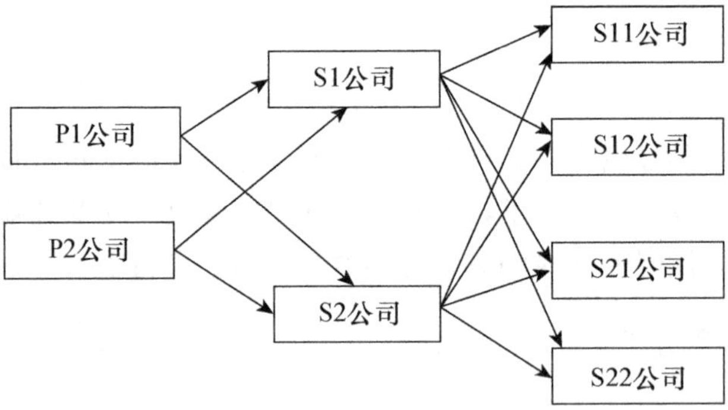

图 3－2　参与合并的企业在合并前后均受相同的多方最终控制示意图

如图 3－2 所示，S1 公司和 S2 公司均受 P1 公司和 P2 公司的共同控制，S11 公司、S12 公司、S21 公司、S22 公司均受 S1 公司和 S2 公司的共同控制。如果 S1 公司、S2 公司、S11 公司、S12 公司、S21 公司和 S22 公司中的任意两个公司合并后仍然受 P1 和 P2 公司的共同控制，并且该控制不是暂时性的，则它们的合并属于同一控制下的企业合并。

对于同一控制下的企业合并，可将其看作是两个或多个参与合并企业权益的重新整合，原因在于从最终控制方的角度来看，该类企业合并在一定程度上并不会造成企业集团整体经济利益的流入和流出，最终控制方在合并前后实际控制的经济资源并没有发生变化。

同一控制下的企业合并犹如古代父母强迫婚姻，它的特点是非自愿、非交易、非独立、非公允，所以把这种合并看成是非购买行为，有关交易或事项不能作为出售或购买来处理。

2. 非同一控制下的企业合并

非同一控制下的企业合并，是指参与合并各方在合并前后不受同一方或相同的多方最终控制的企业合并，即同一控制下的企业合并情况以外的其他形式的企业合并。当然，如果参与合并的企业在合并前后均受同一方或相同的多方最终控制但该控制只是暂时性的，也属于非同一控制下的企业合并。非同一控制下的企业合并犹如自由恋爱，合并各方是自愿达成的，不存在第三方的强制性，所以把这种合并看成是购买行为。非同一控制下的企业合并，在购买日取得对其他参与合并企业控制权的一方为购买方，参与合并的其他企业为被购买方。购买日，是指购买方实际取得对被购买方控制权的日期。

三、企业合并产生的会计问题

（一）合并各方的可辨认资产与负债的计价问题

参与合并各方（合并方或购买方与被合并方或被购买方）的资产与负债在合并日（或购买日）各自的资产负债表上有报告金额，称为账面价值，账面价值可能不等同于合并日这些资产和负债的公允价值。企业合并中，参与合并各方的可辨认资产与负债在合并后的报告主体中以什么价值进行计量，也就是采用哪种计量属性或计量基础，主要有以下观点：

（1）合并各方的资产、负债都以账面价值计量。参与合并的各方都不改变其计量基础，所有资产、负债都按原来的账面价值计价。这是基于合并前后的控制方并没有发生改变，参与合并各方的权益只是简单的结合，体现了权益结合法的主要特点。

（2）合并各方中，其中一方（购买方）的资产、负债按账面价值计量，另一方（被购买方）按购买日的公允价值计量。也就是购买方不改变计量基础，被购买方改变计量基础。可见，对于参与合并各方的资产与负债采用不同的计量属性。因为这种计价方法是把企业合并看成是一方对另一方的购买，体现了购买法的主要特点。

（3）合并各方的资产、负债都以公允价值计量。参与合并的所有企业都改变其计量基础，所有资产、负债都按合并日的公允价值计价，这是新实体法的主要特点。

（二）商誉的确认与计量问题

商誉是指能在未来期间为企业经营带来超额利润的潜在经济价值，或一家企业预期的获利能力超过可辨认资产正常获利能力（如社会平均投资回报率）的资本化价值。产生商誉的因素很多，例如，企业优秀的管理团队、稳定的原材料供应渠道、优越的地理位置、良好的劳资关系和外部公共关系、具有排他性的秘密技术、驰名商标等，这些称为自创商誉，它是企业自身经过长期生产经营、逐渐积累起来的能够为企业带来超额利润的无形资产。除了自创商誉，企业还可以并购其他企业获得商誉，称为外购商誉。

关于合并商誉涉及两个层面的问题：一是要不要确认商誉；二是如果要确认商誉，应该如何确认和计量。

商誉是企业整体价值的组成部分，但是不能像其他资产如存货、固定资产一样单独辨认，也不能单独出售，只能与企业整体的价值一起进行确认和计量。自创商誉不能入账，即使有部分费用的发生与商誉的形成存在某种关系，也应确认为费用，因为无法确定哪笔支出是专为创立商誉而支出，无法确定发生的支出同多少商誉有关以及发生支出的受益期有多长，根据会计的稳健性原则，将这些支出均作为费用处理。所以，通常企业并不确认自创商誉，而是在某些企业合并（如我国准则规定非同一控制下的企业合并）时才确认商誉。

会计上一般采用间接计量的方法，将合并成本超过所获得的被合并方可辨认净资产公允价值份额的差额作为外购商誉的价值。目前对正商誉的确认和计量，国际上较为通行的方法是将正商誉确认为资产，不予分期摊销，只进行定期的减值测试；负商誉一般直接计入当期损益。

（三）企业合并产生的其他会计问题

1. 因企业合并发生的各项费用的处理

（1）与企业合并直接相关的费用的处理。合并方为进行企业合并支付的审计费用、资产评估费用以及有关的法律咨询费用等有不同的处理方法：一是全部计入当期损益；二是全部计入投资成本；三是根据企业合并方式计入当期损益或投资成本。我国曾规定把同一控制下的企业合并产生的直接相关费用计入当期损益，把非同一控制下的企业合并产生的直接相关费用计入投资成本。目前，我国是把所有企业合并相关的直接费用计入当期损益即管理费用。

（2）以发行债券方式进行的企业合并。与发行债券相关的佣金、手续费等应计入负债的初始计量金额中，其中折价发行的，应增加折价的金额；溢价发行的，应减少溢价的金额。

（3）以发行权益性证券进行的企业合并。与所发行权益性证券相关的佣金、手续费等应从溢价手续费中扣除，在权益性证券发行无溢价或溢价金额不足以扣减的情况下，应当冲减盈余公积和未分配利润。

（4）常设的并购部门的日常管理费用不属于合并直接费用，发生时计入当期损益。

2. 被合并方期初至合并日的损益处理

如果企业合并是在期初或期末完成的，一般忽略被合并方期初至合并日的损益。如果企业合并不是在期初或期末完成的，而是在会计期间内的某个日期完成的，则被合并方期初至合并日实现的损益如何处理？也就是合并后企业的当期（特别是当年）利润表中是否应该包括被合并方期初至合并日的损益？一种处理方法是合并后的企业利润表（包括合并利润表）包括被合并方合并前（合并期初至合并日）实现的损益；另一种处理方法是合并后的企业利润表只包括被合并方合并日后至期末实现的损益。

3. 被合并方留存收益的处理

关于被合并方以前年度实现的留存收益是否要反映在合并后的企业财务报表中，取决于不同的企业合并会计处理方法。

四、企业合并的会计处理方法

企业合并成为一种趋势，企业合并究竟如何进行会计处理与提供怎样的会计信息有关，不同的企业合并会计处理方法产生不同的会计信息。

在实质重于形式原则下，企业合并会计以反映企业合并的经济实质为目标，关于企业合并的经济实质有三种观点：购买观、权益结合观、新实体观。

购买观是把企业合并看成是一个企业购买其他企业的行为。基于购买观采用的企业合并会计处理方法称为购买法。

权益结合观是把企业合并看成是参与合并的各方企业原有权益的简单结合。基于权益结合观采用的企业合并会计处理方法称为权益结合法。

新实体观是把企业合并看成是所有参与合并的企业重新组成新的实体的行为。基于新实体观采用的企业合并会计处理方法称为新实体法，或新主体法、新起点法。

（一）购买法

1. 购买法的定义

购买法将企业合并视为一个企业购买另一个或几个企业的行为。它要求购买方对被购买方的可辨认资产和负债进行重新估价，按照购买日的公允价值入账或反映在购买日的合并资产负债表上。也就是说，与一般购买交易一样，购买方对所取得的资产或承担的负债均以取得成本入账，各项资产、负债的取得成本为其在合并日的公允价值。如果总的购买成本大于所取得的全部可辨认净资产的公允价值，则将其差额确认为商誉（资产），反之为负商誉（当期损益）。

2. 购买法的特点

（1）将企业合并视同一方（购买方）对其他方（被购买方）的购买，也就是将企业合并视为一种净资产和控制权的买卖交易。吸收合并是购买方一揽子买进被购买方的全部资产，并承担其全部负债；控股合并是母公司购买了子公司净资产的控制权，子公司置于母公司的控制之下，其股权发生了实质性的变化。

（2）采用新的计量基础。购买方在购买日对被购买方的可辨认资产与负债按公允价值计量。购买方享有的被购买方的可辨认净资产，应按评估后的公允价值计量。当然，在购买法下，购买方的资产和负债不改变计量基础，仍然是按账面价值计价。

（3）购买方需要确定和分配合并成本。在购买法下，为了如实反映购买交易的财务影响，需要单独确定合并成本，并将合并成本进行适当的分配。购买方所支付的对价（合并对价）是合并成本的必然组成部分，如果合并方采取转让非现金资产或发行债券、权益性证券的方式支付对价，则应当基于所转让非现金资产或所发行债券、权益性证券的公允价值确定合并成本。

在购买法下确定合并成本时，还需要考虑的一个问题是企业合并中购买方发生的直接相关费用（直接相关费用是指因企业合并才会产生的费用，没有企业合并就不会产生，如因企业合并而产生的律师咨询费、审计费等）是应当计入合并成本还是应当计入当期损益。计入合并成本的好处是，能够全面反映合并成本的内容，因为企业合并中发生的直接相关费用也是购买方所付出的代价。但是，将直接相关费用计入合并成本会影响合并商誉的计量，而直接相关费用显然是与被购买方的商誉毫无关系的。所以，在购买法下，我国现在将企业合并发生的直接相关费用计入当期损益即管理费用。

（4）确认商誉。商誉可能是正商誉或负商誉。当合并成本大于所享有的被购买方可辨认净资产公允价值的份额时，就产生正商誉，作为资产确认；当合并成本小于所取得的被购买方可辨认净资产公允价值的份额时，就产生负商誉，作为损益确认。

（5）合并后企业（报告主体）的当期损益不包括被购买方合并当期期初至购买日所实现的损益，只包括被购买方购买日后实现的损益。

（6）合并后企业不需要保留被购买方以前年度实现的留存收益。

（7）企业合并中，被购买方采用的会计处理方法可能与购买方不一致，在购买法下，不需要因这种不一致而调整被购买方的财务报表，因为被购买方的资产和负债已按公允价值计量。

3. 购买法的优缺点

（1）购买法的优点。购买法最大的优点是坚持了资产购置的传统会计处理原则。因为在合并谈判的过程中，合并双方是以有关资产和负债的公允价值而不是账面价值为基础进行讨价还价的。所以，企业合并实质上是独立主体之间讨价还价的一种公平交易行为，而购买法正是体现了这种交易的实质。它将企业合并视为购买方获得被购买方资产的控制权，并以公允价值对所取得的被购买方的资产和负债计价，从而坚持了资产购置的传统会计处理原则。

（2）购买法的缺点。

1）公允价值难以确定，对资本市场和资产评估市场化程度要求颇高。在购买法下，一是要对被购买方的资产和负债按公允价值重新计量；二是确定购买方的合并成本时要以购买方转让的非现金资产、发行债券或权益性证券的公允价值为基础，而要客观确定这些资产、负债、股份的公允价值可能有一定的困难，需要完善和发达的资本市场和资产评估市场。

2）购买方与被购买方的计量基础不一致。企业合并中，购买方对被购买方的资产和负债以公允价值计量，改变了计量属性，也不符合持续经营假设；而购买方自身的资产和负债仍然按其原来的账面价值（历史成本）计量，未改变计量属性，导致合并后企业的财务报表成为一个不同计量基础的产物。

3）商誉的确认和计量存在争议。

4）购买方有时难以确定。购买法必须要确定一方为购买方，另一方为被购买方，而很多企业合并很难确定哪一方是购买方，哪一方是被购买方。例如，一个合并实体的公允价值大大超过另一个合并实体的公允价值，则公允价值较大的实体可能是购买方；又如，企业合并通过以普通权益工具换取现金或其他资产的交易方式实现，则放弃现金或其他资产的实体可能是购买方。但对于具有股权连续性和规模类似性的企业合并来说，购买方与被购买方的区分有时是很困难的。

（二）权益结合法

1. 权益结合法的定义

权益结合法（简称权益法），是参与合并企业的股东为了继续对合并后的实体分享利益和分担风险，而联合控制全部或实际上是全部的净资产和经营活动的一种企业合并的会计处理方法。显然，这种方法是基于合并前后实质上最终控制方并未改变，合并方与被合并方的合并只是权益的结合。

2. 权益结合法的特点

（1）将合并视为股权联合的行为，而不是资产交易行为。权益结合法的实质是将企业合并视为原有的股东权益在新的会计主体上的联合和继续，而不是企业之间发生的一种取得资产或筹集资本的交易。

（2）没有改变计量基础，参与合并企业的资产、负债均按其原来的账面价值计价。在权益结合法下，无论是合并方还是被合并方的资产、负债均保持原来的账面价值，不需要调整为公允价值。

（3）不需要单独确定和分配合并成本。

（4）不存在商誉或负商誉问题。

（5）不论合并发生在会计期间内的哪个时点，参与合并的企业自期初至合并日的损益都要包括在合并后企业的利润表中。

（6）需要尽可能保留被合并方的留存收益。

（7）如参与合并企业的会计方法不一致，则应追溯调整，并重编前期财务报表。

3. 权益结合法的优缺点

（1）权益结合法的优点。

1）有利于促进企业合并的进行。由于权益结合法允许合并方在当年的合并报表中将其净利润（包括合并期初至合并日的净利润）予以合并，合并当年合并实体的利润会比较可观，可避免合并实体净资产收益率、每股收益等指标的大幅度下降，从而给企业合并带来有利的影响。

2）符合持续经营假设。权益结合法是以合并后参与合并各企业的股权及经营活动的持续为前提，以原有资产、负债的历史数据为基础，合并前后的数据延续连贯，可以更好地反映参与合并企业股权的集合和存续，从而符合持续经营假设，也有利于对企业未来经营状况进行预测分析。

3）方法简单，便于操作。相比购买法，对于报告主体而言，运用权益结合法的成本低，它保留了参与合并企业所有资产和负债的账面价值，无须确认、计量和报告参与合并企业原来尚未确认的资产和负债及其公允价值，而且合并双方的账面价值仅简单相加，大大节省了操作成本。权益结合法所追求的是反映合并主体各方的连续性，其会计处理相对简单。

（2）权益结合法的缺点。

1）不能准确反映企业合并的经济实质。企业合并作为产权交易，其本身也是一种资源，它可能使合并方受益于被合并方所具有的获取超额收益的能力，也可能通过合并产生协同效应，从而为参与合并的企业带来一定的价值。可见，在合并后企业的财务报表中不反映合并协议最终对资产、负债产生的影响，而仍然只反映基于历史成本计量的原账面价值，这种做法显然不符合真实性这一会计信息质量要求。

2）不利于社会资源的优化配置。由于采用权益结合法的企业其现金流量与采用购买法的企业无差异，经济实质无差别，因此，财务报告中显示的盈余差异完全是会计处理的结果。但是在市场经济条件下，资源配置往往偏向于那些报告收益较高的企业，可能导致社会资源配置在实质上的不合理，这不但会损害其他企业的利益，也会对整个资本市场造成不良影响。

3）对实施合并企业的财务报表会产生较大影响。由于在被合并方可辨认净资产的公允价值高于账面价值的情况下，权益结合法有可能避免较高的固定资产折旧和无形资产摊销，避免确认商誉，避免因资产价值重估所引起的每股收益的稀释，因此，合并后各期收益往往比购买法下的收益高，这就容易给报表使用者企业业绩增长的错觉。

（三）新实体法

新实体法又称新主体法或新起点法，该方法假设企业合并产生了一个全新的报告主体，在合并日也就是全新的报告主体的产生日，所有参与合并企业的资产和负债都要以合并日的公允价值为基础进行计量。新实体法假定其他参与合并的各主体均已消亡，合并时只需根据新的会计主体建立新的会计基础，所以，对参与合并各企业的资产、负债都应调整为合并日的公允价值，然后合并相应账户或编制合并财务报表。另外，合并前双方的留存收益都不应转入新的会计主体，因此在合并日的合并留存收益为零。这种方法要确定所有参与合并企业的资产与负债的公允价值，在操作上比较烦琐和困难。在实务中通常只用于符合条件的新设合并，并不用于控股合并情况下合并财务报表的编制。

我国企业会计准则规定同一控制下的企业合并采用权益结合法，非同一控制下的企业合并采用购买法。

五、企业合并的会计信息披露

（一）同一控制下企业合并有关信息的披露

《企业会计准则第20号——企业合并》规定，企业合并发生当期的期末，合并方应当在附注中披露与同一控制下企业合并有关的下列信息：

（1）参与合并企业的基本情况。

（2）属于同一控制下企业合并的判断依据。

（3）合并日的确定依据。

（4）以支付现金、转让非现金资产以及承担债务作为合并对价的，所支付对价在合并日的账面价值；以发行权益性证券作为合并对价的，合并中发行权益性证券的数量及定价原则，以及参与合并各方交换有表决权股份的比例。

（5）被合并方的资产、负债在上一会计期间资产负债表日及合并日的账面价值；被合并方自合并当期期初至合并日的收入、净利润、现金流量等情况。

（6）合并合同或协议约定将承担被合并方或有负债的情况。

（7）被合并方采用的会计政策与合并方不一致所作调整情况的说明。

（8）合并后已处置或准备处置被合并方资产、负债的账面价值、处置价格等。

（二）非同一控制下企业合并有关信息的披露

企业合并发生当期的期末，购买方应当在附注中披露与非同一控制下企业合并有关的下列信息：

（1）参与合并企业的基本情况。

（2）购买日的确定依据。

（3）合并成本的构成及其账面价值、公允价值以及公允价值的确定方法。

（4）被购买方各项可辨认资产、负债在上一会计期间资产负债表日及购买日的账面价值和公允价值。

（5）合并合同或协议约定将承担被购买方或有负债的情况。

（6）被购买方自购买日起至报告期期末的收入、净利润和现金流量等情况。

（7）商誉的金额及其确定方法。

（8）因合并成本小于合并中取得的被购买方可辨认净资产公允价值的份额计入当期损益的金额。

（9）合并后已处置或准备处置被购买方资产、负债的账面价值、处置价格等。

商誉

购买法与权益结合法比较分析

第二节　同一控制下企业合并的会计处理

当受到同一个企业控制的两个或两个以上的企业合并，并且这种合并是非暂时性的，合并方采用权益结合法进行企业合并的会计处理。那么具体到不同类型——同一控制下的控股合并、吸收合并、新设合并，合并日如何操作呢？

一、同一控制下企业合并的相关概念

同一控制下的企业合并是指参与合并的企业在合并前后均受同一方或相同的多方最终控制且该控制并非暂时性的企业合并。同一控制下企业合并的会计处理过程涉及以下概念：

同一控制下的企业合并，在合并日取得对其他参与合并企业控制权的一方为合并方，参与合并的其他企业为被合并方。

合并日，是指合并方实际取得对被合并方控制权的日期。

合并对价，是指合并方支付的现金、转让非现金资产、承担债务账面价值或发行权益性证券的面值总额。

合并差额，是指取得净资产的账面价值与支付的合并对价之间的差额。

二、同一控制下企业合并的会计处理原则

（1）统一会计政策和会计期间。如果母子公司的会计政策或会计期间等不一致，原则上需要根据母公司的会计政策和会计期间进行相关的调整，使子公司的会计政策和会计期间与母公司统一。但是在具体实务操作过程中，应遵循重要性原则。例如，在确定合并中取得的各项资产、负债的入账价值或被合并方合并期初至合并日的损益时，被合并方在企业合并前采用的会计政策和会计期间与合并方不一致的，应基于重要性原则和成本效益原则，确定是否统一会计政策和会计期间。统一会计政策和会计期间，即合并方应当按照本企业会计政策对被合并方资产、负债的账面价值进行调整，并以调整后的账面价值作为有关资产、负债的入账价值；如果统一前后影响不大，可以不对被合并方

的会计政策和会计期间进行调整。

(2) 合并方在企业合并中取得的资产和负债，应当按照合并日被合并方的账面价值计量。合并方在同一控制下企业合并中取得的有关资产和负债不应因该项合并而改计其账面价值，从最终控制方的角度，其在企业合并交易或事项发生前控制的资产、负债，在该交易或事项发生后仍在其控制之下。因此，该交易或事项原则上不应引起所涉及资产、负债的计量基础的变化。

合并方在合并中确认取得的被合并方的资产、负债仅限于被合并方账面上原已确认的资产和负债，合并中不产生新的资产和负债。同一控制下的企业合并，从最终控制方的角度来看，其在企业合并发生前后能够控制的净资产价值量并没有发生变化。因此，合并中不产生新的资产，但被合并方在企业合并前账面上原已确认的商誉应作为合并中取得的资产确认。

(3) 合并方取得的净资产账面价值与支付的合并对价账面价值（或发行股份面值总额）的差额（即合并差额），不作为资产的处置损益，不影响合并当期利润表，有关差额应调整所有者权益相关项目，即应当调整资本公积；资本公积不足冲减的，调整留存收益。

(4) 企业合并发生的各项直接相关费用于发生时计入当期损益。为进行企业合并支付的各项直接相关费用如审计费、资产评估费以及有关的法律咨询费等增量费用，应计入当期管理费用。

(5) 以发行债券方式进行的企业合并，与发行债券相关的佣金、手续费等应计入负债的初始计量金额中，其中折价发行的，应增加折价的金额；溢价发行的，应减少溢价的金额。

(6) 以发行权益性证券进行的企业合并，与所发行权益性证券相关的佣金、手续费等应从溢价收入中扣除，在权益性证券发行无溢价或溢价金额不足以扣减的情况下，应当冲减留存收益。

(7) 合并形成母子关系的，母公司应编制合并日的合并财务报表。

同一控制下的控股合并的会计处理在中级财务会计长期股权投资的核算中已经学过了，这里不再赘述，下面我们主要学习同一控制下的吸收合并和新设合并的会计处理原则以及实务应用。

三、同一控制下吸收合并的会计处理

（一）合并中取得的资产、负债入账价值的确定

受同一方控制或多方共同控制的两个或两个以上的企业合并如果属于吸收合并，则被合并方的法人实体消失，合并方获得被合并方的全部资产和承担全部的债务，合并方需要将取得的这些资产和负债按被合并方的原账面价值登记入账。特别注意，对于合并方与被合并方在企业合并前采用的会计政策不同的，在将被合并方的相关资产和负债计

入合并方的账簿和报表前，首先应基于重要性原则，统一被合并方的会计政策，即应当按照合并方的会计政策对被合并方的有关资产、负债的账面价值进行调整，合并方以调整后被合并方的资产和负债的账面价值入账。

（二）合并差额的处理

同一控制下的吸收合并的合并差额是指合并中取得被合并方（法律实体消失的一方）的净资产的入账价值与合并方支付的合并对价（包括支付的现金、非现金资产的账面价值、发行的股份面值总额）之间的差额。同一控制下的吸收合并中合并方所确认的净资产的入账价值（账面价值）等于被合并方资产的账面价值减去其负债的账面价值。合并方对于上述合并差额应当调整资本公积。如果合并方所取得的被合并方净资产的入账价值大于合并方支付的合并对价（合并差额为正数），则调增即贷记“资本公积”；如果合并方所取得的被合并方净资产的入账价值小于合并方支付的合并对价（合并差额为负数），则冲减即借记“资本公积”，资本公积不足冲减的，冲减留存收益（盈余公积和未分配利润）。

综上所述，总结出基本的会计分录如下：

借：资产账户（获得的被合并方资产的原账面价值）
　　资本公积（冲减资本公积）
　　盈余公积（资本公积不足冲减）
　　利润分配——未分配利润（资本公积不足冲减）
　贷：负债账户（承担被合并方负债的原账面价值）
　　　现金和非现金资产（合并方为合并付出的资产的账面价值）
　　　股本（合并方为合并发行股份的面值）
　　　负债账户（合并方为合并发行债券等债务的账面价值）
　　　资本公积（调增资本公积）

（三）被合并方的留存收益的确认

同一控制下的吸收合并中，合并方除了确认所取得的被合并方的资产、负债、合并差额之外，还要确认享有被合并方的留存收益：

借：资本公积
　贷：盈余公积
　　　利润分配——未分配利润

特别注意：确认被合并方的留存收益属于合并方的部分，以合并方的资本公积为限。

实务3-1　同一控制下吸收合并的会计处理（1）

2×20年1月2日，辉正公司向同一集团内宏伟公司的股东增发10 000万股（每股面值为1元，市价为10元）对宏伟公司进行吸收合并，并于当日取得宏伟公司的净资产，该合并是非暂时性的。辉正公司另外支付了股票发行费用80万元和审计费、法律咨询费等直接合并费用30万元。合并日两个公司资产负债表的部分项目如表3-1所示。

表3-1　资产负债表

2×20年1月2日　　　　　　　　　　　　　　　　　单位：万元

项目	辉正公司	宏伟公司	
	账面价值	账面价值	公允价值
货币资金	50 000	12 400	12 400
应收账款	36 000	6 800	6 800
存货	72 000	9 200	18 000
长期股权投资	10 000	600	810
固定资产	164 000	24 000	30 000
资产总计	332 000	53 000	68 010
应付账款	56 000	4 200	4 200
股本	150 000	30 000	
资本公积	50 000	10 000	
盈余公积	36 000	4 000	
未分配利润	40 000	4 800	
所有者权益合计	276 000	48 800	63 810
负债和所有者权益总计	332 000	53 000	68 010

要求：

（1）计算辉正公司所获得的宏伟公司的净资产的入账价值；

（2）计算辉正公司为合并支付的合并对价金额；

（3）计算合并日的合并差额；

（4）编制合并日辉正公司吸收合并宏伟公司的会计分录。

实务分析：

首先，需要判断该企业合并的类型。根据已知信息，辉正公司合并同一集团内的宏伟公司，并且该合并是非暂时性的，显然属于同一控制下的吸收合并。在企业合并中，辉正公司发行股份作为合并对价取得宏伟公司的全部净资产，合并对价金额等于发行股份的面值10 000万元（10 000万股乘以每股面值1元），所取得的宏伟公司的净资产的入账价值是宏伟公司的净资产的账面价值48 800万元（宏伟公司的资产的账面价值53 000万元减去宏伟公司的负债的账面价值4 200万元）。宏伟公司的资产和负债都归辉正公司拥有或承担，辉正公司按宏伟公司的资产和负债的账面价值入账。

显然，辉正公司获得的宏伟公司的净资产的账面价值48 800万元大于合并对价10 000万元，所以合并差额为正数，记入“资本公积”的贷方。

辉正公司另外支付了股票发行费用冲减资本公积，审计费、法律咨询费等直接合并费用计入管理费用。

(1) 辉正公司所获得的宏伟公司的净资产的入账价值的确定。

净资产的入账价值＝53 000－4 200＝48 800(万元)

(2) 辉正公司为合并支付的合并对价＝10 000×1＝10 000(万元)

(3) 合并日的合并差额＝48 800－10 000＝38 800(万元)

(4) 合并日辉正公司吸收合并宏伟公司的会计分录（单位：万元）。

借：货币资金　12 400
　　应收账款　6 800
　　存货　9 200
　　长期股权投资　600
　　固定资产　24 000
　贷：应付账款　4 200
　　　股本　10 000
　　　资本公积　38 800

宏伟公司的留存收益＝盈余公积＋未分配利润＝4 000＋4 800＝8 800(万元)

辉正公司的资本公积有 50 000 万元，超过了 8 800 万元，所以辉正公司可以全部确认享有宏伟公司的留存收益。

借：资本公积　8 800
　贷：盈余公积　4 000
　　　利润分配——未分配利润　4 800

辉正公司另外支付了股票发行费用 80 万元和审计费、法律咨询费等直接合并费用 30 万元。

借：资本公积　80
　贷：银行存款　80
借：管理费用　30
　贷：银行存款　30

实务 3－2　同一控制下吸收合并的会计处理（2）

假设将实务 3－1 中的有关资料改为：辉正公司通过支付现金、转让其库存商品和固定资产对宏伟公司进行吸收合并，并于当日取得宏伟公司的净资产，该合并是非暂时性的。辉正公司所转让资产的信息如下：支付现金 1 000 万元；库存商品的账面余额为 1 300 万元，存货跌价准备余额为 100 万元，公允价值为 2 000 万元；固定资产原价为 10 700 万元，累计折旧为 2 000 万元，固定资产减值准备为 1 200 万元，公允价值为 8 000 万元。增值税税率为 13%，公允价值为计税价格。辉正公司另支付审计费、法律咨询费等直接合并费用 30 万元，合并日两个公司的资产负债表如表 3－1 所示。

要求：

（1）计算辉正公司所获得的宏伟公司的净资产的入账价值；

（2）计算辉正公司为合并支付的合并对价金额；

（3）计算合并日的合并差额；

（4）编制合并日辉正公司吸收合并宏伟公司的会计分录。

实务分析：

该类合并所确认的净资产入账价值与支付的现金、转让的非现金资产账面价值的差额，应相应调整资本公积（资本溢价或股本溢价），资本公积不足冲减的，应依次冲减盈余公积、未分配利润。

如同实务 3－1 的分析，该合并属于同一控制下的吸收合并。该企业合并中，辉正公司以支付现金、转让非现金资产作为合并对价取得宏伟公司的全部净资产。按照税法规定，辉正公司转让库存商品和固定资产进行合并（投资）视同销售，产生增值税销项税额，所以合并对价金额等于支付的现金、库存商品的账面价值、固定资产的账面价值以及增值税销项税额四项之和，所取得的宏伟公司的净资产的入账价值是宏伟公司的净资产的账面价值 48 800 万元。宏伟公司的资产和负债都归辉正公司拥有或承担，辉正公司按宏伟公司的资产和负债的账面价值入账。

辉正公司获得的宏伟公司的净资产的账面价值大于合并对价，所以合并差额为正数，记入“资本公积”的贷方。

（1）辉正公司所获得的宏伟公司的净资产的入账价值的确定。

净资产的入账价值＝53 000－4 200＝48 800(万元)

（2）辉正公司为合并支付的合并对价金额计算如下：

库存商品的账面价值＝1 300－100＝1 200(万元)

固定资产的账面价值＝10 700－2 000－1 200＝7 500(万元)

增值税销项税额＝2 000×13％＋8 000×13％＝1 300(万元)

合并对价金额＝1 200＋7 500＋1 300＝10 000(万元)

（3）合并日的合并差额＝48 800－10 000＝38 800(万元)

（4）合并日辉正公司吸收合并宏伟公司的会计分录（单位：万元）。

借：货币资金	12 400
应收账款	6 800
存货	9 200
长期股权投资	600
固定资产	24 000
存货跌价准备	100
累计折旧	2 000
固定资产减值准备	1 200

　　贷：应付账款　　4 200
　　　　库存商品　　1 300
　　　　固定资产　　10 700
　　　　应交税费——应交增值税（销项税额）　　1 300
　　　　资本公积　　38 800

同时，就像实务 3-1 分析的，辉正公司应确认享有宏伟公司的留存收益：

宏伟公司的留余收益＝盈余公积＋未分配利润＝4 000＋4 800＝8 800(万元)

　借：资本公积　　8 800
　　贷：盈余公积　　4 000
　　　　利润分配——未分配利润　　4 800

辉正公司另支付审计费、法律咨询费等直接合并费用 30 万元：

　借：管理费用　　30
　　贷：银行存款　　30

四、同一控制下新设合并的会计处理

同一控制下的新设合并，意味着有新的企业产生，参与合并的企业都被注销，被注销的这些企业的全部资产和负债都转移到了新的企业，所以新的企业要对这些资产和负债按照原来被注销的企业的账面价值入账，所获得的净资产的入账价值与合并对价的差额即合并差额计入资本公积，资本公积不足冲减的，冲减留存收益。

实务 3-3　同一控制下新设合并的会计处理

假设将实务 3-1 中的有关资料改为：同一集团内辉正公司和宏伟公司合并后法人实体消失，共同组建一家新公司雨露公司。雨露公司增发 60 000 万股（每股面值为 1 元，市价为 10 元）换取辉正公司和宏伟公司股东持有的全部股权，并于当日取得辉正公司和宏伟公司的净资产。雨露公司另外支付了股票发行费用 500 万元和审计费、法律咨询费等直接合并费用 100 万元，该合并是非暂时性的，其他资料不变。

要求：

(1) 计算雨露公司所获得的辉正公司和宏伟公司的净资产的入账价值；

(2) 计算雨露公司为合并支付的合并对价金额；

(3) 计算合并日的合并差额；

(4) 编制合并日雨露公司新设合并的会计分录。

实务分析：

由于属于同一控制下的新设合并，辉正公司和宏伟公司的法人实体消失了，两个公司的资产和负债全部由新成立的雨露公司拥有和承担。雨露公司按照辉正公司和宏伟公司的各项资产和负债的账面价值入账，所取得的两个公司的净资产的入账价值即两个公司净资产的账面价值之和 324 800 万元，合并对价为雨露公司为了合并发行的股份的面值 60 000 万元，同样，雨露公司所获得的净资产的入账价值大于合并对价，二者的差额 264 800 万元计入资本公积。合并日辉正公司和宏伟公司各项目账面价值合计如表 3－2 所示。

表 3－2 单位：万元

项目	辉正公司账面价值	宏伟公司账面价值	合计
货币资金	50 000	12 400	62 400
应收账款	36 000	6 800	42 800
存货	72 000	9 200	81 200
长期股权投资	10 000	600	10 600
固定资产	164 000	24 000	188 000
资产总计	332 000	53 000	385 000
应付账款	56 000	4 200	60 200
股本	150 000	30 000	180 000
资本公积	50 000	10 000	60 000
盈余公积	36 000	4 000	40 000
未分配利润	40 000	4 800	44 800
所有者权益合计	276 000	48 800	324 800
负债和所有者权益总计	332 000	53 000	385 000

由于辉正公司和宏伟公司的留存收益为 84 800 万元（40 000＋44 800）小于 264 800 万元，所以雨露公司应当全额确认享有的两个公司的留存收益。

雨露公司支付的股票发行费用冲减资本公积，支付的审计费、法律咨询费等直接合并费用计入管理费用。

（1）雨露公司所获得的辉正公司和宏伟公司的净资产的入账价值的确定。

净资产的入账价值＝276 000＋48 800＝324 800(万元)

（2）雨露公司为合并支付的合并对价＝60 000×1＝60 000(万元)

（3）合并日的合并差额＝324 800－60 000＝264 800(万元)

（4）合并日雨露公司新设合并的会计分录（单位：万元）。

借：货币资金 62 400
　　应收账款 42 800
　　存货 81 200
　　长期股权投资 10 600
　　固定资产 188 000

贷：应付账款 60 200

股本 60 000

资本公积 264 800

同时，雨露公司确认享有辉正公司和宏伟公司的留存收益：

借：资本公积 84 800

贷：盈余公积 40 000

利润分配——未分配利润 44 800

雨露公司另外支付了股票发行费用 500 万元和审计费、法律咨询费等直接合并费用 100 万元。

借：资本公积 500

贷：银行存款 500

借：管理费用 100

贷：银行存款 100

第三节　非同一控制下企业合并的会计处理

非同一控制下企业合并的会计处理采用购买法。购买方因非同一控制下企业合并取得的资产、承担的债务采用什么计量基础？是否要确认商誉？

一、非同一控制下企业合并的相关概念

1. 购买方

购买方是指在企业合并中取得另一方或多方控制权的一方。投资方是否控制被投资方的判断条件将在下一章学习。

2. 购买日

购买日是购买方获得被购买方控制权的日期，即企业合并交易进行过程中，发生控制权转移的日期。购买日确认的必备条件包括：

（1）企业合并合同或协议已获股东大会等内部权力机构通过。

（2）购买方实际上已经控制了被购买方的财务和经营政策，并享有相应的收益和风险。

（3）参与合并各方已办理了必要的财产权交接手续。

（4）购买方已支付了购买价款的大部分（一般应超过 50%），并且有能力支付剩余款项。

3. 交易日

交易日是指合并方或购买方在自身的账簿和报表中确认对被合并方或被购买方投资的日期。分步实现的企业合并，企业应于每一交易日确认对被购买方的各单项投资。

4. 合并对价

合并对价是指合并方支付的现金、转让非现金资产、承担债务或发行权益性证券的公允价值。

5. 合并成本

合并成本包括合并对价和未来的或有事项支出。因企业合并发生的在购买日能够合理判断未来的或有事项支出很可能发生，并且能够可靠计量的，购买方应在购买日将该未来的或有事项支出计入合并成本，同时确认为负债。

6. 合并差额

合并差额是指合并成本与取得的被购买方可辨认净资产公允价值之间的差额。

7. 被购买方可辨认净资产公允价值

取得的被购买方可辨认净资产公允价值是指合并中取得的被购买方可辨认资产的公允价值减去负债及或有负债公允价值后的余额。

二、非同一控制下企业合并的会计处理原则

（一）合并成本的确定

合并成本是购买方为企业合并而支付的现金、非现金资产的公允价值、发行债券或承担债务的公允价值、发行权益性证券的公允价值之和。企业合并发生的在购买日能够合理判断的未来或有事项支出且金额能够可靠计量的，该项金额也要计入合并成本。分步合并的合并成本等于每一单项交换交易的成本之和。

作为合并对价付出的资产、发生或承担的债务的公允价值与其账面价值之间的差额计入当期损益。企业合并的各项直接相关费用计入管理费用，发行债券或权益性证券相关的手续费、佣金等费用应计入发行债券的初始金额或抵减权益性证券的溢价发行收入。

（二）合并差额的处理

非同一控制下的企业合并形成的合并差额为正商誉，即合并成本大于取得的被购买方可辨认净资产公允价值形成的差额，购买方应确认为资产即商誉；相反，如果合并差额为负商誉，即合并成本小于取得的被购买方可辨认净资产公允价值形成的差额，购买方应计入当期损益即营业外收入。

（三）取得的可辨认资产和负债的确认与计量

企业合并中购买方取得的资产、负债的确认条件：

（1）合并中取得的被购买方除无形资产以外的其他各项资产（不仅限于被购买方原已确认的资产），其所带来的未来经济利益预计能够流入企业且公允价值能够可靠计量的，应当按照公允价值确认。

（2）合并中取得的无形资产，其公允价值能够可靠计量的，应当以公允价值计量，单独确认为无形资产。

（3）合并中取得被购买方除或有负债以外的其他各项负债，履行有关的义务很可能导致经济利益流出企业且公允价值能够可靠计量的，应当按照公允价值确认。

（4）合并中取得的被购买方或有负债，其公允价值能够可靠计量的，应当按照公允价值确认为负债。

（5）企业合并成本或有关可辨认资产、负债公允价值只能暂时确定的，合并当期期末以确定的暂时价值进行确认和计量。如果公允价值的最终价值在购买日后的 12 个月内确定，则采用追溯调整法处理；如果超过 12 个月，则视为会计差错，采用未来适用法处理。

1）公允价值在购买日后 12 个月内确定（追溯调整法）。暂时价值与公允价值的差额增加或减少商誉或负商誉，同时判断是否属于资产负债表日后事项进行处理：

①属于资产负债表日后事项，且在所得税汇算清缴之前的，调整报告年度的报表，所得税也是如此。

合并成本暂时价值与最终价值不同，则购买方在自身账上调整所支付的资产或承担债务的同时，控股合并应调整长期股权投资，但商誉的调整额在合并报表中报告，不在个别报表中报告；在吸收合并或新设合并情况下，商誉反映在个别报表中。

购买方获得有关可辨认资产、负债公允价值的暂时价值与最终价值不同，二者的差额，如果是控股合并则在母公司合并报表上调整商誉，吸收合并则在购买方报表上调整商誉。

②属于资产负债表日后事项，且在所得税汇算清缴之后的，调整报告年度的报表，但所得税不调整报告年度的报表，而是调整本年度报表。

③不属于资产负债表日后事项。

如果合并成本的公允价值在购买日按暂时价值确定，最终价值的确定在合并当年，显然不属于资产负债表日后事项，则购买方在自身账上调整所支付的资产或承担债务，同时控股合并应调整长期股权投资，吸收合并应调整购买方账上的商誉或营业外收入。

如果合并成本的公允价值在购买日按暂时价值确定，最终价值的确定在以后年度且不属于资产负债表日后事项，则在最终价值确定当年，对暂时价值和最终价值差额的影响购买方要计入本年度报表，其实是调整本年度的期初数，不能计入购买年度报表。暂时价值和最终价值的差额，如果是控股合并，母公司调整自身账上的长期股权投资账户的同时，计入以前年度损益调整账户或负债账户等；如果是吸收合并，计入商誉或以前年度损益调整账户等。

如果购买方获得被购买方可辨认资产、负债公允价值的暂时价值与最终价值不同，最终价值在企业合并时就确定，则控股合并时母公司在当年合并报表上调整商誉或营业外收入、资产或负债、累计折旧等账户，不在个别报表上处理；如果是吸收合并则在购买方账上调整。

如果最终价值确定在以后年度，则购买方调整商誉或以前年度损益调整、资产或负债、累计折旧、利润分配——未分配利润、盈余公积等账户。但是注意，控股合并的上述调整在合并报表中进行，吸收合并在购买方个别报表中进行。

2）公允价值在购买日后 12 个月后确定（未来适用法）。如果企业合并涉及的相关公允价值在购买日还未最终确定，则购买方需要按暂时价值确认。如果最终价值在购买日后 12 个月后才确定，则视为会计差错更正，采用未来适用法处理。购买方在调整资产、负债账面价值的同时，应调整所确认的商誉和计入合并当期利润表中的金额，以及相关资产的折旧、摊销。

（四）购买日合并财务报表的编制

非同一控制下的控股合并，购买方在购买日需要编制合并资产负债表。在合并资产负债表上，被购买方资产、负债以公允价值计量；合并差额为正值，列为商誉；合并差额为负值，调整合并资产负债表的盈余公积和未分配利润。

由于非同一控制下控股合并的业务已经在中级财务会计长期股权投资的核算中学习了，这里不再赘述，下面主要阐述非同一控制下吸收合并、新设合并的会计处理原则和实务应用。

三、非同一控制下吸收合并的会计处理

（1）非同一控制下吸收合并后，购买方的法人实体继续存在，而被购买方失去法人资格，购买方取得的被购买方的可辨认资产和负债以购买日的公允价值入账并作为购买方个别报表中的项目列示。

（2）作为合并对价付出的资产、发生或承担的债务的公允价值与其账面价值之间的差额计入当期损益。

（3）购买方应确认合并差额为商誉或当期损益（营业外收入），在购买方自身账簿和报表中列示：合并商誉在资产负债表中作为资产列示（正商誉），合并损益在利润表中列示（负商誉）。

（4）企业合并成本或有关可辨认资产、负债公允价值只能暂时确定时，合并当期期末以暂时价值进行确认和计量。

（5）购买方为企业合并发生的各项直接相关费用计入当期损益。

实务3-4 非同一控制下吸收合并的会计处理

辉正公司以发行10 000万股普通股（每股面值为1元，市价为6.5元）为对价，取得了宏伟公司100%的股权。合并后宏伟公司失去法人资格，合并前后两个公司不受任何方控制。购买日两个公司资产负债表的部分项目如表3-3所示。

表3-3 资产负债表 单位：万元

项目	辉正公司	宏伟公司	
	账面价值	账面价值	公允价值
货币资金	50 000	12 400	12 400
应收账款	36 000	6 800	6 800
存货	72 000	9 200	18 000
长期股权投资	10 000	600	810
固定资产	164 000	24 000	30 000
资产总计	332 000	53 000	68 010
应付账款	56 000	4 200	4 200
股本	150 000	30 000	
资本公积	50 000	10 000	
盈余公积	36 000	4 000	
未分配利润	40 000	4 800	
所有者权益合计	276 000	48 800	63 810
负债和所有者权益总计	332 000	53 000	68 010

要求：

（1）计算辉正公司所获得的宏伟公司的净资产的入账价值；

（2）计算辉正公司为合并支付的合并对价（成本）金额；

（3）计算购买日的合并商誉；

（4）编制购买日辉正公司吸收合并宏伟公司的会计分录。

实务分析：

由于参与合并的两个公司不受任何方控制，合并后辉正公司的法人实体继续存在，宏伟公司的法人实体消失，所以属于非同一控制下的吸收合并。辉正公司要将取得的宏伟公司的资产、负债按购买日的公允价值入账。辉正公司为企业合并产生的合并对价为发行股份的公允价值，大于取得的宏伟公司的净资产的公允价值，显然产生正商誉，辉正公司要在自身账上将商誉作为资产确认。同时，发行股票的公允价值与面值的差额作为资本公积确认。

（1）辉正公司所获得的宏伟公司的净资产的入账价值的确定。

净资产的入账价值＝63 810(万元)

（2）辉正公司为合并支付的合并对价(成本)＝10 000×6.5＝65 000(万元)

（3）购买日的合并商誉＝65 000－63 810＝1 190(万元)

(4) 购买日辉正公司吸收合并宏伟公司的会计分录（单位：万元）。

资本公积＝65 000－10 000×1＝55 000(万元)

借：货币资金	12 400	
应收账款	6 800	
存货	18 000	
长期股权投资	810	
固定资产	30 000	
商誉	1 190	
贷：应付账款		4 200
股本		10 000
资本公积		55 000

四、非同一控制下新设合并的会计处理

非同一控制下新设合并后，参与合并的各方的法人实体全部消失，新成立一家企业，法人实体消失的这些企业的资产、负债归新企业享有或承担，新企业按取得的资产、负债在购买日的公允价值入账，同时确认商誉（资产）或营业外收入（负商誉）。

实务 3-5　非同一控制下新设合并的会计处理

辉正公司和宏伟公司合并后法人实体消失，共同组建一家新公司雨露公司。雨露公司增发 60 000 万股（每股面值为 1 元，市价为 10 元）换取辉正公司和宏伟公司股东持有的全部股权，并于当日取得辉正公司和宏伟公司的净资产。雨露公司另外支付了股票发行费用 500 万元和审计费、法律咨询费等直接合并费用 100 万元。购买日两个公司资产负债表的部分项目如表 3-4 所示。

表 3-4　资产负债表　　单位：万元

项目	辉正公司		宏伟公司	
	账面价值	公允价值	账面价值	公允价值
货币资金	50 000	50 000	12 400	12 400
应收账款	36 000	36 000	6 800	6 800
存货	72 000	80 000	9 200	18 000
长期股权投资	10 000	15 000	600	810
固定资产	164 000	180 000	24 000	30 000
资产总计	332 000	361 000	53 000	68 010
应付账款	56 000	56 000	4 200	4 200

续表

项目	辉正公司		宏伟公司	
	账面价值	公允价值	账面价值	公允价值
股本	150 000		30 000	
资本公积	50 000		10 000	
盈余公积	36 000		4 000	
未分配利润	40 000		4 800	
所有者权益合计	276 000	305 000	48 800	63 810
负债和所有者权益总计	332 000	361 000	53 000	68 010

要求：

(1) 计算雨露公司购买日所获得的辉正公司和宏伟公司的净资产的入账价值；

(2) 计算雨露公司为合并支付的合并对价（成本）金额；

(3) 计算购买日的合并差额（商誉）；

(4) 编制购买日雨露公司新设合并的会计分录。

实务分析：

由于辉正公司和宏伟公司合并后法人实体都消失，成立了新公司雨露公司，属于非同一控制下的新设合并，所以两个公司的资产和负债全部由新成立的雨露公司拥有和承担。雨露公司按照购买日辉正公司和宏伟公司的各项资产和负债的公允价值入账，所取得的两个公司的净资产的入账价值即为两个公司净资产的公允价值之和，合并对价是雨露公司为了合并发行的股份的公允价值，由于后者大于前者，所以产生商誉，雨露公司将其入账。辉正公司和宏伟公司各项目公允价值合计如表 3－5 所示。

表 3－5　　单位：万元

项目	辉正公司公允价值	宏伟公司公允价值	合计
货币资金	50 000	12 400	62 400
应收账款	36 000	6 800	42 800
存货	80 000	18 000	98 000
长期股权投资	15 000	810	15 810
固定资产	180 000	30 000	210 000
资产总计	361 000	68 010	429 010
应付账款	56 000	4 200	60 200
股本			
资本公积			
盈余公积			
未分配利润			
所有者权益合计	305 000	63 810	368 810
负债和所有者权益总计	361 000	68 010	429 010

雨露公司支付的股票发行费用冲减资本公积，支付的审计费、法律咨询费等直接合并费用计入管理费用。

（1）雨露公司购买日所获得的辉正公司和宏伟公司的净资产的入账价值的确定。

净资产的入账价值＝305 000＋63 810＝368 810（万元）

（2）雨露公司为合并支付的合并对价（成本）＝60 000×10＝600 000（万元）

（3）购买日的合并差额（商誉）＝600 000－368 810＝231 190（万元）

（4）购买日雨露公司新设合并的会计分录（单位：万元）。

资本公积＝60 000×（10－1）＝540 000（万元）

借：货币资金	62 400	
应收账款	42 800	
存货	98 000	
长期股权投资	15 810	
固定资产	210 000	
商誉	231 190	
贷：应付账款		60 200
股本		60 000
资本公积		540 000

辉正公司另外支付了股票发行费用500万元和审计费、法律咨询费等直接合并费用100万元：

借：资本公积	500	
贷：银行存款		500
借：管理费用	100	
贷：银行存款		100

知识巩固

一、业务处理题

1. 2×20年1月2日，辉正公司以支付现金、固定资产、无形资产（专利技术）获得同一集团内宏伟公司100%的股权，合并后宏伟公司的法人实体消失。两个公司采用的会计政策相同。辉正公司支付的现金为1 000万元；固定资产账面原价为6 900万元，已计提折旧1 500万元，提取减值准备400万元；无形资产账面原价为2 500万元，已摊销500万元，提取减值准备200万元。合并日宏伟公司资产账户合计51 000万元，负债账户合计42 000万元，所有者权益账面余额为9 000万元，包括股本、资本公积、盈余公积、未分配利润。假设辉正公司资本溢价账面余额有800万元，固定资产的计税价格为5 000万元，增值税税率为13%。

要求：

请为辉正公司做出有关企业合并的会计处理。

2. P公司和S公司为同一集团内的两个全资子公司。该项合并中参与合并的企业在合并前及合并后均受同一公司最终控制。2×20年6月30日，P公司向S公司的股东定向增发1 000万股普通股（每股面值为1元）对S公司进行合并，并于当日取得对S公司100%的股权，S公司的法人实体消失。参与合并企业在2×20年6月30日合并前有关资产、负债情况如表3-6所示。

表3-6 资产负债表

2×20年6月30日　　单位：万元

项目	P公司	S公司	
	账面价值	账面价值	公允价值
资产：			
货币资金	2 000	200	200
应收账款	8 000	800	800
存货	10 000	4 000	5 000
长期股权投资	6 000	1 000	1 500
固定资产	15 000	8 000	9 500
无形资产	4 000	1 000	2 000
资产总计	4 5000	15 000	19 000
负债和所有者权益：			
短期借款	5 000	2 000	2 000
应付账款	3 000	1 000	1 000
其他负债	2 000	1 000	1 000
负债合计	10 000	4 000	4 000
实收资本（股本）	20 000	6 000	
资本公积	5 000	2 000	
盈余公积	1 000	300	
未分配利润	9 000	2 700	
所有者权益合计	35 000	11 000	15 000
负债和所有者权益总计	45 000	15 000	19 000

要求：

（1）判断合并的类型；

（2）编制合并日P公司合并S公司的会计分录。

3. 假设上题改为：P公司和S公司合并前后不受任何公司控制，P公司发行的股份的市价为每股20元，合并后S公司的法人实体继续存在。其他资料同上。

要求：

（1）判断合并的类型；

（2）编制合并日P公司合并S公司的会计分录。

二、简答题

1. 什么是企业合并？它有哪些类型？
2. 企业合并产生的会计问题有哪些？
3. 比较权益结合法和购买法。
4. 同一控制下企业合并的会计处理原则有哪些？
5. 非同一控制下企业合并的会计处理原则有哪些？
6. 简述企业合并中合并差额的确定与会计处理。
8. 简述同一控制下的企业合并与非同一控制下的企业合并会计处理的差异。
9. 如何确认与计量合并商誉？

第四章

合并报表

学习目标

了解合并报表的构成、编制原则等，熟练掌握合并报表的编制方法。

第一节　合并报表概述

现代企业可以通过企业合并达到扩张的目的，企业合并包括新设合并、吸收合并、控股合并，新设合并和吸收合并后只有一个企业，但是控股合并后，母公司和子公司各方仍然是独立的法人实体，各自编制报表，如果报表使用者仅仅依据母公司和子公司的个别报表可能会做出错误的决策，因为母子公司之间存在内部交易。由于母公司控制子公司，从经济实质来看，母子公司构成一个集团，所以我们需要编制合并报表以反映该集团的财务信息，以便向信息使用者提供决策有用的信息。

编制合并报表的过程是非常复杂的，这里我们先学习合并报表的基本概述。什么是合并报表？合并报表包括哪些？编制合并报表应遵循哪些原则？哪些被投资企业应纳入合并报表？编制合并报表有哪些方法？编制合并报表有哪些程序？编制合并报表需要做哪些准备事项？需要调整抵销的项目有哪些？合并报表的格式是怎样的？

一、合并财务报表的构成及编制原则

（一）合并财务报表的定义

合并财务报表（简称合并报表）是反映母公司和其全部子公司形成的企业集团整体财务状况、经营成果和现金流量的财务报表。这里的母公司是指有一个或一个以上子公司的企业（或主体），子公司是指被母公司控制的企业。例如，甲公司从证券市场上购买了乙公司90%的股份，意味着乙公司的财务经营政策由甲公司决定，所以甲公司是母公司，乙公司是子公司。

合并报表的编制主体是母公司，即编制者是母公司，但所对应的会计主体是由母公司及其控制的所有子公司构成的企业集团。母公司和子公司都是独立的法人实体，所以都需要编制财务报表，称为个别财务报表（简称个别报表）。母公司除了编制自身的个别报表外，还要编制合并报表，所以对母公司的会计师要求更高。

（二）合并财务报表的构成

合并财务报表至少包括合并资产负债表、合并利润表、合并所有者权益变动表（或合并股东权益变动表）、合并现金流量表和附注。

合并资产负债表是反映母公司和子公司所形成的企业集团在某一特定日期财务状况的报表，它反映集团在特定日期资产、负债以及净资产的数额，会计信息使用者可以通过此表判断集团未来可用的经济资源、偿还债务的压力大小等。

合并利润表是反映母公司和子公司所形成的企业集团在一定期间内经营成果的报表，会计信息使用者可以通过此表判断集团未来利用经济资源创造利润的能力。

合并所有者权益变动表是反映母公司在一定期间内，包括经营成果分配在内的所有者（或股东）权益增减变动情况的报表。它是从母公司的角度，站在母公司所有者的立场反映企业所有者在母公司中的权益增减变动情况的报表。

合并现金流量表是反映母公司和子公司所形成的企业集团在一定期间内现金流入、流出量以及现金净增减变动情况的报表，会计信息使用者可以通过此表判断集团未来产生现金的能力。

附注是对合并资产负债表、合并利润表、合并所有者权益变动表和合并现金流量表等报表中列示项目的文字描述或明细资料，以及未能在这些报表中列示项目的说明等。例如，合并报表附注要披露编制合并报表的方法是购买法还是权益结合法；各类固定资产如房屋建筑物和机器设备的原价、累计折旧、减值准备、净值等由期初到期末的增减变动情况，借款类别和明细，应付账款的账龄及前十的收款人，应交税费中各类如增值税、企业所得税、个人所得税、消费税等期初和期末数；合并利润表中各种收入和费用的具体构成及期初和期末数、关联方关系及交易、关键管理人员、或有事项等。

（三）合并财务报表的编制原则

合并财务报表除必须符合财务报表编制的一般原则和基本要求外，还应当遵循以下原则和要求：

1. 以个别财务报表为基础编制

我们知道，企业编制财务报表，首先要完成根据审核无误的原始凭证填制记账凭证、登记总账和明细账、编制试算平衡表等大量工作。那么编制合并报表是否也要对母子公司构成的集团的所有经济业务这样操作一遍？理论上可以，但实际上没必要。合并财务报表并不是直接根据母公司和子公司的账簿编制，而是以母子公司个别财务报表为基础编制的，也就是母公司在母子公司个别报表的基础上经过调整抵销集团内部交易事项并考虑了特殊交易事项的影响后编制的。

2. 一体性原则

合并财务报表反映的是企业集团的财务状况、经营成果和现金流量，反映的是由多个法人主体组成的一个会计主体的财务情况，在编制合并财务报表时应当将母公司和所有子公司作为整体来看待，母公司和子公司发生的经营活动都应当从企业集团这一整体的角度进行考虑。因此，在编制合并财务报表时，对于母公司与子公司之间、子公司相互之间发生的经济业务，应当视同同一会计主体内部业务处理，即视同同一会计主体下的不同核算单位的内部业务。

3. 重要性原则

在编制合并财务报表时，特别强调重要性原则的运用。与个别财务报表相比，合并财务报表涉及多个法人主体，涉及的经营活动范围很广，母公司与子公司的经营活动往往跨越不同行业界限，有时母公司与子公司的经营活动甚至相差很大。这样，合并财务报表要综合反映会计主体的财务情况，必然要涉及重要性的判断问题。例如，一些项目对在企业集团中的某企业具有重要性，但对于整个企业集团则不一定具有重要性，在这种情况下根据重要性的要求对财务报表项目进行取舍，具有重要的意义。此外，当母公司与子公司之间、子公司相互之间发生的经济业务，对整个企业集团财务状况和经营成果影响不大时，为简化合并手续也应根据重要性原则进行取舍，可以不编制抵销分录而直接编制合并财务报表。

二、合并财务报表的合并理论

合并理论是指如何认识指导合并财务报表的观点。通俗地讲，它是指应当站在怎样的立场上来认识母公司与子公司的关系，从而合理地确定合并的范围和合并的方法。

合并财务报表是以企业集团为会计主体编制的财务报表，编制合并财务报表首先涉及如何界定企业集团范围的问题，确定哪些被投资企业需要纳入合并范围，确定编制合并财务报表时所采用的合并方法。企业集团的界定、合并范围的确定以及合并方法的选择，直接关系到合并财务报表提供什么样的信息、为谁提供信息等一系列问题，对合并财务报表的编制具有重要的意义。这些问题的解决，在很大程度上取决于编制合并财务报表时所采用的合并理论。依据不同的合并理论，其确定的合并范围和选择的合并方法也各不相同。

在编制合并财务报表时，如何看待少数股权的性质，以及如何对其进行会计处理，国际会计界形成了三种编制合并财务报表的合并理论，即母公司理论、实体理论和所有权理论。

（一）母公司理论

母公司理论，是指将合并财务报表视为母公司本身的财务报表反映的范围的扩大来看待，从母公司角度来考虑合并财务报表的合并范围、合并处理方法。母公司理论认为合并财务报表主要是为母公司的股东和债权人服务的，为母公司现实的和潜在的投资者服务的，强调的是母公司股东的利益。

在采用母公司理论的情况下，在确定合并范围时，通常更多的是以法定控制为基础，以持有多数股权或表决权作为将某一被投资企业纳入合并范围的依据，或者通过一个公司处于另一个公司法定支配下的控制协议来确定合并财务报表的合并范围。

在母公司理论下编制合并财务报表，所采用的合并处理方法都是从母公司本身的股东利益来考虑的，例如，对于子公司少数股东的权益，在合并资产负债表中通常视为一项负债来处理；对于企业集团内部销售收入的抵销，需要考虑销售的顺销（母公司将商品销售给子公司）和逆销（子公司将商品销售给母公司）两种情况，对于顺销，编制合并财务报表时只抵销子公司中母公司持有股权相对应的份额，即多数股东股权的份额，而对于少数股东股权相对应的份额，则视为实现销售处理，不需要进行抵销处理。这一理论忽视了母公司股东以外的少数股东的利润和信息需要。

（二）实体理论

实体理论认为，合并财务报表是企业集团内各成员企业构成的经济联合体的财务报表，编制合并财务报表是为整个经济体服务的，它强调的是企业集团中所有成员企业所构成的经济实体。它对构成企业集团的持有多数股权的股东和拥有少数股权的股东一视同仁、同等对待，只要是企业集团成员股东，无论是拥有多数股权，还是拥有少数股权，都是共同组成的经济实体的股东。

在运用实体理论的情况下，对于少数股东权益，通常视为股东权益的一部分，在合并资产负债表中的股东权益部分列示和反映。由于对构成企业集团的成员企业的所有股东均视为企业集团的股东，对于企业集团内部各成员企业之间发生的销售行为，内部销售商品或提供劳务过程中所实现的销售损益，均属于未实现内部销售损益，应当予以抵销。无论是顺销还是逆销，其实现的内部销售损益，对于由成员企业全体股东构成的企业集团来说都是未实现内部销售损益，均属于抵销范围。

采用实体理论编制合并财务报表，有利于企业集团内部管理人员从整体上把握企业集团经营活动的情况，相对来说更能够满足企业集团内部管理人员对财务信息的需要。因此，目前国际财务报告准则及我国企业会计准则主要采用的就是实体理论。

（三）所有权理论

所有权理论既不强调企业集团中存在的法定控制关系，也不强调企业集团各成员企业所构成的经济实体，而是强调编制合并财务报表的企业对另一个企业的经济活动和财务决策具有重大影响的所有权。

所有权理论认为，母公司理论和实体理论都不能解决隶属于两个或两个以上企业集团的企业的合并财务报表编制问题。例如，某一个企业的全部股权由两个投资企业投资形成，各拥有其50%的股权，即共同控制企业。在这种情况下，其中任何一个投资企业都不能对该企业实施控制，根据母公司理论和实体理论都很难确定该企业的财务报表由哪一个投资企业合并，因为既没有单一的母公司，也没有少数股权的股东；既不存在法定支配权，也不存在单一的经济主体。为了弥补母公司理论和实体理论的不足，有的国家在编制合并财务报表时，就提出了所有权理论，以期解决共同控制下的合并财务报表的编制问题。

在采用所有权理论的情况下，对于拥有所有权的企业的资产、负债和当期实现的净损益，均按照一定的比例合并计入合并财务报表。这也是一些国家合并财务报表相关准则规定实行比例合并法的理论基础。

三、合并财务报表的合并范围

母公司编制合并报表时，哪些被投资企业应纳入合并范围？母公司是以控制为基础，确定合并范围。控制，是指投资方拥有对被投资方的权力，通过参与被投资方的相关活动而享有可变回报，并且有能力运用对被投资方的权力影响其回报金额。当投资方因参与被投资方的相关活动而享有可变回报，且有能力运用对被投资方的权力来影响上述回报时，投资方即控制被投资方。

因此，投资方要实现控制，必须具备以下基本要素：一是因涉入被投资方而享有可变回报；二是拥有对被投资方的权力，并且有能力运用对被投资方的权力影响其回报金额。投资方只有同时具备上述两个要素时，才能控制被投资方。

实际工作中，投资方在判断其能否控制被投资方时，应综合考虑所有相关事实和情况，以判断是否同时满足控制的这两个要素。相关事实和情况主要包括：

（1）被投资方的设立目的和设计；

（2）被投资方的相关活动以及如何对相关活动做出决策；

（3）投资方享有的权利是否使其目前有能力主导被投资方的相关活动；

（4）投资方是否通过参与被投资方的相关活动而享有可变回报；

（5）投资方是否有能力运用对被投资方的权力影响其回报金额；

（6）投资方与其他方的关系。

其中，对被投资方的设立目的和设计的分析，贯穿于判断控制的始终，也是分析上述其他事实和情况的基础。如果事实和情况表明上述控制要素中的一个或多个发生变化，投资方应当重新判断其还能否控制被投资方。

投资方在判断能否控制被投资方时，具体判断如下：

（一）评估被投资方的设立目的和设计

当判断对被投资方的控制时，投资方应考虑被投资方的设立目的和设计，以明确哪些是相关活动，相关活动的决策机制，谁拥有现时能力主导这些活动，以及谁从这些活动中获得可变回报。在判断是否控制被投资方时首先看企业设立被投资方的目的，如果仅仅是为了通过被投资方筹集资金，而不进行其他业务，此时被投资方不构成业务，即使持股比例达到了100%也不属于控制。

了解被投资方的设立目的和设计有助于了解每个投资方的目的，即投资方为何参与被投资方的相关活动，参与了哪些活动。因此，在识别哪个投资方控制被投资方时，了解被投资方的设立目的和设计非常关键。

了解被投资方的设立目的和设计有助于确定以下方面：

（1）被投资方存在哪些风险，投资方参与被投资方相关活动可能产生哪些风险；

（2）相关活动是指哪些活动；

（3）被投资方相关活动的决策机制是怎样的；

（4）哪个投资方有能力主导被投资方的相关活动；

（5）哪些投资方能够通过参与被投资方相关活动而享有其可变回报；

（6）被投资方相关活动如何影响投资方的回报；

（7）如果投资方拥有对被投资方的权力、享有其可变回报，那么它是否有能力运用其对被投资方的权力影响其回报金额。

如果在被投资方的设计中，对被投资方的控制是通过持有被投资方权益工具而获得一定比例表决权或是潜在表决权的方式来实现，当不存在其他改变决策机制的安排时，控制的判断主要侧重于哪一方能够通过行使表决权来决定被投资方的财务和经营政策。例如，当不存在其他因素时，通常持有半数以上表决权的投资方控制被投资方，但是，当章程或者其他协议存在某些特殊约定（如被投资方相关活动的决策需要2/3以上表决权比例通过）时，拥有半数以上但未达到约定比例等并不意味着能够控制被投资方。

如果在被投资方的设计中，表决权不是判断能否控制被投资方的决定性因素，则投资方在考虑被投资方的设立目的和设计时，还应考虑被投资方的设立带来了哪些风险和收益；被投资方将哪些风险和收益转移给了参与其活动的各方；投资方是否面临这些风险和收益。所考虑的风险不仅包括下行风险，还包括可能的上行收益。

因此，在判断控制的各环节都需要考虑被投资方的设立目的和设计。

实务4-1　评估被投资方的设立目的和设计

A公司为有限合伙企业，经营期限为3年。A公司将全部资金用于对非关联方B公司的全资子公司C增资，增资完成后，A公司持有C公司60%有表决权的股份，B公司持有C公司40%有表决权的股份。根据协议，B公司将在3年后以固定价格回购A公司持有的C公司股份。C公司是专门建造某大型资产并用于租赁的项目公司，建造期为5年，A公司增资时，该资产已经建造了2年。

要求：

判断A公司是否能够控制C公司。

实务分析：

被投资方C公司的相关活动是用5年的时间建造某大型资产，之后以租金的方式取得回报。A公司增资时，C公司的资产已经建造2年了，大多与建造事项有关的决策很可能已完成，当A公司的经营期限结束并将持有的C公司股份以固定价格出售给B公司时，C公司刚刚完成建造活动，尚未开始产生回报。因此，A公司并不能主导C公司的相关活动，而且A公司也无法通过参与C公司的相关活动取得可变回报，A公司是通过B公司回购股份的方式收回其投资成本并取得收益的。

根据以上分析，即使A公司拥有半数以上的表决权，也不能控制被投资方C公司。

（二）判断通过涉入被投资方的活动享有的是否为可变回报

1. 可变回报的定义

享有控制权的投资方，通过参与被投资方相关活动，享有可变回报。可变回报是指不固定且可能随着被投资方业绩而变化的回报，可以仅是正回报，仅是负回报，或者同时包括正回报和负回报。

2. 可变回报的形式

投资方在评价其享有被投资方的回报是否可变以及可变的程度时，需基于合同安排的实质，而不是法律形式。例如，投资方持有固定利息的债券投资时，由于债券存在违约风险，投资方需承担被投资方不履约而产生的信用风险，因此投资方享有的固定利息回报也可能是一种可变回报。又如，投资方管理被投资方资产而获得的固定管理费也是一种可变回报，因为投资方是否能获得此回报依赖于被投资方能否获得足够的收益以支付该固定管理费。

可变回报的形式主要包括：

（1）股利、被投资方经济利益的其他分配（如被投资方发行的债务工具产生的利息）、投资方对被投资方的投资的价值变动。

（2）因向被投资方的资产或负债提供服务而得到的报酬、因提供信用支持或流动性支持收取的费用或承担的损失、被投资方清算时在其剩余净资产中所享有的权益、税务利益、因参与被投资方而获得的未来流动性。

（3）其他利益持有方无法得到的回报。例如，投资方将自身资产与被投资方的资产整合以实现规模经济，达到节约成本的目的；投资方通过涉入被投资方，从而保证稀缺资源的供应、获得专有技术或者限制被投资方的某些运营或资产，达到提高投资方其他资产价值的目的。

此外，尽管只有一个投资方能够控制被投资方，但可能存在多个投资方分享被投资方的回报。例如，少数股东权益的持有者可以分享被投资方的利润。

实务 4-2　识别被投资方的相关活动影响投资方可变回报

B公司由A公司设立，A公司持有B公司30%有表决权的股份，剩余70%的股份由与A公司无关联关系的公众投资者持有，这些投资者的持股比例十分分散。此外，B公司还向其他公众投资者发行债务工具。B公司使用发行债务工具和权益工具所筹集的资金进行金融资产组合投资，并均投资于债务工具，这样，B公司将可能面临投资本金和利息不能收回的信用风险。为此，双方在协议中明确，当所持金融资产组合投资出现违约事项时，B公司的权益工具持有人首先承担由违约事项带来的损失，违约事项带来的损失超过权益工具金额之后，剩余损失由债务工具持有人承担。在违约事项带来的损失超过权益工具金额之前，A公司管理B公司的投资组合；在违约事项带来的损失超过权益工具金额之后，由债务工具持有人指定的其他方管理B公司存在违约事项的资产及剩余金融资产的投资。

要求：

识别B公司的活动对A公司回报的影响。

实务分析：

在未发生违约事项或违约事项带来的损失小于权益工具金额的情况下，B公司的相关活动是金融资产投资组合的管理，而在违约事项带来的损失超过权益工具的金额后，B公司的相关活动转变为对存在违约事项的资产及剩余金融资产投资的管理。

根据上述分析，B公司不同时间的相关活动不同，A公司需要进一步判断B公司的哪一相关活动为最显著影响其可变回报的相关活动。

（三）判断投资方是否对被投资方拥有权力，并能够运用此权力影响回报金额

控制的第一个要素是权力。投资方能够主导被投资方的相关活动时，称投资方对被投资方享有权力。

1. 对判断投资方是否对被投资方拥有权力的理解

在判断投资方是否对被投资方拥有权力时，应注意以下几点：

（1）权力只表明投资方主导被投资方相关活动的现时能力，并不要求投资方实际行使其权力。如果投资方拥有主导被投资方相关活动的现时能力，即使这种能力尚未被实际行使，也视为该投资方拥有对被投资方的权力。

（2）权力是一种实质性权利，而不是保护性权利。

实质性权利是指持有人在对相关活动进行决策时，有实际能力行使的可执行权利。有实际能力行使意味着对投资方拥有实质性权利，即便投资方并未实际行使，也应在判断投资方是否对被投资方拥有权力时予以考虑。判断一项权利是否为实质性权利，应当综合考虑所有相关因素，包括权利持有人行使该项权利是否存在财务、价格、条款、机

制、信息、运营、法律法规等方面的障碍；当权利由多方持有或者行权需要多方同意时，是否存在实际可行的机制使得这些权利持有人在其愿意的情况下能够一致行权；权利持有人是否可从行权中获利等。实质性权利通常是当前可执行的权利，但某些情况下当前不可行使的权利也可能是实质性权利。

保护性权利旨在保护持有这些权利的当事方的权益，而不赋予当事方对这些权利所涉及的主体的权力。仅持有保护性权利的投资方不能对被投资方实施控制，也不能阻止其他方对被投资方实施控制。例如，贷款方限制借款方从事损害贷款方权利的活动，这些活动将对借款方信用风险产生不利影响从而损害贷款方权利，以及贷款方在借款方发生违约行为时扣押其资产的权利等。保护性权利通常只能在被投资方发生根本性改变或发生某些例外情况时才能够行使，它既没有赋予其持有人对被投资方拥有权力，也不能阻止其他方对被投资方拥有权力。

实务 4-3　判断投资方是否拥有被投资方实质性权利

投资方 A 公司持有一份将于 25 天后结算的远期股权购买合同，该合同赋予投资方行权后能够持有被投资方 B 公司的多数表决权股份。另外，能够对被投资方相关活动进行决策的最早时间是 30 天后才能召开的特别股东大会。其他投资方不能对被投资方相关活动现行的政策做出任何改变。

要求：

判断 A 公司是否拥有 B 公司的实质性权利。

实务分析：

实质性权利通常是当前可执行的权利，但某些情况下当前不可行使的权利也可能是实质性权利。虽然 A 公司持有的远期股权购买合同 25 天后才能结算，不是当前可执行的权利，但是由于特别股东大会最早召开的时间在 30 天后，晚于远期合同的可行权日（25 天后），在投资方执行远期合同之前，没有其他任何一方可以改变与被投资方的相关活动有关的决策。

根据上述分析，一旦 A 公司结算，那么 A 公司就能拥有 B 公司的多数表决权股份，而 B 公司特别股东大会在 A 公司结算之后才能召开，B 公司特别股东大会召开时，A 公司已经拥有了对 B 公司的权力，因此，虽然 A 公司的权力当前不可执行，但仍为一项实质性权利。当然，如果把条件改为：能够对被投资方相关活动进行决策的最早时间是 20 天后才能召开的特别股东大会。这时，A 公司的权力就不是实质性权利了。

（3）权力是为自己行使的，而不是代其他方行使。

（4）权力通常表现为表决权，但有时也可能表现为其他合同安排。投资方可以通过享有被投资方多数表决权或其他合同安排达到拥有被投资方权力的目的。

1）投资方持有被投资方半数以上表决权。投资方持有被投资方半数以上表决权的情况通常包括以下三种：一是投资方直接持有被投资方半数以上表决权；二是投资方间接持有被投资方半数以上表决权；三是投资方以直接和间接方式合计持有被投资方半数以上表决权。

投资方持有被投资方半数或以下表决权，但通过与其他表决权持有人之间的协议能够控制半数以上表决权。投资方自己持有的表决权虽然只有半数或以下，但通过与其他表决权持有人之间的协议使其可以持有足以主导被投资方相关活动的表决权，从而拥有对被投资方的权力。该类协议安排需确保投资方能够主导其他表决权持有人的表决，即其他表决权持有人按照投资方的意愿进行表决，而不是投资方与其他表决权持有人协商并根据双方协商一致的结果进行表决。

投资方拥有多数表决权但没有权力。确定持有半数以上表决权的投资方是否拥有权力，关键在于该投资方现时是否有能力主导被投资方的相关活动。当其他投资方现时有权力能够主导被投资方的相关活动，且其他投资方不是投资方的代理人时，投资方就不拥有对被投资方的权力。当表决权不是实质性权利时，即使投资方持有被投资方多数表决权，也不拥有对被投资方的权力。例如，被投资方相关活动被政府、法院、管理人、接管人、清算人或监管人等其他方主导时，投资方虽然持有多数表决权，但也不可能主导被投资方的相关活动。被投资方自行清算的除外。

2）其他合同安排产生的权力。投资方可能通过持有的表决权和其他决策权相结合的方式使其当前能够主导被投资方的相关活动。例如，合同安排赋予投资方能够聘任被投资方董事会或类似权力机构多数成员，这些成员能够主导董事会或类似权力机构对相关活动的决策。但是，在不存在其他权利时，仅仅是被投资方对投资方的经济依赖（如供应商和其主要客户的关系）不会导致投资方对被投资方拥有权力。

实务 4-4 其他合同安排影响投资方是否拥有权力

A 公司持有 B 公司 40%有表决权的股份，其他 12 个投资方各持有 B 公司 5%有表决权的股份，且它们之间或其中一部分股东之间不存在进行集体决策的协议。根据全体股东协议，A 公司有权聘任或解聘董事会多数成员，董事会主导被投资方的相关活动。

要求：

判断 A 公司是否拥有对 B 公司的权力。

实务分析：

A 公司持有 B 公司有表决权的股份（40%）不足 50%，且其他 12 个投资方各持有 B 公司 5%有表决权的股份，根据 A 公司自身持有股份的绝对规模和其他股东的相对规模，难以得出 A 公司对 B 公司拥有权力的结论。但是，根据全体股东协议，A 公司有权聘任或解聘董事会多数成员（其他决策权），董事会主导被投资方的相关活动，以及其他股东之间不存在集体决策的协议。

根据上述分析，投资方 A 公司通过持有的表决权和其他决策权相结合的方式使其当前能够主导被投资方的相关活动，可以判断 A 公司对 B 公司拥有权力。

3）持有被投资方半数或半数以下表决权。持有半数或半数以下表决权的投资方或者虽持有半数以上表决权，但表决权比例仍不足以主导被投资方相关活动的投资方，应综合考虑下列事实和情况，以判断其持有的表决权与相关事实和情况相结合是否赋予投资方拥有对被投资方的权力。

①投资方持有的表决权份额相对于其他投资方持有的表决权份额的大小，以及其他投资方持有表决权的分散程度。投资方持有的绝对表决权比例或相对于其他投资方持有的表决权比例越高，其现时能够主导被投资方相关活动的可能性越大；为否决投资方意见而需要联合的其他投资方越多，投资方现时能够主导被投资方相关活动的可能性越大。例如，A公司持有B公司48%有表决权的股份，剩余股份由分散的小股东持有，所有小股东单独持有的有表决权的股份均未超过1%，且他们之间或其中一部分股东均未达成进行集体决策的协议。在判断A公司是否拥有对B公司的权力时，虽然A公司持有的B公司有表决权的股份（48%）不足50%，但是，根据其他股东持有股份的相对规模及分散程度，且其他股东之间未达成集体决策协议等情况，可以判断A公司拥有对B公司的权力。

②投资方和其他投资方持有的潜在表决权。潜在表决权是获得被投资方表决权的权利，例如，可转换工具、可执行认股权证、远期股权购买合同或其他期权所产生的权利。确定潜在表决权是否赋予其持有者权力时需要考虑下列三个方面：一是潜在表决权工具的设立目的和设计；以及投资方涉入被投资方其他方式的目的和设计；二是潜在表决权是否为实质性权利，判断控制仅考虑满足实质性权利要求的潜在表决权；三是投资方是否持有其他表决权或其他与被投资方相关的表决权，这些权利与投资方持有的潜在表决权结合后是否赋予投资方拥有对被投资方的权力。

实务4-5　潜在表决权对投资方权力的影响

A公司与B公司分别持有被投资方70%和30%有表决权的股份。A公司与B公司签订的期权合同规定，B公司可以在当前及未来两年内以固定价格购买A公司持有的被投资方50%有表决权的股份，该期权在当前及预计未来两年内都是深度价外期权（即依据期权合约的条款设计，买方B公司到期前行权的可能性极小）。之前，A公司一直通过表决权主导被投资方的相关活动。

要求：

判断A公司和B公司哪一方对被投资方拥有权力。

实务分析：

B公司当前持有购买A公司有表决权股份的可行使期权，行使该期权，将使B公司拥有被投资方80%有表决权的股份。但由于这些期权在当前及预计未来两年内都是深度价外期权，B公司无法从该期权的行使中获利，因此，这些期权并不构成实质性权利，在评估B公司是否拥有对被投资方的权力时不应予以考虑。

潜在表决权是否为实质性权利，判断控制仅考虑满足实质性权利要求的潜在表决权。根据上述分析，B公司持有的潜在表决权不是实质性权利，所以A公司控制被投资方，拥有对被投资方的权力。

4）其他相关事实或情况。如果根据上述1）至3）项所列因素尚不足以判断投资方是否控制被投资方，应综合考虑投资方享有的权利、被投资方以往表决权行使情况及下列事实或情况进行判断：

①投资方是否能够任命或批准被投资方的关键管理人员，这些关键管理人员能够主导被投资方的相关活动。

②投资方是否能够出于自身利益决定或者否决被投资方的重大交易。

③投资方是否能够控制被投资方董事会等类似权力机构成员的任命程序，或者从其他表决权持有人手中获得代理投票权。

④投资方与被投资方的关键管理人员或董事会等类似权力机构中的多数成员是否存在关联关系（例如，被投资方首席执行官与投资方首席执行官为同一人）。

⑤投资方与被投资方之间是否存在特殊关系。在评价投资方是否拥有对被投资方的权力时，应当适当考虑这种特殊关系的影响，这种特殊关系可能为投资方享有权力提供证据。特殊关系通常包括：被投资方的关键管理人员是投资方的现任或前任职工，被投资方的经营活动依赖于投资方（例如，被投资方依赖于投资方提供经营活动所需的大部分资金，投资方为被投资方的大部分债务提供了担保，被投资方在关键服务、技术、供应或原材料方面依赖于投资方，投资方掌握了诸如专利权、商标等对被投资方经营而言至关重要的资产，被投资方依赖于投资方为其提供具备与被投资方经营活动相关专业知识等的关键管理人员等），被投资方活动的重大部分有投资方参与其中或者是以投资方的名义进行，投资方自被投资方处承担可变回报的风险（或享有可变回报的收益）的程度远超过其持有的表决权或其他类似权利的比例（例如，投资方承担或有权获得被投资方回报的比例为70%但仅持有不到半数的表决权）等。

投资方持有被投资方表决权比例越低，否决投资方提出的关于相关活动的议案所需一致行动的其他投资者数量越少，投资者就越需要在更大程度上运用上述证据，以判断是否拥有主导被投资方相关活动的权力。

在被投资方的相关活动是通过表决权进行决策的情况下，当投资方持有的表决权比例不超过半数时，投资方在考虑了所有相关情况和事实后仍不能确定投资方是否拥有被投资方的权力的，投资方不控制被投资方。

5）权力来自表决权之外的其他权利。投资方对被投资方的权力通常来自表决权，但有时投资方对一些主体的权力不是来自表决权，而是由一项或多项合同安排决定。例如，证券化产品、资产支持融资工具、部分投资基金等结构化主体。结构化主体，是指在确定其控制方时没有将表决权或类似权利作为决定因素而设计的主体。主导该主体相关活动的依据通常是合同安排或其他安排形式。由于主导结构化主体的相关活动不是来自表决权（或类似权利），而是由合同安排决定，这无形中加大了投资方是否拥有对该类主体权力的判断难度。投资方需要评估合同安排，以评价其享有的权利是否足够使其拥有对被投资方的权力。

2. 对相关活动的理解

这里的相关活动是指对被投资方的回报产生重大影响的活动。可见，判断相关活动时，应关注的是那些对被投资方的回报具有重大影响的活动，而不是对被投资方回报影响甚微或没有影响的行政活动。

对许多企业而言，经营和财务活动通常对其回报产生重大影响。但是，不同企业的相关活动可能是不同的，应当根据企业的行业特征、业务特点、发展阶段、市场环境等具体情况来进行判断，这些活动可能包括但不限于：商品或劳务的销售和购买；金融资产的管理；资产的购买和处置；研究与开发活动；确定资本结构和获取融资。同一企业在不同环境和情况下，相关活动也可能有所不同。

3. 被投资方相关活动的决策机制

投资方是否拥有权力，不仅取决于被投资方的相关活动，还取决于对相关活动进行决策的方式，例如，对被投资方的经营、融资等活动做出决策（包括编制预算）的方式，任命被投资方的关键管理人员、给付薪酬及终止劳动合同关系的决策方式等。

相关活动一般由企业章程、协议中约定的权力机构（如股东会、董事会）来决策，特殊情况下，相关活动也可能根据合同协议约定等由其他主体决策，如专门设置的管理委员会等。有限合伙企业的相关活动可能由合伙人大会决策，也可能由普通合伙人或者投资管理公司等决策。

被投资方通常从事若干相关活动，并且这些活动可能不是同时进行的。当两个或两个以上投资方能够分别单方面主导被投资方的不同相关活动时，能够主导对被投资方回报产生最重大影响的活动的一方拥有对被投资方的权力，此时，通常需要考虑的因素包括：(1) 被投资方的设立目的和设计；(2) 影响被投资方利润率、收入和企业价值的决定因素；(3) 各投资方有关上述因素的决策职权范围及其对被投资方回报的影响程度；(4) 投资方承担可变回报风险的大小。

实务 4-6　被投资方相关活动的决策机制影响投资方是否拥有权力

A公司和B公司共同投资设立C公司。C公司的主营业务活动为药品的研发、生产和销售。根据C公司章程和合资协议的约定，在所研发的药品获得相关监管部门的生产批准前，A公司可以单方面主导C公司的药品研发活动，而在获得相关监管部门的生产批准后，则由B公司单方面主导该药品的生产和营销决策。

要求：

分析C公司相关活动的决策机制对A公司、B公司拥有对C公司权力的影响。

实务分析：

被投资方C公司从事药品研发、生产和营销的若干相关活动，显然这些活动不是同时进行的。而且，A公司可以单方面主导C公司的药品研发活动，B公司单方面主导该药品的生产和营销决策，所以A公司和B公司能够分别单方面主导被投资方不同的相关活动。这时，A公司和B公司谁拥有对C公司的权力？能够主导对被投资方回报产生最重大影响的活动的一方拥有对被投资方的权力。

A公司还是B公司拥有C公司的权力，主要是看哪一方对C公司的回报有最重大影响，通常需要考虑的因素包括：(1) C公司的设立目的和设计；(2) 影响C公司利润率、收入和企业价值的决定因素；(3) A公司、B公司对 (1) 和 (2) 的决策职权范围及其对C公司回报的影响程度；(4) A公司、B公司承担可变回报风险的大小。C公司的药品研发、生产和营销活动均会对C公司的回报产生重大影响。投资方在判断是否对C公司拥有权力时，除了需要结合上述四点进行综合分析以外，还需要考虑下列因素：获得监管部门批准的不确定性和难易程度、被投资方成功开发药品并获取生产批准的历史记录、产品定位、当前药品所处的开发阶段、所需开发时间、同类药品开发的难易程度、取得同类药品营销渠道的难易程度、开发完成后可实际控制该药品相关经营活动的投资方等。

四、合并财务报表前期准备事项

为了使合并财务报表编制准确，全面反映企业集团的真实情况，满足信息使用者的需求，编制合并财务报表前要做一些前期准备事项。这些前期准备事项主要有以下几个方面。

(一) 统一母子公司的会计政策

会计政策是指企业进行会计核算和编制财务报表时所采用的会计原则、会计程序和会计处理方法，是编制财务报表的基础，统一母公司和子公司的会计政策是保证母子公司财务报表各项目反映内容一致的基础。为此，在编制财务报表前，应当尽可能统一母公司和子公司的会计政策，统一要求子公司所采用的会计政策与母公司保持一致。

对于一些境外子公司，由于所在国或地区法律、会计准则等方面的原因，确实无法使其采用的会计政策与母公司所采用的会计政策保持一致，则应当要求其按照母公司所采用的会计政策重新编报财务报表，也可以由母公司根据自身所采用的会计政策对境外子公司报送的财务报表进行调整，以重编或调整编制的境外子公司财务报表，作为编制合并财务报表的基础。

(二) 统一母子公司的资产负债表日及会计期间

财务报表总是反映一定日期的财务状况和一定会计期间的经营成果，母公司和子公司的个别财务报表只有在反映财务状况的日期和反映经营成果的会计期间一致的情况下才能进行合并。为了编制合并财务报表，必须统一企业集团内所有子公司的资产负债表日和会计期间，使子公司的资产负债表日和会计期间与母公司的资产负债表日和会计期间保持一致，以便于子公司提供相同资产负债表日和会计期间的财务报表。

对于境外子公司，由于当地法律限制确实不能与母公司财务报表决算日和会计期间一致的，母公司应当按照自身的资产负债表日和会计期间对子公司的财务报表进行调整，以调整后的子公司财务报表为基础编制合并财务报表，也可以要求子公司按照母公司的资产负债表日和会计期间另行编制报送其个别财务报表。

（三）对子公司以外币表示的财务报表进行折算

对母公司和子公司的财务报表进行合并，其前提必须是母子公司个别财务报表所采用的货币计量单位一致。

我国允许外币业务比较多的企业采用某一外币作为记账本位币，境外企业一般也是采用其所在国或地区的货币作为记账本位币。在将这些企业的财务报表纳入合并时，必须将其折算为母公司所采用的记账本位币表示的财务报表。我国外币财务报表折算基本上采用的是现行汇率法。有关外币财务报表的具体折算方法在外币业务中已作论述，在此不再赘述。

（四）收集编制合并财务报表的相关资料

合并财务报表以母公司和其子公司的财务报表以及其他有关资料为依据，由母公司合并有关项目的数额编制。为编制合并财务报表，母公司应当要求子公司及时提供下列有关资料：

（1）子公司相应期间的财务报表；

（2）与母公司及与其他子公司之间发生的内部购销交易、债权债务、投资及其产生的现金流量和未实现内部销售损益的期初、期末余额及变动情况等资料；

（3）子公司所有者权益变动和利润分配的有关资料；

（4）编制合并财务报表所需要的其他资料，如非同一控制下企业合并购买日的公允价值资料。

合并报表编制前要做的准备事项，包括统一母子公司的会计政策、统一母子公司的资产负债表日及会计期间、对子公司以外币表示的财务报表进行折算、收集编制合并财务报表的相关资料，这些准备事项都非常重要，直接关系合并报表编制的质量。

五、合并财务报表的编制程序

合并财务报表的编制是一项极为复杂的工作，不仅涉及本企业会计业务和财务报表，还涉及纳入合并范围的子公司的会计业务和财务报表。为了使合并财务报表的编制工作有条不紊，必须按照一定的程序有步骤地进行。合并财务报表编制程序大致如下：

第一步，设置合并工作底稿。

合并工作底稿的作用是为合并财务报表的编制提供基础。在合并工作底稿中，对母公司和纳入合并范围的子公司的个别财务报表各项目的数额进行汇总和抵销处理，最终计算得出合并财务报表各项目的合并数。合并工作底稿的格式很多，目前常采用的合并工作底稿基本格式如表 4－1 所示。

表 4－1　合并工作底稿

××××年度　　　　　　金额单位：元

项目	母公司	子公司	合计数	调整分录		抵销分录		少数股东权益	合并数
				借方	贷方	借方	贷方		
报表项目									

第二步，计算合计数。

将母公司、纳入合并范围的子公司的个别资产负债表、个别利润表、个别所有者权益变动表及个别现金流量表各项目的数据过入合并工作底稿，并在合并工作底稿中对母公司和子公司个别财务报表各项目的数据进行加总，计算得出个别资产负债表、个别利润表、个别所有者权益变动表及个别现金流量表各项目合计数额。

第三步，编制调整分录与抵销分录。

将母公司与子公司、子公司相互之间发生的经济业务对个别财务报表有关项目的影响进行调整抵销处理。编制调整分录与抵销分录，进行调整抵销处理是合并财务报表编制的关键和主要内容，其目的在于将因会计政策及计量基础的差异而对个别财务报表的影响进行调整，以及将个别财务报表各项目的加总数据中的重复因素等予以抵销。

第四步，计算合并财务报表各项目的合并数额。

在母公司和纳入合并范围的子公司个别财务报表各项目加总数额的基础上，分别计算财务报表中的资产项目、负债项目、所有者权益项目、收入项目和费用项目的合并数。计算方法如下：

（1）资产类项目，其合并数根据该项目加总的数额，加上该项目调整分录与抵销分录的借方发生额，减去该项目调整分录与抵销分录的贷方发生额计算确定。

（2）负债类项目和所有者权益类项目，其合并数根据该项目加总的数额，减去该项目调整分录与抵销分录的借方发生额，加上该项目调整分录与抵销分录的贷方发生额计算确定。

（3）有关收益类项目，其合并数根据该项目加总的数额，减去该项目调整分录与抵销分录的借方发生额，加上该项目调整分录与抵销分录的贷方发生额计算确定。

（4）有关成本费用类项目和有关利润分配的项目，其合并数根据该项目加总的数额，加上该项目调整分录与抵销分录的借方发生额，减去该项目调整分录与抵销分录的贷方发生额计算确定。

第五步，填列合并财务报表。

根据合并工作底稿中计算出的资产、负债、所有者权益、收入、成本费用类各项目的合并数，填列正式的合并财务报表。

经过这五个步骤，公司就可以完成合并报表的编制。

六、编制合并财务报表需要调整抵销的项目

合并财务报表包括合并资产负债表、合并利润表和合并所有者权益变动表、合并现金流量表及附注。为什么要编制调整抵销分录？例如，集团内部母公司与子公司之间发生的赊购赊销业务，对于赊销企业来说，在利润表中确认营业收入、结转营业成本、计算营业利润，并在其个别资产负债表中反映为应收账款；而对于赊购企业来说，在内部购入的存货未实现对外销售的情况下，在其个别资产负债表中反映为存货和应付账款，而合并报表又是以个别报表为基础编制的，合并工作底稿中母子公司的资产、负债和所有者权益类各项目的加总数额中，必然包含有重复计算的因素。但是从母子公司构成的整个集团来说，对集团外的销售才是真正实现的销售，集团内部之间的销售是未实现的，只是商品位置发生转移而已，不存在赊销赊购业务。因此，编制合并报表时，集团内赊销方个别报表上的营业收入、营业成本、应收账款与赊购方个别报表上的存货包含的未实现利润、应付账款就需要被抵销，这些需要扣除的重复因素，就是合并财务报表编制时需要进行抵销处理的项目。

（一）编制合并资产负债表需要调整抵销的项目

合并资产负债表是以母公司和纳入合并范围的子公司的个别资产负债表为基础编制的。个别资产负债表则是以单个企业为会计主体进行会计核算的结果，它从母公司本身或从子公司本身的角度对自身的财务状况进行反映。对于企业集团内部发生的经济业务，两方都在其个别资产负债表中进行了反映。

编制合并资产负债表时需要进行抵销处理的主要有如下项目：

（1）母公司对子公司的股权投资项目与子公司所有者权益（或股东权益）项目；

（2）母公司与子公司、子公司相互之间未结算的内部债权债务项目；

（3）存货项目，即内部购进存货价值中包含的未实现内部销售损益；

（4）固定资产项目（包括固定资产原价和累计折旧项目），即内部购进固定资产价值中包含的未实现内部销售损益；

（5）无形资产项目，即内部购进无形资产价值包含的未实现内部销售损益。

（二）编制合并利润表和合并所有者权益变动表需要调整抵销的项目

合并利润表和合并所有者权益变动表是以母公司和纳入合并范围的子公司的个别利润表和个别所有者权益变动表为基础编制的。个别利润表和个别所有者权益变动表作为以单个企业为会计主体进行会计核算的结果，从母公司本身或从子公司本身的角度反映一定会计期间经营成果的形成及其分配情况。合并工作底稿中，在以其个别利润表和个别所有者权益变动表为基础计算的收益和费用等项目的加总数额中，也必然包含有重复计算的因素。在编制合并利润表和合并所有者权益变动表时，也需要将这些重复的因素

予以扣除。

编制合并利润表和合并所有者权益变动表时需要进行抵销处理的主要有如下项目：

（1）内部销售收入和内部销售成本项目；

（2）内部投资收益项目，包括内部利息收入与利息支出项目、内部股权投资收益项目；

（3）资产减值损失项目，即与内部交易相关的内部应收账款、存货、固定资产、无形资产等项目的资产减值损失；

（4）纳入合并范围的子公司利润分配项目。

（三）编制合并现金流量表需要调整抵销的项目

合并现金流量表是综合反映母公司及其子公司组成的企业集团在一定会计期间现金流入、现金流出数量以及其增减变动情况的财务报表。合并现金流量表以母公司和子公司的个别现金流量表为基础，在抵销母公司与子公司、子公司相互之间发生内部交易对合并现金流量表的影响后，由母公司编制。

在以母公司和子公司的个别现金流量表为基础编制合并现金流量表时，需要进行抵销处理的主要有如下项目：

（1）母公司与子公司、子公司相互之间当期以现金投资或收购股权增加的投资所产生的现金流量；

（2）母公司与子公司、子公司相互之间当期取得投资收益收到的现金与分配股利、利润或偿付利息支付的现金；

（3）母公司与子公司、子公司相互之间以现金结算债权与债务所产生的现金流量；

（4）母公司与子公司、子公司相互之间当期销售商品所产生的现金流量；

（5）母公司与子公司、子公司相互之间处置固定资产、无形资产和其他长期资产收回的现金净额与购建固定资产、无形资产和其他长期资产支付的现金；

（6）母公司与子公司、子公司相互之间当期发生的其他内部交易所产生的现金流量。

七、合并财务报表的格式

（一）合并资产负债表

合并资产负债表在个别资产负债表的基础上增加以下项目：

（1）在所有者权益项目下增加“归属于母公司所有者权益（或股东权益）合计”项目，用于反映企业集团的所有者权益中归属于母公司所有者权益的部分，包括实收资本（或股本）、其他权益工具、资本公积、库存股、其他综合收益、专项储备、盈余公积、一般风险准备、未分配利润等项目的金额。

(2) 在所有者权益项目下增加“少数股东权益”项目，用于反映非全资子公司的所有者权益中不属于母公司的份额。具体格式见表 4-2。

表 4-2　合并资产负债表

会合 01 表

编制单位：××公司　　××××年 12 月 31 日　　单位：元

资产	期末余额	年初余额	负债和所有者权益（或股东权益）	期末余额	年初余额
流动资产：			流动负债：		
…			…		
流动资产合计			流动负债合计		
非流动资产：			非流动负债：		
…			…		
非流动资产合计			非流动负债合计		
			负债合计		
			所有者权益（或股东权益）：		
			…		
			归属于母公司所有者权益（或股东权益）合计		
			少数股东权益		
			所有者权益（或股东权益）合计		
资产总计			负债和所有者权益（或股东权益）总计		

（二）合并利润表

合并利润表在个别利润表的基础上增加以下项目：

(1) 在“净利润”项目下增加“归属于母公司股东的净利润”和“少数股东损益”两个项目，分别反映净利润中由母公司所有者享有的份额和非全资子公司当期实现的净利润中归属于少数股东的份额。同一控制下企业合并增加子公司的，当期合并利润表中还应在“净利润”项目下增加“其中：被合并方在合并前实现的净利润”项目，用于反映同一控制下企业合并中取得的被合并方在合并日前实现的净利润。

(2) 在“综合收益总额”项目下增加“归属于母公司所有者的综合收益总额”和“归属于少数股东的综合收益总额”两个项目，分别反映综合收益总额中由母公司所有者享有的份额和非全资子公司当期综合收益总额中归属于少数股东的份额。

（三）合并现金流量表

合并现金流量表的格式与现金流量表准则的应用指南基本相同，也就是与个别现金流量表的格式相同。

（四）合并所有者权益变动表

合并所有者权益变动表在个别所有者权益变动表的基础上，增加“少数股东权益”项目，反映少数股东权益变动的情况。另外，参照合并资产负债表中的“专项储备”

“一般风险准备”“资本公积”“其他权益工具”“其他综合收益”等项目的列示，合并所有者权益变动表中应单列上述各项目进行反映。

此外，除了上述合并财务报表在个别财务报表格式的基础上增加一些项目外，由于合并财务报表的格式因不同行业而不同，而集团内母公司和子公司的主业可能隶属不同行业如一般工商企业、金融企业，所以合并财务报表的格式可能遇到是采用一般工商企业财务报表的格式还是采用金融企业财务报表的格式的问题。

对于纳入合并财务报表的子公司既有一般工商企业又有金融企业的，如果母公司在企业集团经营中权重较大，以母公司主业是一般工商企业还是金融企业确定其报表类别，根据集团其他业务适当增加其他报表类别的相关项目；如果母公司在企业集团经营中权重不大，以企业集团的主业确定其报表类别，根据集团其他业务适当增加其他报表类别的相关项目；对于不符合上述情况的，合并财务报表采用一般工商企业财务报表格式，根据集团其他业务适当增加其他报表类别的相关项目。

第二节　长期股权投资与所有者权益的抵销处理——同一控制下的控股合并

合并报表的调整抵销分录是非常复杂的，对合并财务报表的编制是否正确具有决定性。从本节开始，我们将学习编制合并报表的调整抵销分录。

同一控制下合并日和合并日后，长期股权投资与所有者权益项目如何抵销？是否要确认商誉？抵销前是否要调整母公司的长期股权投资的账面价值？投资收益与利润分配如何抵销？

一、权益结合法

在一般情况下，企业取得子公司的途径主要有两个：一是对外进行直接投资组建新的被投资企业使其成为子公司，这里包括单独投资组建全资子公司、与其他企业合资组建非全资子公司等；二是通过企业合并，对现有企业的股权进行并购，使其成为子公司，包括购买同一控制下企业的股权使其成为子公司、购买非同一控制下企业的股权使其成为子公司两种情况。

编制合并报表的方法有购买法和权益结合法。同一控制下企业合并的合并财务报表的编制方法是权益结合法。权益结合法是把企业合并看成是参与合并的双方通过股权的交换形成的所有者权益的联合，而非资产的交易，而且合并后，股东在新企业中的股权相对不变。换言之，它是由两个或两个以上经营主体对一个联合后的企业或集团公司开展经营活动的资产贡献，即经济资源的联合。在权益结合法中，原所有者权益继续存在，以前会计基础保持不变，也就是编制合并报表时，参与合并的各企业的资产和负债继续按其原来的账面价值记录反映在合并资产负债表上，合并后企业的利润包括合并日之前本年度已实现的利润，以前年度累积的留存利润也应予以合并。权益结合法仅适用于以股权相交换的合并业务，而且账面上不确认商誉。

权益结合法相对于购买法编制合并报表简单些，我们首先学习权益结合法下同一控制下企业合并日的长期股权投资与所有者权益项目的抵销处理。

二、合并日长期股权投资与所有者权益项目的抵销处理

根据现行企业会计准则，母公司在合并日可以编制合并资产负债表、合并利润表、合并现金流量表。母公司在将购买取得的子公司股权登记入账后，在编制合并日合并资产负债表时，只需将对子公司长期股权投资与子公司所有者权益账面价值中母公司所拥有的份额相抵销，同时确认少数股东权益。由于抵销分录把子公司接受投资前实现的留存收益也抵销掉了，根据会计准则的要求，需要转回母公司享有子公司的留存收益份额。

实务 4-7 合并日长期股权投资与所有者权益项目的抵销

辉正公司 2×20 年 1 月 1 日（合并日）以 41 200 万元的价格取得同一集团内宏伟公司 80%的股权并准备长期持有。辉正公司在购买宏伟公司过程中发生审计、法律服务等相关费用 120 万元。上述价款均以银行存款支付。宏伟公司采用的会计政策、会计期间与辉正公司一致。

合并日，宏伟公司股东权益总额为 48 800 万元，其中，股本为 30 000 万元，资本公积为 10 000 万元，盈余公积为 4 000 万元，未分配利润为 4 800 万元。

要求：

（1）判断企业合并的类型；

（2）编制辉正公司投资业务的会计分录；

（3）编制辉正公司合并日长期股权投资与所有者权益项目的抵销分录；

（4）编制合并日合并资产负债表。

实务分析：

辉正公司取得宏伟公司 80%的股权并准备长期持有，辉正公司与宏伟公司为同一集团内的企业，所以该企业合并为同一控制下的控股合并。

辉正公司投资业务的会计处理。由于辉正公司与宏伟公司均为同一控制下的企业，所以按同一控制下企业合并的规定进行处理，即辉正公司采用权益结合法处理企业合并业务。辉正公司对宏伟公司的长期股权投资入账金额等于合并日享有宏伟公司所有者权益账面价值的 80%即 39 040 万元（48 800×80%），该入账金额小于合并对价 41 200 万元，所以二者的差额应冲减资本公积（假设辉正公司的资本公积超过二者的差额）。至于购买该股权过程中辉正公司发生的审计、法律服务等相关费用，则直接计入当期损

益，即管理费用。

辉正公司合并日采用权益结合法编制合并报表。从法律形式上看，辉正公司和宏伟公司都是独立的法人实体，但是从经济实质上看，它们构成一个集团，这种投资与被投资业务是不存在的，只是资金位置的转移，所以辉正公司需要依据两个公司的个别报表编制合并报表，将投资与被投资业务进行抵销。合并日编制合并报表时，辉正公司将个别报表反映的对宏伟公司长期股权投资的初始投资成本 39 040 万元与宏伟公司股东权益 9 760 万元进行抵销，同时确认少数股东权益 9 760 万元（48 800×20%）。

用权益结合法编制合并报表时，被合并方宏伟公司在企业合并前实现的留存收益中归属于合并方辉正公司的部分 7 040 万元（4 000×80%+4 800×80%）小于辉正公司的资本公积，所以辉正公司享有的留存收益份额可以全额从资本公积转入留存收益。

辉正公司为企业合并发生的直接相关费用 120 万元已经支付给集团外的企业，故不涉及抵销问题。

（1）企业合并的类型为同一控制下的控股合并。

（2）辉正公司投资业务的会计分录（本题会计分录单位为万元）。

借：长期股权投资	39 040	
资本公积	2 160	
贷：银行存款		41 200
借：管理费用	120	
贷：银行存款		120

（3）辉正公司合并日长期股权投资与所有者权益项目的抵销分录。

少数股东权益金额=48 800×(1−80%)=9 760(万元)

借：股本	30 000	
资本公积	10 000	
盈余公积	4 000	
未分配利润	4 800	
贷：长期股权投资		39 040
少数股东权益		9 760

享有的盈余公积份额=4 000×80%=3 200(万元)

享有的未分配利润份额=4 800×80%=3 840(万元)

借：资本公积	7 040	
贷：盈余公积		3 200
未分配利润		3 840

（4）合并日合并资产负债表。

第一步，设计合并工作底稿，见表 4－3。

第二步，将辉正公司和宏伟公司个别资产负债表的数据过入合并工作底稿（见第二列和第三列）并计算合计数（见第四列）。

第三步，编制调整抵销分录（见（3）），将其过入合并工作底稿（见“调整抵销分录”栏）。

第四步，计算合并资产负债表各项目的合并数（见最后一列）。

第五步，根据合并数编制合并资产负债表（见合并数）。

表 4-3　合并工作底稿（简表）　　单位：万元

项目	辉正公司账面价值	宏伟公司账面价值	合计数	调整抵销分录		合并数
				借方	贷方	
货币资金	74 000	12 400	86 400			86 400
应收账款	35 000	6 800	41 800			41 800
存货	62 000	9 200	71 200			71 200
长期股权投资	39 040	600	39 640		39 040	600
固定资产	151 000	24 000	175 000			175 000
资产总计	361 040	53 000	414 040		39 040	375 000
应付账款	85 040	4 200	89 240			89 240
股本	150 000	30 000	180 000	30 000		150 000
资本公积	50 000	10 000	60 000	10 000 7 040		42 960
盈余公积	36 000	4 000	40 000	4 000	3 200	39 200
未分配利润	40 000	4 800	44 800	4 800	3 840	43 840
所有者权益合计	276 000	48 800	324 800	55 840	7 040②	276 000
少数股东权益					9 760	9 760
负债和所有者权益总计	361 040	53 000	414 040	55 840	16 800③	375 000
发生额合计				55 840①	55 840④	

注：①抵销分录借方发生额合计 55 840＝30 000＋10 000＋7 040＋4 000＋4 800。
②7 040＝3 200＋3 840。
③16 800＝7 040＋9 760。
④抵销分录贷方发生额合计 55 840＝39 040＋16 800。

三、合并日后长期股权投资与所有者权益项目、投资收益与子公司利润分配项目的抵销处理

合并财务报表是以母子公司的个别报表为基础编制的，个别报表中形成控制关系的长期股权投资是采用成本法核算的结果，而合并报表准则要求编制合并报表时，将成本法调整为权益结合法（以下简称权益法），所以合并日后长期股权投资与所有者权益项目的抵销，首先，将母公司对子公司的长期股权投资由成本法核算的结果调整为权益法核算的结果，使母公司对子公司的长期股权投资项目反映其在子公司所有者权益中所拥有权益的变动情况；其次，将母公司对子公司的长期股权投资项目与子公司所有者权益项

目、投资收益与利润分配项目等内部交易相关的项目进行抵销处理。

（一）将长期股权投资成本法核算的结果调整为权益法核算的结果

1. 母公司享有子公司本年实现的账面净利润或净亏损的调整

将成本法调整为权益法核算的结果时，应当自取得对子公司长期股权投资的年度起逐年按照子公司当年实现的账面净利润或净亏损中属于母公司享有的份额，调增或调减对子公司长期股权投资的金额，并调整当年投资收益。

借：长期股权投资

　贷：投资收益

或做相反的调整分录。

2. 母公司享有子公司本年分配的现金股利的调整

将成本法调整为权益法核算的结果时，对于子公司当期分派的现金股利或宣告分派的股利中母公司享有的份额，应调整冲减长期股权投资的账面价值，同时调减原成本法下的投资收益。

借：投资收益

　贷：长期股权投资

之所以要按子公司分派或宣告分派的现金股利调减投资收益，是因为在成本法核算的情况下，母公司在当期的财务报表中已按子公司分派或宣告分派的现金股利确认了投资收益。

3. 母公司享有子公司接受投资后至上年年末为止实现的账面净利润的调整

连续编制合并报表时，在取得子公司长期股权投资的以后年度，将成本法调整为权益法核算的结果时，需要将母公司享有子公司接受投资后至上年年末累积实现的账面净利润的份额调整至长期股权投资的金额，同时调整年初未分配利润。

借：长期股权投资

　贷：年初未分配利润

或做相反的调整分录。

为什么调整年初未分配利润而不是投资收益？这是因为以前年度权益法下母公司享有子公司的投资收益，但我们编制的是本年合并报表，投资收益属于损益类科目，已经在以前年度结转并最终进入上年年末未分配利润即形成本年年初未分配利润，所以调整年初未分配利润而不是投资收益。

4. 母公司享有子公司接受投资后至上年年末为止分配的现金股利的调整

连续编制合并报表时，将成本法调整为权益法时，母公司享有子公司接受投资后至上年年末累积分配的现金股利冲减长期股权投资的同时，冲减年初未分配利润（以前年度成本法下的投资收益已经结转并最终进入上年年末未分配利润即形成本年年初未分配利润）。

借：年初未分配利润

贷：长期股权投资

或者将 3 和 4 合并为一个分录。这两项其实是子公司经营损益对最终未分配利润的影响，所以我们把子公司接受母公司投资后至上年年末累积实现的净利润或净亏损扣除累积分配的现金股利后的差额属于母公司享有的份额，调整至长期股权投资的同时调整年初分配利润。

5. 母公司享有子公司除净损益以外所有者权益的其他变动

不管是合并当年年末还是以后年度连续编制合并报表，在按照权益法对成本法核算的结果进行调整时，母公司应当根据子公司除净损益以外的所有者权益的其他变动而计入资本公积或其他综合收益中所享有的金额，对长期股权投资进行调整，同时调整资本公积或其他综合收益。

借：长期股权投资

贷：资本公积

或做相反的分录。

借：长期股权投资

贷：其他综合收益

或做相反的分录。

经过成本法调整为权益法后，长期股权投资和投资收益的金额都变为权益法下的金额。

（二）合并日后长期股权投资与所有者权益项目的合并抵销处理

编制合并财务报表时，首先，必须将母公司对子公司的长期股权投资与子公司所有者权益中所拥有的份额予以抵销。根据母公司在子公司所有者权益中拥有份额的多少，可以将子公司分为全资子公司和非全资子公司。

进行抵销处理时，对于全资子公司，将长期股权投资（权益法下的金额）与子公司所有者权益账面价值期末余额全额抵销；而对于非全资子公司，则将长期股权投资（权益法下的金额）与子公司所有者权益账面价值期末余额中母公司所拥有的份额进行抵销，不属于母公司的份额，即属于子公司少数股东的权益，应将其转为“少数股东权益”。

借：股本

资本公积

盈余公积

未分配利润

贷：长期股权投资（权益法下的金额）

少数股东权益

同时，用权益法编制合并报表时，被投资方在企业合并前实现的留存收益中归属于投资方的部分，自资本公积转入留存收益，抵销分录如下：

借：资本公积

贷：盈余公积

未分配利润

（三）投资收益与子公司当年利润分配的合并抵销处理

从单一企业来讲，当年实现的净利润加上年初未分配利润是企业利润分配的来源，企业提取盈余公积、向股东分配股利以及留待以后年度的未分配利润（未分配利润可以理解为将这部分利润分配到下一会计年度）等，则是利润分配的去向。

而子公司当年实现的账面净利润，可以分为两部分：一部分属于母公司所有，即母公司的投资收益，已在前面成本法调整为权益法时进行了调整（子公司账面净利润×母公司持股比例）；另一部分则属于少数股东所有，即少数股东本期收益（子公司账面净利润×少数股东持股比例）。

为了使合并财务报表反映母公司股东权益的变动情况及财务状况，必须将母公司权益法下的投资收益、少数股东损益和年初未分配利润与子公司当年利润分配以及未分配利润的金额相抵销。

借：投资收益

少数股东损益

年初未分配利润

贷：提取盈余公积

对所有者（或股东）的分配

年末未分配利润

实务 4-8 合并日后第一年年末长期股权投资与所有者权益项目、投资收益与子公司利润分配项目的抵销

接实务 4-7，假设合并后，2×20 年，宏伟公司当年实现净利润 5 000 万元，经公司董事会提议并经股东会批准，2×20 年提取盈余公积 500 万元，向股东宣告分派现金股利 1 500 万元。

要求：

（1）编制 2×20 年度长期股权投资与所有者权益项目的抵销分录；

（2）编制 2×20 年度投资收益与利润分配项目的抵销分录。

实务分析：

2×20 年 12 月 31 日，宏伟公司股东权益总额为 52 300 万元，其中，股本为 30 000 万元，资本公积为 10 000 万元，盈余公积为 4 500 万元（期初 4 000 万元+提取 500 万元），未分配利润为 7 800 万元（期初 4 800 万元+净利润 5 000 万元-提取盈余公积 500 万元-股利分配 1 500 万元）。

辉正公司对宏伟公司控股合并产生的长期股权投资的核算采用的是成本法，所以辉正公司个别资产负债表上，该投资的账面价值仍然是39 040万元。宏伟公司接受投资在个别报表上反映为所有者权益增加，但从集团来说，投资业务是不存在的，这是资金位置的转移，所以要将其抵销。

2×20年末，辉正公司编制抵销分录之前，首先应将对宏伟公司的长期股权投资由成本法调整为权益法，然后将权益法的长期股权投资金额与宏伟公司的所有者权益账面价值金额进行抵销，同时确认少数股东权益（因为宏伟公司是辉正公司的非全资子公司）。宏伟公司2×20年接受投资后所有者权益金额的变化有两个：一是当年实现了净利润5 000万元；二是分派现金股利1 500万元。成本法调整为权益法时，一个调整分录是，辉正公司享有宏伟公司净利润账面价值5 000万元的80%即4 000万元调增长期股权投资，同时增加投资收益4 000万元（这是权益法下的投资收益）；第二个调整分录是，辉正公司享有宏伟公司的现金股利1 500万元的80%即1 200万元冲减长期股权投资和成本法的投资收益（辉正公司个别报表采用成本法时，享有宏伟公司的现金股利已经确认了投资收益）。

成本法调整为权益法后，权益法下的长期股权投资金额等于成本法下的金额39 040万元加减调整分录对长期股权投资的影响金额，然后将权益法下的长期股权投资与宏伟公司2×20年末的所有者权益金额抵销，并同时确认少数股东权益（金额为宏伟公司2×20年末的所有者权益金额×20%）。同时从资本公积中转回辉正公司享有的宏伟公司2×20年1月1日（合并日）之前实现的留存收益7 040万元（4 000×80%+4 800×80%）。

宏伟公司利润分配的来源：一是年初未分配利润4 800万元；二是实现的净利润5 000万元中母公司享有的权益法下的投资收益4 000万元，另外的20%即1 000万元（5 000×20%）属于少数股东损益。利润分配的去向：宏伟公司提取盈余公积500万元、分配现金股利1 500万元、年末未分配利润7 800万元。从辉正公司和宏伟公司构成的集团来看，既然投资业务被抵销了，辉正公司编制合并报表时也需要将其投资收益与宏伟公司的利润分配抵销。

（1）2×20年度长期股权投资与所有者权益项目的抵销分录（本题分录单位为万元）。

1）辉正公司将成本法核算的结果调整为权益法核算的结果相关的调整分录如下：

权益法下应享有的投资收益＝5 000×80%＝4 000(万元)

借：长期股权投资	4 000
贷：投资收益	4 000

特别提示：辉正公司享有宏伟公司的净利润份额必须是投资后的部分，假设辉正公司对宏伟公司的投资不是2×20年1月1日（合并日），而是2×20年7月1日（合并

日），则权益法下辉正公司享有宏伟公司2×20年的投资收益=5 000/2×80%=2 000万元，不再是4 000万元。

权益法下享有的现金股利，同时冲减成本法下确认的投资收益=1 500×80%=1 200万元。

借：投资收益 1 200

贷：长期股权投资 1 200

经过上述调整分录后，权益法下，辉正公司对宏伟公司长期股权投资的账面价值=39 040+4 000−1 200=41 840万元，而辉正公司2×20年末在宏伟公司股东权益中所拥有的份额=52 300×80%=41 840万元。

由此可见，权益法下，辉正公司对宏伟公司长期股权投资的账面价值41 840万元正好与辉正公司在宏伟公司股东权益账面价值中所拥有的份额相等。

2）长期股权投资与子公司所有者权益的抵销分录如下：

2×20年末少数股东权益=52 300×(1−80%)=10 460(万元)

我们来验证下，少数股东权益从期初到期末的变化：

合并日少数股东权益=9 760(万元)(见实务4-7)

2×20年少数股东享有宏伟公司实现的净利润份额=5 000×(1−80%)=1 000(万元)

2×20年少数股东享有宏伟公司分配的现金股利=1 500×(1−80%)=300(万元)

2×20年末少数股东权益=9 760+1 000−300=10 460(万元)

显然，正好等于少数股东享有的宏伟公司2×20年末所有者权益份额。

借：股本 30 000

资本公积 10 000

盈余公积 4 500

年末未分配利润 7 800

贷：长期股权投资 41 840

少数股东权益 10 460

辉正公司享有宏伟公司的盈余公积份额=4 000×80%=3 200(万元)

辉正公司享有宏伟公司的未分配利润份额=4 800×80%=3 840(万元)

借：资本公积 7 040

贷：盈余公积 3 200

未分配利润 3 840

（2）2×20 年度投资收益与利润分配项目的抵销分录如下：

借：投资收益	4 000
少数股东损益	1 000
年初未分配利润	4 800
贷：提取盈余公积	500
对所有者（或股东）的分配	1 500
年末未分配利润	7 800

实务 4-9　合并日后第二年年末长期股权投资与所有者权益项目、投资收益与子公司利润分配项目的抵销

接实务 4-7 和实务 4-8，假设 2×21 年，宏伟公司当年实现净利润 6 000 万元；在证券市场购买了某公司股票，将其作为其他权益工具投资核算，截至 2×21 年 12 月 31 日，该投资公允价值增加了 190 万元。经公司董事会提议并经股东会批准，2×20 年提取盈余公积 600 万元，向股东宣告分派现金股利 1 800 万元。

要求：

（1）编制 2×21 年度长期股权投资与所有者权益项目的抵销分录；

（2）编制 2×21 年度投资收益与利润分配项目的抵销分录。

实务分析：

与实务 4-8 的分析相同，辉正公司个别资产负债表上对宏伟公司的长期股权投资的账面价值仍然是 39 040 万元。

2×21 年末，辉正公司编制成本法调整为权益法的调整分录时：

首先，调整以前年度宏伟公司所有者权益变动额属于辉正公司享有的部分。将以前年度（宏伟公司接受辉正公司投资后至上年年末止即 2×20 年）宏伟公司实现的账面净利润 5 000 万元属于辉正公司享有的份额的 80%即 4 000 万元调增长期股权投资，同时增加年初未分配利润 4 000 万元；辉正公司享有宏伟公司 2×20 年派发的现金股利 1 500 万元的 80%即 1 200 万元冲减长期股权投资和年初未分配利润。

其次，权益法下，调整 2×21 年宏伟公司所有者权益的变化额属于辉正公司享有的部分。辉正公司享有宏伟公司 2×21 年实现的账面净利润份额 4 800 万元（6 000×80%），调整长期股权投资的同时调增投资收益；享有其他权益工具投资的公允价值份额 152 万元（190×80%），调整长期股权投资的同时调增其他综合收益；享有现金股利份额 1 440 万元（1 800×80%），冲减长期股权投资的同时冲减成本法下的投资收益。

经过上述成本法调整为权益法后，权益法下的长期股权投资金额等于成本法的金额 39 040 万元加减调整分录对长期股权投资的影响金额，然后将权益法下的长期股权投资与宏伟公司的 2×21 年末的所有者权益金额抵销，并同时确认少数股东权益（金额为宏伟公司 2×21 年末的所有者权益金额×20%）。同时从资本公积中转回辉正公司享有的

宏伟公司2×20年1月1日（合并日）之前实现的留存收益7 040万元（4 000×80%+4 800×80%）。

2×21年宏伟公司利润分配的来源：一是年初未分配利润7 800万元；二是实现的净利润6 000万元，其中，母公司享有的权益法下的投资收益4 800万元，另外的20%即1 200万元（6 000×20%）属于少数股东损益。利润分配的去向：宏伟公司提取盈余公积600万元、分配现金股利1 800万元、年末未分配利润11 400万元。辉正公司编制合并报表时将其投资收益与宏伟公司的利润分配抵销。

2×21年12月31日，宏伟公司股东权益总额为56 690万元，其中，股本为30 000万元，资本公积为10 000万元，其他综合收益为190万元，盈余公积为5 100万元（期初4 000万元+提取500万元+提取600万元），未分配利润为11 400万元（期初4 800万元+净利润11 000万元－提取盈余公积1 100万元－股利分配3 300万元）。

（1）2×21年度长期股权投资与所有者权益项目的抵销分录（本题分录单位为万元）。

1）辉正公司将成本法核算的结果调整为权益法核算的结果相关的调整分录如下：

①调整2×20年宏伟公司所有者权益的变化额属于辉正公司享有的部分。

借：长期股权投资	4 000	
贷：年初未分配利润		4 000
借：年初分配利润	1 200	
贷：长期股权投资		1 200

或将上述两个分录合并为一个分录：

借：长期股权投资	2 800	
贷：年初未分配利润		2 800

②调整2×21年宏伟公司所有者权益的变化额属于辉正公司享有的部分。

权益法下应享有的投资收益=6 000×80%=4 800(万元)

借：长期股权投资	4 800	
贷：投资收益		4 800

权益法下享有的现金股利，同时冲减成本法下确认的投资收益=1 800×80%=1 440万元：

借：投资收益	1 440	
贷：长期股权投资		1 440

权益法下享有的其他权益工具投资公允价值变动：

借：长期股权投资	152	
贷：其他综合收益		152

经过上述调整分录后，权益法下，辉正公司对宏伟公司长期股权投资的账面价值=39 040+4 000－1 200+4 800－1 440+152=45 352万元，而辉正公司2×21年末在宏伟

公司股东权益中所拥有的份额＝56 690×80％＝45 352 万元。

由此可见，权益法下，辉正公司对宏伟公司长期股权投资的账面价值 45 200 万元正好与辉正公司在宏伟公司股东权益账面价值中所拥有的份额相等。

2）长期股权投资与子公司所有者权益的抵销分录如下：

2×21 年末少数股东权益＝56 690×(1－80％)＝11 338(万元)

我们来验证下，少数股东权益从期初（本题是 2×20 年 1 月 1 日，特别注意，很多情况下母公司并不是年初投资，可能是一年中的某个日期，如 2×20 年 5 月 2 日）到期末（2×21 年 12 月 31 日）的变化：

合并日少数股东权益＝9 760(万元)(见实务 4－7)

2×20 年至 2×21 年少数股东享有宏伟公司累积实现的净利润份额＝(5 000＋6 000)×(1－80％)＝2 200(万元)

2×20 年至 2×21 年少数股东享有宏伟公司累积分配的现金股利＝(1 500＋1 800)×(1－80％)＝660(万元)

2×20 年至 2×21 年少数股东享有宏伟公司累积的其他权益工具投资公允价值变动额＝190×(1－80％)＝38(万元)

2×21 年末少数股东权益＝9 760＋2 200－660＋38＝11 338(万元)

显然，正好等于少数股东享有的宏伟公司 2×21 年末所有者权益份额。

借：股本	30 000	
资本公积	10 000	
盈余公积	5 100	
其他综合收益	190	
年末未分配利润	11 400	
贷：长期股权投资		45 352
少数股东权益		11 338

辉正公司享有宏伟公司的盈余公积份额＝4 000×80％＝3 200(万元)

辉正公司享有宏伟公司的未分配利润份额＝4 800×80％＝3 840(万元)

借：资本公积	7 040	
贷：盈余公积	3 200	
未分配利润		3 840

(2) 2×20 年度投资收益与利润分配项目的抵销分录。

借：投资收益	4 800	
少数股东损益	1 200	
年初未分配利润	7 800	

贷：提取盈余公积		600
对所有者（或股东）的分配		1 800
年末未分配利润		11 400

第三节　长期股权投资与所有者权益的抵销处理——非同一控制下的控股合并

相比较而言，购买法编制合并报表要比权益法复杂，非同一控制下的控股合并母公司编制合并报表应采用购买法。购买法下，对子公司净资产的账面价值是否要调整或者说按什么价值反映在合并报表上？母公司将其对子公司的长期股权投资由成本法调整为权益法时，对公司的净利润是否调整？是否确认商誉？如果是负商誉如何处理？长期股权投资是与子公司所有者权益账面价值还是其他价值抵销？

一、购买法

购买法把购买企业获取被购买企业净资产的行为视为资产交易行为，即将企业合并视为购买企业以一定的价款购进被购买企业的机器设备、存货等资产项目，同时承担该企业所有负债的行为，按合并时的公允价值计量被购买企业的净资产，将投资成本（购买价格）超过净资产公允价值的差额确认为商誉的会计方法。

因此，购买法下编制合并报表，合并后企业的当期收益不包括被购买企业期初至并购日所实现的收益；不需要保留被购买企业的留存收益；纳入合并范围的被购买企业即子公司的资产、负债以公允价值反映在合并报表中即改变了计量基础，而母公司的资产、负债以账面价值反映在合并报表中即不改变计量基础；同时确认商誉。

为了让大家更好地理解购买法下不同时间长期股权投资与所有者权益项目的抵销分录，我们把这个项目的抵销分为购买日、购买日后连续编制合并报表长期股权投资与所有者权益项目的抵销。

二、购买日长期股权投资与所有者权益项目的抵销处理

在购买日，购买方即母公司编制合并报表时，只需编制合并资产负债表，母公司的资产和负债以账面价值反映在合并资产负债表中，而被购买方的资产、负债以购买日的公允价值反映在合并资产负债表中。合并报表以母公司和子公司的个别报表为基础编制，子公司个别报表中的资产和负债以账面价值计量，因此长期股权投资与所有者权益项目抵销之前，首先需要编制调整分录，将子公司的资产和负债调整为公允价值，公允

价值与账面价值的差额借记或贷记资产或负债账户，同时调整资本公积或其他综合收益（如其他权益工具公允价值与账面价值的差额）。此外，由于合并报表中将子公司的资产和负债调整为公允价值反映，而这些资产和负债的计税基础仍然是账面价值，所以就产生了可抵扣暂时性差异或应纳税暂时性差异，确认递延所得税资产或递延所得税负债的同时，相应调整资本公积或其他综合收益。具体来说，如果确认递延所得税资产，则增加资本公积或其他综合收益；如果确认递延所得税负债，则减少资本公积或其他综合收益。综上所述，将子公司的资产和负债调整为公允价值时，对子公司的所有者权益的最终影响额并不是资产和负债的公允价值与其账面价值的差额，而是要综合考虑所得税影响的金额。编制的基本调整分录框架如下：

借：资产账户（公允价值大于账面价值）
　　负债账户（公允价值小于账面价值）
　　递延所得税资产（可抵扣暂时性差异产生）
　　资本公积
　　其他综合收益
　贷：资产账户（公允价值小于账面价值）
　　　负债账户（公允价值大于账面价值）
　　　递延所得税负债（应纳税暂时性差异产生）
　　　资本公积
　　　其他综合收益

将子公司的资产和负债调整为公允价值后，接着编制购买方的长期股权投资与子公司的所有者权益项目的抵销分录。特别注意，子公司的所有者权益项目金额应该是公允价值，而不是账面价值。

母公司购买子公司的合并成本等于子公司资产的公允价值、承担的负债的公允价值或发行股份的公允价值以及因企业合并确认的预计负债之和，合并成本减去购买方在购买日享有被购买方可辨认净资产公允价值（特别注意要考虑所得税影响后的公允价值）的份额为合并差额。合并差额为正值，列为商誉即资产；合并差额为负值，本来是营业外收入，但由于不编制合并利润表，所以调整合并资产负债表的盈余公积和未分配利润。如果是非全资子公司，少数股东享有的子公司购买日可辨认净资产公允价值（特别注意要考虑所得税影响后的公允价值）的份额确认为少数股东权益。编制的抵销分录如下：

借：股本
　　资本公积（调整后的公允价值下的金额）
　　盈余公积
　　其他综合收益（调整后的公允价值下的金额）
　　未分配利润
　　商誉

贷：长期股权投资

　　少数股东权益

　　盈余公积（负商誉×盈余公积提取比例）

　　未分配利润（负商誉×(1－盈余公积提取比例))

实务 4-10　购买日长期股权投资与所有者权益项目的抵销

辉正公司 2×20 年 1 月 1 日（购买日）以 51 200 万元的价格取得宏伟公司 80%的股权并准备长期持有，辉正公司为母公司，宏伟公司为子公司。两个公司合并前后不受任何方控制。辉正公司在购买宏伟公司过程中发生审计、法律服务等相关费用 120 万元。上述价款均以银行存款支付。宏伟公司采用的会计政策、会计期间与辉正公司一致。假设所得税税率为 25%。购买日两个公司的资产负债表见表 4-4。

表 4-4　　单位：万元

项目	辉正公司账面价值	宏伟公司	
		账面价值	公允价值
货币资金	74 000	12 400	12 400
应收账款	35 000	6 800	6 800
存货	62 000	9 200	15 000
长期股权投资	51 200	600	1 200
固定资产	151 000	24 000	30 000
资产总计	373 200	53 000	65 400
应付账款	97 200	4 200	4 200
股本	150 000	30 000	
资本公积	50 000	10 000	
盈余公积	36 000	4 000	
未分配利润	40 000	4 800	
所有者权益合计	276 000	48 800	61 200
负债和所有者权益总计	373 200	53 000	65 400

要求：

（1）判断企业合并的类型；

（2）编制辉正公司投资业务的会计分录；

（3）编制辉正公司购买日长期股权投资与所有者权益项目的抵销分录；

（4）编制购买日合并资产负债表。

实务分析：

辉正公司取得宏伟公司 80%的股权并准备长期持有，辉正公司与宏伟公司合并前后不受任何方控制，所以企业合并为非同一控制下的控股合并。

辉正公司投资业务的会计处理。由于辉正公司与宏伟公司均为非同一控制下的企业，辉正公司应按非同一控制下企业合并形成的长期股权投资进行处理，即采用购买法处理企业合并业务。辉正公司对宏伟公司的长期股权投资初始投资成本等于购买日的合并成本即辉正公司支付的合并对价 51 200 万元，购买日享有宏伟公司的可辨认净资产公允价值的份额为 48 960 万元（61 200×80%），显然，前者大于后者，辉正公司确认长期股权投资后不需要调整其初始投资成本。至于购买该股权过程中辉正公司发生的审计、法律服务等相关费用，则直接计入当期损益，即管理费用。

辉正公司购买日采用购买法编制合并报表。虽然两个公司都是独立的法人实体，但是从经济实质上看，它们构成一个集团，这种投资与被投资业务是不存在的，只是资金位置的转移，所以辉正公司需要依据两个公司的个别报表编制合并报表，将投资与被投资业务进行抵销。购买日编制合并报表时，辉正公司需要将宏伟公司个别报表上的存货、长期股权投资、固定资产的账面价值调整为公允价值，其他资产、负债的公允价值与账面价值相等。从表 4-4 中可知，宏伟公司的存货、长期股权投资、固定资产的公允价值都大于账面价值，差额合计 12 400 万元，从集团角度，即产生应纳税暂时性差异 12 400 万元，增加递延所得税负债 3 100 万元（12 400×25%），此负债会导致宏伟公司公允价值下的所有者权益减少，所以调增的资本公积只有 9 300 万元（12 400－3 100），而不是 12 400 万元。

辉正公司在购买日的合并成本为 51 200 万元，享有宏伟公司可辨认净资产公允价值的份额为 46 480 万元（(61 200－3 100)×80%），二者的差额为正即正商誉 4 720 万元（51 200－46 480），在合并报表上确认为资产。购买日少数股东享有的宏伟公司可辨认净资产公允价值的份额为 11 620 万元（(61 200－3 100)×20%）。编制合并报表时，需要将个别报表反映的对宏伟公司长期股权投资的初始投资成本 51 200 万元与宏伟公司股东权益的公允价值 58 100 万元（61 200－3 100）进行抵销，同时确认商誉和少数股东权益 11 620 万元。

辉正公司为企业合并发生的直接相关费用 120 万元已经支付给集团外的企业，故不涉及抵销问题。

（1）企业合并的类型为非同一控制下的控股合并。

（2）辉正公司的投资业务会计分录（本题分录单位为万元）。

借：长期股权投资	51 200	
贷：银行存款		51 200
借：管理费用	120	
贷：银行存款		120

（3）辉正公司购买日长期股权投资与所有者权益项目的抵销分录。

将子公司的可辨认净资产的账面价值调整为公允价值：

存货＝15 000－9 200＝5 800(万元)

长期股权投资＝1 200－600＝600(万元)

固定资产＝30 000－24 000＝6 000(万元)

递延所得税负债＝(5 800＋600＋6 000)×25%＝3 100(万元)

借：存货　5 800
　　长期股权投资　600
　　固定资产　6 000
　贷：资本公积　9 300
　　　递延所得税负债　3 100

购买日的抵销分录如下：

商誉＝51 200－(61 200－3 100)×80%＝4 720(万元)

少数股东权益＝(61 200－3 100)×20%＝11 620(万元)

资本公积＝10 000＋9 300＝19 300(万元)

借：股本　30 000
　　资本公积　19 300
　　盈余公积　4 000
　　未分配利润　4 800
　　商誉　4 720
　贷：长期股权投资　51 200
　　　少数股东权益　11 620

(4) 购买日合并资产负债表的编制。

第一步，设计合并工作底稿，见表4－5。

第二步，将辉正公司和宏伟公司个别资产负债表的数据（账面价值）过入合并工作底稿（见第二列和第三列）并计算合计数（见第四列）。

第三步，编制调整抵销分录（见（3）），将其过入合并工作底稿（见“调整抵销分录”栏）。

第四步，计算合并资产负债表各项目的合并数（见最后一列）。

第五步，根据合并数编制合并资产负债表（见合并数）。

表4－5　合并工作底稿（简表）　　单位：万元

项目	辉正公司账面价值	宏伟公司账面价值	合计数	调整抵销分录		合并数
				借方	贷方	
货币资金	74 000	12 400	86 400			86 400
应收账款	35 000	6 800	41 800			41 800
存货	62 000	9 200	71 200	5 800		77 000
长期股权投资	51 200	600	51 800	600	51 200	1 200
固定资产	151 000	24 000	175 000	6 000		181 000
商誉				4 720		4 720
资产总计	373 200	53 000	426 200	17 120①	51 200	392 120

续表

项目	辉正公司账面价值	宏伟公司账面价值	合计数	调整抵销分录		合并数
				借方	贷方	
应付账款	97 200	4 200	101 400			101 400
递延所得税负债					3 100	3 100
股本	150 000	30 000	180 000	30 000		150 000
资本公积	50 000	10 000	60 000	19 300	9 300	50 000
盈余公积	36 000	4 000	40 000	4 000		36 000
未分配利润	40 000	4 800	44 800	4 800		40 000
所有者权益合计	276 000	48 800	324 800	58 100	9 300	276 000
少数股东权益					11 620	11 620
负债和所有者权益总计	373 200	53 000	426 200	58 100②	24 020④	392 120
发生额合计				75 220③	75 220⑤	

注：①17 120＝5 800＋600＋6 000＋4 720。
②58 100＝30 000＋19 300＋4 000＋4 800。
③分录借方发生额合计 75 220＝17 120＋58 100。
④24 020＝3 100＋9 300＋11 620。
⑤分录贷方发生额合计 75 220＝51 200＋24 020。

三、购买日后长期股权投资与所有者权益项目、投资收益与子公司利润分配项目的抵销处理

购买日后合并报表是以本期母子公司的个别报表为基础编制的，其中，母公司本期个别报表上对子公司的长期股权投资的数据采用的是成本法核算的结果，而会计准则要求编制合并报表时将成本法调整为权益法；子公司本期个别报表上的数据是基于子公司购买日的账面价值持续计算的结果，采用购买法编制合并报表时，需要将子公司本期报表上的数据信息调整为按照购买日子公司的资产和负债的公允价值持续计算的结果，因此，将母公司对子公司的长期股权投资由成本法调整为权益法时必须基于子公司调整后的结果。调整后，再编制长期股权投资与所有者权益项目、投资收益与子公司利润分配项目的抵销分录。

具体来讲，非同一控制下取得子公司购买日后编制合并报表时：首先，母公司应当以购买日确定的各项可辨认资产、负债及或有负债的公允价值为基础对子公司的财务报表进行调整。其次，将母公司对子公司的长期股权投资采用成本法核算的结果，调整为权益法核算的结果，对母公司的财务报表进行相应的调整。最后，通过编制合并抵销分录，将母公司对子公司的长期股权投资与子公司的所有者权益等内部交易对合并报表的影响予以抵销。

（一）将子公司本年的个别报表按照购买日公允价值进行调整

首先，将子公司在购买日的公允价值与账面价值的差额编制如下调整分录（与购买日编制的调整分录分析相同，这里不再赘述）：

借：资产账户（公允价值大于账面价值）
　　负债账户（公允价值小于账面价值）
　　递延所得税资产（可抵扣暂时性差异产生）
　　资本公积
　　其他综合收益
　贷：资产账户（公允价值小于账面价值）
　　　负债账户（公允价值大于账面价值）
　　　递延所得税负债（应纳税暂时性差异产生）
　　　资本公积
　　　其他综合收益

为了更好地阐述后面的问题，这里以购买日的固定资产和存货为例，假设二者在购买日的公允价值与账面价值有差异，如果公允价值大于账面价值，则编制的调整分录如下：

借：固定资产
　　存货
　贷：递延所得税负债
　　　资本公积

如果公允价值小于账面价值，则编制的调整分录如下：

借：递延所得税资产
　　资本公积
　贷：固定资产
　　　存货

其次，随着子公司购买日后的经营，资产被消耗而资本化或费用化，负债可能被清偿。以上面所列举的购买日的固定资产和存货为例，在购买日后子公司使用了固定资产和存货如销售，编制合并报表时，在上一个调整分录编制完后，需要补提或冲减折旧的同时调整年初未分配利润（购买日后至上年年末累计补提或冲减的部分）或费用等项目（编制合并报表当年的部分），如果存货销售，则调整年初未分配利润（购买日至上年年末销售的部分）或营业成本（编制合并报表当年销售的部分）。此外，还要将购买日子公司可辨认净资产的公允价值与账面价值的差异产生的递延所得税资产或递延所得税负债按相应的部分转回，然后编制调整分录。

如果购买日公允价值大于账面价值，则调整分录见表 4－6。

表 4-6

固定资产	存货
借：管理费用等（本年） 　　年初未分配利润（以前年度） 　贷：固定资产——累计折旧	借：年初未分配利润（以前年度） 　　营业成本（本年） 　贷：存货
借：递延所得税负债 　贷：所得税费用（本年） 　　　年初未分配利润（以前年度）	

如果购买日公允价值小于账面价值，则调整分录见表 4-7。

表 4-7

固定资产	存货
借：固定资产——累计折旧 　贷：管理费用等（本年度） 　　　年初未分配利润（以前年度）	借：存货 　贷：年初未分配利润（以前年度） 　　　营业成本（本年度）
借：所得税费用（本年度） 　　年初未分配利润（以前年度） 　贷：递延所得税资产	

（二）将长期股权投资成本法核算的结果调整为权益法核算的结果

1. 母公司享有子公司本年实现的净利润或净亏损的调整

在母公司个别报表上长期股权投资是成本法核算的结果，没有将子公司本年实现的净利润或净亏损属于母公司的份额在母公司个别报表上反映，编制合并报表时，母公司将成本法调整为权益法，需要将母公司享有的份额编制调整分录。特别注意，需要按照购买日子公司的可辨认净资产的公允价值调整子公司的账面净利润或净亏损。以购买日公允价值与账面价值存在差异的固定资产或存货为例，根据前述调整分录，本年补提或冲减累计折旧而调整本年管理费用，或本年销售存货而调整营业成本，同时调整所得税费用，都会导致子公司按照购买日账面价值计算的净利润不同于按照购买日公允价值计算的净利润。然后根据调整后的子公司的净利润或净亏损计算属于母公司享有的份额编制如下调整分录：

借：长期股权投资
　贷：投资收益

或做相反的调整分录。

2. 母公司享有子公司本年分配的现金股利的调整

成本法下，母公司享有子公司本年分配的现金股利应计入其个别利润表中的投资收益，编制合并报表时，需要调整为权益法，而权益法下，母公司应冲减长期股权投资，所以编制调整分录时，应把母公司个别报表上的投资收益冲减掉，同时，冲减长期股权投资：

借：投资收益

　　贷：长期股权投资

3. 母公司享有子公司接受投资后至上年年末为止实现的账面净利润的调整

连续编制合并报表由成本法调整为权益法时，除了调整母公司享有子公司当年的净利润之外，还要调整母公司享有子公司接受投资后至上年年末为止（以下称为以前年度）累计实现的净利润的份额。首先，将子公司以前年度累计实现的账面净利润按照购买日子公司可辨认净资产的公允价值持续进行调整，例如，购买日子公司的固定资产或存货的公允价值与账面价值存在差异，则编制合并报表时，由前述调整分录可知，子公司以前年度累计补提或冲减的折旧费用或销售的存货以及所得税的转回等应调整以前年度累计净利润或净亏损。然后，母公司根据调整后的子公司以前年度累计净利润或净亏损计算享有的份额，调整长期股权投资和年初未分配利润：

借：长期股权投资

　　贷：年初未分配利润

或做相反的调整分录。

4. 母公司享有子公司接受投资后至上年年末为止分配的现金股利的调整

具体分析请参见权益法下“母公司享有子公司接受投资后至上年年末为止分配的现金股利的调整”，此处不再赘述。

5. 母公司享有子公司除净损益以外所有者权益的其他变动

具体分析请参见权益法下“母公司享有子公司除净损益以外所有者权益的其他变动”，此处不再赘述。

（三）购买日后长期股权投资与所有者权益项目的合并抵销处理

经过上述调整后，就可以编制长期股权投资与所有者权益项目的抵销分录。购买日后这两个项目的抵销分录中，长期股权投资的金额应按照权益法调整后的金额，子公司所有者权益应按照购买日可辨认净资产的公允价值持续计算的金额，也就是前述涉及子公司的调整分录中与子公司所有者权益有关的项目都要加减到子公司相关的所有者权益项目中。例如，前述子公司在购买日的固定资产公允价值大于账面价值的差异调增了资本公积，购买日后补提折旧费用增加以及递延所得税负债的转回，相应地调减未分配利润。

有关商誉的确定与购买日相同。如果是非全资子公司，根据购买日公允价值持续计算的子公司所有者权益属于少数股东的部分应确认为少数股东权益。

借：股本

　　资本公积（按公允价值调整后）

　　其他综合收益（按公允价值调整后）

盈余公积

年末未分配利润（按公允价值调整后）

商誉

贷：长期股权投资（按权益法调整后）

少数股东权益

（四）投资收益与子公司当年利润分配的合并抵销处理

合并报表是以母子公司个别报表为基础编制的，编制合并报表时既然把长期股权投资与所有者权益抵销，也就是对整个集团来讲视同投资不存在，那么也需要抵销母子公司个别报表上反映的投资收益和利润分配。

集团内部投资后，在每年个别报表中，被购买方报告的是以购买日账面价值为基础计量的净利润、资产、负债、所有者权益，购买方报告的是成本法下的投资收益和长期股权投资金额。编制合并报表时，母公司需要将子公司个别报表的数据调整为购买日公允价值为基础的数据，然后在此基础上将成本法调整为权益法核算的结果，这些调整过程我们已经在前述长期股权投资与所有者权益项目的抵销中学习了。所以，子公司利润分配数据被调整为以购买日公允价值为基础的数据，投资收益已经由成本法核算的结果调整为权益法核算的结果。经过上述调整后，就可以进行投资收益和利润分配的抵销了。

在纳入合并范围的子公司为全资子公司情况下，子公司本期净利润等于母公司本期对子公司的投资收益，且该投资收益已计入母公司的净利润，相当于同一利润被两次确认，因此，必须对母公司的内部投资收益予以抵销。在非全资子公司情况下，子公司净利润与母公司确认的投资收益不等，其差额作为少数股东损益在合并利润表中反映。

子公司期初未分配利润作为以前会计期间净利润的一部分同样也已经包含在母公司以前年度投资收益中，也就是母公司期初未分配利润中，子公司期初未分配利润和本期净利润之和形成子公司可供分配利润，是利润分配的来源，子公司本期对利润的分配包括提取盈余公积、分配股利等，而期末未分配利润则是利润分配的结果。因此，本期母公司的内部投资收益、本期少数股东损益与子公司期初未分配利润之和，正好与本期子公司利润分配项目相抵销。

此外，无论是购买法还是权益法，都要抵销由内部债权债务产生的利息收益与利息费用。

借：投资收益

贷：财务费用

实务 4-11　购买日后第一年年末长期股权投资与所有者权益项目、投资收益与子公司利润分配项目的抵销

接实务 4-10，假设宏伟公司的固定资产是管理部门使用，从购买日起还可继续使

用10年，采用直线法计提折旧，购买日的存货在2×20年销售了30%。合并后，2×20年，宏伟公司当年实现净利润5 000万元，经公司董事会提议并经股东会批准，2×20年提取盈余公积500万元，向股东宣告分派现金股利1 500万元。其他资料同实务4－10。

要求：

（1）编制2×20年度长期股权投资与所有者权益项目的抵销分录；

（2）编制2×20年度投资收益与利润分配项目的抵销分录。

实务分析：

根据现行会计准则，辉正公司个别资产负债表上对宏伟公司的长期股权投资金额是成本法下的金额即51 200万元。编制合并报表时，由于是非同一控制下的企业合并，而且宏伟公司是辉正公司的非全资子公司，所以需要将辉正公司长期股权投资与宏伟公司所有者权益进行抵销的同时确认商誉和少数股东权益。

2×20年末，辉正公司编制长期股权投资与所有者权益项目的抵销分录之前，首先，应将宏伟公司的可辨认净资产的账面价值按照购买日的公允价值持续计算调整。所谓持续计算，就是指不但要把宏伟公司在购买日的存货、长期股权投资、固定资产的账面价值调整为公允价值（调整分录见实务4－10），而且要将宏伟公司个别报表上在2×20年按固定资产账面价值24 000万元为基数计提的折旧额2 400万元（24 000/10）调整为按公允价值30 000万元为基数计提的折旧额3 000万元（30 000/10），即补提折旧并增加管理费用各600万元（3 000－2 400）；由于宏伟公司购买日的存货在2×20年销售了30%，还要将宏伟公司个别报表上的营业成本即购买日的账面价值2 760万元（9 200×30%）调整为按购买日的公允价值4 500万元（15 000×30%），冲减存货和调增营业成本各1 740万元（4 500－2 760）。由于2×20年固定资产的使用和存货销售了30%，同时由于将购买日宏伟公司资产调整为公允价值，并补提了公允价值下的折旧600万元和冲减公允价值下的存货1 740万元，所以相应地转回递延所得税负债的同时减少所得税费用各150万元（600×25%）、435万元（1 740×25%）。

其次，将辉正公司个别报表上对宏伟公司的长期股权投资由成本法调整为权益法。宏伟公司2×20年实现了账面净利润5 000万元，将其按购买日可辨认净资产的公允价值持续计算调整，即前述补提了折旧增加的管理费用和调增营业成本，会减少净利润2 340万元（600＋1 740），减少所得税费用的同时会增加净利润585万元（150＋435）。因此，按宏伟公司购买日可辨认净资产的公允价值持续计算的2×20年实现的净利润为3 245万元（5 000－2 340＋585），权益法下辉正公司享有的宏伟公司的净利润份额为2 596万元（3 245×80%），即调增长期股权投资和投资收益2 596万元。

辉正公司享有宏伟公司2×20年分配的现金股利1 200万元（1 500×80%）冲减长期股权投资和成本法下的投资收益。

成本法调整为权益法后，将长期股权投资与所有者权益进行抵销。这样，权益法下的长期股权投资金额等于成本法下的金额51 200万元加减调整分录对长期股权投资的影响金额，然后将权益法下的长期股权投资金额 52 596 万元（51 200＋2 596－1 200）与宏伟公司 2×20 年末按照购买日可辨认净资产公允价值持续计算调整后的所有者权益抵销，其中，公允价值下的资本公积 19 300 万元（10 000＋9 300），年末未分配利润 6 045 万元（7 800－600－1 740＋150＋435）。同时确认少数股东权益（按照购买日可辨认净资产公允价值持续计算调整后的 2×20 年末所有者权益金额×20%）和商誉（计算分析同实务 4－10）。

2×20 年宏伟公司利润分配的来源：一是年初未分配利润 4 800 万元；二是按购买日公允价值持续计算调整后实现的净利润 3 245 万元，其中，母公司享有的权益法下的投资收益 2 596 万元，另外的 20%即 649 万元（3 245×20%）属于少数股东享有的损益。利润分配的去向：宏伟公司提取盈余公积 500 万元、分配现金股利 1 500 万元、年末未分配利润 6 045 万元（7 800－600－1 740＋150＋435）。从辉正公司和宏伟公司构成的集团来看，既然投资业务被抵销了，辉正公司编制合并报表时也需要将其投资收益与宏伟公司的利润分配抵销。

（1）2×20 年度长期股权投资与所有者权益项目的分录（本题分录单位为万元）。

1）将购买日子公司的可辨认净资产的账面价值调整为公允价值。

借：存货（15 000－9 200）　5 800
　　长期股权投资（1 200－600）　600
　　固定资产（30 000－24 000）　6 000
　贷：资本公积　9 300
　　　递延所得税负债((5 800＋600＋6 000)×25%)　3 100

2）补提 2×20 年的折旧。

借：管理费用（6 000/10）　600
　贷：固定资产——累计折旧　600

3）2×20 年销售 30%，公允价值下增加营业成本。

借：营业成本（5 800×30%）　1 740
　贷：存货　1 740

4）转回递延所得税负债。

借：递延所得税负债　585
　贷：所得税费用((600＋1740)×25%)　585

5）辉正公司将成本法核算的结果调整为权益法核算的结果相关的调整分录。

权益法下辉正公司应享有宏伟公司 2×20 年的投资收益：

借：长期股权投资　2 596
　贷：投资收益((5 000－600－1 740＋585)×80%)　2 596

权益法下享有的现金股利，同时冲减成本法下确认的投资收益：

借：投资收益（1 500×80%）　1 200
　贷：长期股权投资　1 200

经过上述调整分录后，权益法下，辉正公司对宏伟公司长期股权投资的金额＝51 200＋2 596－1 200＝52 596万元。

2×20年12月31日，宏伟公司股东权益账面价值总额为52 300万元，其中，股本为30 000万元，资本公积为10 000万元，盈余公积为4 500万元（期初4 000＋提取500），未分配利润为7 800万元（期初4 800＋净利润5 000－提取盈余公积500－股利分配1 500）。

2×20年12月31日，宏伟公司股东权益按购买日公允价值持续计算调整后的总额为59 845万元，其中，股本为30 000万元，资本公积为19 300万元（10 000＋9 300），盈余公积为4 500万元，未分配利润为6 045万元（期初4 800＋2×20年净利润3 245－提取盈余公积500－股利分配1 500）。

2×20年12月31日，宏伟公司股东权益按购买日公允价值持续计算调整后的金额＝52 300＋9 300－600－1 740＋585＝59 845万元，而辉正公司2×20年末享有的调整后股东权益的份额＝59 845×80%＋4 720＝52 596万元。

商誉为4 720万元，见实务4-10。

由此可见，辉正公司享有宏伟公司2×20年末调整后的股东权益份额47 876万元与商誉4 720万元之和正好等于2×20年末辉正公司权益法下对宏伟公司长期股权投资金额52 596万元，从而可以相互验证。

6）长期股权投资与子公司所有者权益的抵销分录。

2×20年末少数股东权益＝59 845×(1－80%)＝11 969(万元)

我们来验证下，少数股东权益从期初到期末的变化：

购买日少数股东权益＝11 620(万元)(见实务4-10)

2×20年少数股东享有宏伟公司实现的净利润份额＝3 245×(1－80%)＝649(万元)

2×20年少数股东享有宏伟公司分配的现金股利＝1 500×(1－80%)＝300(万元)

2×20年末少数股东权益＝11 620＋649－300＝11 969(万元)

显然，正好等于少数股东享有的宏伟公司2×20年末按购买日公允价值调整后的股东权益份额，从而相互验证。

年末未分配利润＝7 800－600－1 740＋585＝6 045(万元)

商誉的计算同实务4-10。

借：股本	30 000
资本公积	19 300
盈余公积	4 500
年末未分配利润	6 045
商誉	4 720

贷：长期股权投资 52 596

少数股东权益 11 969

（2）2×20 年度投资收益与利润分配项目的抵销分录。

借：投资收益 2 596

少数股东损益 649

年初未分配利润 4 800

贷：提取盈余公积 500

对所有者（或股东）的分配 1 500

年末未分配利润 6 045

实务 4－12 购买日后第二年年末长期股权投资与所有者权益项目、投资收益与子公司利润分配项目的抵销

接实务 4－10 和实务 4－11，假设 2×21 年，宏伟公司当年实现净利润 6 000 万元；在证券市场购买了某公司股票，将其作为其他权益工具投资核算，截至 2×21 年 12 月 31 日，该投资公允价值增加了 190 万元。经公司董事会提议并经股东会批准，2×20 年提取盈余公积 600 万元，向股东宣告分派现金股利 1 800 万元。购买日宏伟公司的存货在 2×21 年又出售了 50%。其他资料同实务 4－10 和实务 4－11。

要求：

（1）编制 2×21 年度长期股权投资与所有者权益项目的抵销分录；

（2）编制 2×21 年度投资收益与利润分配项目的抵销分录。

实务分析：

与实务 4－11 分析相同，辉正公司个别资产负债表上对宏伟公司的长期股权投资的账面价值仍然是 51 200 万元。

辉正公司编制 2×21 年的合并报表时，对宏伟公司的长期股权投资由成本法调整为权益法之前，要将宏伟公司在购买日可辨认净资产的账面价值调整为公允价值并持续计算，这个分析过程与实务 4－11 的原理基本相同，但是要做两年持续的调整，因为宏伟公司购买日的固定资产截至 2×21 年末已经使用了两年，购买日的存货在 2×20 年、2×21 年分别销售了 30%和 50%，而宏伟公司个别报表上的固定资产和存货都是按购买日账面价值计提折旧和结转营业成本。因此，将宏伟公司购买日的存货、长期股权投资、固定资产的账面价值调整为公允价值，并调增资本公积 9 300 万元和递延所得税负债 3 100 万元后，一是补提公允价值下的折旧，即补提 2×20 年的折旧，调减年初未分配利润 600 万元；补提 2×21 年的折旧，调增管理费用 600 万元，同时转回递延所得税负债 300 万元((600＋600)×25%)，调增年初未分配利润 150 万元（2×20 年的）和调减所得税费用 150 万元（2×21 年的）。二是调整存货项目的销售部分时，调减存货 4 640 万元(5 800×(30%＋50%))的同时调减年初未分配利润 1 740 万元（2×20 年销售

部分，5 800×30%）和营业成本 2 900 万元（2×21 年销售部分，5 800×50%），转回递延所得税负债 1 160 万元（4 640×25%）的同时调增年初未分配利润 435 万元（1 740×25%）和调减所得税费用 725 万元（2 900×25%）。

上述对宏伟公司个别报表的调整后，继续调整辉正公司个别报表上对宏伟公司的长期股权投资，即成本法调整为权益法，调整的分析过程基本与实务 4-11 相同，只是要做两年持续的调整，因为辉正公司对宏伟公司持续控股两年。首先，调整以前年度（2×20 年）宏伟公司所有者权益变动额属于辉正公司享有的部分：通过上面的分析，将以前年度（宏伟公司接受辉正公司投资后至上年年末止即 2×20 年）宏伟公司实现的账面净利润 5 000 万元调整为按购买日公允价值计算的净利润 3 245 万元（5 000－600＋150－1 740＋435），属于辉正公司享有的份额的 80%即 2 596 万元（3 245×80%）调增长期股权投资，同时增加年初未分配利润 2 596 万元；辉正公司享有宏伟公司 2×20 年派发的现金股利 1 200 万元（1 500×80%），冲减长期股权投资和年初未分配利润。

其次，调整 2×21 年宏伟公司所有者权益变动额属于辉正公司享有的部分。辉正公司享有 2×21 年宏伟公司实现的按购买日公允价值调整后的净利润的 80%即 2 700 万元（(6 000－600＋150－2 900＋725)×80%）调增长期股权投资，同时调增投资收益 2 700 万元；享有 2×21 年派发的现金股利 1 440 万元（1 800×80%），冲减长期股权投资和成本法下的投资收益；享有其他权益工具投资的公允价值变动份额 152 万元（190×80%），调增长期股权投资的同时调增其他综合收益。

经过上述成本法调整为权益法后，权益法下的长期股权投资金额等于成本法下的金额 51 200 万元加减上述调整分录对长期股权投资的影响金额，即 54 008 万元（51 200＋2 596－1 200＋2 700－1 440＋152），然后将权益法下的长期股权投资与宏伟公司的 2×21 年末按购买日公允价值调整后的所有者权益金额抵销，并同时确认商誉（见实务 4-10 的分析计算）和少数股东权益（金额为宏伟公司 2×21 年末按购买日公允价值调整后的所有者权益金额×20%）。

2×21 年，宏伟公司利润分配的来源：一是按购买日公允价值调整后的 2×21 年年初未分配利润 6 045 万元（4 800＋5 000－500－1 500－600＋150－1 740＋435）；二是 2×21 年实现的按购买日公允价值调整后的净利润 3 375 万元中母公司享有的权益法下的投资收益 2 700 万元，另外的 20%即 675 万元（3 375×20%）属于少数股东损益。利润分配的去向：宏伟公司提取盈余公积 600 万元、分配现金股利 1 800 万元、年末未分配利润 8 520 万元（7 545＋3 375－600－1 800）（特别注意，一定是按购买日公允价值调整后）。辉正公司编制合并报表时将其权益法下的投资收益与宏伟公司的利润分配抵销。

2×21 年 12 月 31 日，宏伟公司股东权益账面价值总额为 56 690 万元，其中，股本为 30 000 万元，资本公积为 10 000 万元，其他综合收益为 190 万元，盈余公积为 5 100 万元（期初 4 000＋两年提取 1 100），未分配利润为 11 400 万元（期初 4 800 万元＋两年净利润 11 000－两年提取盈余公积 1 100－两年股利分配 3 300）。

2×21 年 12 月 31 日，宏伟公司股东权益按购买日公允价值持续计算调整后的总额为 61 610 万元，其中，股本为 30 000 万元，资本公积为 19 300 万元（10 000＋9 300），其他综合收益为 190 万元，盈余公积为 5 100 万元（期初 4 000 ＋两年提取 1 100），未分配利润为 7 020 万元（期初 4 800＋2×20 年净利润 3 245＋2×21 年净利润 3 375－两年提取盈余公积 1 100－两年股利分配 3 300）。

（1）2×21 年度长期股权投资与所有者权益项目的抵销分录（本题分录单位为万元）。

1）将购买日子公司的可辨认净资产的账面价值调整为公允价值。

借：存货（15 000－9 200）　5 800
　　长期股权投资（1 200－600）　600
　　固定资产（30 000－24 000）　6 000
　贷：资本公积　9 300
　　　递延所得税负债((5 800＋600＋6 000)×25%)　3 100

2）补提 2×20 年和 2×21 年的折旧。

每年补提折旧额＝6 000/10＝600(万元)

借：管理费用（2×21 年）　600
　　年初未分配利润（2×20 年）　600
　贷：固定资产——累计折旧　1 200

3）2×20 年销售 30%，2×21 年销售 50%，公允价值下增加年初未分配利润和营业成本。

借：年初未分配利润（5 800×30%）（2×20 年）　1 740
　　营业成本（5 800×50%）（2×21 年）　2 900
　贷：存货　4 640

4）转回两年的递延所得税负债。

借：递延所得税负债　1 460
　贷：年初未分配利润((600＋1740)×25%)(2×20 年)　585
　　　所得税费用((600＋2 900)×25%)(2×21 年)　875

5）辉正公司将成本法核算的结果调整为权益法核算的结果。

权益法下辉正公司应享有宏伟公司 2×20 年的净利润：

调整后的净利润＝5 000－600－1 740＋585＝3 245(万元)

应享有 2×20 年的净利润＝3 245×80%＝2 596(万元)

借：长期股权投资　2 596
　贷：年初未分配利润　2 596

权益法下享有 2×20 年的现金股利，同时冲减成本法下 2×20 年确认的投资收益（转入上年年末未分配利润即本年年初未分配利润）：

借：年初未分配利润（1 500×80%）　　1 200

　贷：长期股权投资　　1 200

权益法下辉正公司应享有宏伟公司2×21年的净利润：

调整后的净利润＝6 000－600－2 900＋875＝3 375(万元)

应享有2×21年的净利润＝3 375×80%＝2 700(万元)

借：长期股权投资　　2 700

　贷：投资收益　　2 700

权益法下享有2×21年的现金股利，同时冲减成本法下确认的投资收益：

借：投资收益（1 800×80%）　　1 440

　贷：长期股权投资　　1 440

权益法下享有2×21年的其他权益公允价值变动：

借：长期股权投资（190×80%）　　152

　贷：其他综合收益　　152

经过上述调整分录后，权益法下，辉正公司对宏伟公司长期股权投资的金额＝51 200＋2 596－1 200＋2 700－1 440＋152＝54 008万元，而辉正公司2×21年末享有的调整后股东权益的份额＝61 610×80%＋4 720＝54 088万元。

商誉为4 720万元，见实务4-10。

由此可见，辉正公司享有宏伟公司2×21年末按购买日公允价值调整后的股东权益份额49 288万元与商誉4 720万元之和正好等于2×21年末辉正公司权益法下对宏伟公司长期股权投资金额54 008万元，从而可以相互验证。

6）长期股权投资与子公司所有者权益的抵销。

2×21年末少数股东权益＝61 610×(1－80%)＝12 322(万元)

我们来验证下，少数股东权益从期初到期末的变化：

购买日少数股东权益＝11 620(万元)(见实务4-10)

2×20年少数股东享有宏伟公司实现的按购买日公允价值调整后净利润份额＝3 245×(1－80%)＝649(万元)

2×21年少数股东享有宏伟公司分配的现金股利＝1 500×(1－80%)＝300(万元)

2×21年少数股东享有宏伟公司实现的按购买日公允价值调整后净利润份额＝3 375×(1－80%)＝675(万元)

2×21年少数股东享有宏伟公司分配的现金股利＝1 800×(1－80%)＝360(万元)

2×21年少数股东享有宏伟公司其他权益工具变动额＝190×(1－80%)＝38(万元)

2×21年末少数股东权益＝11 620＋649－300＋675－360＋38＝12 322(万元)

显然，正好等于少数股东享有的宏伟公司 2×21 年末按购买日公允价值调整后的股东权益份额，从而相互验证。

借：股本　30 000
　　资本公积　19 300
　　其他综合收益　190
　　盈余公积　5 100
　　年末未分配利润　7 020
　　商誉　4 720
　贷：长期股权投资　54 008
　　　少数股东权益　12 322

年末未分配利润计算过程见前述分析和表 4－8。

表 4－8　　单位：万元

期初未分配利润	4 800
加：2×20 年实现净利润	5 000
加：2×21 年实现净利润	6 000
减：两年购买日固定资产补提折旧税后影响调整额 600×2×(1－25%)	900
减：两年购买日存货销售税后影响调整额 5 800×(30%＋50%)×(1－25%)	3 480
减：两年提取盈余公积 500＋600	1 100
减：两年股利分配 1 500＋1 800	3 300
年末未分配利润	7 020

(2) 2×21 年度投资收益与利润分配项目的抵销分录。

借：投资收益　2 700
　　少数股东损益　675
　　年初未分配利润（7 800－600－1 740＋585）　6 045
　贷：提取盈余公积　600
　　　对所有者（或股东）的分配　1 800
　　　年末未分配利润　7 020

第四节　集团内部债权债务项目的抵销

母公司与子公司之间或子公司相互之间赊购赊销产生的应收与应付项目或其他债权债务，从整个集团来看是不存在的，那么编制合并报表时，如何编制债权债务的抵销分录？特别是考虑了应收款项发生减值和所得税影响以及连续编制合并报表后，如何编制抵销分录?

这里我们以集团内部赊购赊销产生的应收应付项目为例，阐述如何编制抵销分录。

一、集团内部首次发生购销业务产生的应收与应付项目的抵销

当集团一方向集团另一方赊销赊购商品时，在个别报表上分别反映为应收款项和应付款项。下面学习集团内部发生购销业务产生的应收与应付项目的抵销处理，首先学习集团内部首次发生购销业务产生的应收与应付项目的抵销处理。

合并报表是以母子公司的个别报表为基础编制的。编制合并报表时把母子公司构成的集团看作一个会计主体，从整个集团来看，集团内部购销产生的应收应付款项只是内部资金运动，不应该增加企业集团的资产，也不应该增加企业集团的负债。因此，编制合并报表时，应将内部应收应付款项抵销，借记“应付账款”，贷记“应收账款”。由于应收账款被抵销，集团内部赊销方基于应收账款计提的坏账准备也应被抵销，借记“应收账款——坏账准备”，贷记“信用减值损失”。由于集团内部赊销方计提了坏账准备，从而产生了会计与税法的差异，导致产生递延所得税资产和所得税费用。编制合并报表时，已经将赊销方计提的坏账准备抵销了，所以也应将个别报表中的递延所得税资产和所得税费用抵销，借记“所得税费用”，贷记“递延所得税资产”。

实务 4-13 集团内部首次发生购销业务产生的应收与应付项目抵销

辉正公司与宏伟公司是母子公司。辉正公司资产负债表上应收账款账面价值中有 190 000 元是向宏伟公司销售商品产生的，对该笔应收账款计提的坏账准备为 10 000 元。宏伟公司资产负债表上应付账款账面价值中有 200 000 元是从辉正公司购入商品产生的。假设所得税税率为 25%。

要求：

编制应收应付项目相关的抵销分录。

实务分析：

虽然辉正公司向宏伟公司赊销商品，在辉正公司个别报表上反映为应收账款，在宏伟公司个别报表上反映为应付账款，但是从整个集团来讲，该赊销业务并不存在，所以要将 200 000 元的应收账款和应付账款抵销，同时应抵销辉正公司计提的 10 000 元坏账准备，个别报表上确认的递延所得税资产 2 500 元和所得税费用 2 500 元（10 000×25%）也应一并抵销。

（1）抵销内部应收账款与应付款项。

借：应付账款	200 000	
贷：应收账款		200 000

（2）抵销内部应收账款计提的坏账准备。

借：应收账款——坏账准备　10 000

　贷：信用减值损失　10 000

（3）抵销内部计提坏账准备涉及的递延所得税资产。

借：所得税费用　2 500

　贷：递延所得税资产　2 500

二、连续编制合并报表内部应收与应付项目的抵销

连续编制合并报表时，集团内部购销产生的应收应付款项可能有下面三种情况：期末等于期初、期末大于期初、期末小于期初。特别注意，合并报表编制的基础是本期的个别报表，尽管前期编制合并报表抵销了集团内部购销产生的应收应付及相关的坏账准备和递延所得税，但是并没有反映在个别报表中。所以本期编制合并报表时，除了抵销期末应收应付账款，仍然要把前期计提的坏账准备和所得税对本期的影响抵销。当然，由于是抵销前期集团内部购销的影响，所以对损益的影响应调整年初未分配利润，如果是抵销本期的损益影响仍然是调整损益类科目。

（一）集团内部产生的应收账款本期余额与上期余额相等

如果内部应收账款本期余额与上期余额相等：

（1）抵销内部应收账款与应付账款：

借：应付账款

　贷：应收账款

（2）抵销前期计提坏账准备对本期年初未分配利润的影响：

借：应收账款——坏账准备

　贷：年初未分配利润

（3）抵销前期计提坏账准备对本期所得税的影响：

借：年初未分配利润

　贷：递延所得税资产

实务 4-14　集团内部产生的应收账款本期余额与上期余额相等的抵销

辉正公司与宏伟公司是母子公司。辉正公司上期期末和本期期末资产负债表上，向宏伟公司销售商品产生的内部应收账款账面价值都为 190 000 元，对该笔应收账款计提的坏账准备为 10 000 元。宏伟公司上期期末和本期期末资产负债表上应付账款账面价值中都有 200 000 元是向辉正公司购入商品产生的。假设所得税税率为 25%。

要求：

编制应收应付项目相关的抵销分录。

实务分析：

辉正公司向宏伟公司赊销产生的应收账款本期等于上期即 190 000 元，计提的坏账准备期初等于期末即 10 000 元，本期没有计提坏账准备，都是以前期间计提的，所以坏账准备的抵销要调整年初未分配利润 10 000 元，同时抵销所得税的影响，即抵销递延所得税资产 2 500 元（10 000×25%），同时抵销年初未分配利润 2 500 元。

（1）抵销内部应收账款与应付账款。

借：应付账款	200 000	
贷：应收账款		200 000

（2）抵销前期计提坏账准备对本期年初未分配利润的影响。

借：应收账款——坏账准备	10 000	
贷：年初未分配利润		10 000

（3）抵销前期计提坏账准备对本期所得税的影响。

借：年初未分配利润	2 500	
贷：递延所得税资产		2 500

（二）集团内部产生的应收账款本期余额大于上期余额

本期编制合并报表时，除了抵销期末应收应付账款，还要把前期计提的坏账准备和所得税对本期的影响抵销。当然，由于是抵销前期集团内部购销的影响，所以对损益的影响应调整年初未分配利润。此外，还要抵销本期补提坏账准备以及对所得税的影响。

（1）内部应收账款与应付账款的抵销：

借：应付账款

　贷：应收账款

（2）抵销前期计提坏账准备对本期年初未分配利润的影响：

借：应收账款——坏账准备

　贷：年初未分配利润

（3）抵销前期计提坏账准备对递延所得税资产的影响：

借：年初未分配利润

　贷：递延所得税资产

（4）抵销本期补提的坏账准备：

借：应收账款——坏账准备

　贷：信用减值损失

(5) 抵销本期补提坏账准备对所得税的影响：

借：所得税费用

　贷：递延所得税资产

实务 4-15　集团内部产生的应收账款本期余额大于上期余额的抵销

辉正公司与宏伟公司是母子公司。辉正公司资产负债表上，向宏伟公司销售商品产生的内部应收账款期初账面价值为 190 000 元，期末账面价值为 285 000 元，因内部应收账款而产生的坏账准备期初余额为 10 000 元，期末余额为 15 000 元。宏伟公司资产负债表上，期初和期末应付账款账面价值中分别有 200 000 元、300 000 元是从辉正公司购入商品产生的。假设所得税税率为 25%。

要求：

编制应收应付项目相关的抵销分录。

实务分析：

辉正公司以前期间向宏伟公司赊销商品，导致本期期初应收账款 200 000 元；以前期间计提坏账准备 10 000 元，导致本期期初未分配利润减少 10 000 元；以前期间计提了坏账准备，导致应确认递延所得税资产 2 500 元（10 000×25%），本期期初未分配利润增加 2 500 元。编制合并报表时，需要将这些个别报表反映的以前期间集团内部对本期期初的影响抵销，即冲减坏账准备 10 000 元，增加年初未分配利润 10 000 元，冲减递延所得税资产和年初未分配利润各 2 500 元。

本期辉正公司补提了坏账准备 5 000 元（15 000—5 000），产生信用减值损失 5 000 元，递延所得税资产增加 1 250 元（(15 000—5 000)×25%），所得税费用减少 1 250 元。编制合并报表时，需要将本期个别报表上补提的坏账准备及其对所得税的影响抵销，即冲减坏账准备和信用减值损失各 5 000 元，冲减递延所得税资产和增加所得税费用各 1 250 元。

(1) 抵销内部应收账款与应付账款。

借：应付账款	300 000	
贷：应收账款		300 000

(2) 抵销前期计提的坏账准备。

借：应收账款——坏账准备	10 000	
贷：年初未分配利润		10 000

(3) 抵销前期计提坏账准备对递延所得税资产的影响。

借：年初未分配利润	2 500	
贷：递延所得税资产		2 500

(4) 抵销本期补提的坏账准备。

借：应收账款——坏账准备	5 000	
贷：信用减值损失		5 000

（5）抵销本期补提坏账准备对所得税的影响。

借：所得税费用 1 250

贷：递延所得税资产 1 250

（三）集团内部产生的应收账款本期余额小于上期余额

本期编制合并报表时，除了抵销期末应收应付账款，还要把前期计提的坏账准备和所得税对本期的影响抵销。当然，由于是抵销前期集团内部购销的影响，所以对损益的影响应调整年初未分配利润。此外，还要抵销本期冲减坏账准备以及对所得税的影响。

（1）内部应收账款与应付账款的抵销：

借：应付账款

贷：应收账款

（2）抵销前期计提坏账准备对本期年初未分配利润的影响：

借：应收账款——坏账准备

贷：年初未分配利润

（3）抵销前期计提坏账准备对递延所得税资产的影响：

借：年初未分配利润

贷：递延所得税资产

（4）抵销本期冲减的坏账准备：

借：信用减值损失

贷：应收账款——坏账准备

（5）抵销本期冲减坏账准备对所得税的影响：

借：递延所得税资产

贷：所得税费用

实务 4-16　集团内部产生的应收账款本期余额小于上期余额的抵销

辉正公司与宏伟公司是母子公司。辉正公司资产负债表上，向宏伟公司销售商品产生的内部应收账款期初账面价值为 190 000 元，期末账面价值为 95 000 元，因内部应收账款而产生的坏账准备期初余额为 10 000 元，期末余额为 5 000 元。宏伟公司资产负债表上，期初和期末应付账款账面价值中分别有 200 000 元、100 000 元是从辉正公司购入商品产生的。假设所得税税率为 25%。

要求：

编制应收应付项目相关的抵销分录。

实务分析：

关于辉正公司以前期间向宏伟公司赊销对本期影响的抵销分析过程与实务 4-15 相

同，这里不再赘述。本期由于集团内部应收账款的期末余额小于期初余额，辉正公司个别报表上冲减了坏账准备 5 000 元（10 000－5 000），同时减少信用减值损失，从而转回递延所得税资产 1 250 元（5 000×25%），增加所得税费用 1 250 元。编制合并报表时，需要将本期个别报表上的这些项目抵销，即与辉正公司日常处理的会计分录相反。

（1）抵销内部应收账款与应付账款。

借：应付账款	10 000	
贷：应收账款		10 000

（2）抵销前期计提坏账准备对本期年初未分配利润的影响。

借：应收账款——坏账准备	10 000	
贷：年初未分配利润		10 000

（3）抵销前期计提坏账准备对递延所得税资产的影响。

借：年初未分配利润	2 500	
贷：递延所得税资产		2 500

（4）抵销本期冲减的坏账准备。

借：信用减值损失	5 000	
贷：应收账款——坏账准备		5 000

（5）抵销本期冲减坏账准备对所得税的影响。

借：递延所得税资产	1 250	
贷：所得税费用		1 250

第五节　集团内部购销商品的抵销

集团内部母子公司、子公司之间相互销售商品，在个别报表上分别反映为销售和购买业务的实现，但从集团来讲是不存在的，所以编制合并报表时要抵销。

集团一方将商品销售给集团另一方，销售方个别报表确认了销售的实现。但是，从整个集团来看，销售的实现应该是对集团外的销售，集团内的销售只是商品位置的转移，并没有实现销售业务。合并报表是以个别报表为基础编制的，所以编制合并报表时必须抵销集团内部的交易、期末存货项目包含的未实现内部销售损益、存货跌价准备和所得税的影响。在综合考虑减值和所得税影响之后这些项目应如何进行抵销？

为了便于理解和阐述问题，我们假设母公司把商品销售给子公司即顺流交易，本节第一至三部分所有的抵销分录建立在此基础上。子公司向母公司销售即逆流交易的抵销分录，主要是涉及少数股东享有的部分，我们将在最后阐述。为了与合并报表项目和抵销分录一致，下面实务分析中有关母公司、子公司各自的会计分录都采用的是报表项目而不是会计科目。

一、集团内部之间当期购销商品的抵销

我们首先学习集团内部公司之间首次购销商品的抵销。子公司从母公司购进商品后可能对集团外销售或未销售，这两种情况的抵销分录不同。

（一）集团内部之间当期购进商品全部对集团外销售的抵销

母公司向子公司销售商品，子公司在当期全部向集团外销售。在个别报表上，母公司确认了销售的实现，确认了销售损益，同时终止确认已售存货；子公司首先确认存货，对集团外售出后再确认销售损益。

从整个集团来看，销售的实现是子公司对集团外的销售，真正的销售收入是子公司的销售收入，真正的销售成本是母公司的销售成本，但编制合并报表是以母子公司的个别报表为基础的，母子公司之间的购销以及子公司向集团外销售，在个别报表上反映了两次销售，所以编制合并报表时，需要抵销母公司的销售收入，同时抵销子公司的销售成本，即借记“营业收入”，贷记“营业成本”。

实务 4－17　集团内部之间当期购进商品全部对集团外销售的抵销

假设母公司把产品销售给子公司，成本为 800 万元，销售收入为 1 000 万元，子公司已将该产品全部对外销售，销售收入为 1 200 万元。

要求：

为母公司编制抵销分录。

实务分析：

假设不考虑相关税费（与集团外的业务不能抵销，所以不需要考虑），母子公司各自编制的会计分录以及集团应编制的分录见表 4－9（本题分录单位为万元）。

表 4－9　　单位：万元

<table>
<tr><td>母公司的账务处理：
借：银行存款、应收账款等　1 000
　贷：营业收入　1 000
借：营业成本　800
　贷：库存商品　800</td><td>子公司的账务处理：
借：存货　1 000
　贷：银行存款、应付账款等　1 000
借：银行存款、应收账款等　1 200
　贷：营业收入　1 200
借：营业成本　1 000
　贷：存货　1 000</td></tr>
<tr><td colspan="2">集团的账务处理：
借：银行存款、应收账款等　1 200
　贷：营业收入　1 200
借：营业成本　800
　贷：存货　800</td></tr>
</table>

从上面的母公司和子公司各自编制的会计分录可知，在其个别报表中，母公司确认收入 1 000 万元，结转成本 800 万元，实现利润 200 万元；子公司确认收入 1 200 万元，结转成本 1 000 万元，实现利润 200 万元。从集团来看，应确认收入 1 200 万元，结转成本 800 万元，所以编制合并报表时，抵销母公司的收入 1 000 万元，抵销子公司的营业成本 1 000 万元。特别说明，集团内部赊购赊销产生的应收账款或应付账款在上一节已经涉及，这里不再赘述。

借：营业收入　　1 000

　贷：营业成本　　1 000

（二）集团内部之间当期购进商品全部未对外销售的抵销

母公司向子公司销售商品，子公司本期全部未对集团外销售，形成子公司的期末存货。在个别报表上，母公司确认了销售的实现，确认销售损益，同时终止确认已售存货；子公司确认存货，该存货包含了母公司实现的销售损益。

但是从整个集团来看，销售并未实现，存货只是位置发生转移，不会发生增值或减值，所以子公司从母公司购进的存货包含的未实现损益应该抵销。编制合并报表时，需要抵销母公司的销售收入、销售成本，同时抵销子公司存货的未实现损益，借记“营业收入”“存货”（售价低于成本），贷记“营业成本”“存货”（售价高于成本）。

如果子公司对该存货计提了存货跌价准备，编制合并报表时，需要站在集团的角度分析该存货是否发生减值，确定减值额，然后再抵销子公司多提或少提的减值准备，借记“存货——存货跌价准备”，贷记“资产减值损失”；或做相反的抵销分录。

子公司计提了存货跌价准备，由于会计与税法对减值损失处理的差异导致产生了暂时性差异，子公司确认了递延所得税资产、所得税费用。编制合并报表时，从集团的角度分析暂时性差异金额、递延所得税资产及所得税费用，然后再抵销子公司多确认或少确认的递延所得税资产、所得税费用，借记“所得税费用”，贷记“递延所得税资产”；或做相反的抵销分录。

至于集团内部购进的存货本期部分销售，部分形成期末存货的抵销，可以把部分销售的视同全部销售做抵销处理，部分未销售形成期末存货的视同全部未销售进行抵销处理。

实务 4-18　集团内部之间当期购进商品全部未对外销售的抵销

母公司把产品销售给子公司，成本为 800 万元，销售收入为 1 000 万元，子公司购入该产品全部未对外销售。子公司计提了存货跌价准备 100 万元。假设所得税税率为 25%。

要求：

编制集团内部业务的抵销分录。

实务分析：

母子公司各自编制的会计分录以及集团应编制的分录见表 4－10（本题分录单位为万元）。

表 4－10 单元：万元

母公司的账务处理：		子公司的账务处理：	
借：银行存款、应收账款等	1 000	借：存货	1 000
贷：营业收入	1 000	贷：银行存款、应付账款等	1 000
借：营业成本	800	借：资产减值损失	100
贷：库存商品	800	贷：存货——存货跌价准备	100
		借：递延所得税资产	25
		贷：所得税费用	25
集团的账务处理：			
借：递延所得税资产			50
贷：所得税费用			50

(1) 从集团角度来讲，销售未实现。由此表可知，母公司个别报表上确认了收入 1 000 万元，营业成本 800 万元，实现了利润 200 万元；子公司个别报表上存货确认了 1 000 万元，但从整个集团来讲，销售没有实现，存货的成本应为 800 万元，所以编制合并报表时，需要抵销存货包含的未实现损益 200 万元以及个别报表上的营业收入 1 000 万元和营业成本 800 万元。不需要编制销售业务的会计分录，存货的成本应该为 800 万元。

(2) 从集团角度来讲，是否减值？子公司计提了存货跌价准备 100 万元，同时确认资产减值损失 100 万元，所以存货的可变现净值为 900 万元（1 000—100）。但从整个集团来看，可变现净值 900 万元与原始成本 800 万元相比并没有发生减值，所以也不需要编制减值的会计分录。

(3) 从集团角度来讲，所得税如何影响？子公司计提了存货跌价准备 100 万元，子公司存货的账面价值为 900 万元，计税基础为 1 000 万元，产生可抵扣暂时性差异 100 万元（1 000—900），子公司确认递延所得税资产 25 万元、所得税费用 25 万元（100×25%）。从集团来看，存货的账面价值为 800 万元，计税基础为 1 000 万元，产生可抵扣暂时性差异 200 万元（1 000—800），集团应确认递延所得税资产 50 万元、所得税费用 50 万元（200×25%）。因此，编制合并报表时，抵销子公司少确认的递延所得税资产 25 万元、多确认的所得税费用 25 万元（50—25）。

(1) 未实现损益的抵销。

借：营业收入 1 000
　贷：营业成本 800
　　存货 200

(2) 存货跌价准备的抵销。

借：存货——存货跌价准备 100
　贷：资产减值损失 100

（3）递延所得税资产的抵销。

借：递延所得税资产 25

贷：所得税费用 25

特别提示：抵销分录中递延所得税资产和所得税费用为25万元，前面实务分析中我们是从最原始的角度分析子公司和集团之间的差异，实际上还可以这样分析：（1）和（2）两个分录使集团的存货比个别报表的存货减少了100万元，而无论是从子公司角度还是集团角度看，计税基础都没有变化，所以集团的可抵扣暂时性差异要比子公司多100万元，从而集团要比子公司多确认递延所得税资产25万元和少确认所得税费用25万元，这样能更快速地得到结果。

二、上期集团内部购进商品本期全部对外销售的抵销

我们已经学习了集团内部首次购销的抵销。如果上期集团内部购进后未对外销售形成期末存货，那么上期集团内部购进存货未实现销售对本期影响的抵销如何进行呢?

假设母公司向子公司销售商品。上期集团内部购进商品未对集团外销售时，就个别报表来看，母公司上期确认了销售的实现，形成上期期末未分配利润，也就是本期期初未分配利润；子公司形成上期期末存货，也就是本期期初存货，该存货包含了上期母公司实现的利润。从整个集团来看，上期母公司并未实现销售，不能确认销售利润，所以编制合并报表时，应抵销母公司期初未分配利润和子公司期初存货的未实现销售损益。第一步，借记“年初未分配利润”，贷记“存货”，或做相反分录；第二步，由于本期全部销售了，所以借记“存货”，贷记“营业成本”，或做相反分录。实际上也可以不经过上述两步，直接抵销营业成本，即借记“年初未分配利润”，贷记“营业成本”，或做相反分录。

上期期末子公司对该存货计提或冲减存货跌价准备，将影响子公司本期期初存货账面价值、上期期末未分配利润，也就是本期期初未分配利润。编制合并报表时，应从集团角度分析上期期末存货减值情况，在此基础上确定抵销子公司多提或少提、多冲减或少冲减的存货跌价准备，并抵销年初未分配利润。由于本期已经全部销售，借记“年初未分配利润”，贷记“营业成本”，或做相反分录。

上期期末子公司对该存货计提或冲减存货跌价准备，将影响子公司递延所得税资产、本期期初未分配利润。编制合并报表时，应从集团角度分析上期期末存货计提或冲减存货跌价准备对本期的影响，在此基础上确定抵销子公司上期多确认或少确认的递延所得税资产，并抵销本期期初未分配利润。第一步，借记“递延所得税资产”，贷记“年初未分配利润”，或做相反分录；第二步，由于上期集团内部购进本期全部对外销售，所以借记“所得税费用”，贷记“递延所得税资产”。实际上也可以不经过上述两

步，即将两步合并，直接借记“年初未分配利润”，贷记“所得税费用”，或做相反分录。

实务 4－19　上期集团内部购进商品本期全部对外销售的抵销

子公司上期从母公司购进的 1 000 万元产品形成期末存货，成本为 800 万元，本期全部对外销售，收入为 1 200 万元。子公司上期期末计提了存货跌价准备 100 万元。本期集团内部之间未发生购销业务。假设所得税税率为 25%。

要求：

编制本期合并报表的抵销分录。

实务分析：

(1) 子公司上期从母公司购入商品未售出，本期对外销售，母公司年初未分配利润包含上期销售利润 200 万元（1 000－800），子公司年初存货也包含了这部分利润 200 万元。从集团来看，上期销售并未实现，所以本期编制合并报表时，应抵销上期期末存货包含的未实现销售损益对本期期初未分配利润的影响额 200 万元，同时抵销子公司本期销售上期存货确认的营业成本中包含的上期存货未实现销售损益 200 万元。

(2) 由于子公司上期计提了存货跌价准备 100 万元，子公司存货账面价值减少 100 万元，也就是本期营业成本减少了 100 万元，但是从整个集团来看，上期期末可变现净值为 900 万元（1 000－100）与原始成本 800 万元相比并没有发生减值，所以编制本期合并报表时，需要考虑子公司个别报表上期计提的存货跌价准备对本期期初未分配利润和营业成本的影响，即调增 100 万元。

(3) 由于子公司上期计提了存货跌价准备 100 万元，上期存货的账面价值为 900 万元，计税基础为 1 000 万元，产生可抵扣暂时性差异 100 万元（1 000－900），子公司上期期末确认递延所得税资产 25 万元、减少所得税费用 25 万元（100×25%），导致本期期初未分配利润增加 25 万元。但是从集团来看，上期期末存货的账面价值为 800 万元，计税基础为 1 000 万元，产生可抵扣暂时性差异 200 万元（1 000－800），集团应确认递延所得税资产 50 万元、所得税费用 50 万元（200×25%），即本期期初未分配利润应增加 50 万元。因此，本期编制合并报表时，抵销子公司上期少确认的递延所得税资产和年初未分配利润，即调增 25 万元（50－25）。

(4) 由于本期子公司已经销售上期集团内部购进的存货，本期期末无集团内部购进存货，子公司本期已经转回递延所得税资产 25 万元，同时确认所得税费用 25 万元。但是从集团来看，如前面分析的上期结果，本期应转回递延所得税资产 50 万元，同时确认所得税费用 50 万元，所以编制合并报表时，抵销子公司少转回的递延所得税资产 25 万元，少确认的所得税费用 25 万元（50－25）。

实际上由于子公司本期全部销售了上期从母公司购进的存货，所以 (3) 和 (4) 两个抵销过程可以合并为一个，即调整年初未分配利润和调减所得税费用各 25 万元。

(1) 抵销上期未实现损益对本期的影响（本题分录单位为万元）。

借：年初未分配利润　　200

　贷：营业成本　　200

（2）抵销上期计提的存货跌价准备对本期的影响。

借：营业成本　　100

　贷：期初未分配利润　　100

（3）抵销上期计提的存货跌价准备对本期递延所得税资产的影响。

借：递延所得税资产　　25

　贷：年初未分配利润　　25

借：所得税费用　　25

　贷：递延所得税资产　　25

因为全部销售，所以两个分录可以合并为一个：

借：所得税费用　　25

　贷：年初未分配利润　　25

特别提示：前述实务分析（3）和（4）是从最原始的原因分析的，其实还可以这样简单地理解：（1）和（2）两个抵销分录共同影响的结果是集团合并报表比个别报表的本期营业成本少 100 万元，其实相当于上期集团合并报表的存货比个别报表的存货少 100 万元，从集团角度来讲可抵扣暂时性差异比子公司多 100 万元，从而导致集团上期期末未分配利润也就是本期期初未分配利润比子公司本期期初未分配利润多 25 万元（100×25%），即贷记“年初未分配利润”，同时上期存货本期已经销售了，所以递延所得税资产全部转回，增加所得税费用，即借记“所得税费用”。

三、上期集团内部购进商品本期仍未实现销售的抵销

假设子公司上期从母公司购进商品本期未对集团外售出形成本期期末存货。母公司上期确认了向子公司销售实现的利润形成上期期末未分配利润即本期期初未分配利润，而子公司上期购进存货成本即本期期末存货成本包含了母公司实现的利润。但是从整个集团来看，上期和本期集团内部销售都未实现，只是存货地点改变，不应发生增值或减值，所以编制本期合并报表时应抵销上期母公司确认的销售损益对本期期初未分配利润的影响额以及子公司本期期末存货包含的上期未实现的内部销售损益，借记“年初未分配利润”，贷记“存货”，或做相反分录。

如果子公司上期计提或冲减存货跌价准备，将影响本期期初未分配利润和存货跌价准备（本期仍为销售），则本期以个别报表为基础编制合并报表时，应从集团的角度分析上期期末存货减值情况，然后抵销子公司个别报表中多计提或多冲减的减值准备，借记“存货——存货跌价准备”，贷记“年初未分配利润”，或做相反分录。

上期计提或冲减存货跌价准备对上期递延所得税资产和所得税费用即本期年初未分

配利润产生影响，本期编制合并报表时，站在集团的角度，需要抵销子公司个别报表中多确认或少确认的递延所得税资产（不是所得税费用，因为本期仍未销售）和年初未分配利润，借记“年初未分配利润”，贷记“递延所得税资产”，或做相反分录。

如果本期期末子公司对该存货补提或冲减存货跌价准备，确认了资产减值损失，编制合并报表时，应从集团角度分析本期期末应补提或冲减存货跌价准备、资产减值损失金额，然后抵销子公司本期多提或少提的存货跌价准备，借记“资产减值损失”，贷记“存货——存货跌价准备”，或做相反分录。

子公司本期期末多提或少提存货跌价准备，会导致子公司增加或转回递延所得税资产并对所得税费用产生影响。以个别报表为基础编制合并报表时，应从集团角度分析本期增加或转回递延所得税资产金额以及对所得税费用的影响额，在此基础上确定抵销子公司本期多确认或少确认的递延所得税资产和所得税费用影响额，借记“递延所得税资产”，贷记“所得税费用”，或做相反分录。

至于上期集团内部购进存货本期部分销售、部分形成本期期末存货，在本期编制抵销分录时，可以把本期销售的部分视同全部销售、部分形成本期期末的存货视同本期全部未销售，比照前述进行抵销。

实务 4-20　上期集团内部购进商品本期仍未实现销售的抵销

子公司上期期末存货中有 1 000 万元产品是从母公司购进的，本期全部未对外销售。母公司销售毛利率为 20%。上期期末计提存货跌价准备 120 万元，本期期末存货跌价准备余额为 210 万元。所得税税率为 25%。

要求：

编制本期合并报表的抵销分录。

实务分析：

(1) 上期母公司销售实现利润 200 万元（1 000×20%），即本期期初未分配利润增加 200 万元；由于子公司上期购进的 1 000 万元在本期仍未销售，所以子公司上期购进形成本期期末存货成本 1 000 万元中包含了母公司实现的利润 200 万元。但是从整个集团来看，该销售并未实现，因此，以个别报表为基础编制合并报表时，应抵销母公司的年初未分配利润 200 万元和子公司的存货中包含的未实现利润 200 万元。

(2) 子公司上期从母公司购入的存货在上期期末发生减值 120 万元导致本期期初未分配利润减少 120 万元，可变现净值为 880 万元（1 000−120）；从集团来看，上期期末该存货的成本为 800 万元（1 000×(1−20%)），而可变现净值为 880 万元，所以该存货并未发生减值。因此，以个别报表编制本期合并报表时，应抵销（调增）子公司年初未分配利润和冲减存货（存货跌价准备）120 万元。

(3) 子公司上期计提存货跌价准备 120 万元，账面价值为 880 万元，计税基础为 1 000 万元，产生可抵扣暂时性差异 120 万元（1 000−880），分别增加递延所得税资产、上期所得税费用即本期期初未分配利润 30 万元（120×25%）。但是从集团来看，上期集团内部购进存货并未发生减值，故成本即账面价值为 800 万元，计税基础为 1 000 万元，产生可抵扣暂时性差异 200 万元（1 000－800），应增加递延所得税资产和本期期初未分配利润 50 万元（200×25%）。因此，以个别报表为基础编制合并报表时，应抵销子公司少确认的递延所得税资产（不是所得税费用，因为存货在本期仍未销售）和多减少的本期期初未分配利润 20 万元（50－30）。

（4）子公司存货跌价准备期初余额、本期期末余额分别为 120 万元、210 万元，可知子公司本期补提存货跌价准备 90 万元（210－120），可变现净值为 790 万元（1 000－210）。从集团来看，上期并未发生减值，故上期期末存货成本即账面价值 800 万元（1 000×80%），与本期可变现净值 790 万元比较可知，本期期末也减值了，本期集团减值 10 万元（800－790），应补提减值准备 10 万元（10－0）。因此，以个别报表为基础编制合并报表时，应抵销子公司多提的存货跌价准备 80 万元（90－10），抵销子公司多确认的资产减值损失 80 万元。

（5）子公司本期期末存货账面价值为 790 万元，计税基础为 1 000 万元，产生可抵扣暂时性差异 210 万元（1 000－790），而递延所得税资产期初余额为 30 万元，故本期分别确认递延所得税资产、减少所得税费用各 22.5 万元（210×25%－30）。但是从集团来看，由前面分析可知，上期集团内部购进存货并未发生减值，产生递延所得税资产本期期初余额 50 万元；本期期末存货账面价值为 790 万元，计税基础为 1 000 万元，产生可抵扣暂时性差异 210 万元（1 000－790），应确认递延所得税资产、减少所得税费用各 2.5 万元（210×25%－50）。因此，以个别报表为基础编制合并报表时，应抵销子公司多确认的递延所得税资产和多减少的所得税费用各 20 万元（22.5－2.5）。

（1）抵销上期集团内部购销未实现损益对本期的影响（本题分录单位为万元）。

1 000×20%＝200(万元)

借：年初未分配利润	200	
贷：存货		200

（2）抵销上期计提存货跌价准备对本期期初的影响。

子公司上期：可变现净值＝1 000－120＝880 万元。

集团上期：账面价值 800 万元小于 880 万元，未减值。

借：存货——存货跌价准备	120	
贷：年初未分配利润		120

（3）抵销上期计提存货跌价准备对本期期初所得税方面的影响。

子公司上期期末：

存货账面价值＝1 000－120＝880(万元)

可抵扣暂时性差异＝1 000－880＝120(万元)

递延所得税资产＝120×25%＝30(万元)

集团上期期末：

存货账面价值＝800(万元)

可抵扣暂时性差异＝1 000－800＝200(万元)

递延所得税资产＝200×25%＝50(万元)

上期对本期期初的影响＝50－30＝20(万元)

借：递延所得税资产　　20

　贷：年初未分配利润　　20

特别说明：抵销（调增）递延所得税资产 20 万元，在前述实务分析中我们是从最原始的角度分析个别报表与合并报表的差异得出 20 万元，其实，实际操作过程中，也可以通过简化快速得出抵销的结果，即（1）和（2）两个抵销分录使合并报表上的存货比个别报表减少了 80 万元（200－120），由于个体子公司和集团的计税基础相同，集团比个体子公司上期期末即本期期初可抵扣暂时性差异多 80 万元，而该存货本期仍未销售，所以合并报表上的递延所得税资产抵销（调增或借记）20 万元（80×25%），年初未分配利润抵销（调增）20 万元。

（4）抵销本期期末存货跌价准备的影响。

借：存货——存货跌价准备　　80

　贷：资产减值损失　　80

子公司本期期末：

补提存货跌价准备＝210－120＝90(万元)

集团本期期末：

可变现净值＝1 000－210＝790(万元)

补提存货跌价准备＝800－790＝10(万元)

抵销额＝90－10＝80(万元)

（5）抵销本期期末存货减值对所得税的影响。

子公司本期确认的递延所得税资产＝210×25%－25＝52.5－30＝22.5(万元)

集团本期确认的递延所得税资产＝210×25%－50＝80－50＝2.5(万元)

两者差额＝22.5－2.5＝20(万元)

借：所得税费用　　20

　贷：递延所得税资产　　20

特别说明：抵销（转回）递延所得税资产 20 万元，前述实务分析也是从最原始的角度分析得出来的，在理解了产生的最基本的原因后，实际操作中无须这样复杂的分析，通过简化分析可以快速得出结论。由抵销分录（4）可知，集团存货的账面价值比个体子公司多了 80 万元，所以集团的可抵扣暂时性差异比个体子公司少 80 万元（计税基础不变），在个别报表的基础上编制合并报表时，要抵销（减少）递延所得税资产和所得税费用（调增）20 万元（80×25%）。

四、集团内部逆流交易有关少数股东损益的抵销

母公司向子公司销售商品即顺流交易的抵销我们已经讨论分析过了，至于子公司向母公司销售商品即逆流交易的抵销过程，基本与前述当期母公司向子公司销售商品即顺流交易的抵销相同。此外，子公司的少数股东也应承担该抵销的损益、减值和所得税费用影响，即集团内部交易未实现损益、减值及所得税费用抵销后，还需要把抵销掉的未实现逆流交易损益、减值及其所得税费用影响属于少数股东的部分进行抵销。如果抵销分录增加子公司净利润，则借记“少数股东损益”，贷记“少数股东权益”；如果抵销分录减少子公司净利润，则借记“少数股东权益”，贷记“少数股东损益”。

实务 4-21　集团内部逆流交易的抵销

子公司把产品销售给母公司，成本为 800 万元，销售收入为 1 000 万元，母公司购入该产品后全部未对外销售。母公司计提了存货跌价准备 100 万元。假设母公司持股比例为 80%，所得税税率为 25%。

要求：

编制集团内部业务的抵销分录。

实务分析：

有关集团内部购销的抵销分析与实务 4-20 相同，这里不再赘述。另外，由于子公司向母公司销售商品即逆流交易形成期末存货，把未实现损益 200 万元、减值 100 万元及所得税费用影响 25 万元抵销后，抵销（调减）本期未实现损益 200 万元属于少数股东的部分即 40 万元（200×(1－80%)），抵销（减少）少数股东权益和少数股东损益 40 万元；抵销（冲销）存货跌价准备 100 万元后，再抵销（增加）少数股东权益和少数股东损益 20 万元（100×(1－80%)），抵销（调减）所得税费用影响 25 万元，再抵销（增加）少数股东权益和少数股东损益 5 万元（25×(1－80%)）。

（1）未实现损益的抵销（本题分录单位为万元）。

借：营业收入	1 000	
贷：营业成本		800
存货		200
借：少数股东权益((1 000－800)×(1－80%))	40	
贷：少数股东损益		40

（2）存货跌价准备的抵销。

借：存货——存货跌价准备	100	
贷：资产减值损失		100
借：少数股东损益（100×(1－80%)）	20	
贷：少数股东权益		20

(3) 递延所得税资产的抵销。

借：递延所得税资产　　25

　贷：所得税费用　　25

借：少数股东损益　　5

　贷：少数股东权益　　5

五、集团内部子公司与子公司之间购销商品的抵销

母公司有两个或两个以上子公司的情况下，子公司与子公司之间也可能发生购销业务，母公司编制合并报表时，也需要如前所述把集团内部交易抵销掉，同时，如前述“四、集团内部逆流交易有关少数股东损益的抵销”一样，也要把子公司之间购销商品产生的未实现损益、减值、所得税费用影响属于少数股东承担的部分抵销掉。假设子公司1向子公司2销售商品形成期末存货，从集团来讲产生未实现损益（子公司2未售出）。子公司1作为集团内部销售方，我们在编制合并报表时把子公司2（集团内部购买方）与母公司看成一个整体，相当于子公司1向母公司销售商品即逆流交易，在抵销子公司与子公司之间的相关内部交易后，再把子公司1未实现损益属于子公司1（销售方）的少数股东承担的部分，借记“少数股东损益”，贷记“少数股东权益”，或做相反分录；而子公司2作为集团内部购买方，我们把子公司1和母公司看成一个整体，则子公司2从子公司1购入商品，相当于母公司向子公司2销售商品即顺流交易，子公司2的少数股东不需要承担未实现损益、减值和所得税费用影响，所以不存在子公司2少数股东损益的抵销。具体分析如图4－1所示。

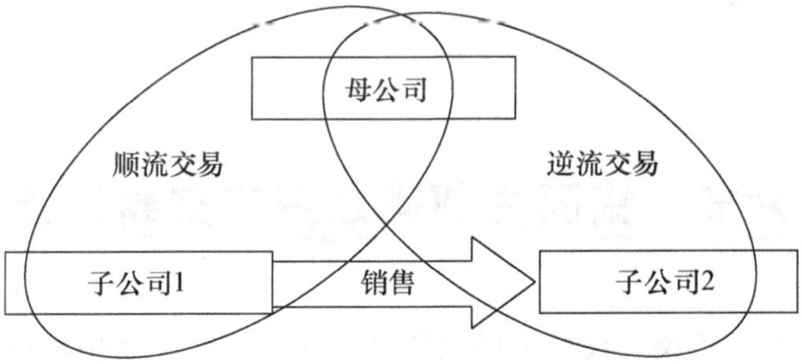

图4－1

实务4－22　集团内部子公司与子公司之间购销商品的抵销

假设母公司有子公司1和子公司2，子公司1把产品销售给子公司2，子公司2截止到本期期末仍未对外销售。子公司1产品成本为800万元，销售收入为1 000万元。子公司2计提了存货跌价准备100万元。母公司持有子公司1 80%的股份，持有子公司2 60%的股份，所得税税率为25%。

要求：

编制集团内部业务的抵销分录。

实务分析：

有关集团内部购销商品的抵销分析与实务4-20相同，这里不再赘述。另外，子公司1是集团内部销售方，我们编制合并报表时是把母公司与子公司2看成一个整体，就像子公司1向母公司销售商品一样，属于逆流交易，把未实现损益200万元抵销后，再抵销属于子公司1少数股东承担的损益40万元（200×(1−80%)），抵销（减少）少数股东损益和少数股东权益40万元；至于子公司2计提的存货跌价准备100万元及其所得税费用影响25万元抵销后，不需要再编制子公司2的少数股东损益和少数股东权益的抵销分录，因为子公司2从子公司1处购入商品，我们编制合并报表时是把母公司和子公司1看成一个整体，就像子公司2从母公司处购入商品，属于顺流交易。

（1）未实现损益的抵销（本题分录单位为万元）。

借：营业收入	1 000	
贷：营业成本		800
存货		200
借：少数股东权益((1 000−800)×(1−80%))	40	
贷：少数股东损益		40

（2）存货跌价准备的抵销。

借：存货——存货跌价准备	100	
贷：资产减值损失		100

（3）递延所得税资产的抵销。

借：递延所得税资产	25	
贷：所得税费用		25

第六节 集团内部固定资产交易的抵销

集团的一方从另一方购入商品或固定资产作为固定资产使用，在编制合并报表时，有关集团内部固定资产交易产生的未实现损益、减值以及所得税影响如何抵销呢?

为了更好地理解抵销分录与母子公司各自编制的会计分录之间的逻辑关系，下面相关实务分析涉及母公司和子公司各自的会计分录和集团的分录都采用报表项目。

一、集团内部交易形成的固定资产在购入当期抵销的基本原理分析

首先分析集团内部交易形成的固定资产在购入当期抵销的基本原理。假设母公司向

子公司销售商品，子公司购进该商品作为固定资产使用。

集团内部固定资产交易的当期，母公司确认收入，结转存货成本，个别报表确认销售损益的实现，子公司购入该商品作为固定资产使用，并以母公司售价作为固定资产的成本，其中包含了母公司实现的利润。

从整个集团来看，该销售没有对集团外销售，销售没有实现，该存货只是从母公司转移到子公司，存货位置发生转移，不会产生资产的增值或减值，所以子公司购进该商品作为固定资产使用，其原始成本仍然是母公司存货的成本，因此，编制合并报表时，应抵销母公司确认的营业收入和营业成本，同时抵销子公司从母公司购入的商品作为固定资产包含的母公司确认的利润即未实现损益。如果母公司售价高于成本，则借记“营业收入”，贷记“营业成本”“固定资产——原价”；如果母公司售价低于成本，则借记“营业收入”“固定资产——原价”，贷记“营业成本”。

固定资产购入当期，子公司对该固定资产计提折旧，计提折旧的基数是固定资产的买价即母公司的售价。但从整个集团来讲，计提折旧的基数应该是母公司原存货成本，所以编制合并报表时，应抵销子公司多提或少提的折旧。如果抵销子公司多提的折旧，则借记“固定资产——累计折旧”，贷记“管理费用”等；如果抵销子公司少提的折旧，则借记“管理费用”等，贷记“固定资产——累计折旧”。

如果购入当期子公司对该固定资产计提了减值准备，编制合并报表时，应从整个集团角度分析减值准备情况，抵销子公司多提或少提的减值准备。如果抵销子公司少提的减值准备，则借记“资产减值损失”，贷记“固定资产——固定资产减值准备”；如果抵销子公司多提的减值准备，则借记“固定资产——固定资产减值准备”，贷记“资产减值损失”。

购入当期，会计和税法在固定资产减值、折旧方法、净残值处理上的差异，产生了可抵扣暂时性差异或应纳税暂时性差异，导致子公司当期确认递延所得税资产或递延所得税负债，同时调整所得税费用。编制合并报表时，应从整个集团来分析会计和税法在固定资产减值、折旧方法、净残值上的差异，产生可抵扣暂时性差异或应纳税暂时性差异，当期确认递延所得税资产或递延所得税负债以及所得税费用金额，然后抵销子公司多确认或少确认的递延所得税资产或递延所得税负债以及所得税费用金额。如果抵销子公司多确认的递延所得税资产和所得税费用，则借记“所得税费用”，贷记“递延所得税资产”；如果抵销子公司少确认的递延所得税资产和所得税费用，则借记“递延所得税资产”，贷记“所得税费用”；如果抵销子公司少确认的递延所得税负债和所得税费用，则借记“所得税费用”，贷记“递延所得税负债”；如果抵销子公司多确认的递延所得税负债和所得税费用，则借记“递延所得税负债”，贷记“所得税费用”。

实务 4-23 集团内部交易形成的固定资产在购入当期的抵销

2×20 年 6 月 25 日，母公司将其自身生产的产品销售给子公司作为管理用固定资产使用，母公司销售收入为 5 000 万元，销售成本为 4 000 万元。子公司对该固定资产按 5 年、采用直线法计提折旧，预计净残值为 0。2×20 年末子公司计提固定资产减值准备 80 万元，无其他会计和税法差异。所得税税率为 25%。

要求：

编制 2×20 年合并报表相关的抵销分录。

实务分析：

首先我们分析母公司和子公司 2×20 年各自编制的会计分录（本题分录单位为万元），见表 4－11。

表 4－11

<table>
<tr>
<td>母公司：
借：银行存款等　　5 000
　贷：营业收入　　5 000
借：营业成本　　4 000
　贷：存货　　4 000</td>
<td>子公司：
借：固定资产　　5 000
　贷：银行存款、应付账款等　　5 000
借：管理费用（5 000/5/2）　　500
　贷：固定资产——累计折旧　　500
借：资产减值损失　　80
　贷：固定资产——固定资产减值准备　　80
　固定资产账面价值＝5 000－500－80＝4 420(万元)
　计税基础＝5 000－500＝4 500(万元)
　可抵扣暂时性差异＝4 500－44 420＝80(万元)
　递延所得税资产＝80×25%＝20(万元)
借：递延所得税资产　　20
　贷：所得税费用　　20</td>
</tr>
<tr>
<td colspan="2">集团：
借：管理费用（4 000/5/2）　　400
　贷：固定资产——累计折旧　　400
固定资产的可收回金额为 4 420 万元，固定资产账面价值＝4 000－400＝3 600 万元，从集团来讲，显然固定资产没有发生减值，所以不需要计提资产减值损失。
　可抵扣暂时性差异＝4 500－3 600＝900(万元)
　递延所得税资产＝900×25%＝225(万元)
借：递延所得税资产　　225
　贷：所得税费用　　225</td>
</tr>
</table>

从上面母公司和子公司各自编制的会计分录和集团编制的会计分录来看：

（1）对集团来讲，该销售未实现，固定资产的成本应为 4 000 万元，因此，在个别报表的基础上编制合并报表时，应抵销母公司确认的营业收入和营业成本，同时抵销子公司固定资产包含的母公司利润即未实现损益 1 000 万元（5 000－4 000）。

（2）子公司按 5 000 万元作为计提折旧基数，本期折旧额 500 万元，但是从集团来看，计提折旧基数是 4 000 万元，本期折旧额为 400 万元，因此，在个别报表的基础上编制合并报表时，应抵销子公司多计提的折旧额 100 万元（500－400）。

（3）子公司计提固定资产减值准备 80 万元，但是从集团来看，固定资产并未减值，因此，在个别报表的基础上编制合并报表时，应抵销子公司多计提的固定资产减值准备80万元。

(4) 子公司当期确认递延所得税资产和冲减所得税费用20万元（80×25%）。但是从集团来看，应确认递延所得税资产和冲减所得税费用225万元，因此，在个别报表的基础上编制合并报表时，应抵销子公司少确认的递延所得税资产和所得税费用205万元（225－20）。

(1) 购销当期固定资产未实现损益的抵销。

借：营业收入	5 000	
贷：营业成本		4 000
固定资产——原价		1 000

(2) 购销当期子公司多提折旧的抵销。

借：固定资产——累计折旧	100	
贷：管理费用		100

(3) 购销当期固定资产减值的抵销。

借：固定资产——固定资产减值准备	80	
贷：资产减值损失		80

(4) 购销当期所得税的抵销。

借：递延所得税资产	205	
贷：所得税费用		205

特别说明：抵销（调增）递延所得税资产和所得税费用（冲减）各205万元，我们是从最原始的角度分析2×20年个别报表与合并报表递延所得税资产差异205万元的内在原因，当理解这些基本原理后，在会计实务操作中不需要这么复杂，通过简化方法可以快速得出结果。由(1)、(2)和(3)三个抵销分录综合可知，2×20年合并报表上的固定资产比个别报表上的固定资产少820万元（1 000－100－80），而集团和个体子公司的计税基础是相同的，因此，从集团的角度可抵扣暂时性差异（账面价值－计税基础）比个体子公司多820万元，2×20年集团确认的递延所得税资产比个体子公司多205万元（820×25%），所以要抵销（调增）递延所得税资产和所得税费用（调减）各205万元，抵销分录见上面(4)。

二、集团内部交易形成的固定资产在以后年度抵销的基本原理分析

固定资产投入使用后，从第二年编制合并报表的抵销分录开始，考虑减值和所得税影响后就会变得比较复杂，所以只要理清子公司和集团二者处理的差异，我们就容易编制抵销分录了。下面学习集团内部交易形成的固定资产在以后年度抵销处理的基本原理。

（一）固定资产原价中未实现损益的抵销

假设母公司向子公司销售商品，子公司购进该商品作为固定资产使用。从第二年开始，母公司每年年初未分配利润反映了前期向子公司销售商品实现的利润，子公司固定资产原始成本（原价）包含母公司实现的利润。

但是从集团来看，母子公司之间以前的购销并未实现，只是商品位置发生转移，不会产生增值或减值，固定资产的成本应是母公司原来存货的成本，所以编制合并报表时，应抵销母公司年初未分配利润中未实现的部分，同时抵销子公司固定资产原价中包含的未实现利润即虚增或虚减的金额。如果母公司售价高于成本，则借记“年初未分配利润”，贷记“固定资产——原价”；如果母公司售价低于成本，则借记“固定资产——原价”，贷记“年初未分配利润”。

（二）固定资产折旧的抵销

在固定资产使用期间，子公司对该固定资产计提折旧，计提折旧的基数是固定资产的买价即母公司的售价。但是从整个集团来讲，计提折旧的基数应是母公司原存货成本，所以编制合并报表时，应抵销以前和本期子公司多提或少提的折旧。抵销以前期间累计多提的折旧，则借记“固定资产——累计折旧”，贷记“年初未分配利润”；抵销以前期间累计少提的折旧，则借记“年初未分配利润”，贷记“固定资产——累计折旧”；抵销本期多提的折旧，则借记“固定资产——累计折旧”，贷记“管理费用”等；抵销本期少提的折旧，则借记“管理费用”等，贷记“固定资产——累计折旧”。

（三）固定资产前期减值的抵销

如果子公司前期对固定资产计提了减值准备，会影响本期期初未分配利润，编制合并报表时，应从集团角度分析前期固定资产减值准备金额，然后抵销子公司多提或少提的固定资产减值准备。抵销前期多提的减值准备，则借记“固定资产——固定资产减值准备”，贷记“年初未分配利润”；抵销前期少提的减值准备，则借记“年初未分配利润”，贷记“固定资产——固定资产减值准备”。

（四）固定资产前期所得税影响的抵销

如果子公司前期计提了减值准备，或会计和税法在折旧方法、净残值上存在差异，会导致产生可抵扣暂时性差异或应纳税暂时性差异，从而产生递延所得税资产或递延所得税负债并影响本年年初未分配利润。编制合并报表时，应从集团角度分析前期可抵扣暂时性差异或应纳税暂时性差异产生的递延所得税资产或递延所得税负债以及本年年初未分配利润，然后抵销子公司多确认或少确认、多转回或少转回的递延所得税资产或递延所得税负债以及对本年年初未分配利润的影响额。如果抵销子公司前期多确认或少转回的递延所得税资产，则借记“年初未分配利润”，贷记“递延所得税资产”；如果抵销前期少确认或多转回的递延所得税资产，则借记“递延所得税资产”，贷记“年初未分配利润”。如果抵销前期多确认或少转回的递延所得税负债，则借记“递延所得税负债”，贷记“年初未分配利润”；如果抵销前期少确认或多转回的递延所得税负债，则借记“年初未分配利润”，贷记“递延所得税负债”。

（五）本期固定资产减值和所得税影响的抵销

如果子公司本期补提了固定资产减值准备，编制合并报表时，应从集团角度分析本期补提的固定资产减值准备，然后抵销子公司本期多提或少提的固定资产减值准备，借记“固定资产——固定资产减值准备”，贷记“资产减值损失”，或做相反分录。

固定资产使用期间，子公司本期补提了固定资产减值准备，以及会计和税法在固定资产折旧方法、净残值处理上的差异，会产生可抵扣暂时性差异或应纳税暂时性差异，导致子公司本期确认或转回递延所得税资产或递延所得税负债，同时调整所得税费用。编制合并报表时，应从整个集团来分析会计和税法在固定资产减值、折旧方法、净残值上的差异产生的可抵扣暂时性差异或应纳税暂时性差异，本期应确认或转回的递延所得税资产或递延所得税负债以及所得税费用金额，然后抵销子公司多确认或少确认、多转回或少转回的递延所得税资产或递延所得税负债以及所得税费用金额。如果抵销本期多确认或少转回的递延所得税资产，则借记“所得税费用”，贷记“递延所得税资产”；如果抵销本期少确认或多转回的递延所得税资产，则借记“递延所得税资产”，贷记“所得税费用”。如果抵销本期多确认或少转回的递延所得税负债，则借记“递延所得税负债”，贷记“所得税费用”；如果抵销本期少确认或多转回的递延所得税负债，则借记“所得税费用”，贷记“递延所得税负债”。

实务 4-24　集团内部交易形成的固定资产交易在以后年度的抵销

接实务 4-23，假设 2×21 年子公司补提了固定资产减值准备 200 万元，无其他会计和税法差异，所得税税率为 25%。

要求：

编制 2×21 年合并报表的抵销分录。

实务分析：

（1）母公司 2×20 年销售商品导致其个别报表 2×21 年年初未分配利润增加 1 000 万元（5 000—4 000），子公司确认的固定资产原价为 5 000 万元。从整个集团来看，2×20 年该销售未实现，固定资产的成本应为 4 000 万元，所以 2×21 年以个别报表为基础编制合并报表时，应抵销母公司年初未分配利润，同时抵销子公司固定资产原价中包含的未实现损益 1 000 万元（5 000—4 000）。

（2）子公司按 5 000 万元作为计提折旧基数，上年折旧额为 500 万元（5 000/5/2）。但从集团来看，计提折旧基数是 4 000 万元，上年折旧额为 400 万元（4 000/5/2）。因此，2×21 年以个别报表为基础编制合并报表时，应抵销子公司上年多提的折旧额及本年年初未分配利润100万元（500—400）。

（3）子公司本年折旧额为982万元((5 000—500—80)/4.5)，但从集团来看，本年折旧额为800万元（4 000/5)，因此，以2×21年个别报表为基础编制合并报表时，应抵销子公司多提的折旧额182万元（982—800）。

（4）上年子公司计提固定资产减值准备80万元，所以固定资产可收回金额为4 420万元（4 500—80）。从集团来看，上年年末固定资产账面价值为3 600万元（4 000—400）小于固定资产可收回金额4 420万元，上年年末固定资产并未减值，因此，以2×21年个别报表为基础编制合并报表时，应抵销子公司上年计提的固定资产减值准备并抵销（调增）年初未分配利润各80万元。

（5）子公司上年计提固定资产减值准备80万元，上年年末固定资产账面价值为4 420万元（5 000—500—80），计税基础为4 500万元，产生可抵扣暂时性差异80万元（4 500—4 420），上年递延所得税资产和所得税费用即本年年初未分配利润增加20万元（80×25%）。从集团来看，上年年末固定资产并未减值，固定资产账面价值为3 600万元（4 000—400），计税基础为4 500万元，产生可抵扣暂时性差异900万元（4 500—3 600），应确认递延所得税资产和所得税费用即本年年初未分配利润225万元（900×25%）。因此，以个别报表为基础编制合并报表时，应抵销子公司上年少确认的递延所得税资产和本年年初未分配利润205万元（225—20）。

（6）子公司固定资产减值准备2×21年初余额为80万元，本期补提固定资产减值准备200万元，期末余额为280万元，截止到2×21年末累计折旧为1 482万元（500+982），可收回金额为3 238万元（5 000—1 482—80—200）。从整个集团来看，截止到2×21年末固定资产累计折旧为1 200万元（400+800），上年年末固定资产未减值，2×21年末账面价值为2 800万元（4 000—1 200），小于可收回金额3 238万元，所以2×21年末固定资产未减值，不计提减值准备。因此，以个别报表为基础编制合并报表时，应抵销子公司补提的固定资产减值准备和资产减值损失200万元。

（7）2×21年末子公司固定资产账面价值为3 238万元，计税基础为3 500万元（5 000—5 000/5×1.5），产生可抵扣暂时性差异262万元（3 500—3 238），本年确认递延所得税资产和冲减所得税费用45.5万元（262×25%—20）。从整个集团来看，固定资产账面价值为2 800万元，计税基础为3 500万元，产生可抵扣暂时性差异700万元（3 500—2 800），本年转回递延所得税资产和增加所得税费用50万元（225—700×25%）。因此，以个别报表为基础编制合并报表时，应抵销子公司多确认的递延所得税资产和所得税费用95.5万元（45.5+50）。

（1）固定资产原价包含的未实现损益的抵销（本题会计分录单位为万元）。

借：年初未分配利润（5 000—4 000）	1 000	
贷：固定资产——原价		1 000

（2）子公司上年多提折旧的抵销。

子公司上年计提的折旧额＝5 000/5/2＝500(万元)

集团上年计提的折旧额＝4 000/5/2＝400(万元)

子公司上年多提的折旧额＝500－400＝100(万元)

或 ＝1 000/5/2＝100（万元）

借：固定资产——累计折旧 100

贷：年初未分配利润 100

（3）子公司本年多提折旧的抵销。

子公司本年计提的折旧额＝(5 000－500－80)/4.5＝982(万元)

集团本年计提的折旧额＝4 000/5＝800(万元)

子公司本年多提的折旧额＝982－800＝182(万元)

借：固定资产——累计折旧 182

贷：管理费用 182

（4）上年计提固定资产减值准备对本期影响的抵销。

借：固定资产——固定资产减值准备 80

贷：年初未分配利润 80

（5）上年递延所得税资产的抵销。

子公司：

可抵扣暂时性差异＝5 000－500－80－4 500＝－80(万元)

递延所得税资产＝80×25%＝20(万元)

集团：

可抵扣暂时性差异＝4 000－400－4 500＝－900(万元)

递延所得税资产＝900×25%＝225(万元)

上年递延所得税资产的抵销金额＝225－20＝205(万元)

或 ＝(1 000－100－80)×25%＝205(万元)

借：递延所得税资产 205

贷：年初未分配利润 205

特别说明：抵销（调增）递延所得税资产和年初未分配利润205万元，我们是从最原始的角度分析了个别报表与合并报表差异的原因。实际操作中通过简化可以快速得出结论，（1）、（2）和（4）三个抵销分录综合可知，上期期末也就是本期期初集团固定资产比个体子公司固定资产少820万元（1 000－100－80），集团和个体子公司的固定资产的计税基础相同，因此，上期期末或本期期初集团的可抵扣暂时性差异比个体子公司多820万元，集团的期初递延所得税资产比个体子公司多205万元（820×25%），从而编制抵销分录见（5）。

（6）本年补提固定资产减值准备的抵销。

子公司：补提减值准备200万元。

集团：固定资产的账面价值=4 000－(400＋800)=2 800 万元＜可收回金额=5 000－1 482－80－200=3 238 万元，固定资产未减值，不计提减值准备。

借：固定资产——固定资产减值准备　　200

　贷：资产减值损失　　200

(7) 本年所得税的抵销。

子公司：

固定资产账面价值=5 000－1 482－80－200=3 238(万元)

固定资产计税基础=5 000－5 000/5×1.5=3 500(万元)

可抵扣暂时性差异=3 238－3 500=－262(万元)

本年确认递延所得税资产和所得税费用=262×25%－20=45.5(万元)

集团：

固定资产账面价值=2 800(万元)

固定资产计税基础=3 500(万元)

可抵扣暂时性差异=2 800－3 500=－700(万元)

本年转回递延所得税资产和所得税费用=225－700×25%=50(万元)

应抵销子公司多确认的递延所得税资产和所得税费用=45.5＋50=95.5(万元)

或　=（182＋200）×25%=95.5(万元)

借：所得税费用　　95.50

　贷：递延所得税资产　　95.50

特别说明：抵销递延所得税资产（调减）和所得税费用（调增）95.5 万元，我们是从最原始的角度分析了集团与个体子公司产生差异的原因。实际操作中可以简化分析，由（3）和（6）两个抵销分录可知本期集团固定资产账面价值比个体子公司多了 382 万元（182＋200），而计税基础相同，所以集团比个体子公司可抵扣暂时性差异少 382 万元，从而转回递延所得税资产 382 万元，并确认所得税费用 382 万元。

以后年度的抵销比照上述原理处理，这里不再赘述。

三、集团内部交易形成的固定资产清理期间抵销的基本原理分析

以下我们假设母公司向子公司销售商品，子公司购入商品后作为固定资产使用，子公司可能在固定资产使用期满报废清理，也可能因为技术进步、损毁等各种原因提前报废清理或超期使用清理。那么，固定资产清理报废期间编制合并报表时如何进行抵销处理呢？特别是把资产减值和所得税与固定资产清理报废结合起来综合考量，清理期间的抵销就变得比较复杂了。固定资产清理报废期间的抵销重点考虑以下几个方面。

（一）固定资产原价包含的未实现损益的抵销

固定资产报废清理时，子公司即内部的购买企业终止确认固定资产的同时确认固定资产清理损益即资产处置损益（出售或转让）或营业外支出（正常报废或自然灾害等非正常原因）。我们知道，子公司固定资产原价中包含原来集团内部购销母公司实现的销售损益，这部分从集团来看在原购销当期并未实现的损益，既影响母公司固定资产清理当期期初的年初未分配利润，又影响子公司固定资产清理损益即资产处置损益或营业外支出。这部分原未实现的销售损益通过子公司固定资产使用和清理已经实现，所以编制合并报表时，应抵销母公司年初未分配利润，同时抵销子公司本期虚增或虚减的资产处置损益或营业外支出，借记“年初未分配利润”，贷记“资产处置收益”或“营业外支出”；或做相反的抵销分录，借记“资产处置收益”或“营业外支出”，贷记“年初未分配利润”。

（二）多提或少提折旧的抵销

由于子公司计提折旧的基数是买价即母公司的售价，而从集团来看，计提折旧的基数应为原来母公司购进商品的成本，所以编制合并报表时，应抵销子公司多提或少提的折旧。抵销以前期间多提或少提的折旧，借记“资产处置收益”或“营业外支出”，贷记“年初未分配利润”；或做相反的抵销分录，借记“年初未分配利润”，贷记“资产处置收益”或“营业外支出”。抵销清理期间多提或少提的折旧，借记“管理费用”等，贷记“资产处置收益”或“营业外支出”；或做相反的抵销分录，借记“资产处置收益”或“营业外支出”，贷记“管理费用”等。

（三）多提或少提固定资产减值准备的抵销

如果前期子公司计提了固定资产减值准备，编制固定资产清理期间的合并报表时，应从集团角度分析前期固定资产减值准备，然后抵销子公司多提或少提的固定资产减值准备，借记“资产处置收益”或“营业外支出”，贷记“年初未分配利润”；或做相反的抵销分录，借记“年初未分配利润”，贷记“资产处置收益”或“营业外支出”。

（四）所得税影响的抵销

子公司计提折旧的基数即母公司的售价，集团计提折旧的基数即母公司原来商品的成本，以及子公司和集团固定资产减值准备金额的差异，这些原因导致以前期间和本期子公司和集团各自应确认或转回的递延所得税资产或递延所得税负债、所得税费用和年初未分配利润不同，所以编制合并报表时，应抵销子公司多确认或少确认、多转回或少转回的递延所得税资产或递延所得税负债对年初未分配利润和本期所得税费用影响额（因为固定资产已经清理，所以递延所得税资产或递延所得税负债已经全部转回），借记“所得税费用”，贷记“年初未分配利润”；或做相反的抵销分录，借记“年初未分配利润”，贷记“所得税费用”。

特别注意：如果上述固定资产超期使用报废，则子公司和集团之间的各种差异（如固定资产原价中包含的未实现损益、折旧的差异、所得税的差异）全部实现，无须编制抵销分录。

实务 4-25　集团内部交易形成的固定资产期满报废清理期间的抵销

2×20 年 6 月 25 日，母公司将其自身生产的产品销售给子公司作为管理用固定资产，母公司销售收入为 5 000 万元，销售成本为 4 000 万元。子公司对该固定资产按 5 年、采用直线法计提折旧，预计净残值为 0，2×20 年末子公司计提固定资产减值准备 80 万元。假设子公司 2×25 年 6 月使用期满进行清理，报废清理时固定资产减值准备账户余额为 80 万元（第 1 年年末计提），无其他会计和税法差异，所得税税率为 25%。

要求：

编制使用期满固定资产报废清理当年的抵销分录。

实务分析：

（1）母公司年初未分配利润包含了利润 1 000 万元，子公司固定资产原价 5 000 万元，但从集团来讲固定资产原价 4 000 万元，所以固定资产原价包含了未实现损益 1 000 万元，使用期满报废清理时，原来未实现损益 1 000 万元已经实现。由于固定资产已经报废清理，因此，第 6 年编制合并报表时，应抵销子公司固定资产清理报废少确认的损益以及母公司多确认的年初未分配利润 1 000 万元，即抵销营业外支出（调减）和年初未分配利润（调减）。

（2）子公司第 1 年计提减值准备 80 万元，所以，可变现净值即账面价值是 4 420 万元（5 000－500－80）。减值导致第 6 年年初未分配利润减少 80 万元。从集团来看，第 1 年折旧额为 400 万元（4 000/5/2），第 1 年年末固定资产账面价值为 3 600 万元（4 000－400）小于可变现净值 4 420 万元，所以第 1 年并未减值，在第 6 年编制合并报表时，应抵销子公司以前多提的固定资产减值准备 80 万元，即抵销营业外支出（调增）和年初未分配利润（调增）。

（3）子公司计提折旧的基数是 5 000 万元，第 1 年折旧额为 500 万元（5 000/5/2），第 2 年至第 5 年累计折旧额为 3 929 万元（4 420/4.5 ×4），前 5 年累计折旧额为 4 429 万元（500＋3 929）。从集团来看，计提折旧的基数是 4 000 万元。由上述分析可知，从集团来看，固定资产未发生减值，所以前 5 年累计折旧额为 3 600 万元（4 000/5×4.5），因此，以个别报表为基础编制合并报表时，应抵销前 5 年子公司比集团多提的折旧 829 万元（4 429－3 600），即抵销营业外支出（调增）和年初未分配利润（调增）。

（4）第 6 年（半年）子公司折旧额为 491 万元（5 000－500－80－3 929）。第 6 年（半年）集团折旧额为 400 万元，抵销第 6 年子公司比集团多提的折旧 91 万元（491－400），即抵销营业外支出（调增）和管理费用（调减）。

（5）子公司第 1 年年末账面价值为 4 420 万元，计税基础为 4 500 万元（5 000－

5 000/5/2)，产生可抵扣暂时性差异 80 万元（4 500－4 420），从而确认递延所得税资产 20 万元（80×25%），同时减少所得税费用即增加第 6 年年初分配利润 20 万元。从整个集团来看，第 1 年该固定资产并未发生减值，累计折旧总额为 400 万元，固定资产账面价值为 3 600 万元（4 000－400），计税基础为 4 500 万元，可抵扣暂时性差异为 900 万元（4 500－3 600），从而应确认递延所得税资产 225 万元（900×25%），并减少所得税费用即增加第 6 年年初未分配利润 225 万元。

因此，以个别报表为基础编制第 6 年合并报表时，应抵销子公司第 1 年少确认的递延所得税资产以及对第 6 年年初未分配利润的影响额 205 万元（225－20），由于第 6 年固定资产清理完毕，递延所得税资产已经转回并调整所得税费用，所以抵销（调增）本期所得税费用和年初未分配利润各 205 万元。

(6) 对子公司来讲，到第 5 年年末，固定资产账面价值为 491 万元（5 000－4 429－80），计税基础为 500 万元（5 000/5/2），可抵扣暂时性差异为 9 万元（500－491），递延所得税资产期末余额为 2.25 万元（9×25%），这部分是在第 6 年转回。由此可知子公司从第 2 年至第 5 年年末累计转回递延所得税资产 17.75 万元（20－2.25）。从集团来讲，到第 5 年年末，固定资产账面价值为 400 万元（4 000－3 600），计税基础为 500 万元，可抵扣暂时性差异为 100 万元（500－400），递延所得税资产期末余额为 25 万元（100×25%），这部分是在第 6 年转回。由此可知，集团从第 2 年至第 5 年年末累计应转回递延所得税资产 200 万元（225－25）。

因此，编制第 6 年合并报表时，应抵销子公司第 2 年至第 5 年年末少转回的递延所得税资产以及对第 6 年年初未分配利润的影响额 182.25 万元（200－17.75），由于第 6 年固定资产清理完毕，递延所得税资产已经转回，所以抵销（调减）年初未分配利润和抵销（调增）本年所得税费用 182.25 万元。

(1) 抵销固定资产原价包含的未实现损益（本题分录单位为万元）。

借：年初未分配利润（5 000－4 000）	1 000	
贷：营业外支出		1 000

(2) 抵销以前多提的固定资产减值准备。

借：营业外支出	80	
贷：年初未分配利润		80

(3) 抵销以前年度多提的折旧。

2×20 年 6 月 25 日至 2×24 年 12 月 31 日：

子公司：

第 1 年折旧额＝5 000/5/2＝500(万元)

2×21 年年初账面价值＝5 000－80＝4 420(万元)

第 2 年至第 5 年累计折旧额＝4 420/4.5×4＝3 929(万元)

前 5 年累计折旧总额＝500＋3 929＝4 429(万元)

集团：

前 5 年累计折旧总额＝4 000/5×4.5＝3 600(万元)

抵销子公司比集团多提的折旧额＝4 429－3 600＝829(万元)

借：营业外支出　　829

　贷：年初未分配利润　　829

(4) 抵销本年多提的折旧。

2×25 年折旧额：

子公司：

折旧额＝5 000－80－4 429＝491(万元)

集团：

折旧额＝400(万元)

抵销子公司比集团多提的折旧额＝491－400＝91(万元)

借：营业外支出　　91

　贷：管理费用　　91

或把上述 (1)、(2)、(3) 和 (4) 合并编制成一个抵销分录，具体分析如下：

由于固定资产使用期满才报废清理，固定资产使用 5 年，原来集团内未实现利润 1 000 万元通过使用期满而全部实现，其中，第 1 年实现利润 100 万元(1 000/5/2)，第 2 年至第 5 年实现利润 729 万元 ((1 000－100－80)/4.5×4)，所以第 6 年年初还未实现的未分配利润 91 万元 (1 000－100－80－729) 在第 6 年实现。因此，编制合并报表时，应抵销母公司第 6 年年初未分配利润包含的未实现利润 91 万元，同时抵销子公司本期多确认的管理费用 91 万元。

借：年初未分配利润　　91

　贷：管理费用　　91

(5) 抵销以前年度确认递延所得税资产的影响。

子公司：

固定资产计税基础＝5 000－5 000/5/2＝4 500(万元)

第 1 年年末固定资产账面价值＝4 420(万元)

可抵扣暂时性差异＝4 420－4 500＝－80(万元)

递延所得税资产＝80×25%＝20(万元)

集团：

固定资产计税基础＝4 500(万元)

第 1 年年末固定资产账面价值＝4 000－400＝3 600(万元)

可抵扣暂时性差异＝4 500－3 600＝900(万元)

递延所得税资产＝900×25％＝225(万元)

应减少所得税费用即增加第6年年初未分配利润＝225－20＝205(万元)

借：所得税费用　205

　贷：年初未分配利润　205

特别说明：前述205万元的分析是从最原始的角度推导出来的，在实际操作中可以通过简化快速得出结果，第1年集团比子公司可抵扣暂时性差异多820万元（1 000－100－80），所以确认递延所得税资产的差额205万元（820×25％），使集团本年年初未分配利润比子公司多205万元，固定资产清理了，同时递延所得税资产也转回了，影响本期所得税费用205万元。

（6）抵销以前年度递延所得税资产转回的影响。

借：年初未分配利润　182.25

　贷：所得税费用　182.25

前述分析中的182.25万元，我们也是从最原始的角度分析得出的，集团和子公司之间的递延所得税资产差额在4年中转回182.25万元（205/4.5×4）。通过分录（3）可知，抵销的829万元多提的折旧中，其中属于第1年多提的有100万元，第2年至第5年多提的有729万元；第1年确认递延所得税资产，第2年开始转回，因此，第2年至第5年集团比子公司多转回182.25万元（729×25％）；同时由于递延所得税资产在本年要全部转回，所以影响本年年初未分配利润（减少）和所得税费用（减少）。

或把上述（5）和（6）编制的两个分录合成一个抵销分录，具体分析如下：

其实，纵观固定资产从投入使用到报废，递延所得税资产应该全部转回。到第6年年初，子公司还有2.25万元（20/4.5×0.5）未转回，从集团角度来讲还有25万元（225/4.5×0.5）未转回，也就是说，子公司第6年年初未分配利润和本期所得税费用少确认了22.75万元（25－2.25），或者说，第1年子公司和集团确认的递延所得税资产的差额205万元在第6年转回了22.75万元（205/4.5/2）。因此，编制第6年合并报表时，有关所得税影响只需编制下面一个抵销分录：

借：所得税费用　22.75

　贷：年初未分配利润　22.75

特别说明：前述有关集团和子公司所得税影响的差异分析，在实际操作中可以简化，（1）、（2）、（3）和（4）合并为一个抵销分录后可知，第5年年末或第6年年初固定资产未实现损益还剩91万元，集团的递延所得税资产比子公司多22.75万元，所以集团的年初未分配利润比子公司多22.75万元，递延所得税资产在本期全部转回，因此，集团本期的所得税费用比子公司多22.75万元，抵销分录见上。

技术进步、事故、自然灾害等导致固定资产更新换代、毁损，造成固定资产提前报废。下面举例说明集团内部交易形成固定资产提前报废清理期间的抵销处理。

实务 4-26 集团内部交易形成固定资产提前报废清理期间的抵销

2×20 年 6 月 25 日，母公司将其自身生产的产品销售给子公司作为管理用固定资产，母公司销售收入为 5 000 万元，销售成本为 4 000 万元。子公司对该固定资产按 5 年、采用直线法计提折旧，预计净残值为 0，2×20 年末子公司计提固定资产减值准备 80 万元。假设子公司 2×23 年末即第 4 年年末将固定资产出售，出售时固定资产减值准备账户余额为 80 万元（第 1 年计提），无其他会计和税法差异，所得税税率为 25%。

要求：

编制 2×23 年合并报表的抵销分录。

实务分析：

(1) 母公司年初未分配利润包含了利润 1 000 万元，子公司固定资产原价为 5 000 万元，但从集团来讲固定资产原价为 4 000 万元，所以固定资产原价中包含了未实现损益 1 000 万元，由于固定资产出售，原来未实现损益 1 000 万元已经实现，因此，第 4 年编制合并报表时，应抵销子公司固定资产清理报废少确认的损益以及母公司多确认的年初未分配利润 1 000 万元。

(2) 子公司第 1 年计提减值准备 80 万元，第 1 年累计折旧额为 500 万元（5 000/5/2），所以可变现净值即账面价值为 4 420 万元（5 000－500－80），减值导致第 4 年年初未分配利润减少 80 万元。从集团来看，第 1 年折旧额为 400 万元（4 000/5/2），第 1 年年末固定资产账面价值 3 600 万元小于可变现净值 4 420 万元，第 1 年并未减值，因此，第 4 年编制合并报表时，应抵销子公司以前多提的固定资产减值准备 80 万元。

(3) 子公司计提折旧的基数是 5 000 万元，从第 2 年开始每年折旧额 982 万元（4 420/4.5），第 2 年至第 3 年累计折旧额为 1 964 万元（982 ×2），前 3 年累计折旧额为 2 464 万元（500＋1 964），集团计提折旧的基数是 4 000 万元。由上述分析可知，从集团来看，固定资产未发生减值，所以前 3 年累计折旧额为 2 000 万元（4 000/5×2.5）。因此，以个别报表为基础编制合并报表时，应抵销前 3 年子公司比集团多提的折旧 464 万元（2 464－2 000）。

(4) 第 4 年子公司折旧额为 982 万元，集团折旧额为 800 万元，以个别报表为基础编制合并报表时，抵销第 4 年子公司比集团多提的折旧额 182 万元（982－800）。

(5) 子公司第 1 年年末账面价值为 4 420 万元，计税基础为 4 500 万元（5 000－5 000/5/2），产生可抵扣暂时性差异 80 万元（4 500－4 420），从而确认递延所得税资产 20 万元（80×25%），同时减少第 1 年所得税费用即增加第 4 年年初未分配利润 20 万元。从整个集团来看，第 1 年该固定资产并未发生减值，累计折旧总额为 400 万元，固定资产账面价值为 3 600 万元（4 000－400），计税基础为 4 500 万元，可抵扣暂时性差异为 900 万元（4 500－3 600），从而应确认递延所得税资产 225 万元（900×25%），并减少第 1 年所得税费用即增加第 4 年年初未分配利润 225 万元。因此，以个别报表为基础编制第 4 年合并报表时，应抵销子公司第 1 年少确认的递延所得税资产以及对第 4 年年初未分配利润影响额 205 万元（225－20），由于第 4 年固定资产清理完毕，递延所得税资产已经转回，所以调整本年所得税费用。

(6) 对子公司来讲，到第3年年末，固定资产账面价值为2 456万元（5 000—2 464—80），计税基础为2 500万元（5 000/5×2.5），可抵扣暂时性差异为44万元（2 500—2 456），递延所得税资产期末余额为11万元（44×25%），这部分是在第4年转回。由此可知子公司从第2年至第3年年末累计应转回递延所得税资产9万元（20—11）。

从集团来讲，到第3年年末，固定资产账面价值为2 000万元（4 000—2 000），计税基础为2 500万元，可抵扣暂时性差异为500万元（2 500—2 000），递延所得税资产期末余额为125万元（500×25%），这部分是在第4年转回。由此可知集团从第2年至第3年年末累计应转回递延所得税资产100万元（225—125）。

因此，以个别报表为基础编制第4年合并报表时，应抵销子公司第2年至第3年年末少转回的递延所得税资产以及对第4年年初未分配利润的影响额91万元（100—9），由于第4年固定资产清理完毕，递延所得税资产已经转回，所以抵销（调减）所得税费用和年初未分配利润91万元。

(1) 抵销固定资产原价包含的未实现损益（本题分录单位为万元）。

借：年初未分配利润　　1 000

　贷：资产处置收益　　1 000

(2) 抵销以前多提的固定资产减值准备。

借：资产处置收益　　80

　贷：年初未分配利润　　80

(3) 抵销以前多提的折旧。

借：资产处置收益　　464

　贷：年初未分配利润　　464

(4) 抵销第4年多提的折旧。

借：资产处置收益　　182

　贷：管理费用　　182

(5) 抵销以前确认递延所得税资产的影响。

借：所得税费用　　205

　贷：年初未分配利润　　205

除了前述分析可得出205万元抵销额，还可以按如下计算分析：

第1年集团比子公司少提折旧100万元（1 000/5/2），在分录（3）中已经抵销，所以

$$所得税费用=(1\ 000-100-80)\times 25\%=205(万元)$$

(6) 抵销递延所得税资产转回的影响。

借：年初未分配利润　　91

　贷：所得税费用　　91

除了前述分析可得出91万元抵销额，还可以按如下计算分析：

第1年确认递延所得税资产，从第2年开始转回，第2年至第3年子公司比集团多提折旧364万元，所以集团上期期末比子公司多转回递延所得税资产91万元（364×25%），即上期期末也就是本期年初未分配利润集团应该比子公司少91万元，从而本期所得税费用减少91万元。

或把上述（5）和（6）编制的两个分录合成一个抵销分录，具体分析如下：

其实，纵观固定资产从投入使用到报废，递延所得税资产应该全部转回。由于固定资产按直线法计提折旧，到第4年年初，子公司还有11万元（20/4.5×2.5）未转回，从集团来讲还有125万元（225/4.5×2.5）未转回，也就是说，子公司第4年年初未分配利润和本期所得税费用少确认了114万元（125－11），或者说，第1年子公司和集团确认的递延所得税资产的差额205万元在第4年转回了114万元（205/4.5×2.5）。因此，编制第4年合并报表时，抵销分录为：

借：所得税费用　　114

　贷：年初未分配利润　　114

特别说明：前述分析都是从最原始的角度分析集团和子公司所得税影响差异背后的真正原因，在实际操作中可以简化，由分录（1）、（2）和（3）可知，集团以前期间应比子公司多转回递延所得税资产114万元((1 000－80－464)×25%)，使集团上期期末即本期期初未分配利润比子公司少114万元，由于本期递延所得税资产全部转回（因为固定资产出售了）的同时增加了所得税费用，因此，以个别报表为基础编制合并报表时，抵销年初未分配利润和所得税费用各114万元，抵销分录见上。

四、集团内部企业将自身使用的固定资产变卖给集团内其他企业作为固定资产使用的抵销

假设母公司把固定资产变卖给子公司作为固定资产使用。集团内部固定资产交易的当期，母公司出售固定资产，确认固定资产清理损益即资产处置损益，子公司购入的固定资产成本中包含了母公司实现的固定资产清理损益。

从整个集团来看，该销售没有对集团外销售，销售没有实现，不能确认固定资产清理损益，该固定资产只是从母公司转移到子公司，位置发生转移，不会产生固定资产的增值或减值，因此编制合并报表时，应抵销母公司确认的资产处置损益，同时抵销子公司从母公司购入的固定资产包含的母公司确认的未实现损益，借记“资产处置收益”，贷记“固定资产——原价”；或借记“固定资产——原价”，贷记“资产处置收益”。

其他的抵销如子公司多提或少提的折旧、固定资产减值准备影响、所得税影响以及固定资产清理期间的抵销与集团内一方将商品销售给另一方作为固定资产使用的抵销相同，这里不再赘述。

实务4－27　集团内部企业将自身使用的固定资产变卖给集团内其他企业作为固定资产使用的抵销

母公司将自身的固定资产出售给子公司，固定资产的账面净值为6 000万元，售价为7 500万元。

要求：

编制购销当期集团内部固定资产交易的抵销分录。

实务分析：

母公司确认资产处置损益1 500万元（7 500－6 000），子公司确认固定资产7 500万元。从集团来看，该销售未实现，固定资产的成本应为6 000万元，所以编制合并报表时，应抵销母公司确认的资产处置损益和子公司固定资产中包含的母公司利润即未实现损益1 500万元，抵销分录为（单位：万元）：

借：资产处置收益　　1 500

　贷：固定资产——原价　　1 500

其他的抵销与集团内一方将商品销售给另一方作为固定资产使用的抵销相同，这里不再赘述。

知识巩固

一、业务处理题

1. 甲公司2×20年1月1日（合并日）以28 600万元的价格取得同一集团内A公司80%的股权并准备长期持有。甲公司在购买A公司过程中发生审计、法律服务等相关费用120万元。上述价款均以银行存款支付。A公司采用的会计政策、会计期间与甲公司一致。

合并日，A公司净资产的公允价值为35 000万元。A公司股东权益总额为32 000万元，其中，股本为20 000万元，资本公积为8 000万元，盈余公积为1 200万元，未分配利润为2 800万元。

要求：

（1）判断企业合并的类型；

（2）编制甲公司投资业务的会计分录；

（3）编制甲公司合并日长期股权投资与所有者权益项目的抵销分录。

2. 甲公司2×21年1月1日（合并日）以28 600万元的价格取得同一集团内A公司80%的股权，使其成为子公司。A公司采用的会计政策、会计期间与甲公司一致。

合并日，A公司股东权益总额为32 000万元，其中，股本为20 000万元，资本公积为 8 000 万元，盈余公积为 1 200 万元，未分配利润为 2 800 万元。

2×21 年，A 公司当年实现净利润 10 500 万元，经公司董事会提议并经股东会批准，2×21 年提取盈余公积 2 000 万元，向股东宣告分派现金股利 4 500 万元。

2×21 年 12 月 31 日，股东权益总额为 38 000 万元，其中，股本为 20 000 万元，资本公积为 8 000 万元，盈余公积为 3 200 万元（1 200＋2 000），未分配利润为 6 800 万元（2 800＋10 500－2 000－4 500）。

要求：

编制甲公司 2×21 年 12 月 31 日长期股权投资与所有者权益项目的抵销分录。

3. 2×21 年 1 月 2 日，假设辉正公司以发行 10 000 万股普通股（每股面值为 1 元，市价为 5.5 元）为对价取得了宏伟公司 80%的股权。所得税税率为 25%。合并前后两个公司不受任何方控制，购买日两个公司的财务报表见表 4－12。

表 4－12 单位：万元

项目	辉正公司	宏伟公司	
	账面价值	账面价值	公允价值
货币资金	50 000	12 400	12 400
应收账款	36 000	6 800	6 800
存货	72 000	9 200	18 000
长期股权投资	10 000	600	810
固定资产	164 000	24 000	30 000
资产总计	332 000	53 000	68 010
应付账款	56 000	4 200	4 200
股本	150 000	30 000	
资本公积	50 000	10 000	
盈余公积	36 000	4 000	
未分配利润	40 000	4 800	
所有者权益合计	276 000	48 800	63 810
负债和所有者权益总计	332 000	53 000	68 010

要求：

编制购买日长期股权投资与所有者权益项目的抵销分录（单位：万元）。

4. 2×21 年 1 月 1 日，辉正公司以 3 500 万元购入宏伟公司 80%的股份，能够控制宏伟公司并对该投资采用成本法核算。合并前后两个公司不受任何方控制。所得税税率为 25%。

2×21 年 1 月 1 日宏伟公司除了固定资产外其他的可辨认资产、负债公允价值与账面价值相等。假设固定资产为上年年末购入，账面原价为 400 万元，公允价值为 500 万元，折旧年限为 10 年，采用直线法计提折旧。

2×21 年 12 月 31 日辉正公司资产负债表上对宏伟公司的长期股权投资金额为 3 500 万元。

2×21 年，宏伟公司实现净利润 1 000 万元，提取法定盈余公积 100 万元，向辉正公司分派现金股利 480 万元，向其他股东分派现金股利 120 万元，实现未分配利润 300 万元。

2×21 年 1 月 1 日、2×21 年 12 月 31 日，宏伟公司股东权益见表 4－13。

表 4－13　　单位：万元

项目	2×21 年 1 月 1 日	2×21 年 12 月 31 日
股本	2 000	2 000
资本公积	1 500	1 500
盈余公积	100	200
未分配利润	400	700
所有者权益合计	4 000	4 400

要求：

（1）编制 2×21 年长期股权投资与所有者权益项目的抵销分录（单位：万元）；

（2）编制 2×21 年投资收益与利润分配的抵销分录（单位：万元）。

5. 子公司上期期末存货中有 1 000 元是从母公司购进的，子公司本期从母公司购进 2 000 元存货，全部实现对外销售，销售收入为 3 600 元。母公司销售毛利率为 20%。上期期末计提存货跌价准备 100 元。所得税税率为 25%。

要求：

编制本期合并报表时需要抵销的上述集团内部交易的抵销分录。

6. 2×21 年 12 月 31 日，辉正公司发行 5 000 万股普通股（每股面值为 1 元，市价为 3 元），取得宏伟公司 80%的股权。参与合并企业在 2×21 年 12 月 31 日前有关资产、负债情况如表 4－14 所示。

表 4－14　资产负债表（简表）

2×21 年 12 月 31 日　　单位：万元

项目	辉正公司	宏伟公司	
	账面价值	账面价值	公允价值
资产			
货币资金	2 500	220	220
应收账款	8 200	810	810
存货	10 000	4 100	5 000
长期股权投资	6 584	1 100	1 500
固定资产	15 000	8 000	9 500
无形资产	4 000	1 000	2 000
商誉			
资产总计	46 280	1 5230	19 030
负债和所有者权益：			
短期借款	5 300	5 000	5 000

续表

项目	辉正公司	宏伟公司	
	账面价值	账面价值	公允价值
应付账款	3 000	1 000	1 000
其他负债	2 000	1 000	1 000
负债合计	10 300	7 000	7 000
实收资本（或股本）	20 000	3 000	
资本公积	5 400	2 000	
盈余公积	1 000	530	
未分配利润	9 584	2 700	
所有者权益合计	35 984	8 230	12 030
负债和所有者权益总计	46 280	15 230	19 030

假定该项合并为同一控制下的企业合并。

要求：

(1) 编制合并日辉正公司对宏伟公司进行控股合并的会计分录；

(2) 编制辉正公司在合并日的合并资产负债表。

7. 2×21 年 12 月 31 日，辉正公司发行 5 000 万股普通股（每股面值为 1 元，市价为 3 元），取得宏伟公司 80%的股权。参与合并企业在 2×21 年 12 月 31 日前有关资产、负债情况如表 4-15 所示。

表 4-15　资产负债表（简表）

2×21 年 12 月 31 日　　　　单位：万元

项目	辉正公司	宏伟公司	
	账面价值	账面价值	公允价值
资产			
货币资金	2 500	220	220
应收账款	8 200	810	810
存货	6 584	4 100	5 000
长期股权投资	15 000	1 100	1 500
固定资产	12 000	8 000	9 500
无形资产	2 000	1 000	2 000
商誉			
资产总计	46 280	1 5230	19 030
负债和所有者权益：			
短期借款	5 300	5 000	5 000
应付账款	3 000	1 000	1 000
其他负债	2 000	1 000	1 000
负债合计	10 300	7 000	7 000
实收资本（或股本）	20 000	3 000	
资本公积	5 400	2 000	

续表

项目	辉正公司	宏伟公司	
	账面价值	账面价值	公允价值
盈余公积	1 000	530	
未分配利润	9 584	2 700	
所有者权益合计	35 984	8 230	12 030
负债和所有者权益总计	46 280	15 230	19 030

假定该项合并为非同一控制下的企业合并，所得税税率为25%，其他同上题。

要求：

(1) 编制购买日辉正公司对宏伟公司进行控股合并的会计分录（单位：万元）；

(2) 编制辉正公司在购买日的合并资产负债表。

二、简答题

1. 什么是合并报表？合并报表由哪些构成？

2. 简述合并报表的合并理论。

3. 如何确定合并报表的合并范围？

4. 简述被投资方的设立目的和设计的意义。

5. 什么是可变回报？可变回报的形式有哪些？

6. 编制合并报表的会计问题有哪些？

7. 上期内部购销业务形成的期末存货与本期购进的存货在本期部分实现对外销售、部分形成存货，请分析本期如何编制抵销分录。

8. 购买日后第2年年末编制长期股权投资与所有者权益项目抵销分录的基本思路是什么？

9. 在编制合并财务报表时，为什么必须将母公司对于公司的投资收益抵销？

10. 在购买法下，购买日编制合并报表时合并差额为负值，为何调整合并资产负债表的盈余公积和未分配利润？

11. 前期编制合并报表已经抵销集团内部购销业务产生的应收账款坏账准备及所得税的影响，编制本期合并报表时，仍然需要抵销前期集团内部购销业务产生的应收账款坏账准备及所得税的影响，请分析原因。

12. 编制本期合并报表时，抵销前期集团内部购销业务产生的应收账款坏账准备及所得税的影响涉及损益时，调整的是年初未分配利润而不是损益项目，请分析原因。

13. 如何编制集团内部之间首次购进商品部分对外销售、部分形成期末存货的抵销分录？

第五章

租赁

学习目标

了解租赁的相关概念，掌握租赁业务相关数据的计算，掌握承租人和出租人对租赁业务的会计处理，理解特殊租赁业务的处理。

第一节　租赁概述

企业可以通过不同方式获得资源的使用权，如购买、租赁。购买固定资产可能产生大量现金流出，影响企业的现金流，为了避免这个问题，很多企业采用租赁的方式获得固定资产的使用权，缓解企业的现金压力，还可避免资产过时等一些风险。租赁业务核算中涉及非常多的概念，例如，租赁、租赁负债、租赁期、租赁识别、租赁合并与分拆等，对这些概念的充分理解有利于租赁业务的正确核算。

一、租赁的含义和特点

（一）租赁的含义

租赁，是指在一定期间内，出租人将资产的使用权让与承租人以获取对价的合同。在约定的期间内，出租人将资产使用权让与承租人以获取租金，租赁资产的使用权和所有权分离，承租人支付租金获得租赁资产的使用权，出租人收取租金转让使用权，但是仍拥有租赁资产的所有权。

（二）租赁的特点

租赁作为一种独特的信用形式，有其独特的特点：

1. 所有权与使用权分离

租赁的主要特征是租赁资产的所有权与使用权相分离，这是租赁与一般的购销交易的不同之处。在约定的租赁期内，租赁资产的所有权属于出租人，而使用权归属于承租人。同时，承租人对租用的设备有维修、保养的责任。租赁期届满后，承租人根据合同，可以留购、续租、另订租约或退回等。租赁信用与银行信用同样是所有权与使用权相分离，但银行信用是资金形态上相分离，而租赁是资金与实物相结合基础上的分离。租赁的发展丰富了所有权与使用权分离的形式。

2. 融资与融物相结合

租赁是一种商业活动，但它不同于一般的一手交货、一手交钱的商品交易，而是具有金融和贸易紧密结合、同时进行的特点，这一特点将金融信贷（借钱）和物资信贷（借物）融合在一起，成为一种新的融资方式。基于融资和融物相结合的特点，作为专营租赁业务的专业租赁公司或兼营租赁的机构具有银行和贸易的双重职能，它们使买卖、提供劳务和融资得以同时进行，环节减少且效率提高。

3. 租金分期支付或收取

在所有权与使用权相分离的前提下，租金是分期支付或收取。出租人的资金一般是一次投入租赁资产，分期回收投资成本并赚取租赁收益（时间价值）。承租人也是分期支付租金，这样的好处是：一是承租人可以保证资金的流动性，资金支付滞后，使企业保持现金流，以较少的投资取得较大的经济效益。例如，进行设备投资，势必要积压一部分资金，而使资金凝固化。采用租赁方式，承租人只需按期支付一定的租金即可，支付金额分布在整个租赁期之内，提高了资金流动性。二是承租人可以超前获得使用价值，即付出部分价值，就能获得全部设备的使用价值，再用新创造的价值归还租金。

4. 灵活方便的交易方式

就融资与融物共为一体这一点而言，租赁和分期付款销售极为相似。然而，与分期付款销售相比，租赁不仅能解决购货一次性支付能力不足的困难，是一种灵活方便的交易方式，而且租期的选择极为灵活，短则几个月，长则数年。租赁期届满时，租赁资产的处置方法也多种多样：可由承租人留购，可延长租期，也可退还给出租人。由此而产生了租赁与其他交易方式相比，无法被替代的优势。

租赁对租赁各方的好处

二、租赁的分类

根据 2018 年最新修订的租赁准则，承租人不需要再将租赁分类为融资租赁和经营租赁，而是采用单一的会计处理模型，也就是说，除采用简化处理的短期租赁和低价值资产租赁外，对所有租赁均确认使用权资产和租赁负债。出租人仍将租赁分类为融资租赁和经营租赁。下面从出租人的角度对租赁进行分类。

出租人根据交易的实质而不是合同的形式，即根据与租赁资产所有权有关的几乎全部风险和报酬是否发生了转移，将租赁分为融资租赁和经营租赁。

（一）融资租赁

1. 融资租赁的定义和判断标准

融资租赁，是指实质上转移了与资产所有权有关的几乎全部风险和报酬的租赁。符合下列一项或数项标准的，应当认定为融资租赁：

（1）在租赁期届满时，租赁资产的所有权转移给承租人。此种情况通常是指在租赁合同中已经约定，或者在租赁开始日根据相关条件做出合理判断，租赁期届满时出租人能够将资产的所有权转移给承租人，则该项租赁可以认定为融资租赁。

（2）承租人有购买租赁资产的选择权，所订立的购买价款预计将远低于行使选择权时租赁资产的公允价值，因而在租赁开始日就可以合理确定承租人将会行使这种选择权，即承租人具有优惠或廉价购买选择权。例如，租赁协议规定，租赁期为5年，租赁期届满时，承租人有权以5 000元的价格购买租赁资产，租赁开始日估计该租赁资产在租赁期届满时的公允价值为50 000元，显然，购买价款仅为公允价值的10%，即远低于公允价值50 000元，可以合理判断承租人在租赁期届满时会购买租赁资产，则出租人在租赁开始日可将租赁认定为融资租赁。

对于上述两项标准，租赁期届满时租赁资产的所有权均转归承租人所有，租赁交易实质上可视为一项通过借入所需资金而购置资产的合同。

（3）资产的所有权虽然不转移，但租赁期占租赁资产使用寿命的大部分。其中“大部分”，通常是指租赁期占租赁资产使用寿命的75%以上（含75%）。特别注意的是，这条标准强调的是租赁期占租赁资产尚可使用寿命的比例，而非租赁期占该项资产全部可使用年限的比例。如果租赁资产是旧资产，在租赁前已使用年限超过资产自全新时起算可使用年限的75%以上时，则这条判断标准不适用，不能使用这条标准确定租赁的分类。

例如，某建筑物全新时可使用年限为20年，已经使用了2年，从第3年开始出租，租赁期为15年。该租赁资产是旧资产，在租赁前已使用年限2年没有超过资产自全新时起算可使用年限的75%以上时（2/20=10%），所以可以用上述条款来判断是否为融资租赁。由于租赁开始时该建筑物尚可使用寿命为18年，租赁期占使用寿命的83.33%（15/18），符合第三项标准，因此，应当将该项租赁划分为融资租赁。如果从第3年开始出租，租赁期为5年，租赁期占使用寿命的27.78%（5/18），就不符合第三项标准，因此，不应当将该项租赁认定为融资租赁。如果该建筑物已经使用了16年，从第17年开始出租，租赁期为3年，此时建筑物尚可使用寿命为3年，虽然租赁期占预计尚可使用寿命的100%（3/3），但由于在租赁前该建筑物的已使用年限16年超过了其全部可使用年限20年的75%（16/20=80%>75%），因此，不能采用这条标准来判断租赁的类型。

对于第三项标准，由于租赁期占租赁资产使用寿命的大部分，从租赁资产的经济使用年限的角度看，承租人充分利用了该项资产并从该资产的使用中获取了大部分的利益，即使未转移资产的所有权，承租人也取得了与资产所有权相关的大部分收益，即出租人将租赁资产所有权有关的几乎全部风险和报酬转移给了承租人，所以出租人应将租赁分类为融资租赁。

（4）在租赁开始日，租赁收款额的现值几乎相当于租赁资产的公允价值。其中“几乎相当于”，通常是在90%以上（含90%）。

需要说明的是，上述划分依据中的量化标准（75%，90%）只是指导性标准，企业在具体运用时，必须根据准则规定的相关条件并结合租赁合同的条款，按照实质重于形式的原则进行判断。

（5）租赁资产性质特殊，如果不做较大改造，只有承租人才能使用。这条标准是指租赁资产是出租人根据承租人对资产型号、规格等方面的特殊要求专门购买或建造的，具有专购、专用性质。这些租赁资产如果不做较大的重新改制，其他企业通常难以使用。这种情况下，该项租赁也应当认定为融资租赁。

对于第五项标准，由于资产是根据承租人的特殊需求专门购置的，通常难以直接出租给其他企业使用，为保障合理的利润，出租人在租金定价时会充分考虑这一因素，以使得承租人最低租赁付款额的现值几乎相当于租赁资产的购置价格。因此，对于符合第四或第五项标准的租赁，尽管没有发生资产所有权的转移，但承租人取得了使用该资产的主要经济利益，并支付了相当于购置资产的对价。因此，综合来看，在融资租赁下，与租赁资产所有权有关的几乎全部风险和报酬实质上已经转移给承租人，其实质是承租人通过承担支付约等于资产公允价值和有关财务费用的义务，获取了在其使用年限的大部分时间内使用租赁资产的经济利益。相对而言，在经营租赁合同中，承租人仅针对租赁期内的资产使用权支付相应的租金对价，与租赁资产所有权有关的全部风险和报酬实质上并未转移给承租人。因此，出租人应当在租赁开始日将租赁分为融资租赁和经营租赁，并分别采用不同的会计处理方法。

除了根据上述五项标准判断租赁类型外，如果一项租赁存在下列一项或多项迹象的，出租人也可能分类为融资租赁：

（1）若承租人撤销租赁，撤销租赁对出租人造成的损失由承租人承担。

（2）资产余值的公允价值波动所产生的利得或损失归属于承租人。例如，租赁期结束时，出租人以相当于资产销售收益的绝大部分金额作为对租金的退还，说明承租人承担了租赁资产余值的几乎所有风险和报酬。

（3）承租人有能力以远低于市场水平的租金继续租赁至下一期间。此经济激励政策与购买选择权类似，如果续租选择权行权价远低于市场水平，可以合理确定承租人将继续租赁至下一期间。

值得注意的是，出租人判断租赁类型时，上述情形和迹象并非总是决定性的，而是应综合考虑经济激励的有利方面和不利方面。若有其他特征充分表明，租赁实质上没有转移与租赁资产所有权相关的几乎全部风险和报酬，则该租赁应分类为经营租赁。例如，若租赁资产的所有权在租赁期结束时是以相当于届时其公允价值的可变付款额转让至承租人，或者因存在可变租赁付款额导致出租人实质上没有转移几乎全部风险和报酬，就可能出现这种情况。

特别注意的是，对于同时涉及土地和建筑物的租赁，企业通常应当将土地和建筑物分开考虑。在我国，土地的所有权归国家所有，土地租赁不能归类为融资租赁。对于建筑物的租赁，按照租赁准则规定的标准进行相应的分类。如果土地和建筑物无法分离且不能可靠计量的，应归类为一项融资租赁，除非两部分都明显是经营租赁，在后一种情况下，整个租赁应归类为经营租赁。

2. 融资租赁的特点

（1）不可撤销。这是一种不可解约的租赁，除了例外事项，一般在基本租赁期内双方均无权撤销合同。

（2）完全付清。在基本租赁期内，设备只租给一个用户使用，承租人支付租金的累计总额为设备价款、利息及租赁公司的手续费之和。

（3）租赁期较长。基本租赁期一般相当于设备的有效寿命。

（4）承租人负责设备的选择、保险、保养和维修等；出租人仅负责垫付贷款，购进承租人所需的设备按期出租，以及享有设备的期末残值。

（二）经营租赁

经营租赁，是指融资租赁以外的其他租赁。经营租赁资产的所有权不转移，租赁期届满后，承租人有退租或续租的选择权，而不存在优惠购买选择权。

经营租赁是为满足承租人在经营上短期、临时或季节性使用资产的需要而安排的不完全支付式租赁，承租人并没有添置资产的企图。它是一种纯粹的、传统意义上的租赁。经营租赁的特点：

（1）可撤销。经营租赁合同期间，承租人可中止合同，退回设备，以租赁更先进的设备。

（2）不完全付清。换句话说，租赁资产的价值不能靠一次租赁业务全部收回。基本租赁期内，出租人只能从出租中收回设备的部分垫支资本，需通过该项设备以后多次出租给多个承租人使用，方能补足未收回的那部分设备投资外加其应获得的利润。

（3）租赁机构不仅提供融资便利，还提供维修、管理等专门服务，对出租设备的适用性、技术性负责，并承担设备过时风险和负责购买保险。

三、租赁的识别

（一）合同是否为租赁或者包含租赁的评估

在合同开始日，企业应当评估合同是否为租赁或者包含租赁。如果合同一方让渡了在一定期间内控制一项或多项已识别资产使用的权利以换取对价，则该合同为租赁或者包含租赁。

一项合同要被分类为租赁，必须要满足三个要素：一是存在一定期间；二是存在已识别资产；三是资产供应方向客户转移对已识别资产使用权的控制。

在合同中，“一定期间”也可以表述为已识别资产的使用量，如某项设备的产出量。如果客户有权在部分合同期内控制已识别资产的使用，则合同包含一项在该部分合同期间的租赁。

企业应当就合同进行评估，判断其是否为租赁或包含租赁。同时符合下列条件的，使用已识别资产的权利构成一项单独租赁：

（1）承租人可从单独使用该资产或将其与易于获得的其他资源一起使用中获利；

（2）该资产与合同中的其他资产不存在高度依赖或高度关联关系。

另外，接受商品或服务的合同可能由合营安排或合营安排的代表签订。在这种情况下，企业评估合同是否包含一项租赁时，应将整个合营安排视为该合同中的客户，评估该合营安排是否在使用期间有权控制已识别资产的使用。除非合同条款或条件发生变化，企业无须重新评估合同是否为租赁或者包含租赁。

（二）已识别资产

存在已识别资产是一项合同被分类为租赁的要素之一。已识别资产的认定条件包括以下三个方面。

1. 对资产的指定

已识别资产通常由合同明确指定，也可以在资产可供客户使用时隐性指定。

2. 物理可区分

如果资产的部分产能在物理上可区分，如建筑物的一层，则该部分产能属于已识别资产。如果资产的某部分产能与其他部分在物理上不可区分，如光缆的部分容量，则该部分不属于已识别资产，除非其实质上代表该资产的全部产能，从而使客户获得因使用该资产所产生的几乎全部经济利益的权利。

3. 实质性替换权

即使合同已对资产进行指定，如果资产供应方在整个使用期间拥有对该资产的实质性替换权，则该资产不属于已识别资产。其原因在于，如果资产供应方在整个使用期间均能自由替换合同资产，那么实际上，合同只规定了满足客户需求的一类资产，而不是被唯一识别出的一项或几项资产。也就是说，在这种情况下，合同资产并未和资产供应方的同类其他资产明确区分开来，并未被识别出来。

同时符合下列条件时，表明资产供应方拥有资产的实质性替换权：

（1）资产供应方拥有在整个使用期间替换资产的实际能力。例如，客户无法阻止供应方替换资产，且用于替换的资产对于资产供应方而言易于获得或者可以在合理期间内取得，则资产供应方具有替换资产的实际能力。

此外，这里强调的是整个使用期间而不是某一个特定日期或特定事件资产供应方拥有替换资产的实际能力。也就是说，如果合同仅赋予资产供应方在特定日期或者特定事件发生日或之后而不是整个使用期间拥有替换资产的权利或义务，则资产供应方没有替换资产的实际能力，其替换权不具有实质性。

（2）资产供应方通过行使替换资产的权利将获得经济利益。即替换资产的预期经济利益将超过替换资产所需成本。

企业在评估资产供应方的替换权是否为实质性权利时，应基于合同开始日的事实和情况，而不应考虑在合同开始日企业认为不可能发生的未来事件，例如，1）未来某个客户为使用该资产同意支付高于市价的价格；2）引入了在合同开始日尚未实质开发的新技术；3）客户对资产的实际使用或资产实际性能与在合同开始日认为可能的使用或性能存在重大差异；4）使用期间资产市价与合同开始日认为可能的市价存在重大差异。

与资产位于资产供应方所在地相比，如果资产位于客户所在地或其他位置，替换资产所需要的成本更有可能超过其所能获取的利益。资产供应方在资产运行结果不佳或者进行技术升级的情况下，因修理和维护而替换资产的权利或义务不属于实质性替换权。企业难以确定资产供应方是否拥有实质性替换权的，应视为资产供应方没有对该资产的实质性替换权。

实务 5-1　判断已识别资产

辉正公司（承租人）与宏伟公司（出租人）签订了一项使用宏伟公司某建筑物的租赁合同。该建筑物是为专门储存辉正公司销售的国家规定的危险品而设计，未经重大改造，不适合其他客户使用。合同中没有明确指定哪栋建筑物，但是宏伟公司仅拥有一幢适合客户辉正公司使用的建筑物。如果建筑物不能正常使用，合同要求宏伟公司维修或更换建筑物。宏伟公司在整个使用期间不拥有对该资产的实质性替换权，该建筑物的产能物理可区分。

要求：

判断该建筑物是否为已识别资产。

实务分析：

已识别资产通常由合同明确指定，也可以在资产可供客户使用时隐性指定。租赁合同中虽未明确指定具体哪栋建筑物可供客户辉正公司使用，但是被隐含指定，因为出租人宏伟公司仅拥有一幢适合客户辉正公司使用的建筑物，必须使用其来履行合同，宏伟公司无法自由替换该建筑物且其物理可区分。

根据分析可知，该建筑物是一项已识别资产。

（三）客户是否控制已识别资产使用权的判断

租赁业务中，出租人（资产供应方）让渡资产的使用权给承租人（客户），即资产的使用权由承租人（客户）控制。为确定合同是否让渡了在一定期间内控制已识别资产使用的权利，企业应当评估合同中的客户是否有权获得在使用期间因使用已识别资产所产生的几乎全部经济利益，并有权在该使用期间主导已识别资产的使用。

1. 客户是否有权获得因使用资产所产生的几乎全部经济利益

在评估客户是否有权获得因使用已识别资产所产生的几乎全部经济利益时，企业应当在约定的客户权利范围内考虑其所产生的经济利益，不包括约定的客户权利范围外（如某一特定区域或特定里程范围外）的经济利益。

为了控制已识别资产的使用，客户应当有权获得整个使用期间使用该资产所产生的几乎全部经济利益（例如，在整个使用期间独家使用该资产）。客户可以通过多种方式直接或间接获得使用资产所产生的经济利益（例如，使用、持有或转租资产）。使用资产所产生的经济利益包括资产的主要产出和副产品（包括来源于这些项目的潜在现金流量）以及通过与第三方之间的商业交易实现的其他经济利益。

如果合同规定客户应向资产供应方或另一方支付因使用资产所产生的部分现金流量作为对价，该现金流量仍应视为客户因使用资产而获得的经济利益的一部分。例如，如果客户因使用零售区域需向供应方支付零售收入的一定比例作为对价，该条款本身并不妨碍客户拥有获得使用零售区域所产生的几乎全部经济利益的权利。因为零售收入所产生的现金流量是客户使用零售区域获得的经济利益，而客户支付给零售区域供应方的部分现金流量是使用零售区域的权利的对价。

2. 客户是否有权主导资产的使用

客户控制已识别资产使用权，除了客户有权获得在使用期间因使用已识别资产所产生的几乎全部经济利益外，还必须在使用期间有权主导已识别资产的使用。满足下列情形之一的，可视为客户有权主导对已识别资产在整个使用期间的使用。

（1）客户有权在整个使用期间主导已识别资产的使用目的和使用方式。如果客户有权在整个使用期间在合同界定的使用权范围内改变资产的使用目的和使用方式，则视为客户有权在该使用期间主导资产的使用目的和使用方式。在判断客户是否有权在整个使用期间主导已识别资产的使用目的和使用方式时，企业应当考虑在该使用期间与改变资产的使用目的和使用方式最为相关的决策权。相关决策权是指对使用资产所产生的经济利益产生影响的决策权。

最为相关的决策权可能因资产性质、合同条款和条件的不同而不同：1）变更资产产出类型的权利，例如，决定将集装箱用于运输商品或储存商品，或者决定在零售区域销售的产品组合。2）变更资产的产出时间的权利，例如，决定机器或发电厂的运行时间。3）变更资产的产出地点的权利，例如，决定卡车或船舶的目的地，或者决定设备的使用地点。4）变更资产是否产出以及产出数量的权利，例如，决定是否使用发电厂发电以及发电量的多少。

某些决策权并未授予客户改变资产的使用目的和使用方式的权利，例如，在资产的使用目的和使用方式未预先确定的情况下，客户仅拥有运行或维护资产的权利。这些决策权对于资产的高效使用通常是必要的，但它们往往取决于有关资产的使用目的和使用方式，而非主导资产的使用目的和使用方式。

（2）已识别资产的使用目的和使用方式在使用期间前已预先确定，并且客户有权在整个使用期间自行或主导他人按照其确定的方式运营该资产，或者客户设计了已识别资产（或资产的特定方面）并在设计时已预先确定了该资产在整个使用期间的使用目的和使用方式。

与资产使用目的和使用方式相关的决策可以通过很多方式预先确定，例如，通过设计资产或在合同中对资产的使用做出限制来预先确定相关决策。在评估客户是否有权主导资产的使用时，除非资产（或资产的特定方面）由客户设计，企业应当仅考虑在使用期间对资产使用做出决策的权利。例如，如果客户仅能在使用期间之前指定资产的产出而没有与资产使用相关的任何其他决策权，则该客户享有的权利与任何购买该项商品或服务的其他客户享有的权利并无不同。

合同可能包含一些旨在保护资产供应方在已识别资产或其他资产中的权益、保护资产供应方的工作人员，或者确保资产供应方不因客户使用租赁资产而违反法律法规的条款和条件。例如，合同可能规定资产使用的最大工作量，限制客户使用资产的地点或时间，要求客户遵守特定的操作惯例，或者要求客户在变更资产使用方式时通知资产供应方。这些权利虽然对客户使用资产权利的范围做出了限定，但是其本身不足以否定客户拥有主导资产使用的权利。

四、租赁的分拆与合并

（一）租赁的分拆

租赁的分拆包括两种：第一种是合同中同时包含多项单独租赁的，承租人和出租人应当将合同予以分拆，并分别对各项单独租赁进行会计处理；第二种是合同中同时包含租赁和非租赁部分的，承租人和出租人应当将租赁和非租赁部分进行分拆，除非企业适用新租赁准则的简化处理。分拆时，各租赁部分应当分别按照新租赁准则进行会计处理，非租赁部分应当按照其他适用的企业会计准则进行会计处理。

同时符合下列条件的，使用已识别资产的权利构成合同中的一项单独租赁：

（1）承租人可从单独使用该资产或将其与易于获得的其他资源一起使用中获利。易于获得的资源是指出租人或其他供应方单独销售或出租的商品或服务，或者承租人已从出租人或其他交易中获得的资源。

（2）该资产与合同中的其他资产不存在高度依赖或高度关联关系。例如，若承租人租入资产的决定不会对承租人使用合同中的其他资产的权利产生重大影响，则表明该项资产与合同中的其他资产不存在高度依赖或高度关联关系。

1. 承租人的处理

在分拆合同包含的租赁和非租赁部分时，承租人应当按照各项租赁部分单独价格及非租赁部分的单独价格之和的相对比例分摊合同对价。租赁和非租赁部分的相对单独价格，应当根据出租人或类似资产供应方就该部分或类似部分向企业单独收取的价格确定。如果可观察的单独价格不易于获得，承租人应当最大限度地利用可观察的信息估计单独价格。

为简化处理，承租人可以按照租赁资产的类别选择是否分拆合同包含的租赁和非租赁部分。承租人选择不分拆的，应当将各租赁部分及与其相关的非租赁部分分别合并为租赁，按照新租赁准则进行会计处理。但是，对于按照《企业会计准则第22号——金融工具确认和计量》应分拆的嵌入衍生工具，承租人不应将其与租赁部分合并进行会计处理。

2. 出租人的处理

出租人应当分拆租赁部分和非租赁部分，根据《企业会计准则第14号——收入》关于交易价格分摊的规定分摊合同对价，即将交易价格分摊至各单项履约义务。当合同中包含两项或多项履约义务时，为了使企业分摊至每一单项履约义务的交易价格能够反映其因向客户转让已承诺的相关商品（或提供已承诺的相关服务）而预期有权收取的对价金额，企业应当在合同开始日，按照各单项履约义务所承诺商品的单独售价的相对比例，将交易价格分摊至各单项履约义务。

实务5-2 租赁分拆

甲公司从乙公司租赁一台推土机、一辆卡车和一台长臂挖掘机用于采矿业务，租赁期为4年。乙公司同意在整个租赁期内维护各项设备。合同固定对价为3 000 000元，按年分期支付，每年支付750 000元。合同对价包含了各项设备的维护费用。假设甲公司未将该租赁采用简化处理。

甲公司认为可从单独使用这三项设备中的每一项，或将其与易于获得的其他资源一起使用中获利，例如，甲公司易于租入或购买其他卡车或挖掘机用于其采矿业务；并且尽管甲公司租入这三项设备只有一个目的，即从事采矿业务，但这些设备不存在高度依赖或高度关联关系。

市场上有多家供应方提供类似推土机和卡车的维护服务，因此，这两项租入设备的维护服务存在可观察的单独价格。假设其他供应方的支付条款与甲、乙公司签订的合同条款相似，甲公司能够确定推土机和卡车维护服务的可观察单独价格分别为160 000元和80 000元。长臂挖掘机是高度专业化机械，其他供应方不出租类似挖掘机或为其提供维护服务。乙公司对从本公司购买相似长臂挖掘机的客户提供4年的维护服务，可观察对价为固定金额280 000元，分4年支付。因此，甲公司估计长臂挖掘机维护服务的单独价格为280 000元。甲公司观察到乙公司在市场上单独出租租赁期为4年的推土机、卡车和长臂挖掘机的价格分别为900 000元、580 000元和1 200 000元。

要求：

（1）承租人甲公司对该租赁是否分拆为租赁部分和非租赁部分；

（2）租赁部分的推土机、卡车和长臂挖掘机是否分拆为三项单独租赁处理；

（3）如果分拆，确定推土机、卡车和长臂挖掘机各自的租赁付款额；

（4）如果分拆，确定推土机、卡车和长臂挖掘机各自应付的服务费。

实务分析：

（1）由于甲公司未将该租赁采用简化处理，所以甲公司把其分拆为租赁部分和非租赁部分。

（2）甲公司认为可从单独使用这三项设备中的每一项或将其与易于获得的其他资源一起使用中获利，且这些设备之间的使用不存在高度依赖或高度关联关系，所以租赁部分的推土机、卡车和长臂挖掘机可以分拆为三项单独租赁和对应的三个非租赁部分（维护服务）。

（3）承租人甲公司根据三项单独租赁的单独价格 900 000 元、580 000 元、1 200 000 元和三个非租赁部分即维护服务的单独价格之和 520 000 元（160 000＋80 000＋280 000）的相对比例，将固定合同对价 3 000 000 元分摊至三个租赁部分和三个非租赁部分。

推土机、卡车和长臂挖掘机各自的租赁付款额计算如下：

租赁部分的单独价格之和＝900 000＋580 000＋1 200 000＝2 680 000(元)

非租赁部分的单独价格之和＝160 000＋80 000＋280 000＝520 000(元)

租赁部分的单独价格与非租赁部分的单独价格之和＝2 680 000＋520 000＝3 200 000(元)

推土机分摊的合同价格＝900 000/3 200 000×3 000 000＝843 750(元)

卡车分摊的合同价格＝580 000/3 200 000×3 000 000＝543 750(元)

长臂挖掘机分摊的合同价格＝1 200 000/3 200 000×3 000 000＝1 125 000(元)

分拆后，推土机、卡车和长臂挖掘机的租赁付款额（折现前）分别为 843 750 元、543 750 元和 1 125 000 元。

（4）如果分拆，推土机、卡车和长臂挖掘机各自应付的服务费计算如下：

推土机分摊的维护费用＝160 000/3 200 000×3 000 000＝150 000(元)

卡车分摊的维护费用＝80 000/3 200 000×3 000 000＝75 000(元)

长臂挖掘机分摊的维护费用＝280 000/3 200 000×3 000 000＝262 500(元)

分拆后，推土机、卡车和长臂挖掘机各自应付的服务费分别为150 000元、75 000元和262 500元。

（二）租赁的合并

企业与同一交易方或其关联方在同一时间或相近时间订立的两份或多份包含租赁的合同，在满足下列条件之一时，应当合并为一份合同进行会计处理：

（1）该两份或多份合同基于总体商业目的而订立并构成一揽子交易，若不作为整体考虑则无法理解其总体商业目的。

（2）两份或多份合同中的某份合同的对价金额取决于其他合同的定价或履行情况。

（3）该两份或多份合同让渡的资产使用权合起来构成一项单独租赁。

两份或多份合同合并为一份合同进行会计处理的，仍然需要区分该份合同中的租赁部分和非租赁部分。

五、租赁期

租赁期是指承租人有权使用租赁资产且不可撤销的期间；承租人有续租选择权，即有权选择续租该资产，且合理确定将行使该选择权的，租赁期还应当包含续租选择权涵盖的期间；承租人有终止租赁选择权，即有权选择终止租赁该资产，但合理确定将不会行使该选择权的，租赁期应当包含终止租赁选择权涵盖的期间。

（一）租赁期开始日

租赁期自租赁期开始日起计算。租赁期开始日，是指出租人提供租赁资产使其可供承租人使用的起始日期。如果承租人在租赁协议约定的起租日或租金起付日之前，已获得对租赁资产使用权的控制，则表明租赁期已经开始。租赁协议中对起租日或租金支付时间的约定，并不影响租赁期开始日的判断。由此可见，承租人是否控制资产使用权是租赁期开始日确定的关键。

（二）不可撤销期间

在确定租赁期和评估不可撤销租赁期间时，企业应根据租赁条款约定确定可强制执行合同的期间。

如果承租人和出租人双方均有权在未经另一方许可的情况下终止租赁，且罚款金额不重大，则该租赁不再可强制执行。如果只有承租人有权终止租赁，则在确定租赁期时，企业应将该项权利视为承租人可行使的终止租赁选择权予以考虑。如果只有出租人有权终止租赁，则不可撤销的租赁期包括终止租赁选择权所涵盖的期间。

一般情况下，租赁合同或协议是不能撤销的，但是特殊情况下可以撤销，可撤销的例外事项包括：

（1）经出租人同意。承租人经过与出租人协商，出租人同意撤销租赁合同，租赁期自然终止。

（2）承租人与原出租人就同一资产或同类资产签订了新的租赁合同，从而导致原租赁合同终止。

（3）承租人支付一笔足够大的额外款项。

（4）发生某些很少会出现的或有事项。

（三）免租期

租赁期应当包含免租期。为了吸引承租人尽快签订合约，出租人通常承诺在租赁初期或租赁物改良建设期向承租人提供某些激励措施，如免租期、减租期等。在出租人提供免租期的情况下，承租人应将租金总额在整个租赁期内，而不是在租赁期扣除免租期后的期间内进行分摊，免租期内应确认租金费用。

实务 5-3 租赁期的确定

辉正公司将一台设备出租给宏伟公司，出租人辉正公司于 2×21 年 5 月 1 日将设备交付给承租人宏伟公司，承租人在收到设备后，就可以进行安装。租赁合约规定的租赁期间是 2×21 年 5 月 1 日至 2×25 年 4 月 30 日，合同约定有 3 个月的免租期，起租日为 2×21 年 8 月 1 日，承租人自起租日开始支付租金。

要求：

（1）确定租赁期开始日；

（2）确定租赁期是否包含免租期。

实务分析：

租赁期自租赁期开始日起计算。租赁期开始日，是指出租人提供租赁资产使其可供承租人使用的起始日期。出租人辉正公司于 2×21 年 5 月 1 日将设备交付给承租人宏伟公司，虽然起租日为 2×21 年 8 月 1 日，但在租赁协议约定的起租日或租金起付日 2×21 年 8 月 1 日之前，承租人宏伟公司 2×21 年 5 月 1 日已获得对租赁资产使用权的控制，则表明租赁期已经开始。

（1）根据分析，租赁期开始日为 2×21 年 5 月 1 日。

（2）租赁期是 5 年，即包含出租人给予承租人的免租期，承租人的租金总额应在 5 年内分摊，免租期内应确认租金费用。

（四）续租选择权和终止租赁选择权

在租赁期开始日，企业应当评估承租人是否合理确定将行使续租或购买标的资产的选择权，或者将不行使终止租赁选择权。在评估时，企业应当考虑对承租人行使续租选择权或不行使终止租赁选择权带来经济利益的所有相关事实和情况，包括自租赁期开始日至选择权行使日之间的事实和情况的预期变化。需考虑的因素包括但不限于以下方面：

（1）与市价相比，选择权期间的合同条款和条件。例如，选择权期间内为使用租赁资产而需支付的租金；可变租赁付款额或其他或有款项，如因终止租赁罚款和余值担保导致的应付款项；初始选择权期间后可行使的其他选择权的条款和条件，如续租期结束时可按低于市价的价格行使购买选择权。

（2）在合同期内，承租人进行或预期进行重大租赁资产改良的，在可行使续租选择权、终止租赁选择权或者购买租赁资产选择权时，预期能为承租人带来的重大经济利益。

（3）与终止租赁相关的成本。例如，谈判成本、搬迁成本、寻找与选择适合承租人需求的替代资产所发生的成本、将新资产融入运营所发生的整合成本、终止租赁的罚款、将租赁资产恢复至租赁条款约定状态的成本、将租赁资产归还至租赁条款约定地点的成本等。

（4）租赁资产对承租人运营的重要程度。例如，租赁资产是否为一项专门资产，租赁资产位于何地以及是否可获得合适的替换资产等。

（5）与行使选择权相关的条件及满足相关条件的可能性。例如，租赁条款约定仅在满足一项或多项条件时方可行使选择权，此时还应考虑相关条件及满足相关条件的可能性。

租赁的不可撤销期间的长短会影响对承租人是否合理确定将行使或不行使选择权的评估。通常，租赁的不可撤销期间越短，承租人行使续租选择权或不行使终止租赁选择权的可能性就越大，原因在于不可撤销期间越短，获取替代资产的相对成本就越高。此外，评估承租人是否合理确定将行使或不行使选择权时，如果承租人以往曾经使用过特定类型的租赁资产或自有资产，则可以参考承租人使用该类资产的通常期限及原因。例如，承租人通常在特定时期内使用某类资产，或承租人时常对某类租赁资产行使选择权，则承租人应考虑以往这些做法的原因，以评估是否合理确定将对此类租赁资产行使选择权。

续租选择权或终止租赁选择权可能与租赁的其他条款相结合。例如，无论承租人是否行使选择权，均保证向出租人支付基本相等的最低或固定现金，在此情形下，应假定承租人合理确定将行使续租选择权或不行使终止租赁选择权。又如，同时存在原租赁和转租赁时，转租赁期限超过原租赁期限，如原租赁包含 5 年的不可撤销期间和 2 年的续租选择权，而转租赁的不可撤销期限为 7 年，此时应考虑转租赁期限及相关租赁条款对续租选择权评估的可能影响。

购买选择权的评估方式应与续租选择权或终止租赁选择权的评估方式相同，购买选择权在经济上与将租赁期延长至租赁资产全部剩余经济寿命的续租选择权类似。

实务 5-4　租赁期的确定（1）

承租人签订了一份建筑物租赁合同，包括 4 年不可撤销期限和 2 年按照市价行使的续租选择权。在搬入该建筑物之前，承租人花费大量资金对租赁建筑物进行了改良，预计在 4 年结束时租赁资产改良仍将具有重大价值，且该价值仅可通过继续使用租赁资产实现。

要求：

为承租人确定租赁期。

实务分析：

在搬入该建筑物之前，由于承租人花费大量资金对租赁建筑物进行了改良，预计在 4 年结束时租赁资产改良仍将具有重大价值，且该价值仅可通过继续使用租赁资产实现。如果在 4 年结束时放弃该租赁资产改良，将蒙受重大经济损失，因此，承租人合理确定将行使续租选择权。

综上分析，在租赁开始时，承租人确定租赁期为 6 年，即租赁期涵盖续租期。

实务 5-5　租赁期的确定（2）

承租人签订了一份生产流水线的租赁合同，包括 5 年不可撤销期限和 3 年按照市价行使的续租选择权。同时，承租人将该生产流水线转租给其他企业，转租赁的不可撤销期限为 8 年。

要求：

为承租人确定租赁期。

实务分析：

同时存在原租赁和转租赁时，不可撤销的转租赁期限为 8 年，此时应考虑转租赁期限及相关租赁条款对续租选择权评估的可能影响，因此，承租人合理确定将行使续租选择权。

综上分析，在租赁开始时，承租人确定租赁期为 8 年，即租赁期涵盖续租期。

（五）对租赁期和选择权的重新评估

发生承租人可控范围内的重大事件或变化，且影响承租人是否合理确定将行使相应选择权的，承租人应当对其是否合理确定将行使续租选择权、购买选择权或不行使终止租赁选择权进行重新评估，并根据重新评估结果修改租赁期。承租人可控范围内的重大事件或变化包括但不限于下列情形：

（1）在租赁期开始日未预计到的重大租赁资产改良，在可行使续租选择权、终止租赁选择权或购买选择权时，预期将为承租人带来重大经济利益。

（2）在租赁期开始日未预计到的租赁资产的重大改动或定制化调整。

（3）承租人做出的与行使或不行使选择权直接相关的经营决策。例如，决定续租互补性资产、处置可替代的资产或处置包含相关使用权资产的业务。

如果不可撤销的租赁期间发生变化，企业应当修改租赁期。例如，在下述情况下，不可撤销的租赁期将发生变化：一是承租人实际行使了选择权，但该选择权在之前企业确定租赁期时未涵盖；二是承租人未实际行使选择权，但该选择权在之前企业确定租赁期时已涵盖；三是某些事件的发生，导致根据合同规定承租人有义务行使选择权，但该选择权在之前企业确定租赁期时未涵盖；四是某些事件的发生，导致根据合同规定禁止承租人行使选择权，但该选择权在之前企业确定租赁期时已涵盖。

实务 5-6　对租赁期和选择权的重新评估

承租人签订了一份建筑物租赁合同，合同规定的不可撤销租赁期限为 10 年以及 2 年按照市价行使的续租选择权。承租人预计不会对租赁资产进行重大改良。在租赁开始时，承租人确定租赁期为 10 年。假设在第 4 年年初承租人对该建筑物进行重大改良，在可行使续租选择权时，预期将为承租人带来重大经济利益。

要求：

（1）第 4 年年初承租人是否需要重新评估租赁期；

（2）如果重新评估租赁期，确定承租人从第 4 年年初开始剩余的租赁期。

实务分析：

对租赁资产改良是承租人可控范围内的重大事件或变化，因此，在第 4 年年初，承租人应对是否行使续租选择权进行重新评估，并根据重新评估结果修改租赁期。

第 4 年年初发生了在租赁期开始日未预计到的重大租赁资产改良，在可行使续租选择权时，预期将为承租人带来重大经济利益，所以在第 4 年年初可以合理确定承租人将行使续租权。由于某些事件（即未预计的租赁资产改良）的发生，根据合同规定承租人有义务行使选择权，但该选择权在之前企业确定租赁期时未涵盖，所以不可撤销的租赁期间发生变化，企业应当修改租赁期，重新确定租赁期应包括续租期。

（1）第 4 年年初承租人应重新评估租赁期。

（2）由于已经租赁了 3 年，重新评估租赁前的剩余租赁期为 7 年（10－3），所以第 4 年开始重新确定剩余的租赁期还有 9 年（7＋2）。

第二节　承租人的会计处理

承租人如何判断租赁是短期租赁和低价值租赁？承租人对短期租赁和低价值租赁如何进行会计处理？承租人对非短期租赁和非低价值租赁如何进行会计处理？

承租人除对短期租赁和低价值资产租赁采用简化处理外，对所有租赁均确认使用权资产和租赁负债，参照固定资产准则对使用权资产计提折旧，采用固定的周期性利率确认每期利息费用。

一、短期租赁和低价值资产租赁的会计处理

（一）短期租赁

短期租赁，是指在租赁期开始日，租赁期不超过 12 个月的租赁。包含购买选择权的租赁不属于短期租赁。

对于短期租赁，承租人可以按照租赁资产的类别做出采用简化会计处理的选择。如果承租人对某类租赁资产做出了简化会计处理的选择，未来该类资产下所有的短期租赁都应简化会计处理。某类租赁资产是指企业运营中具有类似性质和用途的一组租赁资产。

采用简化会计处理的短期租赁发生租赁变更或者其他原因导致租赁期发生变化的，承租人应当将其视为一项新租赁，重新按照上述原则判断该项新租赁是否可以选择简化会计处理。

实务 5-7　短期租赁的判断

承租人与出租人签订了一份租赁合同，约定不可撤销期间为 9 个月，且承租人拥有 5 个月的续租选择权，续租期的月租赁付款额明显低于市场价格。

要求：

判断对承租人而言是否属于短期租赁，以及承租人能否选择对该租赁采用简化会计处理？

实务分析：

短期租赁是在租赁期开始日，租赁期不超过 12 个月的租赁。由于续租期的月租赁付款额明显低于市场价格，在租赁期开始日，承租人判断可以合理确定将行使续租选择权，所以租赁期为 14 个月，超过了 12 个月。

综上分析，对承租人而言不属于短期租赁，承租人不能选择对该租赁采用简化会计处理。

（二）低价值资产租赁

低价值资产租赁，是指单项租赁资产为全新资产时价值较低的租赁。承租人在判断是否为低价值资产租赁时，应基于租赁资产的全新状态下的价值进行评估，不应考虑资产已被使用的年限。

对于低价值资产租赁，承租人可根据每项租赁的具体情况做出简化会计处理的选择。低价值资产还应同时满足以下条件，即只有承租人能够从单独使用该低价值资产或

将其与承租人易于获得的其他资源一起使用中获利，且该项资产与其他租赁资产没有高度依赖或高度关联关系时，才能对该资产租赁选择进行简化会计处理。

低价值资产租赁的标准应该是一个绝对金额，即仅与资产全新状态下的绝对价值有关，不受承租人规模、性质等的影响，也不考虑该资产对于承租人或相关租赁交易的重要性。常见的低价值资产包括平板电脑、普通办公家具、电话等小型资产。但是，如果承租人已经或者预期要把相关资产进行转租赁，则不能将原租赁按照低价值资产租赁进行简化会计处理。需要注意的是，符合低价值资产租赁的，也并不代表承租人采取购入方式取得的该资产不符合固定资产确认条件。

对于短期租赁和低价值资产租赁，承租人可以选择确认使用权资产和租赁负债，也可以采用简化处理即选择不确认使用权资产和租赁负债，如果是后者，承租人应当将短期租赁和低价值资产租赁的租赁付款额，在租赁期内各个期间按照直线法或其他系统合理的方法计入相关资产成本或当期损益。其他系统合理的方法能够更好地反映承租人的受益模式的，承租人应当采用该方法。

实务 5-8　承租人对租赁采用简化会计处理

2×21 年 7 月 1 日，宏伟公司从辉正公司租入一台设备，租赁期为 3 个月，该设备用于管理。租赁合同规定，租赁开始日（2×21 年 7 月 1 日）宏伟公司向辉正公司一次性预付租金 1 750 元，2×21 年 7 月 31 日支付租金 500 元，2×21 年 8 月 31 日支付租金 1 200 元，2×21 年 9 月 30 支付租金 1 050 元。租赁期届满辉正公司收回设备。假设承租人宏伟公司以往对短期租赁采用简化处理。宏伟公司从辉正公司租入的设备与以往短期租赁采用简化处理的资产性质和用途类似。

要求：

（1）对承租人宏伟公司而言，判断租赁是否属于短期租赁；

（2）承租人宏伟公司对该租赁的会计处理。

实务分析：

（1）租赁期为 3 个月，所以该租赁属于短期租赁。

（2）如果承租人对某类租赁资产做出了简化会计处理的选择，未来该类资产下所有的短期租赁都应采用简化会计处理。由于该租赁设备与以往短期租赁采用简化处理的资产性质和用途类似，所以承租人宏伟公司对该租赁采用简化处理，即不确认使用权资产和租赁负债；由于该设备用于管理，所以租赁付款额在租赁期内各个期间按照直线法分摊计入当期损益（管理费用）。

租金总额＝1 750＋500＋1 200＋1 050＝4 500(元)

每月应确认的租金费用＝4 500/3＝1 500(元)

2×21 年 7 月 1 日预付租金：

借：预付账款　　1 750

　　贷：银行存款　　1 750

2×21 年 7 月 31 日分摊租赁费用和支付租金：

借：管理费用	1 500	
贷：预付账款		1 000
银行存款		500

2×21 年 8 月 31 日分摊租赁费用和支付租金：

借：管理费用	1 500	
贷：预付账款		300
银行存款		1 200

2×21 年 9 月 30 日分摊租赁费用和支付租金：

借：管理费用	1 500	
贷：预付账款		450
银行存款		1 050

二、非短期租赁和非低价值资产租赁的会计处理

承租人除了采用简化处理之外的其他所有租赁，在租赁期开始日，承租人应当对租赁确认使用权资产和租赁负债。

（一）租赁负债的初始计量

租赁负债应当按照租赁期开始日尚未支付的租赁付款额的现值进行初始计量。从本质上讲，租赁负债就像承租人从出租人处借入的本金①，租赁付款额实质上是承租人应付出租人的本息之和。识别应纳入租赁负债的相关付款项目是计量租赁负债的关键，此外还要确定折现率。

1. 租赁付款额

租赁付款额，是指承租人向出租人支付的与在租赁期内使用租赁资产的权利相关的款项。租赁付款额包括以下五项内容：

（1）固定付款额及实质固定付款额，存在租赁激励的，扣除租赁激励相关金额。租赁业务中的实质固定付款额是指在形式上可能包含变量但实质上无法避免的付款额，包含以下情形：

1）付款额设定为可变租赁付款额，但该可变条款几乎不可能发生，没有真正的经济实质。例如，付款额仅需在租赁资产经证实能够在租赁期间正常运行时支付，或者仅需在不可能不发生的事件发生时支付。又如，付款额初始设定为与租赁资产使用情况相

① 如果租赁开始日或之前承租人已经向出租人支付一部分租金，则承租人从出租人处借入的本金包括租赁负债和租赁开始日或之前承租人已经向出租人支付的一部分租金。

关的可变付款额，但其潜在可变性将于租赁期开始日之后的某个时点消除，在可变性消除时，该类付款额成为实质固定付款额。

2）承租人有多套付款额方案，但其中仅有一套是可行的。在此情况下，承租人应采用该可行的付款额方案作为租赁付款额。

3）承租人有多套可行的付款额方案，但必须选择其中一套。在此情况下，承租人应采用总折现金额最低的一套方案作为租赁付款额。

租赁激励，是指出租人为达成租赁向承租人提供的优惠，包括出租人向承租人支付的与租赁有关的款项、出租人为承租人偿付或承担的成本等。存在租赁激励的，承租人在确定租赁付款额时，应扣除租赁激励相关金额。

实务 5－9　承租人对实质固定付款额的判断

辉正公司的产品深受消费者青睐，为了满足消费者的需求，公司决定扩大产量，从宏伟公司租入生产该产品的设备。租赁合同中关于租赁付款额的条款为：如果辉正公司没有使用租入的设备进行生产销售，则辉正公司应付的年租金为 500 元；如果辉正公司进行了生产销售，则辉正公司应付的年租金为 500 000 元。

要求：

辉正公司的租赁付款额是否为实质固定付款额，并确定金额。

实务分析：

辉正公司生产的产品深受市场消费者青睐，甲公司不可能不进行生产销售，所以租金是形式上可变的但实质上无法避免的付款额。

综上所述，辉正公司的租赁付款额为每年 500 000 元的实质固定付款额。

(2) 取决于指数或比率的可变租赁付款额。可变租赁付款额，是指承租人为取得在租赁期内使用租赁资产的权利，向出租人支付的因租赁期开始日后的事实或情况发生变化（而非时间推移）而变动的款项。可变租赁付款额可能与下列各项指标或情况挂钩：

1）由于市场比率或指数数值变动导致的价格变动。例如，基准利率或消费者价格指数变动可能导致租赁付款额调整。

2）承租人源自租赁资产的绩效。例如，零售业不动产租赁可能会要求基于使用该不动产取得的销售收入的一定比例确定租赁付款额。

3）租赁资产的使用。例如，车辆租赁可能要求承租人在超过特定里程数时支付额外的租赁付款额。

上述可变租赁付款额中，仅取决于指数或比率的可变租赁付款额纳入租赁负债的初始计量中，包括与消费者价格指数挂钩的款项、与基准利率挂钩的款项和为反映市场租金费率变化而变动的款项等。此类可变租赁付款额应当根据租赁期开始日的指数或比率确定。除了取决于指数或比率的可变租赁付款额之外，其他可变租赁付款额均不纳入租赁负债的初始计量中。

(3) 购买选择权的行权价格，前提是承租人合理确定将行使该选择权。如果承租人合理确定将行使购买标的资产的选择权，则租赁付款额中应包含购买选择权的行权价格。在租赁期开始日，承租人应评估是否合理确定将行使购买标的资产的选择权。在评估时，承租人应考虑对其行使或不行使购买选择权产生经济激励的所有相关事实和情况。如果租赁合同规定承租人有购买选择权，价款预计远低于行使选择权时资产的公允价值，则在租赁开始日可以合理确定承租人将行使该选择权。

(4) 行使终止租赁选择权需支付的款项，前提是租赁期反映出承租人将行使终止租赁选择权。在租赁期开始日，承租人应评估是否合理确定将行使终止租赁的选择权。在评估时，承租人应考虑对其行使或不行使终止租赁选择权产生经济激励的所有相关事实和情况。如果承租人合理确定将行使终止租赁选择权，则租赁付款额中应包含行使终止租赁选择权需支付的款项，并且租赁期不应包含终止租赁选择权涵盖的期间。

实务 5-10　租赁负债是否包括行使终止租赁选择权需支付的款项

辉正公司从宏伟公司租入一台旧设备，租赁期为 5 年，合同约定辉正公司有权选择在第 3 年年初提前终止租赁，并以相当于 1 个月的租金作为罚金。每年的租赁付款额为固定金额 120 000 元。该设备相关技术更新非常快。上述租赁付款额与市场租金水平相符。

要求：

(1) 判断承租人甲公司是否提前终止租赁；

(2) 租赁负债是否包括提前终止租赁时需支付的罚金；

(3) 确定租赁期。

实务分析：

在租赁期开始日，辉正公司评估后认为 1 个月的租金即 10 000 元对于公司而言微不足道，而且该设备是旧设备，相关技术更新非常快，可以合理确定辉正公司会选择提前终止租赁。

租赁期开始日，承租人辉正公司预计将提前终止租赁，因此，其租赁负债应包括提前终止租赁时需支付的罚金 10 000 元，租赁期确定为 2 年。

(5) 根据承租人提供的担保余值预计应支付的款项。资产余值是租赁结束时租赁资产的公允价值。担保余值，是指与出租人无关的一方向出租人提供担保，保证在租赁结束时租赁资产的价值至少为某指定的金额。如果承租人提供了对余值的担保，则租赁付款额应包含该担保下预计应支付的款项，它反映了承租人预计将支付的金额，而不是承租人担保余值下的最大敞口。

实务 5-11 承租人提供的担保余值预计应支付的款项

租赁结束资产余值为500万元，承租人承诺对该余值担保80%即400万元，租赁开始日，承租人预计因租赁期间可能过度使用或未加维护而导致租赁结束时资产余值只有300万元。

要求：

确定承租人租赁付款额应包含的担保余值金额。

实务分析：

承租人承诺的余值担保额为400万元，但预计租赁结束时资产余值为300万元，因此，承租人预计将向出租人支付100万元补偿款，这种情况下，租赁付款额将包括承租人提供的担保余值预计应支付的款项100万元，而不是承租人担保余值下的最大敞口400万元。

综上所述，承租人租赁付款额应包含的担保余值金额为100万元。

2. 折现率

租赁负债应当按照租赁期开始日尚未支付的租赁付款额的现值进行初始计量。在计算租赁付款额的现值时，承租人应当采用租赁内含利率（租赁内含利率的计算见第三节出租人的会计处理）作为折现率；无法确定租赁内含利率的，应当采用承租人增量借款利率作为折现率。

承租人增量借款利率，是指承租人在类似经济环境下为获得与使用权资产价值接近的资产，在类似期间以类似抵押条件借入资金须支付的利率。该利率与下列事项相关：(1) 承租人自身情况，即承租人的偿债能力和信用状况；(2) “借款”的期限，即租赁期；(3) “借入”资金的金额，即租赁负债的金额；(4) “抵押条件”，即租赁资产的性质和质量；(5) 经济环境，包括承租人所处的司法管辖区、计价货币、合同签订时间等。在具体操作时，承租人可以先根据所处经济环境，以可观察的利率作为确定增量借款利率的参考基础，然后根据承租人自身情况、标的资产情况、租赁期和租赁负债金额等租赁业务具体情况对参考基础进行调整，得出适用的承租人增量借款利率。企业应当对确定承租人增量借款利率的依据和过程做好记录。

(二) 使用权资产的初始计量

使用权资产，是指承租人可在租赁期内使用租赁资产的权利。在租赁期开始日，承租人应当按照成本对使用权资产进行初始计量。该成本包括下列四项：

(1) 租赁负债的初始计量金额。

(2) 在租赁期开始日或之前支付的租赁付款额；存在租赁激励的，应扣除已享受的租赁激励相关金额。

(3) 承租人发生的初始直接费用。初始直接费用，是指为达成租赁所发生的增量成本。增量成本，是指若企业不取得该租赁，则不会发生的成本，如佣金、印花税等。无论是否实际取得租赁都会发生的支出，不属于初始直接费用，例如，为评估是否签订租赁而发生的差旅费、法律费用等，此类费用应当在发生时计入当期损益。

（4）承租人为拆卸及移除租赁资产、复原租赁资产所在场地或将租赁资产恢复至租赁条款约定状态预计将发生的成本，即使用权资产的弃置费用，该费用要进行折现计入使用权成本。前述成本属于为生产存货而发生的，适用《企业会计准则第 1 号——存货》。

关于上述第四项成本，承租人有可能在租赁期开始日就承担了上述成本的支付义务，也可能在特定期间内因使用标的资产而承担了相关义务。承租人应在其有义务承担上述成本时，将这些成本确认为使用权资产成本的一部分。但是，承租人由于在特定期间内将使用权资产用于生产存货而发生的上述成本，应按照《企业会计准则第 1 号——存货》进行会计处理。承租人应当按照《企业会计准则第 13 号——或有事项》对上述成本的支付义务进行确认和计量。

在某些情况下，承租人可能在租赁期开始前就发生了与标的资产相关的经济业务或事项。例如，租赁合同双方经协商在租赁合同中约定，标的资产需经建造或重新设计后方可供承租人使用；根据合同条款与条件，承租人需支付与资产建造或设计相关的成本。承租人如发生与标的资产建造或设计相关的成本，应适用其他相关准则，如《企业会计准则第 4 号——固定资产》进行会计处理。同时，需要注意的是，与标的资产建造或设计相关的成本不包括承租人为获取标的资产使用权而支付的款项，此类款项无论在何时支付，均属于租赁付款额。

租赁期开始日的会计分录：

借：使用权资产

　　租赁负债——未确认融资费用

　贷：租赁负债——租赁付款额

　　　银行存款（租赁期开始日或之前支付的租赁付款额）

　　　预计负债——弃置费用（使用权资产的弃置费用现值）

借：使用权资产

　贷：银行存款（初始直接费用）

借：银行存款

　贷：使用权资产（已享受的租赁激励金额）

若租赁合同以交纳保证金为生效条件，承租人支付租赁保证金时：

借：其他应付款——租赁保证金

　贷：银行存款

承租人到期不交租金，以保证金抵作租金时：

借：租赁负债——租赁付款额

　贷：其他应付款——租赁保证金

承租人违约，按租赁合同或协议规定被出租人没收保证金时：

借：营业外支出等

贷：其他应付款——租赁保证金

（三）租赁负债的后续计量

在租赁期开始日后，承租人应当按以下原则对租赁负债进行后续计量：

（1）确认租赁负债的利息时，增加租赁负债的账面金额。

（2）支付租赁付款额时，减少租赁负债的账面金额。

（3）因重估或租赁变更等原因导致租赁付款额发生变动时，重新计量租赁负债的账面价值。

承租人应当按照固定的周期性利率计算租赁负债在租赁期内各期间的利息费用，并计入当期损益，但按照《企业会计准则第 17 号——借款费用》等其他准则规定应当计入相关资产成本的，从其规定。

此处的周期性利率，是指承租人对租赁负债进行初始计量时所采用的折现率，或者因租赁付款额发生变动或因租赁变更而需按照修订后的折现率对租赁负债进行重新计量时，承租人所采用的修订后的折现率。

未纳入租赁负债计量的可变租赁付款额，即并非取决于指数或比率的可变租赁付款额，应当在实际发生时计入当期损益，但按照《企业会计准则第 1 号——存货》等其他准则规定应当计入相关资产成本的，从其规定。

租赁期间的会计分录：

支付固定租金：

借：租赁负债——租赁付款额

贷：银行存款

分摊融资费用：

借：财务费用——利息费用

贷：租赁负债——未确认融资费用

支付租赁资产的维护费用：

借：制造费用等

贷：银行存款等

支付未计入租赁负债的可变租赁付款额（如根据销售收入比例支付的租金）：

借：销售费用等

贷：银行存款

（四）预计负债的后续计量

租赁期开始日，承租人因预计使用权资产未来发生的弃置费用，如拆卸费、场地恢复费用等而确认的预计负债，在租赁期间，采用实际利率即租赁开始日的折现率计提利息费用：

借：财务费用——利息费用

贷：预计负债——弃置费用

（五）使用权资产的后续计量

1. 计量基础

在租赁期开始日后，承租人应当采用成本模式对使用权资产进行后续计量，即以成本减累计折旧及累计减值损失计量使用权资产。

承租人按照新租赁准则有关规定重新计量租赁负债的，应当相应调整使用权资产的账面价值。

2. 使用权资产的折旧

承租人应当参照《企业会计准则第4号——固定资产》有关折旧规定，自租赁期开始日起对使用权资产计提折旧。使用权资产通常应自租赁期开始的当月计提折旧，当月计提确有困难的，为便于实务操作，企业也可以选择自租赁期开始的下月计提折旧，但应对同类使用权资产采取相同的折旧政策。计提的折旧金额应根据使用权资产的用途，计入相关资产的成本或者当期损益。

承租人在确定使用权资产的折旧方法时，应当根据与使用权资产有关的经济利益的预期实现方式做出决定。通常，承租人按直线法对使用权资产计提折旧，其他折旧方法更能反映使用权资产有关经济利益预期实现方式的，应采用其他折旧方法。

承租人在确定使用权资产的折旧年限时，应遵循以下原则：承租人能够合理确定租赁期届满时取得租赁资产所有权的，应当在租赁资产剩余使用寿命内计提折旧；承租人无法合理确定租赁期届满时能够取得租赁资产所有权的，应当在租赁期与租赁资产剩余使用寿命两者孰短的期间内计提折旧。如果使用权资产的剩余使用寿命短于前两者，则应在使用权资产的剩余使用寿命内计提折旧。

3. 使用权资产的减值

在租赁期开始日后，承租人应当按照《企业会计准则第8号——资产减值》的规定，确定使用权资产是否发生减值，并对已识别的减值损失进行会计处理。使用权资产发生减值的，按应减记的金额，借记“资产减值损失”，贷记“使用权资产减值准备”。使用权资产减值准备一旦计提，不得转回。承租人应当按照扣除减值损失之后的使用权资产的账面价值，进行后续折旧。

企业执行新租赁准则后，《企业会计准则第13号——或有事项》有关亏损合同的规定仅适用于采用短期租赁和低价值资产租赁简化处理方法的租赁合同以及在租赁开始日前已是亏损合同的租赁合同，不再适用于其他租赁合同。

（六）租赁期届满时的会计处理

租赁期届满时，承租人可能返还、续租、留购租赁资产等。

1. 返还租赁资产

租赁期届满，承租人返还租赁资产，如果存在承租人提供的担保余值预计应支付的款项：

借：租赁负债——应付租赁款（承租人提供的担保余值预计应支付额）
　　使用权资产累计折旧
　贷：使用权资产

如果不存在承租人提供的担保余值预计应支付的款项：

借：使用权资产累计折旧
　贷：使用权资产

发生的使用权资产的弃置费用：

借：预计负债——弃置费用
　　营业外支出（实际发生的弃置费用大于租赁开始预计金额）
　贷：银行存款等
　　　营业外收入（实际发生的弃置费用小于租赁开始预计金额）

2. 续租租赁资产

如果承租人行使续租选择权，则应视同该项租赁一直存在而做出相应的会计处理，如继续支付租金等。

3. 留购租赁资产

承租人有优惠购买选择权并实际行使了该权利，支付购买价款时：

借：租赁负债——应付租赁款（购买价款）
　贷：银行存款
借：固定资产——生产用固定资产等
　贷：使用权资产
借：使用权资产累计折旧
　贷：累计折旧

如果收到出租人退还的租赁保证金：

借：银行存款
　贷：其他应付款——租赁保证金

实务 5-12　承租人对非短期租赁和非低价值租赁的会计处理

2×20 年 1 月 1 日（租赁开始日），宏伟公司从辉正公司租入大型设备。相关资料如下：

该设备为全新，设备公允价值和账面价值为 10 000 万元，预计使用年限为 5 年，租赁期届满设备归还辉正公司，预计发生设备拆卸、场地恢复等弃置费用 20 万元。租赁期届满资产余值 500 万元，承租人承诺对该余值担保 80%即 400 万元，租赁开始日，承租人预计因租赁期间可能过度使用或未加维护而导致租赁结束时资产余值只有300万元。宏伟公司发生初始直接费用12万元。采用年限平均法计提折旧。

租期为5年，每年年末支付租金3 000万元，如果承租人宏伟公司每年年末按期支付，辉正公司会给予减少租金10万元的奖励，预计宏伟公司会按期支付租金；承租人增量借款利率为8%；辉正公司每年按宏伟公司使用该设备生产的产品的年销售收入的1%分享收入，宏伟公司每年年末支付。每年宏伟公司使用该设备生产的产品实现的销售收入为8 000万元。

租赁期届满宏伟公司实际发生的使用权资产的弃置费用为25万元，评估结果表明资产余值达到承租人宏伟公司承诺担保的400万元。

年金现值系数：$(P/A, 8\%, 5)=3.9927$

复利现值系数：$(P/F, 8\%, 5)=0.6806$

要求：

为承租人宏伟公司完成以下任务：

(1) 判断是否可以对该租赁采用简化处理；

(2) 如果不能采用简化处理，计算租赁付款额、租赁负债、未确认融资费用和使用权资产的入账价值，编制租赁期开始日的会计分录；

(3) 编制未确认融资费用分摊计算表；

(4) 编制使用权资产折旧费用计算表；

(5) 编制预计负债利息费用计算表；

(6) 编制租赁期间的会计分录；

(7) 编制租赁期届满的会计分录。

实务分析：

由于租赁期为5年，不属于短期租赁；从价值看，该大型设备租赁不属于低价值租赁，因此，承租人宏伟公司不能采用简化处理，要确认使用权资产和租赁负债。

租赁负债是租赁期开始日尚未支付的租赁付款额的现值。本质上讲，租赁负债就像承租人从出租人处借入的本金。预计宏伟公司会按期支付租金，本业务租赁付款额包括5年的固定付款额扣除辉正公司给予的5年激励额加上承租人提供的担保余值预计应支付的款项。宏伟公司每年年末支付的款项为2 990万元（3 000－10），宏伟公司承诺对该余值担保80%即400万元，但它预计租赁结束时资产余值只有300万元，故宏伟公司提供的担保余值预计应支付的款项为100万元（400－300）。租赁开始日或之前宏伟公司没有支付任何款项，因此租赁期开始日尚未支付的租赁付款额为15 050万元（2 990×5＋100），将该租赁付款额折现求得租赁负债的初始入账价值为12 006.23万元（视同借入本金），租赁付款额15 050万元与其现值之差为未确认融资费用3 043.77万元。实质上，租赁付款额15 050万元相当于宏伟公司从辉正公司处借入的本金和未来支付的利息（即租赁开始日的未确认融资费用）之和。

使用权资产初始计量金额包括租赁负债的初始计量金额12 006.23万元、初始直接费用 12 万元、弃置费用 20 万元的现值。

租赁期间，每年年末宏伟公司按期支付租金 2 990 万元时冲减租赁负债，即贷记“租赁负债——租赁付款额”。采用实际利率法分摊未确认融资费用时计入财务费用的同时增加租赁负债，即贷记“租赁负债——未确认融资费用”，每年分摊的融资费用金额等于年初租赁负债的账面价值（即租赁投资净额年初余额）乘以实际利率 8%。采用实际利率法计算预计负债的利息费用，其金额等于每年年初预计负债的账面价值乘以实际利率 8%，计入财务费用的同时增加预计负债，即贷记“预计负债——弃置费用”。将使用权资产用于生产，按直线法计提折旧，计提折旧时，使用权资产应计折旧总额等于使用权资产原值 12 031.84 万元扣除宏伟公司提供的担保余值预计支付额 100 万元（相当于固定资产的净残值）的差额 11 931.84 万元，每月折旧计入制造费用的同时贷记“使用权资产累计折旧”。每年年末按销售收入 8 000 万元的 1%支付或有租金 80 万元并计入销售费用。

租赁期届满，宏伟公司实际支付使用权资产的弃置费用 25 万元大于预计的 20 万元，冲减预计负债的同时，差额 5 万元计入营业外支出。宏伟公司将设备退还给辉正公司时，终止确认使用权资产账面价值（“使用权资产”账户和“使用权资产累计折旧”账户）和租赁负债账面价值（租赁开始日宏伟公司承诺对使用权资产担保余值的预计支付金额 100 万元）。

（1）根据分析，对该租赁不能采用简化处理。

（2）租赁付款额、租赁负债、未确认融资费用和使用权资产的入账价值的计算及租赁期开始日的会计分录如下：

每年支付租金＝3 000－10＝2 990(万元)

租赁付款额＝2 990×5＋100＝15 050(万元)

租赁负债租赁付款额现值＝2 990×$(P/A, 8\%, 5)$＋100×$(P/F, 8\%, 5)$

＝2 990×3.992 7＋100×0.680 6＝12 006.23(万元)

未确认融资费用＝15 050－12 006.23＝3 043.77(万元)

弃置费用现值即预计负债账面价值＝20×$(P/F, 8\%, 5)$＝20×0.680 6＝13.61(万元)

使用权资产入账价值＝12 006.23＋12＋13.61＝12 031.84(万元)

租赁期开始日的会计分录（以下会计分录单位为万元）：

借：使用权资产	12 031.84	
租赁负债——未确认融资费用	3 043.77	
贷：银行存款		12.00
租赁负债——租赁付款额		15 050.00
预计负债		13.61

（3）未确认融资费用按照 8%进行分摊，分摊计算表如表 5 - 1 所示。

表 5-1 未确认融资费用分摊计算表

2×20 年 1 月 1 日　　单位：万元

日期	租赁付款额 ①	利息 ②=期初④×8%	租赁负债或应付本金减少额 ⑤=③-②	租赁负债或应付本金余额 期末④=期初④-③
2×20.01.01				12 006.23
2×20.12.31	2 990	960.50	2 029.50	9 976.73
2×21.12.31	2 990	798.14	2 191.86	7 784.87
2×22.12.31	2 990	622.79	2 367.21	5 417.66
2×23.12.31	2 990	433.41	2 556.59	2 861.07
2×24.12.31	2 990	228.93**	2 761.07*	100.00
2×24.12.31	100			
合计	15 050	3 043.77		

*2 761.07=2 861.07-100。

**228.93=2 990-2 716.07。

（4）使用权资产折旧费用计算表如表 5-2 所示。

表 5-2 使用权资产折旧费用计算表　　金额单位：万元

日期	原价	估计余值	折旧率（%）	当年折旧费用	累计折旧	净值
2×20.01.01	12 031.84	100				11 931.84
2×20.12.31			20	2 386.37	2 386.37	9 545.47
2×21.12.31			20	2 386.37	4 772.74	7 159.10
2×22.12.31			20	2 386.37	7 159.11	4 772.73
2×23.12.31			20	2 386.37	9 545.48	2 386.36
2×24.12.31			20	2 386.36	11 931.84	100
合计	12 031.84	100	100	1 1931.84		

（5）预计负债利息费用计算表如表 5-3 所示。

表 5-3 预计负债利息费用计算表　　单位：万元

日期	年利息 ①=期初②×8%	预计负债余额 ②=期初②+①
2×20.01.01		13.61
2×20.12.31	1.09	14.70
2×21.12.31	1.18	15.87
2×22.12.31	1.27	17.14
2×23.12.31	1.37	18.52
2×24.12.31	1.48	20.00
合计	6.39	

(6) 租赁期间的会计分录。

2×20 年 12 月 31 日：

支付固定租金：

借：租赁负债——租赁付款额	2 990	
贷：银行存款		2 990

每月分摊融资费用＝960.50/12＝80.04(万元)

借：财务费用——利息费用	80.04	
贷：租赁负债——未确认融资费用		80.04

每月计提预计负债利息费用＝1.09/12＝0.09(万元)

借：财务费用	0.09	
贷：预计负债——弃置费用		0.09

每月计提折旧额＝2 386.37/12＝198.86(万元)

借：制造费用	198.86	
贷：使用权资产累计折旧		198.86

每年支付或有租金＝8 000×1%＝80(万元)

借：销售费用	80	
贷：银行存款		80

以后年度的会计处理过程类似，这里不再赘述。

(7) 租赁期届满的会计分录。

租赁期届满支付弃置费用：

借：预计负债——弃置费用	20	
营业外支出	5	
贷：银行存款		25

设备归还：

借：使用权资产累计折旧	11 931.84	
租赁负债——租赁付款额	100.00	
贷：使用权资产		12 031.84

(七) 租赁负债的重新计量

在租赁期开始日后，当发生下列四种情形时，承租人应当按照变动后的租赁付款额的现值重新计量租赁负债，并相应调整使用权资产的账面价值。使用权资产的账面价值已调减至零，但租赁负债仍需进一步调减的，承租人应当将剩余金额计入当期损益。基本的会计分录如下：

借：使用权资产

　　租赁负债——未确认融资费用

　贷：租赁负债——租赁付款额

或

借：租赁负债——租赁付款额

　贷：使用权资产

　　租赁负债——未确认融资费用

　　营业外收入

1. 实质固定付款额发生变动

如果租赁付款额最初是可变的，但在租赁期开始日后的某一时点转为固定，那么，在潜在可变性消除时，该付款额成为实质固定付款额，应纳入租赁负债的计量。承租人应当按照变动后租赁付款额的现值重新计量租赁负债。在该情形下，承租人采用的折现率不变，即采用租赁期开始日确定的折现率。

实务 5-13　租赁负债的重新计量——实质固定付款额发生变动

承租人辉正公司签订了一份为期 5 年的大型商铺租赁合同，支付的初始直接费用为 60 000 元。租赁合同规定，租金于每年年末支付，并按以下方式确定：第 1 年，租金是可变的，根据该商铺在第 1 年的实际销售收入确定；第 2 至第 5 年，每年的租金根据该商铺在第 1 年的实际销售收入确定。在租赁期开始日，辉正公司无法确定租赁内含利率，其增量借款利率为 10%。假设在第 1 年年末，根据该商铺在第 1 年的实际销售收入所确定的租赁付款额为每年 1 000 000 元。

要求：

(1) 对承租人辉正公司第 1 年支付租金和初始直接费用进行会计处理；

(2) 计算承租人辉正公司第 1 年年末应确认的租赁付款额、租赁负债金额、未确认融资费用、使用权资产入账价值；

(3) 编制第 1 年年末确认使用权资产和租赁负债的会计分录。

实务分析：

第 1 年，租金是可变的；第 2 至第 5 年，每年的租金根据该商铺在第 1 年的实际销售收入确定租金，因此，该租赁将在第 1 年年末转变为固定付款额。

在租赁期开始时，由于未来的租金尚不确定，因此辉正公司的租赁负债为 0，第 1 年的租金是或有租金，于发生时计入销售费用（该租赁商铺用于销售商品）。在第 1 年年末，租金的潜在可变性消除，成为实质固定付款额即每年 1 000 000 元，因此，辉正公司应基于变动后的租赁付款额重新计量租赁负债，并采用不变的折现率即租赁期开始日的折现率 10%进行折现。

(1) 承租人辉正公司第 1 年支付租金的会计处理。

支付第 1 年租金：

借：销售费用　　1 000 000

　贷：银行存款　　1 000 000

支付初始直接费用：

借：使用权资产　　60 000

　贷：银行存款　　60 000

(2) 承租人辉正公司第 1 年年末应确认的租赁付款额、租赁负债、未确认融资费用、使用权资产入账价值的计算。

租赁付款额＝1 000 000×4＝4 000 000(元)

租赁付款额在第 1 年年末的现值即租赁负债＝1 000 000×(P/A，10%，4)

＝1 000 000×3.169 9

＝3 169 900(元)

未确认融资费用＝4 000 000－3 169 900＝830 100(元)

使用权资产入账价值＝3 169 900(元)

(3) 第 1 年年末确认使用权资产和租赁负债的会计分录。

借：使用权资产　　3 169 900

　　租赁负债——未确认融资费用　　830 100

　贷：租赁负债——租赁付款额　　4 000 000

2. 担保余值预计的应付金额发生变动

在租赁期开始日后，承租人应对其在担保余值下预计支付的金额进行估计。该金额发生变动的，承租人应当按照变动后租赁付款额的现值重新计量租赁负债。在该情形下，承租人采用的折现率不变。

实务 5－14　租赁负债的重新计量——担保余值预计的应付金额发生变动

接实务 5－12，假设第 3 年年初即 2×22 年 1 月 1 日，承租人宏伟公司预计因租赁期间可能过度使用或未加维护而导致租赁结束时资产余值由租赁开始日的 300 万元变为 10 万元。其他资料不变。

要求：

为承租人宏伟公司完成下列任务：

(1) 计算确定 2×22 年 1 月 1 日调整前租赁付款额余额、租赁负债账面价值、未确认融资费用余额、预计负债余额、使用权资产账面价值；

(2) 租赁负债重新计量后，计算 2×22 年 1 月 1 日调整后的租赁付款额余额、租赁负债账面价值、未确认融资费用余额、预计负债余额、使用权资产账面价值；

(3) 计算重新计量租赁负债前后租赁付款额、租赁负债、未确认融资费用、使用权资产各自的变动额以及使用资产账面价值；

（4）编制租赁负债重新计量后的调整分录。

实务分析：

2×22 年 1 月 1 日调整前租赁各项金额分析如下：由于承租人已经支付了 2 年租金，租赁付款额余额为剩余 3 年的租赁付款额 8 970 万元（2 990×3），加上承租人提供的担保余值预计应支付的款项 100 万元，根据实务 5－12 中的未确认融资费用分摊计算表（表 5－1）可知，第 3 年年初租赁负债账面价值为第 2 年年末应付本金余额 7 784.87 万元，未确认融资费用第 2 年年末余额等于租赁开始日的未确认融资费用 3 043.77 万元与前两年累计摊销额 1 758.64 万元（960.50＋798.14）的差额，使用权资产的账面价值为使用权资产原值 12 031.84 万元与两年累计折旧 4 772.74 万元的差额。根据预计负债利息费用计算表（表 5－3）可知，第 3 年年初预计负债余额为第 2 年年末余额即 15.87 万元。

第 3 年年初即 2×22 年 1 月 1 日，承租人宏伟公司租赁结束时资产余值由租赁开始日的 300 万元变为 10 万元，所以原来租赁开始日宏伟公司提供的担保余值预计应支付的款项 100 万元（400—300）变为 390 万元（400—10），第 3 年年初租赁负债重新计量后的租赁付款额为剩余 3 年的租赁付款额 8 970 万元（2 990×3），加上承租人提供的担保余值预计应支付的款项 390 万元，然后根据重新计量后的租赁付款额 9 360 万元（2 990×3＋390）计算其第 3 年年初的现值，采用的折现率不变即 8%。重新计量后的租赁付款额与其现值之间的差额为第 3 年年初租赁负债重新计量后的未确认融资费用金额。

经过前两个步骤后，调整前后各项目的差额即变动额。在会计分录方面，承租人调增租赁负债账面价值的同时增加使用权资产账面价值。

（1）2×22 年 1 月 1 日调整前租赁付款额余额、租赁负债账面价值、未确认融资费用余额、预计负债余额、使用权资产的账面价值的计算。

租赁付款额余额＝2 990×3＋100＝9 070(万元)

租赁负债账面价值＝7 784.87(万元)

未确认融资费用余额＝3043.77—(960.50＋798.14)

＝1 285.13(万元)

或　＝9 070—7 784.87＝1 285.13(万元)

使用权资产账面价值＝12 031.84—4 772.74＝7 259.10(万元)

预计负债余额＝15.87(万元)

（2）租赁负债重新计量后，第 3 年年初调整后的租赁付款额、租赁付款额现值、未确认融资费用、使用权资产账面价值的计算。

第 3 年年初调整后：

租赁付款额＝2 990×3＋390＝9 360(万元)

租赁付款额现值（租赁负债账面价值）＝2 990×$(P/A,8\%,3)$＋390×$(P/F,8\%,3)$

＝2 990×2.577 1＋390×0.793 8

＝8 015.11(万元)

未确认融资费用账面价值＝9 360－8 015.11＝1 344.89(万元)

(3) 重新计量租赁负债前后租赁付款额、租赁负债账面价值、未确认融资费用、使用权资产各自的变动额，以及使用权资产账面价值的计算。

租赁付款额的变动额(增加额)＝9 360－9 070＝290(万元)

租赁负债的变动额(增加额)＝8 015.11－7 784.87＝230.24(万元)

未确认融资费用的变动额(增加额)＝1 344.89－1 285.13＝59.76(万元)

或 ＝290－230.24＝59.76(万元)

使用权资产的变动额(增加额)＝230.24(万元)

使用权资产账面价值＝7 259.10＋230.24＝7 489.34(万元)

(4) 租赁负债重新计量后的调整分录（单位：万元）。

借：使用权资产	230.24	
租赁负债——未确认融资费用	59.76	
贷：租赁负债——租赁付款额		290.00

3. 用于确定租赁付款额的指数或比率发生变动

在租赁期开始日后，浮动利率的变动导致未来租赁付款额发生变动的，承租人应当按照变动后租赁付款额的现值重新计量租赁负债。在该情形下，承租人应采用反映利率变动的修订后的折现率进行折现。

在租赁期开始日后，用于确定租赁付款额的指数或比率（浮动利率除外）的变动导致未来租赁付款额发生变动的，承租人应当按照变动后租赁付款额的现值重新计量租赁负债。在该情形下，承租人采用的折现率不变。

需要注意的是，仅当现金流量发生变动时，即租赁付款额的变动生效时，承租人才应重新计量租赁负债，以反映变动后的租赁付款额。承租人应基于变动后的合同付款额，确定剩余租赁期内的租赁付款额。

4. 购买选择权、续租选择权或终止租赁选择权的评估结果或实际行使情况发生变化

租赁期开始日后，发生下列情形的，承租人应采用修订后的折现率对变动后的租赁付款额进行折现，以重新计量租赁负债：

(1) 发生承租人可控范围内的重大事件或变化，且影响承租人是否合理确定将行使续租选择权或终止租赁选择权的，承租人应当对其是否合理确定将行使相应选择权进行重新评估。上述选择权的评估结果发生变化的，承租人应当根据新的评估结果重新确定租赁期和租赁付款额。上述选择权的实际行使情况与原评估结果不一致等导致租赁期变化的，也应当根据新的租赁期重新确定租赁付款额。

(2) 发生承租人可控范围内的重大事件或变化，且影响承租人是否合理确定将行使购买选择权的，承租人应当对其是否合理确定将行使购买选择权进行重新评估。评估结果发生变化的，承租人应根据新的评估结果重新确定租赁付款额。

上述两种情形下，承租人在计算变动后租赁付款额的现值时，应当采用剩余租赁期间的租赁内含利率作为折现率；无法确定剩余租赁期间的租赁内含利率的，应当采用重估日的承租人增量借款利率作为折现率。

实务 5-15　租赁负债的重新计量——购买选择权、续租选择权或终止租赁选择权的评估结果或实际行使情况发生变化

承租人阳光公司与出租人雨露公司签订了一份厂房租赁合同，发生的初始直接费用为 20 000 元。租赁合同规定，每年的租赁付款额为 1 000 000 元，于每年年末支付；不可撤销租赁期为 6 年，并且合同约定在第 6 年年末，阳光公司有权选择以每年 1 000 000 元续租 6 年。阳光公司无法确定租赁内含利率，其增量借款利率为 8%。阳光公司在租赁期开始时评估认为，不能合理确定将行使续租选择权。

在第 5 年，阳光公司预计租赁期结束时如果不续租现有租赁厂房而搬迁、寻找新的租赁厂房等将耗时耗力，且影响公司的生产和客户的需求，因此阳光公司在第 5 年年末重新评估后认为，能够合理确定将行使上述续租选择权。阳光公司仍无法确定租赁内含利率，其重估日的增量借款利率为 6%。

要求：

为承租人阳光公司完成以下任务：

(1) 在租赁期开始日确定租赁期并说明理由；

(2) 租赁期开始日的会计处理，包括租赁付款额及其现值、未确认融资费用、使用权资产入账价值的计算；

(3) 第 5 年年末是否重新计量租赁负债并说明理由；

(4) 如果第 5 年年末重新计量租赁负债，根据新的评估结果重新确定租赁期和租赁付款额、变动后租赁付款额的现值；

(5) 如果第 5 年年末重新计量租赁负债，编制重新计量后的调整分录。

实务分析：

由于阳光公司在租赁期开始日不能合理确定将行使续租选择权，因此，租赁期确定为 6 年。

在租赁期开始日，租赁付款额为租赁期内的固定付款额 6 000 000 元，租赁负债和使用权资产入账价值为租赁付款额按照增量借款利率 8%折现的现值，未确认融资费用为租赁付款额减去其现值，使用权资产的入账价值等于租赁付款额现值加上初始直接费用。

第 5 年年末是否重新计量租赁负债问题。承租人阳光公司是否搬迁等是其可控范围内的重大事件或变化，且影响承租人是否合理确定将行使续租选择权，所以第5年年末，阳光公司应当对其是否合理确定将行使续租选择权进行重新评估，重新评估后认为，能够合理确定将行使续租选择权。由于续租选择权的评估结果发生变化的，承租人应当根据新的评估结果重新确定租赁期和租赁付款额，即重新计量租赁负债。重新确定的租赁期共12年（6+6），所以第5年年末重新确定后的剩余租赁期为7年（12−5），重新确定后的剩余租赁付款额为7 000 000元（1 000 000×7），按重估日的承租人增量借款利率6%作为折现率计算重新评估后的租赁付款额的现值，并确定重新评估后的未确认融资费用。

根据重新计量后的租赁负债账面价值、未确认融资费用与评估前它们的余额的差额调整其账面价值，同时调整使用权资产账面价值。

（1）租赁期为6年，因为阳光公司在租赁期开始日不能合理确定将行使续租选择权。

（2）租赁期开始日的会计处理。

租赁付款额＝1 000 000×6＝6 000 000(元)

租赁负债账面价值(租赁付款额现值)＝1 000 000×(P/A，8%，6)

＝1 000 000×4.622 9＝4 622 900(元)

未确认融资费用＝6 000 000−4 622 900＝1 377 100(元)

使用权资产入账价值＝4 622 900＋20 000＝4 642 900(元)

未确认融资费用分摊计算表如表5-4所示。

表5-4 未确认融资费用分摊计算表

单位：元

年度	租赁付款额 ①	利息 ②＝期初④×8%	租赁负债或应付本金减少额 ③＝①−②	租赁负债或应付本金余额 期末④＝期初④−③
1				4 622 900
1	1 000 000	369 832	630 168	3 992 732
2	1 000 000	319 419	680 581	3 312 151
3	1 000 000	264 972	735 028	2 577 123
4	1 000 000	206 170	793 830	1 783 292
5	1 000 000	142 663	857 337	925 956
6	1 000 000	74 044	925 956	0
合计	6 000 000	1 377 100	4 622 900	

在租赁期开始日，阳光公司的账务处理为：

借：使用权资产　4 642 900

　　租赁负债——未确认融资费用　1 377 100

　贷：银行存款　20 000

　　　租赁负债——租赁付款额　6 000 000

（3）由上述分析可知，第5年年末应重新计量租赁负债。

（4）第5年年末重新计量租赁负债，根据新的评估结果重新确定租赁期、租赁付款额、租赁付款额现值、未确认融资费用。

由分析可知，第 5 年年末重新评估后的租赁期为 7 年，重新评估后相关项目金额的计算如下：

租赁付款额＝1 000 000×7＝7 000 000(元)

租赁付款额现值＝1 000 000×(P/A，6%，7)

＝1 000 000×5.582 4＝5 582 400(元)

未确认融资费用＝7 000 000－5 582 400＝1 417 600(元)

(5) 在第 5 年年末，支付了第 5 年租赁付款额之后，租赁负债的账面价值为 925 956 元，其中，租赁付款额为 1 000 000 元，未确认融资费用余额为 74 044 元，见表 5－4。

租赁付款额调增额＝7 000 000－1 000 000＝6 000 000(元)

租赁负债账面价值调增额＝5 582 400－925 956 ＝4 656 444(元)

未确认融资费用调增额＝1 417 600－74 044＝1 343 556(元)

或 ＝6 000 000－4 656 444＝1 343 556(元)

使用权资产账面价值调增额＝4 656 444(元)

第 5 年年末重新计量后的调整分录：

借：使用权资产	4 656 444	
租赁负债——未确认融资费用	1 343 556	
贷：租赁负债——租赁付款额		6 000 000

(八) 租赁变更的会计处理

租赁变更，是指原合同条款之外的租赁范围、租赁对价、租赁期限的变更，包括增加或终止一项或多项租赁资产的使用权，延长或缩短合同规定的租赁期等。租赁变更生效日，是指双方就租赁变更达成一致的日期。

1. 租赁变更作为一项单独租赁处理

租赁发生变更且同时符合下列条件的，承租人应当将该租赁变更作为一项单独租赁进行会计处理：

(1) 该租赁变更通过增加一项或多项租赁资产的使用权而扩大了租赁范围；

(2) 增加的对价与租赁范围扩大部分的单独价格按该合同情况调整后的金额相当。

由此可见，租赁变更作为一项单独租赁处理必须是租赁范围扩大并且因扩大而增加的对价相当。

2. 租赁变更未作为一项单独租赁处理

租赁变更未作为一项单独租赁进行会计处理的，在租赁变更生效日，承租人应当按照新租赁准则有关租赁分拆的规定对变更后合同的对价进行分摊；按照新租赁准则有关租赁期的规定确定变更后的租赁期，应采用变更后的折现率对变更后的租赁付款额进行折现，以重新计量租赁负债。在计算变更后租赁付款额的现值时，承租人应当采用剩余租赁期间的租赁内含利率作为折现率；无法确定剩余租赁期间的租赁内含利率的，应当采用租赁变更生效日承租人的增量借款利率作为折现率。

就上述租赁负债调整的影响，承租人应区分以下情形进行会计处理：

（1）租赁变更导致租赁范围缩小或租赁期缩短的，承租人应当调减使用权资产的账面价值，以反映租赁的部分终止或完全终止。承租人应将部分终止或完全终止租赁的相关利得或损失计入当期损益。

租赁负债的减少额与使用权资产的减少额之间的差额为利得或损失。这里的租赁负债减少额是租赁变更生效日的原租赁负债账面价值与租赁变更后的剩余期间原租赁付款额按原折现率折现的现值之间的差额。这里的使用权资产减少额是变更前的原使用权资产在租赁变更生效日的账面价值与基于变更前使用权资产成本计算的变更后的剩余租赁期的成本之间的差额。

使用权资产账面价值减少额等于租赁负债减少额加（减）部分终止或完全终止租赁的相关损失（利得）。

（2）其他租赁变更，承租人应当相应调整使用权资产的账面价值，不产生利得或损失。

对于此处会计处理的理解：当租赁变更未作为一项单独租赁处理时，租赁变更导致租赁范围缩小或租赁期缩短的，承租人调减使用权资产的账面价值时会产生终止租赁的相关利得或损失。

实务 5-16 租赁变更的会计处理——租赁期缩短

辉正公司从宏伟公司租入厂房，租期为 10 年，每年年末支付租金 800 万元，租赁内含利率无法确定，辉正公司在租赁期开始日的增量借款利率为 6%。第 5 年年初，辉正公司和宏伟公司同意对原租赁进行修改，租赁期由 10 年缩短为 6 年，租金每年年末支付 1 000 万元。辉正公司在第 5 年年初的增量借款利率为 5%。辉正公司采用直线法计提折旧。

要求：

为承租人辉正公司完成以下任务：

（1）编制第 1 至第 4 年的未确认融资费用分摊计算表和使用权资产折旧费用计算表；

（2）判断该租赁变更是否作为一项单独租赁处理并说明理由；

（3）如果不能作为一项单独租赁处理，做出租赁变更生效日的会计处理；

（4）计算调整后的租赁负债账面价值和使用权资产账面价值。

实务分析：

有关租赁期开始日会计处理的相关分析前述会计实务中已经分析，此处不再赘述。

根据新租赁准则，承租人将租赁变更作为一项单独租赁进行会计处理是与扩大租赁范围有关的，辉正公司与宏伟公司对该租赁的变更没有扩大租赁范围，而是缩短租赁期，因此，不能将该租赁变更作为一项单独租赁进行会计处理。

此租赁变更导致租赁期缩短的，承租人辉正公司在租赁变更后的租赁付款额为剩余2年租金之和2 000万元（1 000×2），并按照该日变更后的增量借款利率5%计算其现值1 859.40万元（1 000×(*P*/*A*，5%，2)），即变更后的租赁负债的账面价值，其与变更前第4年年末（第5年年初）租赁负债的账面价值3 933.87万元（见表5-5）的差额，即租赁负债账面价值减少额2 074.47万元，调减租赁负债的账面价值，同时调减使用权资产账面价值2 074.47万元。

承租人辉正公司将部分终止租赁的相关利得或损失的确定如下：使用权资产成本为5 888.08万元，由于租赁期缩短，原租赁剩余2年使用权资产的账面价值为1 177.62万元（5 888.08/10×2），其与变更前第4年年末（第5年年初）的使用权资产的账面价值3 532.84万元（见表5-6）的差额，即基于变更前使用权资产成本计算租赁期缩短导致的使用权资产账面价值减少额2 355.22万元。剩余2年的原租赁付款额1 600万元（800×2）按照原增量借款利率6%计算其现值1 466.72万元（800×(*P*/*A*，6%，2)），该现值与变更前第4年年末（第5年年初）租赁负债的账面价值3 933.87万元之间的差额，即折现率不变情况下租赁负债账面减少额2 467.15万元，该金额与使用权资产账面价值减少额2 355.22万元之间的差额为利得111.93万元（因为负债的减少大于资产的减少），计入当期损益即资产处置损益，同时使用权资产账面价值少减少111.93万元。

综上结果，使用权资产账面价值调减额为1 962.54万元（2 074.47－111.93）。

（1）租赁付款额＝800×10＝8 000(万元)

租赁投资净额＝800×(*P*/*A*，6%，10)＝800×7.360 1＝5 888.08(万元)

未确认融资费用＝8 000－5 888.08＝2 111.92(万元)

使用权资产成本＝5 888.08(万元)

第1至第4年的未确认融资费用分摊计算表和使用权资产折旧费用计算表如表5-5和表5-6所示。

表5-5　未确认融资费用分摊计算表　　单位：万元

年度	租赁付款额 ①	利息 ②＝期初④×6%	租赁负债或应付本金减少额 ③＝①－②	租赁负债或应付本金余额 期末④＝期初④－③
1				5 888.08
1	800	353.28	446.72	5 441.36
2	800	326.48	473.52	4 967.85
3	800	298.07	501.93	4 465.92
4	800	267.96	532.04	3 933.87

表 5-6 使用权资产折旧费用计算表

单位：万元

年度	当年折旧费用 ⑤=5 888.08/10	累计折旧 ⑥	净值 ⑦=5 888.08-⑥
1			5 888.08
1	588.81	588.81	5 299.27
2	588.81	1 177.62	4 710.46
3	588.81	1 766.43	4 121.65
4	588.81	2 355.24	3 532.84

(2) 根据分析可知，该租赁变更不能作为一项单独租赁处理。

(3) 不能作为一项单独租赁处理时，租赁变更生效日的会计处理如下：

租赁变更前的剩余租赁付款额=800×6=4 800(万元)

租赁变更后的租赁付款额=1 000×2=2 000(万元)

租赁付款减少额=4 800-2 000=2 800(万元)

租赁变更后的租赁付款额按新折现率折现的现值即租赁负债账面价值=1 000×(P/A，5%，2)

=1 000×1.859 4=1 859.40(万元)

租赁负债减少额=3 933.87-1 859.40=2 074.47(万元)

未确认融资费用减少额=2 800-2 074.47=725.53(万元)

部分使用权资产终止的损益计算：

基于原租赁计算剩余 2 年的使用权资产的账面价值=5 888.08/10×2=1 177.62(万元)

基于原租赁计算变更后使用权资产账面价值减少额=3 532.84-1 177.62=2 355.22(万元)

剩余 2 年的原租赁付款额按原折现率折现的现值=800×(P/A，6%，2)

=800×1.833 4=1 466.72(万元)

折现率不变情况下租赁负债的账面减少额=第 5 年年初原租赁负债账面价值-剩余 2 年的原租赁付款额按原折现率折现的现值

=3 933.87-1 466.72=2 467.15(万元)

部分使用权资产终止的损益=2 467.15-2 355.22=111.93(万元)(利得)

使用权资产账面价值减少额=2 074.47-111.93=1 962.54(万元)

会计分录（单位：万元）：

借：租赁负债——租赁付款额　　2 800.00

　贷：使用权资产　　1 962.54

　　租赁负债——未确认融资费用　　725.53

　　资产处置损益　　111.93

（4）调整后的租赁负债账面价值和使用权资产账面价值的计算如下：

调整后的租赁负债账面价值＝1 859.40（万元）

调整后的使用权资产账面价值＝3 532.84－1 962.54＝1 570.30（万元）

实务 5－17　租赁变更的会计处理——租赁范围扩大

辉正公司从宏伟公司租入商铺一层，租期为 10 年，每年年末支付租金 600 万元，租赁内含利率无法确定，辉正公司在租赁期开始日的增量借款利率为 7%。第 5 年年初，辉正公司和宏伟公司同意对原租赁进行修改，从第 5 年年初开始，扩租同一商铺内的一层，两层商铺的每年年末租金为 1 000 万元。辉正公司在第 5 年年初的增量借款利率为 6%。为扩租的场所所支付的对价与租赁范围扩大部分的单独价格按该合同情况调整后的金额不相当。辉正公司采用直线法计提折旧。

要求：

为承租人辉正公司完成以下任务：

（1）编制第 1 至第 4 年的未确认融资费用分摊计算表和使用权资产折旧费用计算表；

（2）判断该租赁变更是否作为一项单独租赁处理并说明理由；

（3）如果不能作为一项单独租赁处理，做出租赁变更生效日的会计处理；

（4）计算调整后的租赁负债账面价值和使用权资产账面价值。

实务分析：

第 1 至第 4 年的未确认融资费用分摊计算表和使用权资产折旧费用计算表的分析这里不再赘述。

为扩租的场所所支付的对价与租赁范围扩大部分的单独价格按该合同情况调整后的金额不相当，所以该租赁变更不能作为一项单独租赁处理。

由于租赁范围扩大，租赁变更后的租赁付款额为剩余 6 年的年租赁付款额之和即 6 000 万元（1 000×6），与变更前的剩余 6 年的租赁付款额 3 600 万元（600×6）的差额 2 400 万元为租赁付款额增加额。变更后的租赁付款额按新折现率 6%折现的现值（即调整后的租赁负债账面价值）4 917.30 万元（1 000×（P/A，6%，6））与变更前的租赁负债的账面价值 2 859.94 万元（见表 5－7）的差额 2 057.36 万元为租赁负债增加额，也是使用权资产增加额。租赁付款额增加额 2 400 万元与租赁负债增加额 2 057.36 万元的差额为未确认融资费用增加额 342.64 万元（2 400－2 057.36）。

调整后的使用权资产账面价值等于调整前的使用权资产账面价值 2 528.48 万元（见表 5－8）加上使用权资产增加额 2 057.36 万元。

（1）租赁付款额＝600×10＝6 000（万元）

租赁投资净额＝600×（P/A，7%，10）

＝600×7.023 6＝4 214.16（万元）

未确认融资费用＝6 000－4 214.16＝1 785.84(万元)

使用权资产成本＝4 214.16(万元)

第 1 至第 4 年的未确认融资费用分摊计算表和使用权资产折旧费用计算表如表 5－7 和表 5－8 所示。

表 5－7　未确认融资费用分摊计算表　　单位：万元

年度	租赁付款额 ①	利息 ②＝期初④×7%	租赁负债或应付本金减少额 ③＝①－②	租赁负债或应付本金余额 期末④＝期初④－③
1				4 214.16
1	600	294.99	305.01	3 909.15
2	600	273.64	326.36	3 582.79
3	600	250.80	349.20	3 233.59
4	600	226.35	373.65	2 859.94

表 5－8　使用权资产折旧费用计算表　　单位：万元

年度	当年折旧费用 ⑤＝4 214.16/10	累计折旧 ⑥	净值 ⑦＝4 214.16－⑥
1			4 214.16
1	421.42	421.42	3 792.74
2	421.42	842.84	3 371.32
3	421.42	1 264.26	2 949.90
4	421.42	1 685.68	2 528.48

(2) 根据分析可知，该租赁变更不能作为一项单独租赁处理。

(3) 不能作为一项单独租赁处理时，租赁变更生效日的会计处理如下：

租赁变更前的剩余租赁付款额＝600×6＝3 600(万元)

租赁变更后的租赁付款额＝1 000×6＝6 000(万元)

租赁付款增加额＝6 000－3 600＝2 400(万元)

租赁变更后的租赁付款额按新折现率折现的现值即租赁负债账面价值＝1 000×(P/A，6%，6)

＝1 000×4.917 3＝4 917.30(万元)

租赁负债增加额＝4 917.30－2 859.94＝2 057.36(万元)

未确认融资费用增加额＝2 400－2 057.36＝342.64(万元)

会计分录（单位：万元）：

借：租赁负债——未确认融资费用　　342.64

　　使用权资产　　2 057.36

　贷：租赁负债——租赁付款额　　2 400.00

(4) 调整后的租赁负债账面价值和使用权资产账面价值的计算如下：

调整后的租赁负债账面价值＝2 859.94＋2 057.36＝4 917.30(万元)

调整后的使用权资产账面价值＝2 528.48＋2 057.36＝4 585.84(万元)

第三节　出租人的会计处理

出租人租赁需将租赁分为融资租赁和经营租赁两大类，并分别采用不同的会计处理方法。

一、出租人对融资租赁的会计处理

（一）租赁收款额

租赁收款额，是指出租人因让渡在租赁期内使用租赁资产的权利而应向承租人收取的款项，包括：

（1）承租人需支付的固定付款额及实质固定付款额。存在租赁激励的，应当扣除租赁激励相关金额。

（2）取决于指数或比率的可变租赁付款额。该款项在初始计量时根据租赁期开始日的指数或比率确定。如果租赁期间的租金取决于租赁资产的绩效（如按租赁资产使用产生的销售收入的一定比例收取的租金）或使用（如超出里程外收取的租金），则不能包括在租赁收款额中。

（3）购买选择权的行权价格，前提是合理确定承租人将行使该选择权。

（4）承租人行使终止租赁选择权需支付的款项，前提是租赁期反映出承租人将行使终止租赁选择权。

（5）由承租人、与承租人有关的一方以及有经济能力履行担保义务的独立第三方向出租人提供的担保余值。

（二）租赁期开始日的会计处理（初始计量）

在租赁期开始日，出租人应当对融资租赁按照租赁收款额确认应收融资租赁款，并终止确认融资租赁资产。出租人对应收融资租赁款进行初始计量时，应当以租赁投资净额作为应收融资租赁款的入账价值。租赁投资净额为未担保余值和租赁期开始日尚未收到的租赁收款额按照租赁内含利率折现的现值之和，或等于租赁资产公允价值与初始直接费用之和。租赁投资总额等于租赁收款额与未担保余值之和，其中，未担保余值，是指租赁资产余值中，出租人无法保证能够实现或仅由与出租人有关的一方予以担保的部分。未实现融资收益等于租赁投资总额减去租赁投资净额后的差额。

租赁内含利率，是指使出租人的租赁收款额的现值与未担保余值的现值之和（即租赁投资净额）等于租赁资产公允价值与出租人的初始直接费用之和的利率。因此，出租人发生的初始直接费用包括在租赁投资净额中，也包括在应收融资租赁款的初始入账价值中。

租赁内含利率（r）的计算公式如下：

$$\frac{\text{租赁收款额}}{\text{现值}(r)}+\frac{\text{未担保余值}}{\text{现值}(r)}=\frac{\text{租赁资产}}{\text{公允价值}}+\frac{\text{出租人的}}{\text{初始直接费用}}$$

纳入出租人租赁投资净额的可变租赁付款额只包含取决于指数或比率的可变租赁付款额。在初始计量时，应当采用租赁期开始日的指数或比率进行初始计量。出租人应定期复核计算租赁投资总额时所使用的未担保余值。若预计未担保余值降低，出租人应修改租赁期内的收益分配，并立即确认预计的减少额。

出租人取得的未纳入租赁投资净额计量的可变租赁付款额，如与资产的未来绩效或使用情况挂钩的可变租赁付款额，应当在实际发生时计入当期损益。

对于出租人的融资租赁业务，从本质上讲就像出租人把相当于租赁投资净额的资金借给承租人使用，租赁投资净额相当于本金，未实现融资收益相当于收取的利息，租赁收款额相当于本息之和。

租赁期开始日的会计分录：

借：应收融资租赁款——租赁收款额

　　未担保余值

　贷：银行存款

　　　应收融资租赁款——未实现融资收益

　　　融资租赁资产

　　　资产处置损益

如果一般工商业企业把闲置的固定资产出租符合融资租赁的条件，租赁期开始日的会计分录为：

借：应收融资租赁款——租赁收款额

　　未担保余值

　　累计折旧

　贷：银行存款

　　　应收融资租赁款——未实现融资收益

　　　固定资产

　　　资产处置损益

如果融资租赁合同必须以收到租赁保证金为生效条件，则出租人收到承租人交来的租赁保证金时：

借：银行存款

　贷：其他应收款——租赁保证金

（三）租赁期间的会计处理（后续计量）

租赁期间，出租人收到租赁款时：

借：银行存款

　贷：应收融资租赁款——租赁收款额

按照固定的周期性利率（租赁内含利率）计算并确认租赁期内各个期间的利息收入：

借：应收融资租赁款——未实现融资收益

　贷：租赁收入

按租赁资产的绩效或使用收取的租金（或有租金）：

借：银行存款

　贷：租赁收入

承租人到期不交租金，以保证金抵作租金时：

借：其他应收款——租赁保证金

　贷：应收融资租赁款——租赁收款额

承租人违约，按租赁合同或协议规定没收保证金时：

借：其他应收款——租赁保证金

　贷：营业外收入

（四）租赁期届满的会计处理

（1）如果承租人退回租赁资产，有担保余值，无未担保余值，则

借：融资租赁资产

　贷：应收融资租赁款——租赁收款额

（2）如果承租人退回租赁资产，无担保余值，有未担保余值，则

借：融资租赁资产

　贷：未担保余值

（3）如果承租人退回租赁资产，既有担保余值，又有未担保余值，则

借：融资租赁资产

　贷：应收融资租赁款——租赁收款额

　　　未担保余值

如果经评估发现租赁期届满承租人承诺的担保余值未达到要求，收到承租人支付的违约金，则

借：银行存款

　贷：营业外收入

（4）如果承租人退回租赁资产，无担保余值和未担保余值，出租人做备查登记。

（5）如果承租人续租，续租期间收到的租金计入当期损益，则

借：银行存款

　　贷：租赁收入

如果承租人违约未续租，出租人收到违约金，则

借：银行存款

　　贷：营业外收入

(6) 如果承租人租赁期届满行使了购买权，则

借：银行存款

　　贷：应收融资租赁款——租赁收款额

如果承租人违约未行使购买权，出租人收到违约金，则

借：银行存款

　　贷：营业外收入

实务 5-18　出租人融资租赁的会计处理

2×21 年 1 月 1 日（租赁开始日），辉正公司将大型设备出租给宏伟公司。相关资料如下：

该设备为全新，设备公允价值和账面价值为 10 000 万元，预计使用年限为 5 年，租期为 5 年，每年年末支付租金 3 000 万元，如果承租人宏伟公司每年年末按期支付，辉正公司给予减少租金 10 万元的奖励，预计宏伟公司会按期支付租金；租赁期届满设备归还辉正公司。租赁期届满资产余值为 500 万元，承租人承诺对该余值担保 80%即 400 万元。辉正公司发生初始直接费用 15 万元。

辉正公司每年按宏伟公司使用该设备生产的产品的年销售收入的 1%分享收入，宏伟公司每年年末支付。假设每年宏伟公司使用该设备生产的产品实现的销售收入为 8 000 万元。

要求：

为出租人辉正公司完成以下任务：

(1) 判断租赁类型；

(2) 根据租赁类型进行相应的租赁期开始日、租赁期、租赁期届满的会计处理。

实务分析：

该设备为全新，预计使用年限为 5 年，所以租赁资产的租期为 5 年，租赁期/租赁资产使用寿命=5/5=100%，所以租赁期占到了租赁资产使用寿命的大部分即 75%以上，且租赁资产使用年限占到了资产使用年限的大部分（5/5=100%），因此，该租赁为融资租赁。

对于融资租赁业务，租赁期开始日，出租人辉正公司需要确定租赁收款额及其现值、未实现融资收益并编制其分摊计算表。每年承租人需支付的固定付款额 3 000 万元扣除租赁激励相关金额 10 万元后为 2 990 万元（3 000－10），则辉正公司租赁收款额为 5 年的总和 14 950 万元（2 990×5）加上承租人承诺的资产余值担保金额 400 万元即应收融资租赁款 15 350 万元，并按照租赁内含利率（r）对租赁收款额折现（2 990×(P/A，r，5)+

400×(P/F，r，5))。租赁内含利率（r），是根据租赁收款额的现值（2 990×(P/A，r，5)+400×(P/F，r，5)）与未担保余值100万元的现值（100×(P/F，r，5)）之和等于租赁资产公允价值10 000万元与初始直接费用15万元之和而计算的利率。

租赁投资净额等于租赁收款额的现值（2 990×(P/A，r，5)+400×(P/F，r，5)）与未担保余值100万元的现值（100×(P/F，r，5)）之和，或等于租赁资产公允价值10 000万元与初始直接费用15万元之和。

对出租人来讲，未担保余值等于资产余值500万元减去承租人担保余值400万元。

租赁投资总额等于租赁收款额15 350万元加上未担保余值100万元即15 450万元，未实现融资收益等于租赁投资总额15 450万元减去租赁投资净额10 015万元（10 000+15）。

按照租赁内含利率r计算分摊未实现融资收益。

（1）根据分析，对出租人辉正公司来讲，该租赁为融资租赁。

（2）租赁期开始日、租赁期、租赁期届满的会计处理如下：

1）租赁期开始日。

租赁收款额=(3 000−10)×5+400=15 350(万元)

租赁内含利率（r）的计算：

$$2\,990\times(P/A, r, 5)+400(P/F, r, 5)+100\times(P/F, r, 5)=10\,000+15$$

采用插入法求得

租赁内含利率r=16.06%

租赁投资净额=10 000+15=10 015(万元)

未担保余值=500−400=100(万元)

租赁投资总额=租赁收款额+未担保余值

=15 350+100=15 450(万元)

未实现融资收益=15 450−10 015=5 435(万元)

未实现融资收益分摊计算表如表5-9所示。

表5-9　未实现融资收益分摊计算表　　单位：万元

日期	租金 ①	确认的融资收入 ②=期初④×16.06%	租赁投资净额减少额 ③=①−②	租赁投资净额余额 期末④=期初④−③
2×21.01.01				10 015
2×21.12.31	2 990	1 608.41	1 381.59	8 633.41
2×22.12.31	2 990	1 386.53	1 603.47	7 029.94
2×23.12.31	2 990	1 129.01	1 860.99	5 168.95
2×24.12.31	2 990	830.13	2 159.87	3 009.08
2×25.12.31	2 990	380.92**	2 609.08*	400
2×25.12.31	400	100***		
合计	15 350	5 435		

* 2 609.08=3 009.08−400

** 380.92=2 990−2 609.08

*** 100为未担保余值。

会计分录（以下会计分录单位为万元）：

借：应收融资租赁款——租赁收款额　15 350

　　　未担保余值　100

　贷：银行存款　15

　　　融资租赁资产　10 000

　　　应收融资租赁款——未实现融资收益　5 435

2）租赁期。

2×21年每月确认租赁收入：

每月确认的租赁收入＝1 608.41/12＝134.03(万元)

借：应收融资租赁款——未实现融资收益　134.03

　贷：租赁收入　134.03

2×21年12月31日收到租金：

借：银行存款　2 990

　贷：应收融资租赁款——租赁收款额　2 990

收到或有租金＝8 000×1%＝80(万元)

借：银行存款　80

　贷：租赁收入　80

以后年度比照上述处理，这里不再赘述。

3）租赁期届满收到宏伟公司退回的设备。

借：融资租赁资产　500

　贷：应收融资租赁款——租赁收款额　400

　　　未担保余值　100

(五）融资租赁变更的会计处理

1. 出租人将融资租赁变更作为一项单独租赁

融资租赁发生变更且同时符合下列条件的，出租人应当将该变更作为一项单独租赁进行会计处理：

(1）该变更通过增加一项或多项租赁资产的使用权而扩大了租赁范围或延长了租赁期限；

(2）增加的对价与租赁范围扩大部分或租赁期限延长部分的单独价格按该合同情况调整后的金额相当。

2. 出租人未将融资租赁变更作为一项单独租赁

融资租赁发生变更符合下列情形之一的，出租人不应当将该变更作为一项单独租赁进行会计处理：

（1）该变更通过减少一项或多项租赁资产的使用权而使租赁范围缩小或租赁期缩短。

（2）该变更通过增加一项或多项租赁资产的使用权而扩大了租赁范围或延长了租赁期限，且增加的对价与租赁范围扩大部分或租赁期限延长部分的单独价格按该合同情况调整后的金额不相当。

如果融资租赁的变更未作为一项单独租赁进行会计处理，且满足变更在租赁开始日生效，该租赁会被分类为经营租赁条件的，出租人应当自租赁变更生效日开始将其作为一项新租赁进行会计处理，并以租赁变更生效日前的租赁投资净额作为租赁资产的账面价值，同时终止确认原租赁的应收融资租赁款账面价值。

实务 5-19　出租人融资租赁变更的会计处理（1）

出租人出租办公楼，租期为 10 年，构成融资租赁。合同规定，每年年末承租人向出租人支付租金 1 000 000 元。租赁期开始日，办公楼的公允价值为 7 360 100 元。在第 4 年年初，承租人和出租人同意对原租赁进行修改，缩短租赁期限到第 6 年年末，因此变更后剩余租赁期为 3 年，每年年末支付的租金变为 1 200 000 元。假设原租赁期限设定为 3 年，在租赁开始日，租赁类别被分类为经营租赁。

要求：

为出租人完成以下任务：

（1）计算确定原融资租赁开始日的租赁收款额、租赁投资净额、租赁内含利率、未实现融资收益并编制第 1 至第 3 年未实现融资收益分摊表；

（2）计算确定第 4 年年初租赁变更生效日前，出租人原租赁的投资净额余额、未实现融资收益余额、租赁收款额余额；

（3）租赁变更生效日即第 4 年年初出租人的会计处理；

（4）租赁变更生效日后的会计处理。

实务分析：

（1）和（2）分析这里不再赘述。

该融资租赁变更属于租赁期缩短，出租人不能将该变更作为一项单独租赁进行会计处理。假设原租赁期限设定为 3 年，在租赁开始日，租赁类别被分类为经营租赁，出租人在租赁变更生效日应确认办公楼的入账价值，其等于原租赁在租赁变更生效日的租赁投资净额余额即原租赁第 3 年年末的租赁投资净额余额 5 582 396.86 元（见表 5-10），同时终止确认原融资租赁的应收融资租赁款的账面价值。

变更生效日后，每年年末收到租金时应确认为租赁收入。

（1）原融资租赁开始日的租赁收款额、租赁投资净额、租赁内含利率、未实现融资收益的计算。

$$租赁收款额=1\ 000\ 000\times10=10\ 000\ 000(元)$$

租赁投资净额＝1 000 000×$(P/A, r, 10)$＝7 360 100(元)

采用插入法求得

租赁内含利率 $r=6\%$

未实现融资收益＝10 000 000－7 360 100＝2 639 900(元)

第1至第3年未实现融资收益分摊表如表5－10所示。

表5－10　未实现融资收益分摊表　　单位：元

年度	租金 ①	确认的融资收入 ②＝期初④×6％	租赁投资净额减少额 ③＝①－②	租赁投资净额余额 期末④＝期初④－③
1				7 360 100.00
1	1 000 000	441 606.00	558 394.00	6 801 706.00
2	1 000 000	408 102.36	591 897.64	6 209 808.36
3	1 000 000	372 588.50	627 411.50	5 582 396.86
合计	3 000 000	1 222 296.86		

(2) 第4年年初租赁变更生效日前，出租人原租赁的投资净额余额、未实现融资收益余额、租赁收款额余额的计算。

租赁投资净额余额＝5 582 396.86(元)

未实现融资收益余额＝2 639 900－1 222 296.86＝1 417 603.14(元)

租赁收款额余额＝10 000 000－1 000 000×3＝7 000 000(元)

(3) 租赁变更生效日即第4年年初出租人的会计处理。

该办公楼的入账价值＝原租赁在租赁变更生效日的租赁投资净额余额＝5 582 396.86(元)

第4年年初会计分录如下：

借：固定资产　　5 582 396.86

　应收融资租赁款——未确认融资收益　　1 417 603.14

　贷：应收融资租赁款——租赁收款额　　7 000 000.00

(4) 租赁变更生效日后的会计处理。

从第4年年初开始，作为一项新的经营租赁进行会计处理。新租赁期为3年，每年年末收到租金时：

借：银行存款　　1 200 000

　贷：租赁收入　　1 200 000

如果融资租赁的变更未作为一项单独租赁进行会计处理，且满足变更在租赁开始日生效，该租赁会被分类为融资租赁条件的，出租人应当按照《企业会计准则第22号——金融工具确认和计量》第四十二条关于修改或重新议定合同的规定进行会计处

理，即修改或重新议定租赁合同，未导致应收融资租赁款终止确认，但导致未来现金流量发生变化的，应当重新计算该应收融资租赁款的账面余额，并将相关利得或损失计入当期损益。重新计算应收融资租赁款账面余额时，应当根据重新议定或修改的租赁合同现金流量按照应收融资租赁款的原折现率或按照《企业会计准则第 24 号——套期会计》第二十三条规定重新计算的折现率（如适用）折现的现值确定。对于修改或重新议定租赁合同所产生的所有成本和费用，企业应当调整修改后的应收融资租赁款的账面价值，并在修改后的应收融资租赁款的剩余期限内进行摊销。

实务 5－20　出租人融资租赁变更的会计处理（2）

出租人出租厂房，租期为 15 年，构成融资租赁。合同规定，每年年末承租人向出租人支付租金 2 000 000 元。租赁期开始日，办公楼的公允价值为 18 215 800 元。在第 2 年年初，承租人和出租人同意对原租赁进行修改，缩短租赁期限到第 10 年年末，因此变更后剩余租赁期为 9 年，每年年末支付的租金变为 2 600 000 元。假设原租赁期限设定为 9 年，在租赁开始日，租赁类别被分类为融资租赁。

要求：

为出租人完成以下任务：

（1）计算确定原融资租赁开始日的租赁收款额、租赁投资净额、租赁内含利率、未实现融资收益；

（2）计算确定第 2 年年初租赁变更生效日前，出租人租赁投资净额余额、未实现融资收益余额、租赁收款额余额；

（3）租赁变更生效日即第 2 年年初出租人的会计处理。

实务分析：

（1）和（2）的分析这里不再赘述。

该融资租赁变更属于租赁期缩短，出租人不能将该变更作为一项单独租赁进行会计处理。假设原租赁期限设定为 9 年时，在租赁开始日，租赁类别被分类为融资租赁，出租人在租赁变更生效日不应终止确认原融资租赁收款额，但由于未来现金流量发生了变化，所以需要重新计算应收融资租赁款。

第 2 年年初，重新计算的应收融资租赁款为剩余 9 年的租赁款之和 23 400 000 元（2 600 000×9），第 2 年年初原融资租赁收款额为 28 000 000 元，所以应冲减原应收融资租赁款 4 600 000 元（28 000 000－23 400 000）。按原折现率 7%重新计算的租赁投资净额为 16 939 520 元（2 600 000×(P/A，7%，9)），重新计算的未实现融资收益等于重新计算的应收融资租赁款总额 23 400 000 元与重新计算的租赁投资净额 16 939 520 元的差额即 6 460 480 元，该金额与第 2 年年初原租赁的未实现融资收益 10 509 094 元的差额为应冲减的未实现融资收益 4 048 614 元（10 509 094－6 460 480），租赁变更产生的损失为应冲减原应收融资租赁款 4 600 000 元与应冲减的未实现融资收益 4 048 614 元的差额即 551 386 元（4 600 000－4 048 614），计入当期损益。

(1) 原融资租赁开始日的租赁收款额、租赁投资净额、租赁内含利率、未实现融资收益的计算。

租赁收款额＝2 000 000×15＝30 000 000(元)

租赁投资净额＝2 000 000×(P/A，r，15)＝18 215 800(元)

采用插入法求得

租赁内含利率 r＝7%

未实现融资收益＝30 000 000－18 215 800＝11 784 200(元)

(2) 第2年年初租赁变更生效日前，出租人租赁投资净额余额、未实现融资收益余额、租赁收款额余额的计算。

第1年未实现融资收益分摊额＝18 215 800×7%＝1 275 106(元)

第2年年初原租赁投资净额余额＝18 215 800－(2 000 000－1 275 106)＝17 490 906(元)

第2年年初未实现融资收益余额＝11 784 200－1 275 106＝10 509 094(元)

第2年年初租赁收款余额＝30 000 000－2 000 000＝28 000 000(元)

(3) 租赁变更生效日即第2年年初出租人的会计处理。

重新计算的应收融资租赁款＝2 600 000×9＝23 400 000(元)

应冲减的租赁收款额＝28 000 000－23 400 000＝4 600 000(元)

重新计算的租赁投资净额＝2 600 000×(P/A，7%，9)＝16 939 520(元)

重新计算的未实现融资收益＝23 400 000－16 939 520＝6 460 480(元)

应冲减的未实现融资收益＝10 509 094－6 460 480＝4 048 614(元)

租赁变更产生的损益＝4 600 000－4 048 614＝551 386(元)

或 ＝17 490 906－16 939 520＝551 386(元)

第2年年初租赁变更的会计分录如下：

借：应收融资租赁款——未确认融资收益　　4 048 614

　　资产减值损失　　551 386

　贷：应收融资租赁款——租赁收款额　　4 600 000

三、出租人对经营租赁的会计处理

如果与租赁资产所有权有关的风险或报酬没有全部发生转移，出租人应将该租赁作为经营租赁进行会计处理。

1. 租金的处理

在租赁期内各个期间，出租人应采用直线法或者其他系统合理的方法将经营租赁的租赁收款额确认为租金收入。如果其他系统合理的方法能够更好地反映因使用租赁资产所产生经济利益的消耗模式的，则出租人应采用该方法。预收租金时，借记“银行存款”，贷记“预收账款”等；分摊租金时，借“预收账款”等，贷记“租赁收入”“其他业务收入”等。

2. 出租人对经营租赁提供激励措施

出租人提供免租期的，出租人应将租金总额在不扣除免租期的整个租赁期内，按直线法或其他合理的方法进行分配，免租期内应当确认租金收入。出租人承担了承租人某些费用的，出租人应将该费用自租金收入总额中扣除，按扣除后的租金收入余额在租赁期内进行分配。

3. 初始直接费用

出租人发生的与经营租赁有关的初始直接费用应当资本化至租赁标的资产的成本，在租赁期内按照与租金收入相同的确认基础分期计入当期损益。

4. 折旧和减值

对于经营租赁资产中的固定资产，出租人应当采用类似资产的折旧政策计提折旧；对于其他经营租赁资产，应当根据该资产适用的企业会计准则，采用系统合理的方法进行摊销。借记“租赁费用”“其他业务成本”等，贷记“累计折旧”。

出租人应当按照《企业会计准则第 8 号——资产减值》的规定，确定经营租赁资产是否发生减值，并对已识别的减值损失进行会计处理。

5. 可变租赁付款额

出租人取得的与经营租赁有关的可变租赁付款额，如果是与指数或比率挂钩的，应在租赁期开始日计入租赁收款额；除此之外的，应当在实际发生时计入当期损益。借记“银行存款”，贷记“租赁收入”“其他业务收入”等。

6. 经营租赁的变更

经营租赁发生变更的，出租人应自变更生效日开始，将其作为一项新的租赁进行会计处理，与变更前租赁有关的预收或应收租赁收款额视为新租赁的收款额。

实务5-21 出租人经营租赁的会计处理

2×21年7月1日，宏伟公司向辉正公司租入一台设备，租期为3年，该设备用于管理。设备原价为10 000元，公允价值为10 000元，预计使用年限为10年，辉正公司已使用2年，并采用直线法计提折旧。租赁合同规定，租赁开始日（2×21年7月1日）宏伟公司向辉正公司一次性预付租金1 000元，2×21年12月31日支付租金500元，2×22年末、2×23年末分别支付租金1 200元、1 050元。2×24年7月1日支付租金750元。租赁期届满辉正公司收回设备。

要求：

（1）为出租人辉正公司判断租赁类型；

（2）为辉正公司编制租赁期内的会计分录。

实务分析：

（1）第一，租赁期届满辉正公司收回设备；第二，根据已知条件，宏伟公司没有廉价或优惠购买选择权；第三，租赁期3年没有占到租赁资产使用寿命8年（10－2）的大部分（3/8×100%＝37.5%＜75%）；第四，租金总额为4 500元，折算为现值肯定小于4 500元，所以现值与公允价值10 000元的比值肯定小于90%；第五，租赁资产性质并不特殊。综上所述，不满足融资租赁的条件，所以该租赁属于经营租赁。

（2）辉正公司租赁期内收到租金总额4 500元，采用直线法分摊至租赁期内各期，确认为租赁收入。

租金总额＝1 000＋500＋1 200＋1 050＋750＝4 500(元)

每年应确认的租金收入＝4 500/3＝1 500(元)

1）2×21年7月1日预收租金。

借：银行存款	1 000	
贷：预收账款		1 000

2）2×21年12月31日。

分摊租赁收入和收取租金：

借：银行存款	500	
预收账款	250	
贷：租赁收入		750

计提折旧：

借：租赁费用	500	
贷：累计折旧		500

3）2×22年12月31日。

分摊租赁收入和收取租金：

借：银行存款	1 200	
预收账款	300	
贷：租赁收入		1 500

计提折旧：

借：租赁费用　　1 000

　贷：累计折旧　　1 000

4）2×23年12月31日。

分摊租赁收入和收取租金：

借：银行存款　　1 050

　　预收账款　　450

　贷：租赁收入　　1 500

计提折旧：

借：租赁费用　　1 000

　贷：累计折旧　　1 000

5）2×24年7月1日。

收到租金：

借：银行存款　　750

　贷：租赁收入　　750

计提折旧：

借：租赁费用　　500

　贷：累计折旧　　500

第四节　特殊租赁业务的会计处理

一、转租赁

转租情况下，原租赁合同和转租赁合同通常都是单独协商的，交易对手也是不同的企业，因此，转租出租人对原租赁合同和转租赁合同分别根据承租人和出租人的会计处理要求，进行会计处理。

承租人在对转租赁进行分类时，转租出租人应基于原租赁中产生的使用权资产，而不是租赁资产（如作为租赁对象的不动产或设备）进行分类。原租赁资产不归转租出租人所有，原租赁资产也未计入其资产负债表。因此，转租出租人应基于其控制的资产（即使用权资产）进行会计处理。

原租赁为短期租赁，且转租出租人作为承租人已按照准则采用简化会计处理方法的，应将转租赁分类为经营租赁。

若原承租人（转租出租人）转租赁形成融资租赁，则终止确认与原租赁相关且转给转租承租人的使用权资产，并确认转租赁投资净额；将终止确认的使用权资产账面价值与转租赁投资净额之间的差额确认为损益；在资产负债表中保留原租赁的租赁负债，该负债代表应付原租赁出租人的租赁付款额。在转租期间，中间出租人既要确认转租赁的融资收益，也要确认原租赁的利息费用。

原承租人（转租出租人）转租形成融资租赁时的会计分录为：

借：应收融资租赁款——租赁收款额

使用权资产累计折旧

使用权资产减值准备

资产处置损益（损失）

贷：使用权资产

应收融资租赁款——未实现融资收益

资产处置损益（利得）

实务 5-22 转租赁的会计处理

宏伟公司租入厂房，租期为 5 年，每年年末向出租人支付租金 2 000 000 元，其增量借款利率为 6%，采用直线法计提折旧。第 3 年年初，宏伟公司将该使用权资产转租，使用权资产公允价值为 7 300 000 元，转租租期为 3 年，每年年末收取租金 3 000 000 元。不考虑其他税费。

要求：

为原承租人（转租出租人）宏伟公司完成以下任务：

(1) 计算原租赁开始日的租赁付款额、租赁负债、使用权资产的入账价值和未确认融资费用，并编制未确认融资费用分摊表、使用权资产折旧费用计算表；

(2) 第 3 年年初转租赁的会计处理；

(3) 第 3 年年末的会计处理。

实务分析：

宏伟公司租入的资产要确认为使用权资产和租赁负债，有关要求 (1) 的分析这里不再赘述。

转租出租人应基于其控制的资产即使用权资产而不是租赁资产即厂房进行会计处理。使用权资产可使用年限为 5 年，使用权资产已使用年限 2 年，第 3 年年初宏伟公司将租入的资产进行转租，所以租赁使用权资产使用寿命为 3 年，转租期为 3 年，3/3×100%=100%，转租租期（3 年）超过了租赁使用权资产使用寿命（3 年）的 75%，且 2/5×100%=40%，即使用权资产已使用年限（2 年）没有超过使用权资产可使用年限（5 年）的 75%以上，据此宏伟公司判断该转租赁属于融资租赁，有关融资租赁的相关分析这里不再赘述。确认转租赁产生的租赁投资净额 7 300 000 元，应将原租赁确认的使用权资产在第 3 年年初的账面价值 5 054 880 元终止确认，二者的差额计入资产处置损益。不终止确认原租赁负债。在转租期 3 年期间，一方面核算原租赁的租赁负债产生的利息费用，另一方面核算转租赁融资租赁产生的租赁收入（利息收入）。

（1）原租赁开始日的租赁付款额、租赁负债、使用权资产的入账价值和未确认融资费用的计算。

租赁付款额＝2 000 000×5＝10 000 000(元)

租赁负债＝2 000 000×(P/A，6%，5)

＝2 000 000×4.212 4＝8 424 800(元)

使用权资产入账价值＝8 424 800(元)

未确认融资费用＝10 000 000－8 424 800＝1 575 200(元)

未确认融资费用分摊计算表和使用权资产折旧费用计算表如表 5－11 和表 5－12 所示。

表 5－11　未确认融资费用分摊计算表　　单位：元

年度	租赁付款额 ①	利息 ②＝期初④×6%	租赁负债或应付本金减少额 ③＝①－②	租赁负债或应付本金余额 期末④＝期初④－③
1				8 424 800
1	2 000 000	505 488.00	1 494 512.00	6 930 288
2	2 000 000	415 817.28	1 584 182.72	5 346 105.28
3	2 000 000	320 766.32	1 679 233.68	3 666 871.60
4	2 000 000	220 012.30	1 779 987.70	1 886 883.89
5	2 000 000	113 116.11	1 886 883.89	0

表 5－12　使用权资产折旧费用计算表　　单位：元

年度	当年折旧费用 ⑤＝8 424 800/5	累计折旧 ⑥	净值 ⑦＝8 424 800－⑥
1			8 424 800
1	1 684 960	1 684 960	6 739 840
2	1 684 960	3 369 920	5 054 880
3	1 684 960	5 054 880	3 369 920
4	1 684 960	6 739 840	1 684 960
5	1 684 960	8 424 800	0

（2）第 3 年年初转租赁的会计处理。

使用权资产累计折旧＝3 369 920(元)

使用权资产账面价值＝5 054 880(元)

应收融资租赁款＝3 000 000×3＝9 000 000(元)

租赁内含利率的计算：

3 000 000×(P/A，r，3)＝7 300 000

采用插入法求得

租赁内含利率 r=11.25%

转租赁投资净额=7 300 000(元)

未实现融资收益=9 000 000−7 300 000=1 700 000(元)

资产处置损益(转租赁损益)=7 300 000−5 054 880=2 245 120(元)

借：应收融资租赁款——租赁收款额 9 000 000

　使用权资产累计折旧 3 369 920

　贷：应收融资租赁款——未实现融资收益 1 700 000

　　使用权资产 8 424 800

　　资产处置损益 2 245 120

转租赁未实现融资收益分摊计算表如表 5－13 所示。

表 5－13　转租赁未实现融资收益分摊计算表　　单位：元

年度	租金 ①	确认的融资收入 ②=期初④×11.25%	租赁投资净额减少额 ③=①−②	租赁投资净额余额 期末④=期初④−③
3				7 300 000
3	3 000 000	821 250	2 178 750	5 121 250
4	3 000 000	576 140.63	2 423 859.38	2 697 390.63
5	3 000 000	302 609.38	2 697 390.63	0

(3) 第 3 年年末的会计处理。

支付原租赁款：

借：租赁负债——租赁付款额 2 000 000

　贷：银行存款 2 000 000

分摊原租赁利息费用：

借：财务费用——利息费用 320 766.32

　贷：租赁负债——未确认融资费用 320 766.32

收到转租赁融资租赁款：

借：银行存款 3 000 000

　贷：应收融资租赁款——租赁收款额 3 000 000

确认转租赁融资租赁收入：

借：应收融资租赁款——未实现融资收益 821 250

　贷：租赁收入 821 250

二、生产商或经销商出租人融资租赁的会计处理

生产商或经销商通常为客户提供购买或租赁其产品或商品的选择。如果生产商或经销商出租其产品或商品构成融资租赁，则该交易产生的损益应相当于按照适用的交易量

或商业折扣后的正常售价直接销售标的资产所产生的损益。构成融资租赁的，生产商或经销商出租人在租赁期开始日应当按照租赁资产公允价值与租赁收款额按市场利率折现的现值两者孰低确认收入，按照租赁资产账面价值扣除未担保余值的现值后的余额结转销售成本，收入和销售成本的差额作为销售损益。

由于取得融资租赁所发生的成本主要与生产商或经销商赚取的销售利得相关，生产商或经销商出租人应当在租赁期开始日将其计入损益，即与其他融资租赁出租人不同，生产商或经销商出租人取得融资租赁所发生的成本不属于初始直接费用，不计入租赁投资净额。

租赁投资净额等于租赁期开始日租赁资产公允价值与租赁收款额按市场利率折现的现值两者孰低确定，如果前者低于后者，则需要重新计算租赁内含利率。未实现融资收益是租赁收款额与未担保余值之和减去租赁投资净额后的差额。

实务 5-23　生产商或销售商出租人融资租赁的会计处理

设备销售商辉正公司将全新的设备出租，租期为 5 年，每年年末收取租金 800 000 元，市场利率为 6%，辉正公司为取得该租赁发生的相关费用为 8 000 元，设备在租赁开始日的公允价值为 3 200 000 元，账面价值为 2 900 000 元，设备预计使用寿命为 5 年。租赁期届满收回该设备，预计其余值为 120 000 元，承租人承诺对该余值担保 80%。假设不考虑其他税费等。

要求：

为设备销售商即出租人辉正公司完成以下任务：

(1) 判断该租赁类型；

(2) 租赁期开始日的会计处理。

实务分析：

由于设备是全新的，租赁期（5 年）占到了租赁资产使用寿命（5 年）的大部分，即 75%以上，所以该租赁属于融资租赁。

由于辉正公司是设备销售商，且该租赁属于融资租赁，应收融资租赁款等于固定租赁收款额加上承租人担保余值的和即 4 096 000 元（800 000×5+120 000×80%），按市场利率 6%折现的现值是 3 441 627.81 元（800 000×(P/A，6%，5)+120 000×80%×(P/F，6%，5)），所以该设备的销售收入按设备在租赁开始日的公允价值（3 200 000 元）与融资租赁收款额按市场利率 6%折现的现值（3 441 627.81 元）两者孰低计量，即销售收入为 3 200 000 元。

租赁投资净额等于租赁开始日设备的公允价值 3 200 000 元（注意不包括 8 000 元），因此要重新根据融资租赁相关原理计算租赁内含利率（特别注意：出租人为取得租赁发生的成本 8 000 元不作为初始直接费用，而是直接计入销售费用，所以计算租赁内含利率时也不应该考虑），未担保余值为 24 000 元（120 000×(1−80%)），然后按租赁内含利率计算未担保余值现值，租赁设备的账面价值 2 900 000 元减去未担保余值现值作为销售成本。租赁收款额 4 096 000 元与未担保余值 24 000 元之和等于租赁投资总额，该金额与租赁投资净额的差额为未实现融资收益。

（1）由分析可知，该租赁类型属于融资租赁。

（2）租赁期开始日的会计处理。

$$\text{应收融资租赁款}=800\,000\times5+120\,000\times80\%=4\,096\,000(\text{元})$$

$$\text{应收融资租赁款按市场利率 6\%折现的现值}=800\,000\times(P/A,6\%,5)+120\,000\times80\%\times(P/F,6\%,5)=3\,441\,627.81(\text{元})$$

$$\text{销售收入}=3\,200\,000(\text{元})$$

$$\text{租赁投资净额}=3\,200\,000(\text{元})$$

租赁内含利率（r）的计算：

$$\text{未担保余值}=120\,000\times(1-80\%)=24\,000(\text{元})$$

$$800\,000\times(P/A,r,5)+120\,000\times80\%\times(P/F,r,5)+24\,000\times(P/F,r,5)=3\,200\,000$$

采用插入法求得

$$\text{租赁内含利率 } r=8.88\%$$

$$\text{未担保余值现值}=24\,000\times(P/F,8.88\%,5)=15\,684.50(\text{元})$$

$$\text{销售成本}=2\,900\,000-15\,684.50=2\,884\,315.50(\text{元})$$

$$\text{未实现融资收益}=4\,096\,000+24\,000-3\,200\,000=920\,000(\text{元})$$

租赁期开始日的会计分录：

借：应收融资租赁款——租赁收款额	4 096 000	
未担保余值	24 000	
贷：主营业务收入		3 200 000
应收融资租赁款——未实现融资收益		920 000
借：主营业务成本	2 884 315.50	
资产减值损失	15 684.50	
贷：库存商品		2 900 000.00
借：销售费用	8 000	
贷：银行存款		8 000

三、售后租回交易的会计处理

若企业（卖方兼承租人）将资产转让给其他企业（买方兼出租人），并从买方兼出租人处租回该项资产，则卖方兼承租人和买方兼出租人均应按照售后租回交易的规定进行会计处理。企业应当按照《企业会计准则第14号——收入》的规定，评估确定售后租回交易中的资产转让是否属于销售，并区别进行会计处理。

承租人是否具有标的资产的法定所有权本身并非会计处理的决定性因素。如果承租人在资产转移给出租人之前已经取得对标的资产的控制，则该交易属于售后租回交易，如果承租人没有取得控制，即使拥有资产所有权，该交易也不属于售后租回交易。

1. 售后租回交易中的资产转让属于销售

卖方兼承租人应当终止确认销售的资产，同时按原资产账面价值中与租回获得的使用权有关的部分，计量售后租回所形成的使用权资产，并仅就转让至买方兼出租人的权利确认相关利得或损失。买方兼出租人根据其他适用的企业会计准则对资产购买进行会计处理，并根据新租赁准则对资产出租进行会计处理。

如果销售对价的公允价值与资产的公允价值不同，或者出租人未按市场价格收取租金，企业应当进行以下调整：

（1）销售对价低于市场价格的款项作为预付租金进行会计处理。

（2）销售对价高于市场价格的款项作为买方兼出租人向卖方兼承租人提供的额外融资进行会计处理。同时，承租人按照公允价值调整相关销售利得或损失，出租人按市场价格调整租金收入。

在进行上述调整时，企业应当按以下二者中较易确定者进行调整：

（1）销售对价的公允价值与资产公允价值的差异；

（2）合同付款额的现值与按市场租金计算的付款额现值的差异。

实务5-24　售后租回交易中的资产转让属于销售的会计处理

辉正公司（卖方兼承租人）将正在使用的某大型设备出售给宏伟公司（买方兼出租人），售价为20 000 000元，增值税税率为13%。出售前该设备的账面原值为16 800 000元，累计折旧为7 800 000元，剩余使用年限为15年。该设备在销售当日该设备的公允价值为12 500 000元。与此同时，辉正公司与宏伟公司签订了合同，租期为10年，每年年末支付租金2 200 000元，辉正公司发生的初始直接费用为50 000元。租赁内含利率为6%。根据交易的条款和条件，辉正公司转让设备符合销售成立的条件。

要求：

为辉正公司（卖方兼承租人）完成以下任务：

（1）销售日即租赁期开始日的会计处理；

（2）第1年年末额外融资和租赁相关的会计处理。

为宏伟公司（买方兼出租人）完成以下任务：

（1）购买日即租赁期开始日的会计处理；

（2）第1年年末额外融资和租赁相关的会计处理。

实务分析：

由于该销售符合销售确认的条件，所以销售日即租赁期开始日，辉正公司（卖方兼承租人）既要终止确认固定资产，还要确认销售损益和使用权资产。该设备的销售对价不是公允价值，所以辉正公司应按公允价值调整销售损益和租赁付款额。售价20 000 000元与公允价值12 500 000元的差额7 500 000元为宏伟公司向辉正公司提供的额外融资。由此可见，辉正公司每年支付的2 200 000元中包含两个部分：一部分是与融资相关的每年本金减少额与利息之和；另一部分是与租赁相关的租赁负债（即本金）减少额与利息之和。

年付款额现值为16 192 220元(2 200 000×(P/A，6%，10))，其中7 500 000元（额外融资现值即本金）与额外融资相关，因此与租赁相关的8 692 220元（16 192 220－7 500 000）即10年使用权资产的租赁付款额的现值。

辉正公司确认的使用权资产成本应按与租回获得的使用权部分（即与租赁相关）占该设备的原账面价值的比例，即租赁付款额现值（租赁负债）除以设备的公允价值（8 692 220/12 500 000）计算确定。

设备的公允价值12 500 000元与其账面价值9 000 000元（16 800 000－7 800 000）的差额3 500 000元为出售设备的全部利得，按照辉正公司获得使用权资产产生的租赁负债占设备公允价值的比例分摊至设备销售损益。出售设备的全部利得不能全部确认为设备销售损益，是因为有一部分利得是通过使用权资产即租赁实现的。

年租金2 200 000元中，按照额外融资和使用权资产的租赁付款额现值比例分配，即可得到额外融资年付款额1 019 007.89元(2 200 000×(7 500 000/16 192 220))(含本金和利息)，租赁相关年付款额1 180 992.11元（2 200 000－1 019 007.89）(含本金和利息)。在此基础上，即可求得租赁付款额和未确认融资费用。每年支付租金2 200 000元时，其中额外融资的利息为每期期初额外融资本金余额乘以6%，每期额外融资本金减少额为额外融资年付款额1 019 007.89元减去额外融资利息额。有关租赁的每期利息费用和租赁负债的减少额的分析这里不再赘述。

辉正公司（卖方兼承租人）相关的会计处理如下：

(1) 销售日即租赁期开始日的会计处理。

1) 使用权资产成本的确定。

额外融资(本金)＝20 000 000－12 500 000＝7 500 000(元)

年付款额现值＝2 200 000×(P/A，6%，10)

＝2 200 000×7.360 1＝16 192 220(元)

租赁付款额现值＝16 192 220－7 500 000＝8 692 220(元)

额外融资年付款额＝2 200 000×(7 500 000/16 192 220)＝1 019 007.89(元)

租赁年付款额＝2 200 000－1 019 007.89＝1 180 992.11(元)

租赁付款额＝1 180 992.11×10＝11 809 921.10(元)

未确认融资费用＝11 809 921.10－8 692 220＝3 117 701.10(元)

设备的账面价值＝16 800 000－7 800 000＝9 000 000(元)

使用权资产成本＝9 000 000×(8 692 220/12 500 000)＋50 000
＝6 308 398.40(元)

2）与转让至宏伟公司的权利相关的利得的确定。

出售该设备的全部利得＝12 500 000－9 000 000＝3 500 000(元)

与该设备使用权相关利得＝3 500 000×(8 692 220/12 500 000)
＝2 433 821.60(元)

与转让至宏伟公司的权利相关的利得(资产处置损益)＝3 500 000－2 433 821.60＝1 066 178.40(元)

3）会计分录。

①确认额外融资。

借：银行存款	7 500 000	
贷：长期应付款		7 500 000

②确认租赁。

增值税税额＝20 000 000×13％＝2 600 000(元)

含税售价＝20 000 000＋2 600 000＝22 600 000(元)

差额＝22 600 000－7 500 000＝15 100 000(元)

借：银行存款	15 100 000.00	
使用权资产	6 308 398.40	
累计折旧	7 800 000.00	
租赁负债——未确认融资费用	3 117 701.10	
贷：固定资产——设备		16 800 000.00
租赁负债——租赁付款额		11 809 921.10
资产处置损益		1 066 178.40
应交税费——应交增值税（销项税额）		2 600 000.00
银行存款		50 000.00

（2）第1年年末额外融资和租赁相关的会计处理。

第1年额外融资利息费用＝7 500 000×6％＝450 000(元)

第1年额外融资本金减少额(长期应付款减少额)＝1 019 007.89－450 000＝569 007.89(元)

借：财务费用——利息费用	450 000.00	
长期应付款	569 007.89	
贷：银行存款		1 019 007.89

第 1 年未确认融资费用分摊额(租赁利息费用) $=8\,692\,220\times6\%=521\,533.20$(元)

第 1 年租赁负债减少额 $=1\,180\,992.11-521\,533.20=659\,458.91$(元)

借：租赁负债——租赁付款额	1 180 992.11	
贷：银行存款		1 180 992.11
借：财务费用——利息费用	521 533.20	
贷：租赁负债——未确认融资费用		521 533.20

以后年度比照上述进行会计处理。

宏伟公司（买方兼出租人）完成的任务如下：

(1) 购买日即租赁期开始日的会计处理。

购买设备的会计分录：

借：固定资产——设备	12 500 000	
长期应收款	7 500 000	
应交税费——应交增值税（进项税额）	2 600 000	
贷：银行存款		22 600 000

$10/15\times100\%=67\%<75\%$，根据租赁期占该设备剩余使用年限的比例，宏伟公司将该租赁分类为经营租赁。

(2) 第 1 年年末额外融资和租赁相关的会计处理。

租赁期开始日之后，宏伟公司的年收款额 2 200 000 元中，额外融资年收款额为 1 019 007.89 元，租赁年收款额 1 180 992.11 元作为租赁收入（经营租赁）。

额外融资年收款额 1 019 007.89 元包含两项，即 7 500 000 元中应收回的本金和利息收入。比如第 1 年：

利息收入 $=7\,500\,000\times6\%=450\,000$(元)

本金减少额 $=1\,019\,007.89-450\,000=569\,007.89$(元)

借：银行存款	2 200 000.00	
贷：租赁收入		1 180 992.11
利息收入		450 000.00
长期应收款		569 007.89

2. 售后租回交易中的资产转让不属于销售

卖方兼承租人不终止确认所转让的资产，而应当将收到的现金作为金融负债，并按照《企业会计准则第 22 号——金融工具确认和计量》进行会计处理。买方兼出租人不确认被转让资产，而应当将支付的现金作为金融资产，并按照《企业会计准则第 22 号——金融工具确认和计量》进行会计处理。

实务 5－25　售后租回交易中的资产转让不属于销售的会计处理

辉正公司（卖方兼承租人）将正在使用的某大型设备出售给宏伟公司（买方兼出租人），售价为 10 000 000 元。出售前该设备的账面原值为 16 800 000 元，累计折旧为 7 800 000 元，剩余使用年限为 15 年。销售当日该设备的公允价值为 12 500 000 元。与此同时，辉正公司与宏伟公司签订了合同，租期为 10 年，每年年末支付租金 1 500 000 元。根据交易的条款和条件，辉正公司转让设备不符合销售成立的条件。

要求：

（1）辉正公司（卖方兼承租人）的会计处理；

（2）宏伟公司（买方兼出租人）的会计处理。

实务分析：

辉正公司转让设备不符合销售成立的条件，因此辉正公司不能终止确认该设备的账面价值，将该业务作为融资活动处理，即收到的现金作为负债处理。宏伟公司（买方兼出租人）作为投资活动，将收到的现金作为长期应收款处理。

辉正公司：

借：银行存款	10 000 000	
贷：长期应付款		10 000 000

宏伟公司：

借：长期应收款	10 000 000	
贷：银行存款		10 000 000

知识巩固

一、计算题

1. 甲公司从乙公司租赁一台推土机、一辆卡车和一台长臂挖掘机用于采矿业务，租赁期为 4 年。乙公司同意在整个租赁期内维护各项设备。合同固定对价为 3 000 000 元，按年分期支付，每年支付 750 000 元。合同对价包含了各项设备的维护费用。甲公司认为租入的推土机、卡车和长臂挖掘机分别属于单独租赁。推土机、卡车和长臂挖掘机的维护服务可观察的单独价格分别为 160 000 元和 80 000 元和 280 000 元，三者在市场上单独出租租赁期为 4 年的价格分别为 900 000 元、580 000 元和 1 200 000 元。

要求：

为承租人甲公司计算确定推土机、卡车和长臂挖掘机的租赁付款额。

2. 辉正公司从宏伟公司租赁设备 A 和 B 用于生产经营业务，租赁期为 5 年。宏伟公司同意在整个租赁期内维护各项设备。合同固定对价为 500 000 元，按年分期支付，每年支付 100 000 元。合同对价包含了各项设备的维护费用。

假设辉正公司未将该租赁采用简化处理，认为可从单独使用设备A和B中的每一项中获利；这些设备的使用不存在高度依赖或高度关联关系。

这两项租入设备的维护服务在市场上存在可观察的单独价格分别为4 000元和6 000元。辉正公司观察到宏伟公司在市场上单独出租租赁期为5年的设备A和B的价格分别为250 000元和300 000元。

要求：

(1) 承租人辉正公司对租赁是否分拆；

(2) 如果分拆，确定设备A和B的租赁付款额（保留整数）；

(3) 如果分拆，确定设备A和B应付的服务费（保留整数）。

3. 承租人甲公司与出租人乙公司签订了一份车辆租赁合同，租赁期为5年。在租赁开始日，该车辆的公允价值为100 000元，乙公司预计在租赁结束时其公允价值（即未担保余值）为10 000元。租赁付款额为每年23 000元，于每年年末支付。乙公司发生的初始直接费用为5 000元。

要求：

计算租赁内含利率 r。

二、业务处理题

1. 承租人甲公司就某栋建筑物的某一层楼（用于行政办公）与出租人乙公司签订了为期10年的租赁协议，并拥有5年的续租选择权。有关资料如下：(1) 初始租赁期内的不含税租金为每年50 000元，续租期间为每年55 000元，所有款项应于每年年初支付；(2) 为获得该项租赁，甲公司发生的初始直接费用为20 000元，其中，15 000元为向该楼层前任租户支付的款项，5 000元为向促成此租赁交易的房地产中介支付的佣金；(3) 作为对甲公司的激励，乙公司同意补偿甲公司5 000元的佣金；(4) 在租赁期开始日，甲公司评估后认为，不能合理确定将行使续租选择权，因此，将租赁期确定为10年；(5) 甲公司无法确定租赁内含利率，其增量借款利率为每年5%，该利率反映的是甲公司以类似抵押条件借入期限为10年、与使用权资产等值的相同币种的借款而必须支付的利率。为简化处理，假设不考虑相关税费影响。

要求：

为承租人甲公司完成以下任务：

(1) 计算确定租赁期开始日的租赁付款额及其现值、租赁负债、未确认融资费用、使用权资产入账成本；

(2) 编制支付第1年租金和租赁期开始日的会计分录；

(3) 租赁期间租赁费用和支付租金的会计处理。

2. 承租人辉正公司签订了一份为期5年的设备租赁合同，支付的初始直接费用为1 500元。租金于每年年末支付，并按以下方式确定：第1年，租金是可变的，根据该设备在第1年生产的产品的实际销售收入确定；第2至第5年，每年的租金根据该设备在第1年生产的产品的实际销售收入确定，即租金将在第1年年末转变为固定付款额。在租赁期开始日，辉正公司无法确定租赁内含利率，其增量借款利率为8%。假设在第1年年末，根据该设备在第1年生产的产品的实际销售收入所确定的租赁付款额为每年50 000元。

要求：

(1) 承租人辉正公司第1年支付租金和初始直接费用的会计处理；

(2) 计算承租人辉正公司第1年年末应确认的租赁付款额、租赁负债、未确认融资费用、使用权资产；

(3) 编制第1年年末确认使用权资产和租赁负债的会计分录。

3. 承租人甲公司与出租人乙公司签订了为期7年的商铺租赁合同。每年的租赁付款额为450 000元，在每年年末支付。甲公司无法确定租赁内含利率，其增量借款利率为5.04%。甲公司采用直线法计提折旧，按年计提折旧。租赁期届满甲公司将该租赁退还给乙公司。

要求：

为承租人甲公司完成以下任务：

(1) 租赁期开始日的会计处理；

(2) 租赁期的会计处理；

(3) 租赁期届满的会计处理。

4. 承租人甲公司与出租人乙公司签订了一份办公楼租赁合同，每年的租赁付款额为50 000元，于每年年末支付。甲公司无法确定租赁内含利率，其增量借款利率为5%。不可撤销租赁期为5年，并且合同约定在第5年年末，甲公司有权选择以每年50 000元续租5年，也有权选择以1 000 000元购买该房产。甲公司在租赁期开始时评估认为，可以合理确定将行使续租选择权，而不会行使购买选择权，因此将租赁期确定为10年。假设第4年，该房产所在地房价显著上涨，甲公司在第4年年末重新评估后认为，能够合理确定将行使上述购买选择权，而不会行使上述续租选择权。在第5年年末，甲公司实际行使了购买选择权。

要求：

为甲公司完成下列任务：

(1) 租赁开始日的会计处理并编制未确认融资费用分摊计算表（年金现值系数取两位小数）；

(2) 判断第4年年末是否应对租赁负债重新计量；

(3) 第5年年末的会计处理。

5. 辉正公司从宏伟公司租入商铺的一层，租赁期为15年，每年年末支付租金1 000万元，租赁内含利率无法确定，辉正公司在租赁期开始日的增量借款利率为5%。第5年年初，辉正公司和宏伟公司同意对原租赁进行修改，扩租同一商铺内的一层，两层商铺每年年末支付租金1 500万元，同时租赁期由原来的15年缩短为10年。辉正公司在第5年年初的增量借款利率为6%。为扩租的场所所支付的对价与租赁范围扩大部分的单独价格按该合同情况调整后的金额不相当。辉正公司采用直线法计提折旧。

要求：

为承租人辉正公司完成以下任务（保留两位小数）：

(1) 编制第1至第4年的未确认融资费用分摊计算表和使用权资产折旧费用计算表；

(2) 判断该租赁变更是否作为一项单独租赁处理并说明理由；

(3) 如果不能作为一项单独租赁处理，做出租赁变更生效日的会计处理；

(4) 计算调整后的租赁负债账面价值和使用权资产账面价值。

6. 2×19年12月1日，甲公司与乙公司签订了一份租赁合同，从乙公司租入全新塑钢机一台，使用寿命为7年。租赁期为2×20年1月1日至2×25年12月31日，共6年。自2×20年1月1日（租赁期开始日），每年年末支付租金160 000元。如果甲公司能够在每年年末的最后一天及时付款，则给予减少租金10 000元的奖励。租赁开始日租赁资产的公允价值为700 000元，账面价值为600 000元。签订租赁合同过程中乙公司发生可归属于租赁项目的手续费、佣金10 000元。租赁期届满时，甲公司享有优惠购买该机器的选择权，购买价为20 000元，估计该日租赁资产的公允价值为80 000元。2×21年和2×22年两年，甲公司每年按该机器所生产的产品——塑钢窗户的年销售收入的5%向乙公司支付。甲公司享有终止租赁选择权，在租赁期间，如果甲公司终止租赁，其需支付的款项为剩余租赁期间的固定租金支付金额。担保余值和未担保余值均为0。

要求：

为出租人乙公司完成以下任务：

(1) 判断租赁类型；

(2) 计算确定租赁收款额及其现值、租赁投资总额、租赁投资净额、未实现融资收益；

(3) 计算租赁内含利率；

(4) 编制租赁期开始日的会计分录。

7. 出租人出租一套机器设备，租赁期为5年，构成融资租赁。合同规定，每年年末承租人向出租人支付租金100 000元，租金总额为500 000元。租赁期开始日，出租资产公允价值为379 080元。在第2年年初，承租人和出租人同意对原租赁进行修改，缩短租赁期限到第4年年末，每年支付租金的时点不变，租金总额从500 000元变更到420 000元。不涉及未担保余值、担保余值、终止租赁罚款等。

要求：

为出租人完成以下任务：

(1) 计算确定原融资租赁开始日的租赁收款额、租赁内含利率、未实现融资收益；

(2) 计算确定第2年年初租赁变更生效日，出租人租赁投资净额余额、未实现融资收益余额、租赁收款额余额；

（3）租赁变更生效日即第 2 年年初出租人的会计处理；

（4）租赁变更生效日后的会计处理。

三、分析题

1. 辉正公司（出租人）与宏伟公司（承租人）签订租赁协议，租赁资产为全新资产，预计使用年限为 10 年，租赁开始日租赁资产的公允价值为 1 000 000 元，租赁内含利率为 10%，其他协议条款分别为如下不同情况：

情况一：租赁期为 3 年，每年年末宏伟公司支付的租赁付款额为 150 000 元，租赁期届满时，租赁资产退回给辉正公司，承租人没有购买租赁资产的选择权，假设租赁资产性质不特殊。

情况二：租赁期为 5 年，每年年末宏伟公司支付的租赁付款额为 200 000 元，租赁期届满时，宏伟公司有权以 5 000 元的价格购买租赁资产，租赁开始日估计该租赁资产在租赁期届满时的公允价值为 50 000 元，假设租赁资产性质不特殊。

情况三：租赁期为 8 年，每年年末宏伟公司支付的租赁付款额为 150 000 元，租赁期届满时，租赁资产退回给辉正公司，承租人没有购买租赁资产的选择权，假设租赁资产性质不特殊。

情况四：租赁期为 7 年，每年年末宏伟公司支付的租赁付款额为 200 000 元，租赁期届满时，租赁资产退回给辉正公司，承租人没有购买租赁资产的选择权，假设租赁资产性质不特殊。

情况五：租赁期为 5 年，每年年末宏伟公司支付的租赁付款额为 200 000 元，租赁期届满时，租赁资产退回给辉正公司，承租人没有购买租赁资产的选择权，该租赁资产是辉正公司专门应宏伟公司的要求购买，不做较大改造，其他方无法使用。

要求：

为辉正公司判断在租赁开始日上述情况下租赁的类型。

2. 承租人签订了一份租赁设备的合同，租赁合同规定的租赁期是 2×21 年 1 月 1 日至 2×26 年 12 月 31 日，其中 2×21 年 1 月 1 日至 2×21 年 6 月 30 日为免租期。

要求：

确定承租人的租赁期。

3. 承租人签订了一份建筑租赁合同，包括 6 年不可撤销期限和 4 年按照市价行使的续租选择权。在搬入该建筑之前，承租人花费了大量资金对租赁建筑进行了改良，预计在第 6 年结束时租赁资产改良仍将具有重大价值，且该价值仅可通过继续使用租赁资产实现。

要求：

确定承租人的租赁期。

4. 承租人签订了一份建筑物租赁合同，合同规定的不可撤销租赁期限为 10 年、续租期为 2 年，租赁期届满承租人可以按照市价购买租赁资产。租赁开始日，承租人预计第 10 年结束将行使续租权、不会行使购买选择权，因此在租赁开始时，承租人确定租赁期为 12 年。假设在第 6 年年初该建筑物市场价值剧烈上涨，承租人重新评估后认为，预计能够合理确定将行使购买选择权，而不会行使续租选择权。

要求：

（1）第6年年初承租人是否需要重新评估租赁期和租赁负债；

（2）确定承租人从第6年年初开始剩余的租赁期。

5. 辉正公司与宏伟公司签订了一份租赁合同，从宏伟公司租入一台设备，租赁合同约定不可撤销期间为10个月，且承租人拥有6个月的续租选择权，续租期间的月租金为10 000元，而预计续租期间的市场月租金为100 000元。

要求：

（1）判断辉正公司的该项租赁是否为短期租赁；

（2）若为短期租赁，辉正公司是否可以采用简化处理。

6. 甲公司是一家知名零售商，在乙公司已成熟开发的零售场所中开设一家商店。根据租赁合同，甲公司在正常工作时间内必须经营该商店，且甲公司不得将商店闲置或进行分租。合同中关于租赁付款额的条款为：如果甲公司开设的这家商店没有发生销售，则甲公司应付的年租金为10 000元；如果这家商店发生了任何销售，则甲公司应付的年租金为1 000 000元。

要求：

判断甲公司应付的年租金是否为实质固定付款额，并确定实质固定付款额的金额。

7. 承租人甲公司租入某办公楼的一层楼，租赁期为10年。甲公司有权选择在第5年后提前终止租赁，并以相当于6个月的租金作为罚金，该金额对甲公司很重大。每年的租赁付款额为固定金额1 000 000元。该办公楼是全新的，并且在周边商业园区的办公楼中处于技术领先水平。上述租赁付款额与市场租金水平相符。

要求：

（1）判断承租人甲公司是否提前终止租赁；

（2）租赁负债是否包括提前终止租赁时需支付的罚金；

（3）确定租赁期。

四、简答题

1. 资产供应方拥有资产的实质性替换权的条件是什么？

2. 已识别资产的判断条件是什么？

3. 如何判断客户是否控制已识别资产使用权？

4. 简述客户有权主导资产使用的情形。

第六章

非货币性资产交换

学习目标

了解非货币性资产交换的概念及认定，熟练掌握非货币性资产交换业务的会计核算。

第一节 非货币性资产交换概述

什么是非货币性资产交换？非货币性资产交换具有哪些特征？涉及补价时，如何认定非货币性资产交换？

一、非货币性资产交换的含义

（一）货币性资产的含义

货币性资产，是指企业持有的货币资金和收取固定或可确定金额的货币资金的权利。货币资金包括库存现金、银行存款、其他货币资金，企业持有的应收款项、债券投资等未来能够收回本金及固定利息的资产，也属于货币性资产。

（二）非货币性资产的含义

非货币性资产，是指货币性资产以外的资产，也就是这些资产给企业带来的经济利益是不固定或不确定的。例如，企业持有固定资产的主要目的是用于生产经营，通过折旧方式将其磨损价值转移到产品成本中，然后通过产品销售获利，固定资产在将来为企业带来的经济利益即货币金额，是不固定的或不可确定的，因此，固定资产属于非货币性资产。非货币性资产包括存货、固定资产、无形资产、投资性房地产和长期股权投资等。

非货币性资产区别于货币性资产的最基本特征是，非货币性资产将来为企业带来的经济利益是不固定的，甚至是不可确定的。

（三）非货币性资产交换的含义

非货币性资产交换，是指企业主要以固定资产、无形资产和长期股权投资等非货币性资产进行的交换。该交换不涉及或只涉及少量的货币性资产（即补价）。

非货币性资产交换具有如下特征：

（1）非货币性资产交换的交易对象主要是非货币性资产。企业用货币性资产（如现金、银行存款）来交换非货币性资产（如固定资产等）的交易最为普遍，例如，以现金购入固定资产、以现金偿还借款等；但在有些情况下，企业为了满足各自生产经营的需要，同时减少货币性资产的流入和流出，而进行非货币性资产交换交易。例如，A企业需要B企业闲置的生产设备，B企业需要A企业生产的产品，双方在货币性资产短缺的情况下，可能会出现非货币性资产交换的交易行为。

现代物物交换

（2）非货币性资产交换是以非货币性资产进行交换的行为。交换，通常是指一个企业和另一个企业之间的互惠转让，通过转让，企业以让渡其他资产或劳务或者承担其他义务而取得资产或劳务（或偿还负债）。非互惠的非货币性资产转让不属于本章所述的非货币性资产交换，如企业捐赠非货币性资产等。

（3）非货币性资产交换一般不涉及货币性资产，但有时也可能涉及少量的货币性资产。

二、非货币性资产交换的认定

非货币性资产交换一般不涉及货币性资产，或只涉及少量货币性资产即补价。认定涉及少量货币性资产的交换为非货币性资产交换，通常以补价占整个资产交换金额的比例是否低于25%作为参考比例。也就是说，支付的货币性资产占换入资产公允价值（或占换出资产公允价值与支付的货币性资产之和）的比例，或者收到的货币性资产占换出资产公允价值（或占换入资产公允价值和收到的货币性资产之和）的比例低于25%的，视为非货币性资产交换；高于25%（含25%）的，视为货币性资产交换，适用《企业会计准则第14号——收入》等相关准则的规定。下面是换入资产成本分别以公允价值和账面价值计量的判断公式。

（一）换入资产成本以公允价值计量

假设X=补价，Y=换入资产公允价值，Z=换出资产公允价值：

对于支付补价方，$A=X/Y$，或$A=X/(Z+X)$；

对于收到补价方，$A=X/Z$，或$A=X/(Y+X)$。

如果$A<25\%$，作为非货币性资产交换；如果$A\geqslant 25\%$，作为货币性资产交换。

（二）换入资产成本以换出资产账面价值计量

假设 X＝补价，Y＝换出资产账面价值，令 $A=X/Y$：
如果 $A<25\%$，作为非货币性资产交换；如果 $A\geqslant 25\%$，作为货币性资产交换。

三、非货币性资产交换不涉及的交易或事项

下列各项适用其他相关会计准则：

（1）企业以存货换取客户的非货币性资产的，适用《企业会计准则第 14 号——收入》。

（2）非货币性资产交换中涉及企业合并的，适用《企业会计准则第 20 号——企业合并》、《企业会计准则第 2 号——长期股权投资》和《企业会计准则第 33 号——合并财务报表》。

（3）非货币性资产交换中涉及由《企业会计准则第 22 号——金融工具确认和计量》规范的金融资产的，金融资产的确认、终止确认和计量适用《企业会计准则第 22 号——金融工具确认和计量》和《企业会计准则第 23 号——金融资产转移》。

（4）非货币性资产交换中涉及由《企业会计准则第 21 号——租赁》规范的使用权资产或应收融资租赁款等的，相关资产的确认、终止确认和计量适用《企业会计准则第 21 号——租赁》。

（5）非货币性资产交换的一方直接或间接对另一方持股且以股东身份进行交易的，或者非货币性资产交换的双方均受同一方或相同的多方最终控制，且该非货币性资产交换的交易实质是交换的一方向另一方进行了权益性分配或交换的一方接受了另一方权益性投入的，适用权益性交易的有关会计处理规定。

第二节 非货币性资产交换的确认和计量原则

一、非货币性资产交换的确认原则

企业应当分别按照下列原则对非货币性资产交换中的换入资产进行确认，对换出资产终止确认：

（1）对于换入资产，企业应当在换入资产符合资产定义并满足资产确认条件时予以确认；

（2）对于换出资产，企业应当在换出资产满足资产终止确认条件时终止确认。

一般情况下，换入资产的确认时点与换出资产的终止确认时点相同或相近。当换入

资产的确认时点与换出资产的终止确认时点存在不一致的，企业在资产负债表日应当按照下列原则进行处理：

（1）换入资产满足资产确认条件，换出资产尚未满足终止确认条件的，在确认换入资产的同时将交付换出资产的义务确认为一项负债；

（2）换入资产尚未满足资产确认条件，换出资产满足终止确认条件的，在终止确认换出资产的同时将取得换入资产的权利确认为一项资产。

二、非货币性资产交换的计量原则

换入资产的入账成本可能是以公允价值计量，也可能是以账面价值计量。

（一）换入资产以公允价值为基础计量的原则

非货币性资产交换同时满足下列两个条件的，应当以公允价值为基础计量：

（1）该项交换具有商业实质；

（2）换入资产或换出资产的公允价值能够可靠计量。

以公允价值为基础计量的非货币性资产交换，换入资产应当以换出资产或换入资产的公允价值作为计量基础，同时加上应支付的相关税费，公允价值与换出资产账面价值的差额计入当期损益，即应确认非货币性资产交换损益。一般来讲，如果换出资产和换入资产的公允价值都能可靠计量，则应以换出资产的公允价值作为换入资产的计量基础，除非有确凿证据表明换入资产的公允价值比换出资产的公允价值更可靠。

（二）换入资产以账面价值为基础计量的原则

如果不满足上述两个条件之一或都不满足，即非货币资产交换不具有商业实质或交换涉及资产的公允价值均不能可靠计量或二者同时不能满足的，应当以换出资产的账面价值和应支付的相关税费作为换入资产的成本，无论是否支付补价，均不确认损益。

三、非货币性交换具有商业实质的判断条件

非货币性资产交换具有商业实质，是换入资产能够采用公允价值计量的重要条件之一。在确定资产交换是否具有商业实质时，企业应当重点考虑由于发生了该项资产交换预期使企业未来现金流量发生变动的程度。只有当换出资产和换入资产预计未来现金流量或其现值两者之间的差额较大时，才能表明交易的发生使企业经济状况发生了明显改变，非货币性资产交换才具有商业实质。

企业发生的非货币性交换满足下列条件之一的，具有商业实质：

（1）换入资产的未来现金流量在风险、时间分布和金额方面与换出资产显著不同。通常包括但不仅限于以下几种情况：

一是未来现金流量的风险、金额相同，时间不同。例如，A企业以其特许使用权从B企业换入一项设备，双方没有约定特许使用权期限，即B企业可以无限期使用该特许使用权。假定特许使用权和设备产生的未来现金流量风险和总额均相同，但由于两者产生现金流量的时间跨度相差较大，则可以判断上述两项资产的未来现金流量显著不同，因而该两项资产的交换具有商业实质。

二是未来现金流量的时间、金额相同，风险不同。例如，A企业以其用于经营出租的一幢公寓楼，与B企业同样用于经营出租的一幢公寓楼进行交换，两幢公寓楼的租期、每期租金总额均相同，但A企业是租给一家财务及信用状况良好的企业（该企业租用该公寓是给其单身职工居住），B企业的客户则都是单个租户，相比较而言，A企业取得租金的风险较小；B企业由于租给散户，租金的取得依赖于各单个租户的财务和信用状况，取得租金的风险较大。因此，两者现金流量流入的风险或不确定性程度存在明显差异，两幢公寓楼的未来现金流量显著不同，因而可判断该两项资产的交换具有商业实质。

三是未来现金流量的风险、时间相同，金额不同。例如，某企业以一项商标权换入另一企业的一项专利技术，预计两项无形资产的使用寿命相同，在使用寿命内预计为企业带来的现金流量总额相同，但换入的专利技术是新开发的，预计开始阶段产生的未来现金流量明显少于后期，而该企业拥有的商标权每年产生的现金流量比较均衡，两者各年产生的现金流量金额差异明显，则可以判断上述商标权与专利技术的未来现金流量显著不同，因而该两项资产的交换具有商业实质。

（2）换入资产与换出资产的预计未来现金流量现值不同，且其差额与换入资产和换出资产的公允价值相比是重大的。企业如果按照上述第（1）项条件难以判断某项非货币性资产交换是否具有商业实质，可以再根据第（2）项条件，通过计算换入资产和换出资产的预计未来现金流量现值进行比较判断。资产预计未来现金流量现值，应当按照资产在持续使用过程中和最终处置时预计产生的税后未来现金流量，根据企业自身而不是市场参与者对资产特定风险的评价，选择恰当的折现率对预计未来现金流量折现后的金额加以确定。

从市场参与者的角度分析，换入资产和换出资产预计未来现金流量在风险、时间和金额方面可能相同或相似，但是，鉴于换入资产的性质和换入企业经营活动的特征等因素，换入资产与换入企业其他现有资产相结合，能够比换出资产产生更大的作用，使换入企业受该换入资产影响的经营活动部分产生的现金流量，与换出资产明显不同，即换入资产对换入企业的使用价值与换出资产对该企业的使用价值明显不同，使换入资产预计未来现金流量现值与换出资产发生明显差异，因而表明该两项资产的交换具有商业实质。

某企业以一项专利权换入另一企业拥有的长期股权投资，假定从市场参与者来看，该项专利权与该项长期股权投资的公允价值相同，两项资产未来现金流量的风险、时间和金额亦相同，但是，对换入企业来讲，换入该项长期股权投资使该企业对被投资方由重大影响变为控制关系，对换入企业产生的预计未来现金流量现值与换出的专利权有较大差异；另一企业换入的专利权能够解决生产中的技术难题，对换入企业产生的预计未来现金流量现值与换出的长期股权投资有明显差异，因而该两项资产的交换具有商业实质。

第三节　非货币资产交换的会计处理

在非货币性资产交换中，换入资产以公允价值和以账面价值计量如何进行会计处理？非货币资产交换过程中涉及的增值税等如何处理？当换入资产以公允价值计量时，非货币资产交换损益如何确定？涉及多项非货币性资产交换如何进行会计处理？

一、以公允价值计量涉及单项非货币性资产交换的会计处理

当非货币性资产交换同时满足公允价值能够可靠计量且具有商业实质时，换入资产的入账成本以公允价值为基础计量。以公允价值为基础计量的非货币性资产交换，对于换入资产，应当以换出资产的公允价值和应支付的相关税费作为换入资产的成本进行初始计量；对于换出资产，应当在终止确认时，将换出资产的公允价值与其账面价值之间的差额计入当期损益。有确凿证据表明换入资产的公允价值更加可靠的，对于换入资产，应当以换入资产的公允价值和应支付的相关税费作为换入资产的初始计量金额；对于换出资产，应当在终止确认时，将换入资产的公允价值与换出资产账面价值之间的差额计入当期损益。非货币性资产交换的会计处理，视换出资产的类别不同而有所区别：

（1）换出资产为固定资产、无形资产、在建工程的，换出资产公允价值（有时可能是换入资产公允价值）和换出资产账面价值的差额，计入资产处置损益。

（2）换出资产为长期股权投资的，换出资产公允价值（有时可能是换入资产公允价值）和换出资产账面价值之间的差额，计入投资收益。

（3）换出资产为投资性房地产的，换出资产公允价值（有时可能是换入资产公允价值）确认为其他业务收入，换出资产账面价值结转为其他业务成本，二者差额为交换损益。

换入资产与换出资产涉及相关税费的，如换入资产作为存货应当确认的可抵扣增值税进项税额，按照相关税收规定计算确定。

以公允价值为基础计量的非货币性资产交换，涉及补价的，应当按照下列规定进行处理：

（1）支付补价的，以换出资产的公允价值，加上支付补价的公允价值和应支付的相关税费（如运输费、保险费、装卸费等），作为换入资产的成本，换出资产的公允价值与其账面价值之间的差额计入当期损益。有确凿证据表明换入资产的公允价值更加可靠

的，以换入资产的公允价值和应支付的相关税费作为换入资产的初始计量金额，换入资产的公允价值减去支付补价的公允价值，与换出资产账面价值之间的差额计入当期损益。

（2）收到补价的，以换出资产的公允价值，减去收到补价的公允价值，加上应支付的相关税费，作为换入资产的成本，换出资产的公允价值与其账面价值之间的差额计入当期损益。有确凿证据表明换入资产的公允价值更加可靠的，以换入资产的公允价值和应支付的相关税费作为换入资产的初始计量金额，换入资产的公允价值加上收到补价的公允价值，与换出资产账面价值之间的差额计入当期损益。

为了便于大家的理解，总结归纳的相关公式如下：

（1）不涉及补价。

换入资产的入账成本＝换出资产或换入资产的公允价值＋应支付的相关税费

非货币性资产交换损益＝换出资产或换入资产的公允价值－换出资产的账面价值－应计入当期损益的费用

（2）涉及补价。

支付补价方：

换入资产的入账成本＝换出资产的公允价值＋支付的补价＋应支付的相关税费

应确认的损益＝换出资产的公允价值－换出资产的账面价值－应计入当期损益的费用

如果换入资产的公允价值更加可靠，则

换入资产的入账成本＝换入资产的公允价值＋应支付的相关税费

应确认的损益＝换入资产的公允价值－支付的补价－换出资产的账面价值－应计入当期损益的费用

收取补价方：

换入资产的入账成本＝换出资产的公允价值－收到的补价＋应支付的相关税费

应确认的损益＝换出资产的公允价值－换出资产的账面价值－应计入当期损益的费用

如果换入资产的公允价值更加可靠，则

换入资产的入账成本＝换入资产的公允价值＋应支付的相关税费

应确认的损益＝换入资产的公允价值＋收到的补价－换出资产的账面价值－应计入当期损益的费用

上述公式中，应支付的相关税费是指计入资产的税费：

应支付的相关税费＝增值税销项税额－增值税进项税额＋运杂费等

上述涉及补价的公式中，如果换入资产的入账价值以换出资产的公允价值为基础，或者即使以换入资产的公允价值为基础，如果换入资产的公允价值和换出资产的公允价值差额正好是补价，则非货币资产交换损益的计算不需要上述那么复杂，可以直接是：

$$\text{应确认的损益}=\text{换出资产的公允价值}-\text{换出资产的账面价值}-\text{应计入当期损益的费用}$$

如果换入资产以换入资产的公允价值作为计量基础，且换入资产的公允价值与换出资产的公允价值差额与补价不相等，这时就要用前述涉及补价时确认损益的公式确定非货币性资产交换损益。

实务 6-1　以公允价值计量不涉及补价的非货币性资产交换

2×18 年 8 月，辉正公司用其对蓝天公司的长期股权投资交换宏伟公司拥有的一项专利技术。在交换日，辉正公司持有的长期股权投资的账面余额为 1 200 万元，已计提长期股权投资减值准备 120 万元，交换日的公允价值为 800 万元；宏伟公司专利技术的账面原价为 900 万元，累计摊销额为 180 万元，已计提无形资产减值准备 40 万元，交换日的公允价值为 800 万元。辉正公司换入的专利技术是生产经营所需要的，宏伟公司取得对蓝天公司的控制权。假设不考虑相关税费。

要求：

(1) 为辉正公司编制会计分录；

(2) 为宏伟公司编制会计分录。

实务分析：

此项交换不涉及补价，属于非货币性资产交换。该交换公允价值能够可靠计量，具有商业实质，满足公允价值计量的条件，因此，换入资产以公允价值计量，并确认非货币性资产交换损益。

(1) 辉正公司的会计处理（以下会计分录单位为万元）。

换入专利技术的入账金额＝800(万元)

应确认的投资损益＝800－(1 200－120)＝－280(万元)

借：无形资产——专利技术	800	
长期股权投资减值准备	120	
投资收益	280	
贷：长期股权投资		1 200

(2) 宏伟公司的会计处理。

换入股权的入账金额＝800(万元)

应确认的损益＝800－(900－180－40)＝120(万元)

借：长期股权投资	800	
无形资产减值准备	40	
累计摊销	180	

贷：无形资产　　900

　　资产处置损益　　120

二、以公允价值计量涉及多项非货币性资产交换的会计处理

以公允价值计量涉及多项非货币性资产交换是指在公允价值计量下一项资产与多项资产交换，或多项资产与多项资产交换。对于多项非货币性资产交换业务，企业首先计算出换入资产入账的总成本后，再按各项换入资产的公允价值占公允价值总和的比例分配总成本，从而得到每项换入资产的成本。以公允价值计量涉及多项资产的非货币性资产交换一般可以分为以下几种情况：

（1）资产交换具有商业实质，且各项换出资产和各项换入资产的公允价值都能可靠计量。

1）不涉及补价。

$$\text{换入资产入账的总成本}=\text{换出资产的公允价值总额}+\text{应支付的相关税费}$$

$$\begin{array}{c}\text{某项换入资产的}\\\text{入账成本}\end{array}=\begin{array}{c}\text{换入资产入账的}\\\text{总成本}\end{array}\times\frac{\text{某项换入资产的公允价值}}{\text{换入资产的公允价值总额}}$$

2）涉及补价。

支付补价方：

$$\begin{array}{c}\text{换入资产入账的}\\\text{总成本}\end{array}=\begin{array}{c}\text{换出资产的}\\\text{公允价值总额}\end{array}+\begin{array}{c}\text{支付的}\\\text{补价}\end{array}+\begin{array}{c}\text{应支付的}\\\text{相关税费}\end{array}$$

或 $$=\text{换入资产的公允价值总额}+\text{应支付的相关税费}$$

$$\begin{array}{c}\text{某项换入资产的}\\\text{入账成本}\end{array}=\begin{array}{c}\text{换入资产入账的}\\\text{总成本}\end{array}\times\frac{\text{某项换入资产的公允价值}}{\text{换入资产的公允价值总额}}$$

收到补价方：

$$\begin{array}{c}\text{换入资产入账的}\\\text{总成本}\end{array}=\begin{array}{c}\text{换出资产的}\\\text{公允价值总额}\end{array}-\begin{array}{c}\text{收到的}\\\text{补价}\end{array}+\begin{array}{c}\text{应支付的}\\\text{相关税费}\end{array}$$

或 $$=\text{换入资产的公允价值总额}+\text{应支付的相关税费}$$

$$\begin{array}{c}\text{某项换入资产的}\\\text{入账成本}\end{array}=\begin{array}{c}\text{换入资产入账的}\\\text{总成本}\end{array}\times\frac{\text{某项换入资产的公允价值}}{\text{换入资产的公允价值总额}}$$

（2）资产交换具有商业实质，且换入资产的公允价值能可靠计量，换出资产的公允价值不能可靠计量。

（3）资产交换具有商业实质，且换出资产的公允价值能可靠计量，换入资产的公允价值不能可靠计量。

第（2）种和第（3）种情况是相对而言的。假设辉正公司和宏伟公司进行资产交换，如果对辉正公司而言，换出资产的公允价值不能可靠计量，换入资产的公允价值能可靠计量，则对宏伟公司来讲，换入资产的公允价值不能可靠计量，换出资产的公允价值能可靠计量。

以上面的假设为前提：

1）如果不涉及补价。

$$\text{辉正公司换入资产入账的总成本}=\text{换入资产的公允价值总额}+\text{应支付的相关税费}$$

$$\text{辉正公司某项换入资产的入账成本}=\text{换入资产入账的总成本}\times\frac{\text{某项换入资产的公允价值}}{\text{换入资产的公允价值总额}}$$

$$\text{宏伟公司换入资产入账的总成本}=\text{换出资产的公允价值总额}+\text{应支付的相关税费}$$

$$\text{宏伟公司某项换入资产的入账成本}=\text{换入资产入账的总成本}\times\frac{\text{某项换入资产的原账面价值}}{\text{换入资产原账面价值总额}}$$

2）如果涉及补价，假设辉正公司为支付方。

辉正公司（支付补价方）：

$$\text{换入资产入账的总成本}=\text{换入资产的公允价值总额}+\text{应支付的相关税费}$$

$$\text{某项换入资产的入账成本}=\text{换入资产入账的总成本}\times\frac{\text{某项换入资产的公允价值}}{\text{换入资产的公允价值总额}}$$

宏伟公司（收到补价方）：

$$\text{换入资产入账的总成本}=\text{换出资产的公允价值总额}-\text{收到的补价}+\text{应支付的相关税费}$$

$$\text{某项换入资产的入账成本}=\text{换入资产入账的总成本}\times\frac{\text{某项换入资产的原账面价值}}{\text{换入资产原账面价值总额}}$$

实务 6-2 以公允价值计量涉及多项非货币性资产交换

辉正公司和宏伟公司均为增值税一般纳税人，适用的增值税税率均为13%。为适应业务发展的需要，经协商辉正公司决定以生产经营过程中使用的设备和货车换入宏伟公司生产经营过程中使用的小汽车和客运汽车。

辉正公司设备的账面原价为1 800万元，累计折旧为300万元，交换日的公允价值为1 350万元；货车的账面原价为600万元，累计折旧为480万元，交换日的公允价值为100万元。宏伟公司小汽车的账面原价为1 300万元，在交换日的累计折旧为690万元，交换日的公允价值为709.5万元；客运汽车的账面原价为1 300万元，累计折旧为680万元，交换日的公允价值为700万元。宏伟公司另外向辉正公司支付银行存款45.76万元，其中包括由于换出和换入资产公允价值不同而支付的补价40.5万元，以及换出资产销项税额与换入资产进项税额的差额 5.26 万元。

假定辉正公司和宏伟公司都没有为换出资产计提减值准备；辉正公司换入宏伟公司的小汽车、客运汽车作为固定资产使用和管理；宏伟公司换入辉正公司的设备、货车作为固定资产使用和管理；辉正公司和宏伟公司上述交易涉及的增值税进项税额按照税法规定可抵扣且已得到认证；不考虑其他相关税费。

要求：

（1）为辉正公司编制会计分录；

（2）为宏伟公司编制会计分录。

实务分析：

由于涉及收付货币性资产，所以需要认定该资产交换是否属于非货币性资产交换，应当计算辉正公司收到的货币性资产占辉正公司换出资产公允价值总额的比例（等于宏伟公司支付的货币性资产占宏伟公司换入资产公允价值的比例），即 40.5/(1 350＋100)×100％＝2.79％＜25％，可以认定这一涉及多项资产的交换行为属于非货币性资产交换。对于辉正公司而言，为了拓展运输业务，需要小汽车、客运汽车等，宏伟公司为了扩大产品生产，需要设备和货车，换入资产对换入企业均能发挥更大的作用。因此，该项涉及多项资产的非货币性资产交换具有商业实质；同时，各单项换入资产和换出资产的公允价值均能可靠计量，因此，辉正、宏伟公司均应当以公允价值为基础确定换入资产的总成本，确认产生的相关损益。同时，按照各单项换入资产的公允价值占换入资产公允价值总额的比例，确定各单项换入资产的成本。

由上述分析可知，该交易属于非货币性资产交换。

（1）辉正公司的账务处理。

1）换入资产、换出资产公允价值总额的计算。

换入资产的公允价值总额＝709.5＋700＝1 409.5(万元)

换出资产的公允价值总额＝1 350＋100＝1 450(万元)

2）增值税的计算。

换出设备的增值税销项税额＝1 350×13％＝175.5(万元)

换出货车的增值税销项税额＝100×13％＝13(万元)

换出设备、货车的增值税销项税额合计＝175.5＋13＝188.5(万元)

换入小汽车、客运汽车的增值税进项税额＝1 409.5×13％＝183.24(万元)

销项税额－进项税额＝188.5－183.24＝5.26(万元)

3）换入资产总成本的计算。

换入资产的总成本＝换出资产的公允价值总额－收到的补价＋应支付的相关税费

＝1 450－45.76＋5.26＝1 409.5(万元)

4）换入各项资产的公允价值占换入资产公允价值总额的比例的计算。

小汽车公允价值占换入资产公允价值总额的比例＝709.5/1 409.5×100％＝50.34％

客运汽车公允价值占换入资产公允价值总额的比例＝700/1 409.5×100％＝49.66％

5）换入各项资产的成本的计算。

小汽车的成本＝1 409.5×50.34％＝709.5（万元）

客运汽车的成本＝1 409.5×49.66％＝700（万元）

或　　　　＝1 409.5－709.5＝700（万元）

6）会计分录（以下会计分录单位为万元）。

资产处置损益＝1 450－1 620＝－170（万元）

借：固定资产清理	1 620	
累计折旧	780	
贷：固定资产——设备		1 800
——货车		600
借：固定资产——小汽车	709.50	
——客运汽车	700.00	
应交税费——应交增值税（进项税额）	183.24	
银行存款	45.76	
资产处置损益	170.00	
贷：固定资产清理		1 620.00
应交税费——应交增值税（销项税额）		188.50

（2）宏伟公司的账务处理。

1）换入资产、换出资产公允价值总额的计算。

换入资产的公允价值总额＝1 350＋100＝1 450（万元）

换出资产的公允价值总额＝709.5＋700＝1 409.5（万元）

2）增值税的计算。

换出小汽车、客运汽车的增值税销项税额＝1 409.5×13％＝183.24（万元）

换入设备的增值税进项税额＝1 350×13％＝175.5（万元）

换入货车的增值税进项税额＝100×13％＝13（万元）

换入设备、货车的增值税进项税额合计＝175.5＋13＝188.5（万元）

销项税额－进项税额＝183.24－188.5＝－5.26（万元）

3）换入资产总成本的计算。

换入资产的总成本＝换出资产的公允价值＋支付的补价＋应支付的相关税费
＝1 409.5＋45.76－5.26＝1 450(万元)

4）换入各项资产的公允价值占换入资产公允价值总额的比例的计算。

设备公允价值占换入资产公允价值总额的比例＝1 350/1 450×100％＝93.10％
货车公允价值占换入资产公允价值总额的比例＝100/1 450×100％＝6.90％

5）换入各项资产的成本的计算。

设备的成本＝1 450×93.10％＝1 350(万元)
货车的成本＝1 450×6.90％＝100(万元)

或　　＝1 450－1 350＝100(万元)

6）会计分录。

资产处置损益＝1 409.5－1 230＝179.5(万元)

借：固定资产清理	1 230	
累计折旧	1 370	
贷：固定资产——小汽车		1 300
——客运汽车		1 300
借：固定资产——设备	1 350.00	
——货车	100.00	
应交税费——应交增值税（进项税额）	188.50	
贷：固定资产清理		1 230.00
应交税费——应交增值税（销项税额）		183.24
银行存款		45.76
资产处置损益		179.50

三、以账面价值计量涉及单项非货币性资产交换的会计处理

非货币性资产交换不具有商业实质，或者虽具有商业实质但换入资产和换出资产的公允价值均不能可靠计量的，应当以换出资产的账面价值为基础确定换入资产成本，无论是否支付补价，均不确认损益。

一般来讲，如果换入资产和换出资产的公允价值都不能可靠计量时，该项非货币性资产交换通常不具有商业实质，因为在这种情况下，很难比较两项资产产生的未来现金流量在时间、风险和金额方面的差异，很难判断两项资产交换后对企业经济状况改变所起的不同效用。因而，此类资产交换通常不具有商业实质。

不涉及补价换入资产的成本＝换出资产的账面价值＋应支付的相关税费

涉及补价换入资产的成本：

收到补价方换入资产的成本＝换出资产的账面价值－收到的补价＋应支付的相关税费

支付补价方换入资产的成本＝换出资产的账面价值＋支付的补价＋应支付的相关税费

实务 6－3 以账面价值计量涉及单项非货币性资产交换

辉正公司将拥有的一台设备与宏伟公司的一幢建筑物交换，换入资产都作为固定资产管理。辉正公司的设备原价为 160 万元，已计提折旧 32 万元，已计提减值准备 2.5 万元，该设备公允价值不能可靠计量，增值税税率为 13%；宏伟公司的建筑物原价为 305 万元，已计提折旧 205 万元，已计提减值准备 1.5 万元，该建筑物公允价值不能可靠计量，增值税税率为 9%。假设两个公司的计税价格为资产的账面价值。

要求：

(1) 为辉正公司编制会计分录；

(2) 为宏伟公司编制会计分录。

实务分析：

由于公允价值都不能可靠计量，所以两个公司换入资产应该以换出资产的账面价值作为计量基础，再加上增值税销项税额减去增值税进项税额，不确认非货币性资产交换损益。

(1) 辉正公司的会计处理（以下会计分录单位为万元）。

换出设备的账面价值＝160－32－2.5＝125.5(万元)

换出设备的增值税销项税额＝125.5×13%＝16.32(万元)

换入建筑物的增值税进项税额＝98.5×9%＝8.87(万元)

换入建筑物的入账金额＝125.5＋16.32－8.87＝132.95(万元)

借：固定资产清理	125.50	
累计折旧	32.00	
固定资产减值准备	2.50	
贷：固定资产		160.0
借：固定资产	132.95	
应交税费——应交增值税（进项税额）	8.87	
贷：固定资产清理		125.50
应交税费——应交增值税（销项税额）		16.32

(2) 宏伟公司的会计处理。

换出建筑物的账面价值＝305－205－1.5＝98.5(万元)

换出建筑物的增值税销项税额＝98.5×9％＝8.87(万元)

换入设备的增值税进项税额＝125.5×13％＝16.32(万元)

换入设备的入账金额＝98.5＋8.87－16.32＝91.05(万元)

借：固定资产清理	98.50	
累计折旧	205.00	
固定资产减值准备	1.50	
贷：固定资产		305.00
借：固定资产	91.05	
应交税费——应交增值税（进项税额）	16.32	
贷：固定资产清理		98.50
应交税费——应交增值税（销项税额）		8.87

实务 6-4　以账面价值计量涉及补价的非货币性资产交换

接实务 6-3，假设宏伟公司向辉正公司支付了 10 万元补价，其他条件不变。

要求：

(1) 为辉正公司编制会计分录；

(2) 为宏伟公司编制会计分录。

实务分析：

对辉正公司而言，收到的补价 10 万元与设备的账面价值 125.5 万元的比值为 7.97％＜25％，所以属于非货币性资产交换；对宏伟公司而言，支付的补价 10 万元与建筑物的账面价值 98.5 万元的比值为 10.15％＜25％，也属于非货币性资产交换。除了实务 6-5 的分析，辉正公司换入资产的入账成本还要减去收到的补价，宏伟公司换入资产的入账成本还要加上支付的补价。

(1) 辉正公司的会计处理（以下会计分录单位为万元）。

换出设备的账面价值＝160－32－2.5＝125.5(万元)

换出设备的增值税销项税额＝125.5×13％＝16.32(万元)

换入建筑物的增值税进项税额＝98.5×9％＝8.87(万元)

换入建筑物的入账金额＝125.5－10＋16.32－8.87＝122.95(万元)

借：固定资产清理	125.50	
累计折旧	32.00	
固定资产减值准备	2.50	
贷：固定资产		160.00

借：固定资产　122.95
　应交税费——应交增值税（进项税额）　8.87
　银行存款　10.00
　贷：固定资产清理　125.50
　　应交税费——应交增值税（销项税额）　16.32

（2）宏伟公司的会计处理。

换出建筑物的账面价值＝305－205－1.5＝98.5(万元)

换出建筑物的增值税销项税额＝98.5×9%＝8.87(万元)

换入设备的增值税进项税额＝125.5×13%＝16.32(万元)

换入设备的入账金额＝98.5＋10＋8.87－16.32＝101.05(万元)

借：固定资产清理　98.50
　累计折旧　205.00
　固定资产减值准备　1.50
　贷：固定资产　305.00
借：固定资产　101.05
　应交税费——应交增值税（进项税额）　16.32
　贷：固定资产清理　98.50
　　应交税费——应交增值税（销项税额）　8.87
　　银行存款　10.00

四、以账面价值计量涉及多项非货币性资产交换的会计处理

企业以一项或多项资产与其他企业多项资产进行交换，如果该资产交换不具有商业实质或公允价值不能可靠计量，则换入资产的总成本等于换出资产的账面价值之和，然后按照换入资产的原账面价值占换入资产原账面价值总额的比例进行分配。

不涉及补价的情况下：

换入资产的总成本＝换出资产的账面价值总额＋应支付的相关税费

涉及补价的情况下：

收到补价方换入资产的总成本＝换出资产的账面价值总额－收到的补价＋应支付的相关税费

支付补价方换入资产的总成本＝换出资产的账面价值总额＋支付的补价＋应支付的相关税费

确定了换入资产的总成本后，接下来需要把总成本分配给每项换入资产。

$$\text{某项换入资产的成本}=\text{换入资产的总成本}\times\frac{\text{某项换入资产的原账面价值}}{\text{换入资产的账面价值总额}}$$

实务6-5　以账面价值计量涉及多项非货币性资产交换

辉正公司用其专有设备和专利技术与宏伟公司正在建造的建筑物和对甲子公司的长期股权投资进行交换。辉正公司的设备账面原价为960万元，已计提折旧360万元，已计提减值准备12万元；专利技术账面原价为470万元，已摊销金额为170万元，已计提减值准备8万元。宏伟公司的在建建筑物截止到交换日的成本为486万元；对甲子公司长期股权投资账面余额为380万元，已计提减值准备5万元。假设两个公司资产的公允价值均不能可靠计量，辉正公司换入的投资作为长期股权投资核算，宏伟公司换入的专有设备作为固定资产使用。专有设备的增值税税率为13%，建筑物的增值税税率为9%。计税价格为换出资产的账面价值，专利技术免税。

要求：

（1）为辉正公司编制会计分录；

（2）为宏伟公司编制会计分录。

实务分析：

辉正公司换入资产的入账总成本为换出的专有设备和专利技术的账面价值之和，加上换出专有设备的增值税销项税额，减去换入建筑物的增值税进项税额，然后再将该入账总成本按照换入的建筑物和长期股权投资在宏伟公司的原账面价值比例进行分配。

宏伟公司换入资产的入账总成本为换出的建筑物和长期股权投资的账面价值之和，加上换出建筑物的增值税销项税额，减去换入专有设备的增值税进项税额，然后再将该入账总成本按照换入的专有设备和专利技术在辉正公司的原账面价值比例进行分配。

（1）辉正公司的会计处理（以下会计分录单位为万元）。

换入资产的账面价值总额＝486＋(380－5)＝861(万元)

换出资产的账面价值总额＝(960－360－12)＋(470－170－8)＝880(万元)

换出专有设备的增值税销项税额＝(960－360－12)×13%＝588×13%＝76.44(万元)

换入建筑物的增值税进项税额＝486×9%＝43.74(万元)

换入资产的总成本＝880＋76.44－43.74＝912.7(万元)

在建工程占换入资产账面价值总额的比例＝486/861×100%＝56.45%

长期股权投资占换入资产账面价值总额的比例＝100%－56.45%＝43.55%

在建工程的成本＝912.7×56.45%＝515.22(万元)

长期股权投资的成本=912.7-515.22=397.48(万元)

借：固定资产清理	588	
固定资产减值准备	12	
累计折旧	360	
贷：固定资产		960
借：在建工程	515.22	
长期股权投资	397.48	
累计摊销	170.00	
无形资产减值准备	8.00	
应交税费——应交增值税（进项税额）	43.74	
贷：固定资产清理		588.00
无形资产		470.00
应交税费——应交增值税（销项税额）		76.44

（2）宏伟公司的会计处理。

换出资产的账面价值总额=486+(380-5)=861(万元)

换入资产的账面价值总额=(960-360-12)+(470-170-8)=880(万元)

换出建筑物的增值税销项税额=486×9%=43.74(万元)

换入专有设备的增值税进项税额=(960-360-12)×13%=588×13%

=76.44(万元)

换入资产的总成本=861+43.74-76.44=828.3(万元)

专有设备占换入资产账面价值总额的比例=(960-360-12)/880×100%

=66.82%

专利技术占换入资产账面价值总额的比例=100%-66.82%=33.18%

专有设备专有成本=828.3×66.82%=553.47(万元)

专利技术专有成本=828.3-553.47=274.83(万元)

借：固定资产	553.47	
无形资产	274.83	
长期股权投资减值准备	5.00	
应交税费——应交增值税（进项税额）	76.44	
贷：在建工程		486.00
长期股权投资		380.00
应交税费——应交增值税（销项税额）		43.74

知识巩固

一、业务处理题

1. 辉正公司用其固定资产交换宏伟公司的固定资产，换入资产都作为固定资产管理。辉正公司固定资产的账面原价为650万元，已计提折旧150万元，已计提减值准备30万元，交换日的公允价值为640万元，为换入资产支付运杂费0.6万元。宏伟公司固定资产的账面原价为1 800万元，已计提折旧700万元，已计提减值准备80万元，交换日的公允价值为700万元，为换入资产支付运杂费0.5万元。辉正公司向宏伟公司支付了60万元补价。增值税税率为13%，计税价格为公允价值。假设该交换具有商业实质。

要求：

(1) 为辉正公司编制会计分录；

(2) 为宏伟公司编制会计分录。

2. 辉正公司拥有一台专有设备，该设备账面原价为450万元，已计提折旧330万元，宏伟公司拥有一项长期股权投资，账面价值为90万元，两项资产均未计提减值准备。辉正公司决定以其专有设备交换宏伟公司的长期股权投资，该专有设备是生产某种产品必需的设备。由于专有设备是专门制造、性质特殊，其公允价值不能可靠计量；宏伟公司拥有的长期股权投资在活跃市场中没有报价，其公允价值也不能可靠计量。经双方商定，宏伟公司支付了20万元补价。增值税税率为13%，假设该专有设备的计税价格为其账面价值。

要求：

(1) 为辉正公司编制会计分录；

(2) 为宏伟公司编制会计分录。

3. 辉正公司因经营战略发生较大转变，产品结构发生较大调整，原生产产品的专有设备、专利技术等已不符合生产新产品的需要，经与宏伟公司协商，将其专用设备连同专利技术与宏伟公司正在建造过程中的一幢建筑物以及对丙公司的长期股权投资进行交换。

辉正公司换出专有设备的账面原价为1 200万元，已计提折旧750万元；专利技术的账面原价为450万元，已摊销金额270万元。宏伟公司在建工程截止到交换日的成本为525万元，对丙公司的长期股权投资账面余额为150万元。

由于辉正公司持有的专有设备和专利技术市场上已不多见，因此公允价值不能可靠计量。宏伟公司的在建工程因完工程度难以合理确定，其公允价值不能可靠计量。由于丙公司不是上市公司，宏伟公司对丙公司长期股权投资的公允价值也不能可靠计量。假设两个公司均未对上述资产计提减值准备，销售专有设备、不动产增值税税率分别为13%、9%，计税价格为相关资产的账面价值，专利技术免税。

要求：

(1) 为辉正公司编制会计分录；

(2) 为宏伟公司编制会计分录。

4. 辉正公司用一台已使用2年的设备与宏伟公司的一台设备交换，支付相关税费1万元，并向宏伟公司支付补价款3万元。辉正公司设备的账面原价为50万元，预计使用年限为5年，预计净残值率为5%，并采用双倍余额递减法计提折旧，未计提减值准备；宏伟公司设备的账面原价为30万元，已计提折旧3万元。两个公司资产置换不具有商业实质。假设增值税税率为13%，计税价格为账面价值。

要求：

为辉正公司编制会计分录。

二、简答题

1. 简述非货币性资产交换具有商业实质的条件。

2. 简述非货币性资产交换的认定。

第七章

债务重组

学习目标

了解债务重组相关概念和分类，掌握不同债务重组类型的会计核算。

第一节　债务重组概述

企业在生产经营中受各种因素的影响，可能出现一些暂时性或严重的财务困难，致使资金周转不灵，难以按期偿还债务。在此情况下，作为债权人，一种方式是可以通过法律程序，要求债务人破产，以清偿债务；另一种方式是通过互相协商，以债务重组的方式，使债务人减轻负担，渡过难关。

一、债务重组的含义

《企业会计准则第 12 号——债务重组》中确定的债务重组是指在不改变交易对手方的情况下，经债权人和债务人协定或法院裁定，就清偿债务的时间、金额或方式等重新达成协议的交易。该准则中的债务重组涉及的债权和债务是指《企业会计准则第 22 号——金融工具确认和计量》规范的金融工具。

（一）债务重组的范围

债务重组不适用下列事项：

（1）债务重组中涉及的债权、重组债权、债务、重组债务和其他金融工具的确认、计量和列报，分别适用《企业会计准则第 22 号——金融工具确认和计量》和《企业会计准则第 37 号——金融工具列报》。

（2）通过债务重组形成企业合并的，适用《企业会计准则第 20 号——企业合并》。

（3）债权人或债务人中的一方直接或间接对另一方持股且以股东身份进行债务重组的，或者债权人与债务人在债务重组前后均受同一方或相同的多方最终控制，且该债务重组的交易实质是债权人或债务人进行了权益性分配或接受了权益性投入的，适用权益性交易的有关会计处理规定。

（二）关于交易对手方

债务重组是不改变交易对手方情况下的交易。实务中经常出现第三方参与相关交易的情形，例如，某公司以不同于原合同条款的方式代债务人向债权人偿债；新组建的公司承接原债务人的债务，与债权人进行债务重组；资产管理公司从债权人处购得债权，再与债务人进行债务重组。在上述情形下，企业应当首先考虑债权和债务是否发生终止确认，适用《企业会计准则第 22 号——金融工具确认和计量》和《企业会计准则第 23 号——金融资产转移》等准则，再就债务重组交易适用《企业会计准则第 12 号——债务重组》。

（三）重新达成协议的交易

2019 年新修订的债务重组准则，不再强调债务重组必须是债务人发生财务困难和债权人必须做出让步，强调的是债权人与债务人之间对已有的债权债务重新达成协议。也就是说，无论何种原因导致债务人未按原定条件偿还债务，也无论双方是否同意债务人以低于债务的金额偿还债务，只要债权人和债务人就债务条款重新达成了协议，就符合债务重组的定义。例如，债权人在减免债务人部分债务本金的同时提高剩余债务的利息，或者债权人同意债务人用等值库存商品抵偿到期债务等，均属于债务重组。

二、债务重组的方式

债权人与债务人对原来的债权债务重新订立协议，改变了原来的债务清偿方式。债务重组主要包括以下方式：债务人以资产清偿债务、债务人将债务转为权益工具、修改其他条款、组合方式等。

（一）债务人以资产清偿债务

债务人以资产清偿债务，是债务人转让其资产给债权人以清偿债务的债务重组方式。债务人用于偿债的资产通常是已经在资产负债表中确认的资产，例如，现金、应收账款、存货、长期股权投资、投资性房地产、固定资产、在建工程、生物资产、无形资产等。

除上述已经在资产负债表中确认的资产外，债务人也可能以不符合确认条件而未予确认的资产清偿债务。例如，债务人以未确认的内部产生品牌清偿债务。在少数情况下，债务人还可能以处置组（即一组资产和与这些资产直接相关的负债）清偿债务。债务人还可能通过提供服务清偿债务。

（二）债务人将债务转为权益工具

债务人将债务转为权益工具，这里的权益工具，是指根据《企业会计准则第 37

号——金融工具列报》分类为权益工具①的金融工具，会计处理上体现为股本、实收资本、资本公积等科目。

实务中，有些债务重组名义上采用债转股的方式，但同时附加相关条款，如约定债务人在未来某个时点有义务以某一金额回购股权，或债权人持有的股份享有强制分红权等。对于债务人，这些“股权”可能并不是根据《企业会计准则第 37 号——金融工具列报》分类为权益工具的金融工具，不属于债务人将债务转为权益工具的债务重组方式。债权人和债务人还可能协议以一项同时包含金融负债成分和权益工具成分的复合金融工具替换原债权债务，这类交易也不属于债务人将债务转为权益工具的债务重组方式。

（三）修改其他条款

修改债权和债务的其他条款，是指改变债权和债务的其他条款的债务重组方式，如调整债务本金、改变债务利息、变更还款期限等，但不包括前述（一）和（二）两种方式。经修改其他条款的债权和债务分别形成重组债权和重组债务。例如，债权人减少本金或利息，同时延长债务期限。

（四）组合方式

债务重组组合方式是指债务人以资产清偿债务、债务人将债务转为权益工具和修改其他条款这三种方式的组合，包括：

（1）债务人以资产清偿债务与债务人将债务转为权益工具的组合；

（2）债务人以资产清偿债务与修改其他条款的组合；

（3）债务人将债务转为权益工具与修改其他债务条件的组合；

（4）债务人以资产清偿债务、债务人将债务转为权益工具、修改其他条款的组合。

第二节　债务重组的会计处理

债务重组发生后，债权人和债务人如何进行账务处理呢？例如，债权人同意债务人以资产清偿债务的方式进行债务重组，债权人受让的资产的计量属性是什么？是否要确认损益？重组后如果有新的债权债务产生，其入账价值如何确定？

债务重组中，在收取债权现金流量的合同权利终止时，债权人应终止确认债权；

① 《企业会计准则第 37 号——金融工具列报》第九条规定：权益工具，是指能证明拥有某个企业在扣除所有负债后的资产中的剩余权益的合同。在同时满足下列条件的情况下，企业应当将发行的金融工具分类为权益工具：（一）该金融工具应当不包括交付现金或其他金融资产给其他方，或在潜在不利条件下与其他方交换金融资产或金融负债的合同义务；（二）将来须用或可用企业自身权益工具结算该金融工具。如为非衍生工具，该金融工具应当不包括交付可变数量的自身权益工具进行结算的合同义务；如为衍生工具，企业只能通过以固定数量的自身权益工具交换固定金额的现金或其他金融资产结算该金融工具。

在债务的现时义务解除时，债务人应终止确认债务。此外，债权债务人还要确认债务重组损益。债权人终止确认债权的同时，应将此前对该债权计提的减值准备进行结转。对于分类为以公允价值计量且其变动计入其他综合收益的债权进行终止确认时，之前计入其他综合收益的累计利得或损失应当从其他综合收益中转出，记入“投资收益”科目。

一、债务人以资产清偿债务的债务重组的会计处理

对于以资产清偿债务方式进行的债务重组，由于债权人在拥有或控制相关资产时，通常其收取债权现金流量的合同权利也同时终止，债权人一般可以终止确认该债权。同样地，由于债务人通过交付资产解除了其清偿债务的现时义务，债务人一般可以终止确认该债务。债务重组采用以资产清偿债务方式进行的，债权人应当在受让的相关资产符合其定义和确认条件时予以确认；债务人一般应当终止确认交付的资产，将所清偿债务账面价值与转让资产账面价值之间的差额计入当期损益。

在受让资产后，按照相关会计准则要求及本企业会计核算要求，债权人核算相关受让资产的类别可能与债务人不同。例如，债务人以作为固定资产核算的房产清偿债务，债权人可能将受让的房产作为投资性房地产核算；债务人以部分长期股权投资清偿债务，债权人可能将受让的投资作为金融资产核算；债务人以存货清偿债务，债权人可能将受让的资产作为固定资产核算；债务人以未确认的内部产生品牌清偿债务，债权人在获得的商标权符合无形资产确认条件的前提下作为无形资产核算等。

（一）债务人以金融资产清偿债务的债务重组的会计处理

1. 债权人的会计处理

债权人受让包括现金在内的单项或多项金融资产的，应当按照《企业会计准则第22号——金融工具确认和计量》的规定进行确认和计量。金融资产初始确认时应当以其公允价值计量，金融资产确认金额与债权终止确认日账面价值之间的差额，记入“投资收益”科目。但是，收取的金融资产的公允价值与交易价格（即放弃债权的公允价值）存在差异的，应当按照《企业会计准则第22号——金融工具确认和计量》第三十四条的规定处理[①]。基本的会计分录如下：借记“银行存款”“交易性金融资产”“债权

---

① 第三十四条　企业应当根据《企业会计准则第39号——公允价值计量》的规定，确定金融资产和金融负债在初始确认时的公允价值。公允价值通常为相关金融资产或金融负债的交易价格。金融资产或金融负债公允价值与交易价格存在差异的，企业应当区别下列情况进行处理：（一）在初始确认时，金融资产或金融负债的公允价值依据相同资产或负债在活跃市场上的报价或者以仅使用可观察市场数据的估值技术确定的，企业应当将该公允价值与交易价格之间的差额确认为一项利得或损失。（二）在初始确认时，金融资产或金融负债的公允价值以其他方式确定的，企业应当将该公允价值与交易价格之间的差额递延。初始确认后，企业应当根据某一因素在相应会计期间的变动程度将该递延差额确认为相应会计期间的利得或损失。该因素应当仅限于市场参与者对该金融工具定价时将予考虑的因素，包括时间等。

投资”“长期股权投资”等金融资产科目，借记或贷记“投资收益”，贷记“应收账款”“其他应收款”“债权投资”“其他债权投资”等债权科目。

2. 债务人的会计处理

债务人以单项或多项金融资产清偿债务的，债务的账面价值与偿债金融资产账面价值的差额，记入“投资收益”科目。偿债金融资产已计提减值准备的，应结转已计提的减值准备。对于以分类为以公允价值计量且其变动计入其他综合收益的债务工具投资清偿债务的，之前计入其他综合收益的累计利得或损失应当从其他综合收益中转出，记入“投资收益”科目。对于以指定为以公允价值计量且其变动计入其他综合收益的非交易性权益工具投资清偿债务的，之前计入其他综合收益的累计利得或损失应当从其他综合收益中转出，记入“盈余公积”“利润分配——未分配利润”等科目。基本的会计分录如下：借记负债类科目，借记或贷记“盈余公积”“利润分配——未分配利润”“其他综合收益”“投资收益”，贷记金融资产类科目（如交易性金融资产、长期股权投资、债权投资、其他债权投资、其他权益工具投资）。

实务 7-1　债务人以金融资产（现金）进行债务重组

辉正公司于2×17年1月6日向宏伟公司销售产品，销售价格为100 000元。两个公司都为一般纳税人，增值税税率为13%。辉正公司将该应收款项分类为以摊余成本计量的金融资产，宏伟公司将该应付款项分类为以摊余成本计量的金融负债。合同规定宏伟公司应于2×17年5月1日前偿付货款。双方于2×17年6月2日进行债务重组，债务重组协议规定，辉正公司同意减免宏伟公司债务20 000元，余额用现金立即偿清。宏伟公司通过银行转账付款，辉正公司收到款项。辉正公司已计提了15 000元的坏账准备。

要求：

（1）为辉正公司编制会计分录；

（2）为宏伟公司编制会计分录。

实务分析：

该业务属于以金融资产清偿债务的债务重组。

债权债务金额为113 000元，由于债权人辉正公司同意减免宏伟公司债务20 000元，所以债务人只需支付93 000元清偿债务。

债权人辉正公司受让金融资产即银行存款按公允价值93 000元入账，同时终止确认应收账款账面价值98 000元（113 000－15 000），银行存款确认金额93 000元与债权终止确认日账面价值98 000元之间的差额，借记“投资收益”。

债务人宏伟公司转让金融资产即支付银行存款偿还债务，债务的账面价值113 000元与偿债金融资产账面价值93 000元的差额，贷记“投资收益”。

（1）辉正公司的会计分录。

双方的债权债务金额＝100 000×(1＋13%)＝113 000(元)

收到或支付的银行存款＝113 000－20 000＝93 000(元)

应收账款的账面价值＝113 000－15 000＝98 000(元)

投资收益＝93 000－98 000＝－5 000(元)

借：银行存款	93 000	
坏账准备	15 000	
投资收益	5 000	
贷：应收账款		113 000

(2) 宏伟公司的会计分录。

投资收益＝113 000－93 000＝20 000(元)

借：应付账款	113 000	
贷：银行存款		93 000
投资收益		20 000

实务 7－2 债务人以金融资产（非现金）进行债务重组

辉正公司持有宏伟公司债权投资 100 万元，到期后双方进行债务重组，债务重组协议规定，辉正公司同意宏伟公司以交易性金融资产清偿债务，该交易性金融资产的账面价值为 95 万元（成本 90 万元，公允价值变动 5 万元），债务重组日的公允价值为 98 万元，辉正公司将该金融资产作为交易性金融资产核算。双方已经办理了证券转让手续，其中辉正公司支付了交易费用 360 元，宏伟公司支付了 1 600 元。辉正公司对债权投资已计提了 6 万元的减值准备。

要求：

(1) 为辉正公司编制会计分录；

(2) 为宏伟公司编制会计分录。

实务分析：

该业务属于以金融资产清偿债务的债务重组。

双方的债权债务金额为 100 万元。债权人辉正公司受让金融资产作为交易性金融资产核算，并按公允价值 98 万元入账，同时终止确认债权投资账面价值 94 万元（100－6)，二者的差额为 4 万元，贷记“投资收益”。由于辉正公司将受让的资产作为交易性金融资产核算，所以支付的交易费用 360 元计入当期损益即投资收益。

债务人宏伟公司转让其交易性金融资产偿还债务，债务的账面价值 100 万元与偿债金融资产账面价值 95 万元的差额，贷记“投资收益”。

(1) 辉正公司的会计分录。

债权投资的账面价值＝100－6＝94(万元)

投资收益＝98－94－0.036＝3.964(万元)

借：交易性金融资产——成本　　980 000
　　债权投资减值准备　　60 000
　贷：债权投资　　1 000 000
　　　银行存款　　360
　　　投资收益　　39 640

（2）宏伟公司的会计分录。

投资收益＝100－95＝5(万元)

借：应付债券　　1 000 000
　贷：交易性金融资产——成本　　900 000
　　　　　　　　　　——公允价值变动　　50 000
　　　银行存款　　1 600
　　　投资收益（50 000－1 600）　　48 400

（二）债务人以非金融资产清偿债务的债务重组的会计处理

1. 债权人的会计处理

（1）债权人受让非金融资产。债权人受让债务人的非金融资产的入账成本以放弃债权的公允价值作为计量基础，再加上使该资产达到预定使用状态前发生的相关支出。放弃债权的公允价值与账面价值之间的差额，记入“投资收益”科目。

具体来讲，债权人初始确认受让的金融资产以外的资产时，应当按照下列原则以成本计量：

1）存货的成本，包括放弃债权的公允价值，以及使该资产达到当前位置和状态所发生的可直接归属于该资产的税金、运输费、装卸费、保险费等其他成本。

2）对联营企业或合营企业投资的成本，包括放弃债权的公允价值，以及可直接归属于该资产的税金等其他成本。

3）投资性房地产的成本，包括放弃债权的公允价值，以及可直接归属于该资产的税金等其他成本。

4）固定资产的成本，包括放弃债权的公允价值，以及使该资产达到预定可使用状态前所发生的可直接归属于该资产的税金、运输费、装卸费、安装费、专业人员服务费等其他成本。确定固定资产成本时，应当考虑预计弃置费用因素。

5）生物资产的成本，包括放弃债权的公允价值，以及可直接归属于该资产的税金、运输费、保险费等其他成本。

6）无形资产的成本，包括放弃债权的公允价值，以及可直接归属于使该资产达到预定用途所发生的税金等其他成本。

（2）债权人受让多项资产。债权人受让多项非金融资产，或者包括金融资产、非金融资产在内的多项资产的，应当按照《企业会计准则第 22 号——金融工具确认和计量》的规定确认和计量受让的金融资产；按照受让的金融资产以外的各项资产在债务重组合同生效日的公允价值比例，对放弃债权在合同生效日的公允价值扣除受让金融资产当日公允价值后的净额进行分配，并以此为基础分别确定各项资产的成本。放弃债权的公允价值与账面价值之间的差额，记入“投资收益”科目。

（3）债权人受让处置组。债务人以处置组清偿债务的，债权人应当分别按照《企业会计准则第 22 号——金融工具确认和计量》和其他相关准则的规定，对处置组中的金融资产和负债进行初始计量，然后按照金融资产以外的各项资产在债务重组合同生效日的公允价值比例，对放弃债权在合同生效日的公允价值以及承担的处置组中负债的确认金额之和，扣除受让金融资产当日公允价值后的净额进行分配，并以此为基础分别确定各项资产的成本。放弃债权的公允价值与账面价值之间的差额，记入“投资收益”科目。

（4）债权人将受让的资产或处置组划分为持有待售类别。债务人以资产或处置组清偿债务，且债权人在取得日未将受让的相关资产或处置组作为非流动资产和非流动负债核算，而是将其划分为持有待售类别的，债权人应当在初始计量时，比较假定其不划分为持有待售类别情况下的初始计量金额和公允价值减去出售费用后的净额，以两者孰低计量。

2. 债务人的会计处理

债务人以单项或多项非金融资产清偿债务，或者以包括金融资产和非金融资产在内的多项资产清偿债务的，不需要区分资产处置损益和债务重组损益，也不需要区分不同资产的处置损益，而应将所清偿债务账面价值与转让资产账面价值之间的差额，记入“其他收益——债务重组收益”科目。偿债资产已计提减值准备的，应结转已计提的减值准备。

债务人以包含非金融资产的处置组清偿债务的，应当将所清偿债务和处置组中负债的账面价值之和，与处置组中资产的账面价值之间的差额，记入“其他收益——债务重组收益”科目。处置组所属的资产组或资产组组合按照《企业会计准则第 8 号——资产减值》分摊了企业合并中取得的商誉的，该处置组应当包含分摊至处置组的商誉。处置组中的资产已计提减值准备的，应结转已计提的减值准备。

债务人以日常活动产出的商品或服务清偿债务的，应当将所清偿债务账面价值与存货等相关资产账面价值之间的差额，记入“其他收益——债务重组收益”科目。

实务 7-3　债务人以存货进行债务重组

2×17 年 3 月 2 日，辉正公司向宏伟公司销售产品，销售货款 234 000 元（含增值税）。辉正公司将该应收款项分类为以摊余成本计量的金融资产，宏伟公司将该应付款项分类为以摊余成本计量的金融负债。2×17 年 6 月 1 日，经双方协商，辉正公司同意宏伟公司以其生产的产品偿还债务。该产品的账面余额为 100 000 元，公允价值为

150 000 元，计提了存货跌价准备 500 元。辉正公司收到产品并作为库存商品入库。辉正公司应收账款的公允价值为 210 000 元，对该项应收账款计提了 30 000 元坏账准备。辉正公司另支付运杂费等 1 000 元。两个公司适用的增值税税率为 13%。

要求：

（1）为辉正公司编制会计分录；

（2）为宏伟公司编制会计分录。

实务分析：

债权人辉正公司受让的库存商品以放弃的应收账款的公允价值 210 000 元与支付的运杂费 1 000 元之和作为入账成本，应收账款的公允价值 210 000 元与其账面价值 204 000 元和增值税进项税额 19 500 元二者之和的差额记入“投资收益”科目。

债务人宏伟公司清偿债务的账面价值 234 000 元与转让的产品的账面价值 99 500 元（100 000－500）和增值税 19 500 元（150 000×13%）二者之和的差额记入“其他收益——债务重组收益”科目。

（1）辉正公司的会计分录。

增值税进项税额＝150 000×13%＝19 500(元)

受让的产品的入账成本＝210 000＋1 000＝211 000(元)

应收账款的账面价值＝234 000－30 000＝204 000(元)

投资收益＝210 000－(204 000－19 500)＝25 500(元)

借：库存商品	211 000	
坏账准备	30 000	
应交税费——应交增值税（进项税额）	19 500	
贷：应收账款		234 000
银行存款		1 000
投资收益		25 500

（2）宏伟公司的会计分录。

增值税销项税额＝150 000×13%＝19 500(元)

转让的产品的账面价值＝100 000－500＝99 500(元)

债务重组收益＝234 000－(19 500＋99 500)＝234 000－119 000＝115 000(元)

借：应付账款	234 000	
存货跌价准备	500	
贷：库存商品		100 000
其他收益——债务重组收益		115 000
应交税费——应交增值税（销项税额）		19 500

实务 7-4　债务人以固定资产进行债务重组

辉正公司于 2×18 年 4 月 1 日向宏伟公司销售产品，价税合计为 510 000 元。辉正公司将该应收款项分类为以摊余成本计量的金融资产，宏伟公司将该应付款项分类为以摊余成本计量的金融负债。由于宏伟公司到期无法偿还债务，2×18 年 10 月 9 日，经双方协商进行债务重组，辉正公司同意宏伟公司以其一台机器设备抵偿债务。该设备的账面原价为 380 000 元，已计提折旧 30 000 元，已计提减值准备 10 000 元，公允价值为 300 000 元。辉正公司收到设备并作为固定资产使用。辉正公司对该项应收账款已计提坏账准备 50 000 元，债务重组日该债权的公允价值为 420 000 元。两个公司适用的增值税税率为 13%。

要求：

（1）为辉正公司编制会计分录；

（2）为宏伟公司编制会计分录。

实务分析：

债权人辉正公司受让的固定资产以放弃的应收账款的公允价值 420 000 元入账，该公允价值与应收账款的账面价值 460 000 元（510 000－50 000）的差额记入“投资收益”科目，受让固定资产产生的增值税进项税额记入“投资收益”科目。

债务人宏伟公司转让固定资产清偿债务 510 000 元，终止确认固定资产的账面价值 340 000 元，二者的差额再扣除增值税销项税额后的金额记入“其他收益——债务重组收益”科目。

（1）辉正公司的会计分录。

应收账款的账面价值＝510 000－50 000＝460 000(元)

增值税进项税额＝300 000×13%＝39 000(元)

投资收益＝420 000－(460 000－39 000)＝－1 000(元)

借：固定资产	420 000
坏账准备	50 000
应交税费——应交增值税（进项税额）	39 000
投资收益	1 000
贷：应收账款	510 000

（2）宏伟公司的会计分录。

固定资产的账面价值＝380 000－30 000－10 000＝340 000(元)

增值税销项税额＝300 000×13%＝39 000(元)

债务重组收益＝510 000－(340 000＋39 000)＝131 000(元)

借：固定资产清理	340 000
累计折旧	30 000
固定资产减值准备	10 000
贷：固定资产	380 000

借：应付账款　　510 000
　贷：固定资产清理　　340 000
　　其他收益——债务重组收益　　131 000
　　应交税费——应交增值税（销项税额）　　39 000

二、债务人将债务转为权益工具的债务重组的会计处理

1. 债权人的会计处理

对于将债务转为权益工具方式进行的债务重组，由于债权人在拥有或控制相关资产时，通常其收取债权现金流量的合同权利也同时终止，债权人一般可以终止确认该债权，应当在受让的相关资产符合其定义和确认条件时予以确认。债权人受让的权益工具作为金融资产确认，处理原则请见前述会计处理，此处不再赘述。

2. 债务人的会计处理

债务重组采用将债务转为权益工具方式进行的，由于债务人通过权益工具解除了其清偿债务的现时义务，债务人一般可以终止确认该债务。债务人初始确认权益工具时，应当按照权益工具的公允价值计量，不能可靠计量的，应当按照所清偿债务的公允价值计量。所清偿债务账面价值与权益工具确认金额之间的差额，记入“投资收益”科目。债务人因发行权益工具而支出的相关税费等，应当依次冲减资本溢价、盈余公积、未分配利润等。

实务 7-5　债务人将债务转为权益工具进行债务重组

辉正公司于2×20年3月5日向宏伟公司赊销产品，价税合计为170 000元。合同规定宏伟公司应于2×20年6月1日前付款。由于宏伟公司发生财务困难，短期内不能偿还，经双方协商，辉正公司同意宏伟公司将其所欠债务以转为股本的方式抵债。宏伟公司以10 000股抵债，每股面值8元，每股市价10元。股票登记手续已办理完毕。辉正公司将所得股权作为长期股权投资处理，此前计提坏账准备5 000元。辉正公司终止确认其债权，宏伟公司终止确认其债务。

要求：

（1）为辉正公司编制会计分录；

（2）为宏伟公司编制会计分录。

实务分析：

辉正公司作为债权人进行债务重组时，受让权益工具作为长期股权投资即金融资产核算，其初始确认金额为该金融资产的公允价值即100 000元（10 000×10），与终止确

认的债权的账面价值165 000元（170 000－5 000）之间的差额－65 000元（100 000－165 000），计入当期损益即投资收益。

宏伟公司作为债务人以债务转为权益工具进行债务重组时，权益工具的公允价值能够可靠计量即100 000元（10 000×10），所以权益工具的初始确认金额为其公允价值即100 000元，所清偿债务的账面价值为170 000元，二者的差额为70 000元（170 000－100 000），计入当期损益即投资收益。

（1）辉正公司的会计处理。

应收账款的账面价值＝170 000－5 000＝165 000(元)

受让股权的入账成本＝10 000×10＝100 000(元)

投资收益＝100 000－165 000＝－65 000(元)

借：长期股权投资	100 000	
坏账准备	5 000	
投资收益	65 000	
贷：应收账款		170 000

（2）宏伟公司的会计处理。

权益工具确认金额＝10 000×10＝100 000(元)

股本＝10 000 ×8＝80 000(元)

资本公积(股本溢价)＝100 000－80 000＝20 000(元)

投资收益＝170 000－100 000＝70 000(元)

借：应付账款	170 000	
贷：股本		80 000
资本公积——股本溢价		20 000
投资收益		70 000

三、修改其他条款方式的债务重组的会计处理

（一）债权人的会计处理

对于债权人，债务重组通过调整债务本金、改变债务利息、变更还款期限等修改合同条款方式进行的，合同修改前后的交易对手方没有发生改变，合同涉及的本金、利息等现金流量很难在本息之间及债务重组前后做出明确分割，即很难单独识别合同的特定可辨认现金流量。因此，通常情况下，应当整体考虑是否对全部债权的合同条款做出了实质性修改。如果做出实质性修改，或者债权人与债务人之间签订协议，以获取实质上不同的新金融资产方式替换债权，应当终止确认原债权，并按照修改后的条款或新协议

确认新金融资产。

债务重组采用以修改其他条款方式进行的，如果修改其他条款导致全部债权终止确认，债权人应当按照修改后的条款以公允价值初始计量新的金融资产，新金融资产的确认金额与债权终止确认日账面价值之间的差额，记入“投资收益”科目。

如果修改其他条款未导致债权终止确认，债权人应当根据其分类，继续以摊余成本、以公允价值计量且其变动计入其他综合收益，或者以公允价值计量且其变动计入当期损益进行后续计量。对于以摊余成本计量的债权，债权人应当根据重新议定合同的现金流量变化情况，重新计算该重组债权的账面余额，并将相关利得或损失记入“投资收益”科目。重新计算的该重组债权的账面余额，应当根据将重新议定或修改的合同现金流量按债权原实际利率折现的现值确定，购买或源生的已发生信用减值的重组债权，应按经信用调整的实际利率折现。对于修改或重新议定合同所产生的成本或费用，债权人应当调整修改后的重组债权的账面价值，并在修改后重组债权的剩余期限内摊销。

（二）债务人的会计处理

对于债务人，如果对债务或部分债务的合同条款做出实质性修改形成重组债务，或者债权人与债务人之间签订协议，以承担实质上不同的重组债务方式替换债务，债务人应当终止确认原债务，同时按照修改后的条款确认一项新金融负债。其中，如果重组债务未来现金流量（包括支付和收取的某些费用）现值与原债务的剩余期间现金流量现值之间的差异超过10%，则意味着新的合同条款进行了实质性修改或者重组债务是实质上不同的，有关现值的计算均采用原债务的实际利率。

债务重组采用修改其他条款方式进行的，如果修改其他条款导致债务终止确认，债务人应当按照公允价值计量重组债务，终止确认的债务账面价值与重组债务确认金额之间的差额，记入“投资收益”科目。借记旧债务相关科目，贷记新债务相关科目，借记或贷记“投资收益”。

如果修改其他条款未导致债务终止确认，或者仅导致部分债务终止确认，对于未终止确认的部分债务，债务人应当根据其分类，继续以摊余成本、以公允价值计量且其变动计入当期损益或其他适当方法进行后续计量。对于以摊余成本计量的债务，债务人应当根据重新议定合同的现金流量变化情况，重新计算该重组债务的账面价值，并将相关利得或损失记入“投资收益”科目。重新计算的该重组债务的账面价值，应当根据将重新议定或修改的合同现金流量按债务的原实际利率或按《企业会计准则第24号——套期会计》第二十三条规定的重新计算的实际利率折现的现值确定。对于修改或重新议定合同所产生的成本或费用，债务人应当调整修改后的重组债务的账面价值，并在修改后重组债务的剩余期限内摊销。

实务 7-6　修改其他条款方式进行债务重组

辉正公司于2×18年6月30日向宏伟销售产品，价税合计为800 000元。宏伟公司开出一张商业票据，票面金额800 000元，票面利率为5%，票据期限为6个月，到期日为2×18年12月31日。由于宏伟公司发生财务困难不能按期偿还债务，经双方协商，于2×19年1月2日进行债务重组。双方重新签订协议。辉正公司同意将债务本金减至600 000元，免去宏伟公司的全部利息，利率由5%降至3%，债务到期日延期至2×19年12月31日，利息按年支付。两个公司将应收、应付票据转入应收、应付账款。辉正公司计提了50 000元的坏账准备。

要求：

(1) 为辉正公司编制会计分录；

(2) 为宏伟公司编制会计分录。

实务分析：

辉正公司同意将债务本金减至600 000元，免去宏伟公司的全部利息，利率由5%降至3%，债务到期日延期至2×19年12月31日，利息按年支付，所以双方通过调整债务本金、改变债务利息、变更还款期限等修改合同条款方式进行债务重组。由于辉正公司和宏伟公司就原来的债权债务进行债务重组并重新签订协议，辉正公司以获取实质上不同的新金融资产方式替换债权，应当终止确认原债权，并按照修改后的条款或新协议确认新金融资产。新金融资产应该按公允价值600 000元入账，债权终止确认日账面价值是770 000元（800 000+800 000×5%×(6/12)−50 000)，因此，新金融资产的确认金额600 000元与债权终止确认日账面价值770 000元之间的差额170 000元，记入“投资收益”科目。

由于债务重组重新签订了协议，我们来分析对宏伟公司来讲是否承担了实质上不同的债务。宏伟公司原债务的实际利率是5%（原债务时间很短，票面利率可以视作实际利率），重组债务未来现金流量现值=(600 000+600 000×3%)/(1+5%)=588 571元，原债务的剩余期间现金流量现值=800 000+800 000×5%×(6/12)=820 000元，两者的差额=588 571−820 000=231 429元，很显然，重组债务未来现金流量现值与原债务的剩余期间现金流量现值之间的差异率为28%（231 429/820 000）超过10%，意味着新的合同条款进行了实质性修改或者重组债务是实质上不同的。所以，宏伟公司应当终止确认原债务，同时按照修改后的条款，按照公允价值600 000元计量重组债务，终止确认的债务账面价值820 000元与重组债务确认金额600 000元之间的差额220 000元，记入“投资收益”科目。

(1) 辉正公司的会计分录。

应收账款的账面余额=800 000+800 000×5%×(6/12)=820 000(元)

应收账款的账面价值=820 000−50 000=770 000(元)

重组后应收账款的入账价值=600 000(元)

投资收益=600 000−770 000=−170 000(元)

借：应收账款——债务重组　600 000
　　坏账准备　50 000
　　投资收益　170 000
　贷：应收账款　820 000

（2）宏伟公司的会计分录。

应付账款的账面余额＝800 000＋800 000×5%×(6/12)＝820 000(元)
重组后应付账款的入账价值＝600 000(元)
投资收益＝820 000－600 000＝220 000(元)

借：应付账款　820 000
　贷：应付账款——债务重组　600 000
　　　投资收益　220 000

四、组合方式的债务重组的会计处理

（一）债权人的会计处理

债务重组采用组合方式进行的，一般可以认为对全部债权的合同条款做出了实质性修改，债权人应当按照修改后的条款，以公允价值初始计量新的金融资产和受让的新金融资产，按照受让的金融资产以外的各项资产在债务重组合同生效日的公允价值比例，对放弃债权在合同生效日的公允价值扣除受让金融资产和重组债权当日公允价值后的净额进行分配，并以此为基础分别确定各项资产的成本。放弃债权的公允价值与账面价值之间的差额，记入“投资收益”科目。

（二）债务人的会计处理

债务重组采用以资产清偿债务、将债务转为权益工具、修改其他条款等方式的组合进行的，对于权益工具，债务人应当在初始确认时按照权益工具的公允价值计量，权益工具的公允价值不能可靠计量的，应当按照所清偿债务的公允价值计量。对于修改其他条款形成的重组债务，债务人应当参照上文内容，确认和计量重组债务。所清偿债务的账面价值与转让资产的账面价值以及权益工具和重组债务的确认金额之和的差额，记入“其他收益——债务重组收益”或“投资收益”（仅涉及金融工具时）科目。

知识巩固

一、业务处理题

1. 辉正公司持有宏伟公司的债权投资500万元，到期后双方进行债务重组，债务重组协议规定，辉正公司同意宏伟公司以其他债权投资清偿债务，该其他债权投资的账面价值为 470 万元（成本 400 万元，公允价值变动 70 万元），债务重组日的公允价值为 480 万元，辉正公司将获得的该金融资产作为其他债权投资核算。双方已经办理了证券转让手续，其中辉正公司支付了交易费用 0.1 万元，宏伟公司支付了 0.6 万元。辉正公司对债权投资已计提了 10 万元的减值准备。

要求：

（1）为辉正公司编制会计分录；

（2）为宏伟公司编制会计分录。

2. 辉正公司持有宏伟公司的债权投资 1 000 万元，到期后双方进行债务重组，债务重组协议规定，辉正公司同意宏伟公司以其他权益工具投资清偿债务，该其他权益工具投资的账面价值为 880 万元（成本 800 万元，公允价值变动 80 万元），债务重组日的公允价值为 950 万元，辉正公司将获得的该金融资产作为长期股权投资（对被投资企业具有重大影响）核算。双方已经办理了证券转让手续。辉正公司对债权投资已计提了 60 万元的减值准备。假设宏伟公司盈余公积提取比例为 10%。

要求：

（1）为辉正公司编制会计分录；

（2）为宏伟公司编制会计分录。

3. 辉正公司向宏伟公司赊销产品，价税合计为 70 万元。由于宏伟公司到期无法偿还债务，经双方协商进行债务重组，辉正公司同意宏伟公司以专利技术抵偿债务。该专利技术的账面原价为 85 万元，累计摊销 10 万元，已计提减值准备 1 万元。双方已办理专利技术转让手续。辉正公司对该项应收账款已计提坏账准备 3 万元，债务重组日该债权的公允价值为 60 万元。

要求：

（1）为辉正公司编制会计分录；

（2）为宏伟公司编制会计分录。

二、简答题

1. 什么是债务重组？债务重组的方式有哪些？

2. 阐述债务人以资产清偿债务进行债务重组的会计处理原则。

3. 阐述债务人将债务转为权益工具进行债务重组的会计处理原则。

4. 阐述修改其他条款进行债务重组的会计处理原则。

第八章

股份支付

学习目标

理解股份支付的含义、特征、分类，理解股份支付的环节、时点及可行权条件的种类，了解权益工具公允价值的确定，掌握两种不同结算方式的股份支付的确认、计量、会计处理以及二者的异同点。

第一节　股份支付概述

源于对人力资源的重视与其价值的创造与发挥，在我国上市公司中，以股份为基础或为工具进行职工激励日益普遍。

A 上市公司为了激励高级管理人员和核心技术人员，决定授予核心技术人员每人 10 万股股票期权，授予高级管理人员每人 5 万份股份增值权。从会计角度，这一激励机制的性质是什么呢？在实施过程中应如何进行会计处理呢？

一、股份支付的概念与特征

（一）股份支付的概念

股份支付，是“以股份为基础的支付”的简称，是指企业为获取职工和其他方提供服务而授予权益工具或者承担以权益工具为基础确定的负债的交易。这里的权益工具是指能证明拥有企业在扣除所有负债后的资产中的剩余权益的合同；这里的负债属于应付职工薪酬。也就是说，企业为获取职工或其他方的服务而以权益工具为代价或者以权益工具为基础计算的应付职工薪酬即属于股份支付。

（二）股份支付的特征

股份支付具有以下特征：

1. 股份支付是企业与职工或其他方之间发生的交易

以股份为基础的支付可能发生在企业与股东之间（如发行股票或发放股票股利等）、合并交易中的合并方与被合并方之间（如为支付合并对价）或者企业与其职工之间，只有发生在企业与其职工或向企业提供服务的其他方之间的交易，才可能符合股份支付的定义。

2. 股份支付是以获取职工或其他方的服务为目的的交易

企业在股份支付交易中旨在获取其职工或其他方提供的服务（费用）或取得这些服务的权利（资产）。企业获取这些服务或权利的目的是用于其正常生产经营，不是转手获利等。

3. 股份支付交易的对价或其定价与企业自身权益工具未来的价值密切相关

股份支付交易与企业与其职工间其他类型交易的最大不同，是交易对价或其定价与企业自身权益工具未来的价值密切相关。在股份支付中，企业要么向职工支付其自身权益工具，要么向职工支付一笔现金，而其金额高低取决于结算时企业自身权益工具的公允价值。对价的特殊性是股份支付定义中最突出的特征。企业自身权益工具包括会计主体本身、母公司和同一集团内的其他会计主体的权益工具。

二、股份支付的两种结算方式

股份支付就是为了获取服务而支付给企业职工或其他方的一种代价，从结算方式上看可以分为两种：一种就是直接以权益工具为代价支付给职工或其他方；一种是以一定的权益工具为基础而计算出应付代价金额支付给职工或其他方。

（一）以权益结算的股份支付

以权益结算的股份支付，是指企业为获取服务而以股份或其他权益工具作为对价进行结算的交易。以权益结算的股份支付最常用的工具有两类：限制性股票和股票期权。

限制性股票是指职工或其他方按照股份支付协议规定的条款和条件，从企业获得一定数量的本企业股票。企业授予职工一定数量的股票，在一个确定的等待期内或在满足特定业绩指标之前，职工出售股票要受到持续服务条款或业绩条件的限制。

股票期权是指企业授予职工或其他方在未来一定期限内以预先确定的价格和条件购买本企业一定数量股票的权利。

（二）以现金结算的股份支付

以现金结算的股份支付，是指企业为获取服务承担以股份或其他权益工具为基础计算确定的交付现金或其他资产义务的交易。以现金结算的股份支付最常用的工具有两类：现金股票增值权和模拟股票。

现金股票增值权和模拟股票，是用现金支付模拟的股权激励机制，即与股票挂钩，用现金支付。除不需要实际行权和持有股票外，现金股票增值权的运作原理与股票期权是一样的，而模拟股票的运作原理与限制性股票是一样的。

三、股份支付的主要环节

股份支付通常需要一个过程，可能需要一段比较长的时间。以薪酬性股票期权为例，典型的股份支付通常涉及四个关键的环节：授予、可行权、行权和出售。这四个环节如图 8-1 所示。

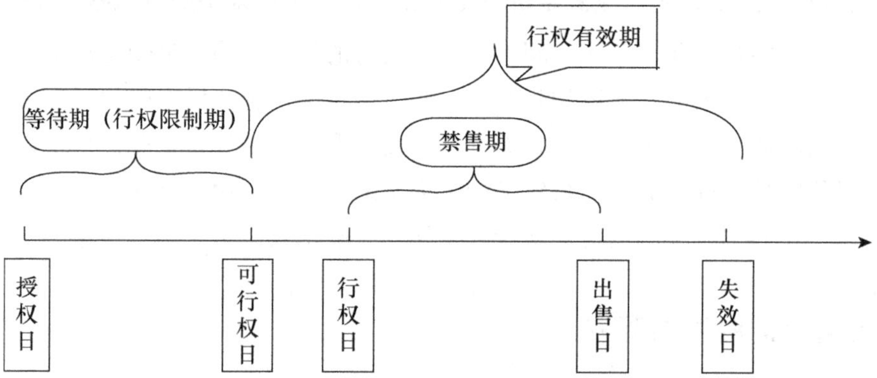

图 8-1　典型的股份支付主要交易环节示意图

授予日，是指股份支付协议获得批准的日期。这里的获得批准，指的是企业与职工或其他方就股份支付的协议条款和条件已达成一致，该协议获得股东大会或类似机构的批准。其中，达成一致是指在双方对该计划或协议内容充分形成一致理解的基础上，均接受其条款和条件。如果按照相关法规的规定，在提交股东大会或类似机构之前存在必要程序或要求，则应履行该程序或满足该要求。

可行权日，是指可行权条件得到满足，职工或其他方具有从企业取得权益工具或现金权利的日期。有的股份支付协议是一次性可行权，有的则是分批可行权。只有已经可行权的股票期权，才是职工真正拥有的财产，才能去择机行权。从授予日至可行权日的时段，是可行权条件得到满足的期间，因此称为等待期，又称行权限制期。

行权日，是指职工和其他方行使权利、获取现金或权益工具的日期。例如，持有股票期权的职工行使了以特定价格购买一定数量本公司股票的权利，该日期即为行权日。行权是按期权的约定价格实际购买股票，一般是在可行权日之后到期权到期日之前的可选择时段内行权。

出售日，是指股票的持有人将行使期权所取得的期权股票出售的日期。按照我国法律法规，用于期权激励的股份支付协议，应在行权日与出售日之间设立禁售期，其中国有控股上市公司的禁售期不得低于两年。

四、股份支付的可行权条件及其修改

股份支付中通常涉及可行权条件。可行权条件是指能够确定企业是否得到职工或其他方提供的服务，且该服务使职工或其他方具有获取股份支付协议规定的权益工具或现金等权利的条件；反之，为非可行权条件。可行权条件包括服务期限制条件和业绩条件。在满足这些条件之前，职工或其他方无法获取股份。

其中，服务期限制条件很容易理解，而业绩条件包括市场条件与非市场条件。

（一）业绩条件及其处理要求

业绩条件，是指企业达到特定业绩目标的条件，具体包括市场条件和非市场条件。

市场条件，是指行权价格、可行权条件以及行权可能性与权益工具的市场价格相关的业绩条件，如股份支付协议中关于股价上升至何种水平职工可相应取得多少股份的规定。企业在确定权益工具在授予日的公允价值时，应考虑市场条件的影响，而不考虑非市场条件的影响。正因为市场条件在确定权益工具的公允价值时已经考虑，所以市场条件是否得到满足，不影响企业对预计可行权情况的估计。

非市场条件，是指除市场条件之外的其他业绩条件，如股份支付协议中关于达到最低盈利目标或销售目标才可行权的规定。对于可行权条件为业绩条件的股份支付，在确定权益工具的公允价值时，已考虑市场条件的影响，因此只要职工满足了其他所有非市场条件，企业就应当确认已取得的服务。

实务 8-1　可行权条件的判断与处理

2×18 年 1 月，为奖励并激励高管，上市公司 A 公司与其管理层成员签署股份支付协议，规定如果管理层成员在其后 3 年中都在公司任职服务，并且公司股价每年均提高 15%以上，管理层成员即可以低于市价的价格购买一定数量的本公司股票。

同时作为协议的补充，公司把全体管理层成员的年薪提高了 75 000 元，但公司将这部分年薪按月存入公司专门建立的内部基金，3 年后，管理层成员可用属于其个人的部分抵减未来行权时支付的购买股票款项。如果管理层成员决定退出这项基金，可随时全额提取。A 公司以期权定价模型估计授予的此项期权在授予日的公允价值为 9 000 000 元。

在授予日，A 公司估计 3 年内管理层离职的比例为每年 10%；第 2 年年末，A 公司调整其估计离职率为 5%；到第 3 年年末，公司实际离职率为 6%。

第 1 年公司股价提高了 16%，第 2 年提高了 18%，第 3 年提高了 8%。公司在第 1 年年末、第 2 年年末均预计下年能实现当年股价增长 15%以上的目标。

要求：

对本例中的可行权条件进行分析，并给出处理方法。

实务分析：

如果不同时满足服务 3 年和公司股价年增长 15%以上的要求，管理层成员就无权行使其股票期权，因此两者都属于可行权条件，其中服务满3年是一项服务期限条件，15%的股价增长要求是一项市场业绩条件。虽然公司要求管理层成员将部分薪金存入统一账户保管，但不影响其可行权，因此统一账户条款不是可行权条件。

按照股份支付准则的规定，第1年年末确认的服务费用为：

6 000 000×1/3×90%=1 800 000(元)

第2年年末累计确认的服务费用为：

6 000 000×2/3×95%=3 800 000(元)

第2年年末累计应确认的服务费用为：

6 000 000×94%=5 640 000(元)

由此，第2年应确认的费用为：

3 800 000−1 800 000=2 000 000(元)

第3年应确认的费用为：

5 640 000−3 800 000=1 840 000(元)

最后，94%的管理层成员满足了市场条件之外的全部可行权条件。尽管股价年增长15%以上的非市场条件未得到满足，A公司在第3年年末也均确认了收到的管理层提供的服务，并相应确认了费用。

（二）可行权条件的修改

通常情况下，股份支付协议生效后，不应对其条款和条件随意修改。但在某些情况下，可能需要修改授予权益工具的股份支付协议中的条款和条件。例如，股票除权、除息或者其他原因需要调整行权价格或股票期权数量。此外，为取得更佳的激励效果，有关法律法规也允许企业依据股份支付协议的规定，调整行权价格或股票期权数量，但应当由董事会做出决议并经股东大会审议批准，或者由股东大会授权董事会决定。

在会计核算上，无论已授予的权益工具的条款和条件如何修改，甚至取消权益工具的授予或结算该权益工具，企业都应至少确认按照所授予的权益工具在授予日的公允价值来计量获取的相应服务，除非因不能满足权益工具的可行权条件（除市场条件外）而无法行权。

可行权条件的修改可能对职工有利，也可能对职工不利。有利修改或不利修改的处理方法存在区别。

1. 条款和条件的有利修改

企业应当分别以下情况，确认导致股份支付公允价值总额升高以及其他对职工有利修改的影响：

（1）如果修改增加了所授予的权益工具的公允价值，企业应按照权益工具公允价值的增加相应地确认取得服务的增加。权益工具公允价值的增加，是指修改前后的权益工具在修改日的公允价值之间的差额。

（2）如果修改增加了所授予的权益工具的数量，企业应将增加的权益工具的公允价值相应地确认为取得服务的增加。

（3）如果企业按照有利于职工的方式修改可行权条件，如缩短等待期、变更或取消业绩条件（非市场条件），企业在处理可行权条件时，应当考虑修改后的可行权条件。

2. 条款和条件的不利修改

如果企业以减少股份支付公允价值总额的方式或其他不利于职工的方式修改条款和条件，企业仍应继续对取得的服务进行会计处理，如同该变更从未发生，除非企业取消了部分或全部已授予的权益工具。具体包括以下几种情况：

（1）如果修改减少了授予的权益工具的公允价值，企业应当继续以权益工具在授予日的公允价值为基础，确认取得服务的金额，而不应考虑权益工具公允价值的减少。

（2）如果修改减少了授予的权益工具的数量，企业应当将减少部分作为已授予的权益工具的取消来进行处理。

（3）如果企业以不利于职工的方式修改了可行权条件，如延长等待期、增加或变更业绩条件（非市场条件），企业在处理可行权条件时，不应考虑修改后的可行权条件。

3. 取消或结算

如果企业在等待期内取消了所授予的权益工具或结算了所授予的权益工具（因未满足可行权条件而被取消的除外），企业应当：

（1）将取消或结算作为加速可行权处理，立即确认原本应在剩余等待期内确认的金额。

（2）在取消或结算时支付给职工的所有款项均应作为权益的回购处理，回购支付的金额高于该权益工具在回购日公允价值的部分，计入当期费用。

（3）如果向职工授予新的权益工具，并在新权益工具授予日认定所授予的新权益工具是用于替代被取消的权益工具的，企业应以与处理原权益工具条款和条件修改相同的方式，对所授予的替代权益工具进行处理。权益工具公允价值的增加，是指在替代权益工具的授予日，替代权益工具公允价值与被取消的权益工具净公允价值之间的差额。被取消的权益工具的净公允价值，是指其在被取消前立即计量的公允价值减去因取消原权益工具而作为权益回购支付给职工的款项。如果企业未将新授予的权益工具认定为替代权益工具，则应将其作为一项新授予的股份支付进行处理。

企业如果回购其职工已可行权的权益工具，应当借记所有者权益，回购支付的金额高于该权益工具在回购日公允价值的部分，计入当期费用。

实务 8-2　可行权条件的修改的会计处理

甲公司于 2×17 年 1 月 1 日向其 60 名高级管理人员每人授予 10 万份股票期权，根据股份支付协议的规定，这些高级管理人员必须自权益工具授予日起在公司服务满3年，即自2×19年12月31日起满足可行权条件的员工可以行权。授予日每份期权的公允价值为5元。2×17年底，甲公司的股价出现了大幅下跌。2×18年1月1日，管理层选择降低期权的行权价格。在重新定价的当天，原授予的每份期权的公允价值为1元，重新定价后的每份期权的公允价值为3元。

2×17年12月31日，甲公司管理层估计将有10%的职工在3年内离职。2×18年甲公司实际离职人数明显少于管理层的预期，因此，2×18年12月31日，甲公司管理层将离职率修订为5%。2×19年底实际有55名职工行权。假定权益工具公允价值的增加在修改后的等待期内摊销。

要求：

计算2×17年、2×18年和2×19年每期计入管理费用的金额。

实务分析：

本例中，甲公司在等待期内修改了行权条款，降低了行权价格，由此增加了权益工具的公允价值。

2×17年计入管理费用的金额＝60×(1－10%)×100 000×5×1/3＝9 000 000(元)

2×18年12月31日累计计入管理费用的金额＝60×(1－5%)×100 000×5×2/3＋60×(1－5%)×100 000×2×1/2＝24 700 000(元)

2×18年计入管理费用的金额＝24 700 000－9 000 000＝15 700 000(元)

2×19年12月31日累计计入管理费用的金额＝55×100 000×5×3/3＋55×100 000×2×2/2＝38 500 000(元)

2×19年计入管理费用的金额＝38 500 000－24 700 000＝13 800 000(元)

第二节　股份支付的确认和计量

一、股份支付的确认和计量原则

(一) 权益结算的股份支付的确认和计量原则

1. 换取职工服务的股份支付

(1) 有等待期的股份支付。对于换取职工服务的股份支付，企业应当以股份支付所授予的权益工具的公允价值计量。企业应在等待期内的每个资产负债表日，以对可行权权益工具数量的最佳估计为基础，按照权益工具在授予日的公允价值，将当期取得的服务计入相关资产成本或当期费用，同时计入资本公积中的其他资本公积。

（2）授予后立即可行权的股份支付。对于授予后立即可行权的换取职工提供服务的权益结算的股份支付（如授予限制性股票的股份支付），应在授予日按照权益工具的公允价值，将取得的服务计入相关资产成本或当期费用，同时计入资本公积中的股本溢价。

2. 换取其他方服务的股份支付

对于换取其他方服务的股份支付，企业应当以股份支付所换取的服务的公允价值计量。企业应当按照其他方服务在取得日的公允价值，将取得的服务计入相关资产成本或费用。如果其他方服务的公允价值不能可靠计量，但权益工具的公允价值能够可靠计量，企业应当按照权益工具在服务取得日的公允价值，将取得的服务计入相关资产成本或费用。

3. 权益工具的公允价值无法可靠确定时

在极少数情况下，授予权益性工具的公允价值无法可靠计量的，企业应在获取服务的时点、后续的每个资产负债表日和结算日，以内在价值计量该权益工具，内在价值的变动应计入当期损益。同时，企业应以最终可行权或实际行权的权益工具数量为基础，确认取得服务的金额。内在价值是指交易对方有权认购或取得的股份的公允价值，与其按照股份支付协议应当支付的价格间的差额。

企业对上述以内在价值计量的已授予权益工具进行结算，应当遵循以下要求：

（1）结算发生在等待期内的，企业应当将结算作为加速可行权处理，即立即确认本应于剩余等待期内确认的服务金额。

（2）结算时支付的款项应当作为回购该工具处理，即减少所有者权益，结算支付的款项高于该权益工具在回购日内在价值的部分，计入当期损益。

（二）现金结算的股份支付的确认和计量原则

1. 有等待期的股份支付

企业应当在等待期内的每个资产负债表日，以对可行权情况的最佳估计为基础，按照企业承担负债的公允价值，将当期取得的服务计入相关资产成本或当期费用，同时计入负债，并在结算前的每个资产负债表日和结算日对负债的公允价值重新计算，将其变动计入当期损益。

2. 授予后立即可行权的股份支付

对于授予后立即可行权的现金结算的股份支付（如授予虚拟股票或业绩股票的股份支付），企业应当在授予日按照企业承担负债的公允价值计入相关资产成本或费用，同时计入负债，并在结算前的每个资产负债表日和结算日对负债的公允价值重新计量，将其变动计入当期损益。

二、股份支付的具体会计处理方法

股份支付的会计处理必须以完整、有效的股份支付协议为基础。

（一）授予日

除了立即可行权的股份支付外，无论是权益结算的股份支付还是现金结算的股份支付，企业在授予日均不做会计处理。

（二）等待期内的每个资产负债表日

企业应当在等待期内的每个资产负债表日，将取得的职工或其他方提供的服务计入成本费用，计入成本费用的金额应当按照权益工具的公允价值计量同时确认所有者权益或负债。对于附有市场条件的股份支付，只要职工满足了其他所有非市场条件，企业就应当确认已取得的服务。业绩条件为非市场条件的，如果后续信息表明需要调整对可行权情况的估计的，应对前期估计进行修改。

对于权益结算涉及职工的股份支付，应当按照授予日权益工具的公允价值计入成本费用和资本公积（其他资本公积），不确认其后续公允价值变动；对于现金结算涉及职工的股份支付，应当按照每个资产负债表日权益工具的公允价值重新计量，确定成本费用和应付职工薪酬。

对于授予的存在活跃市场的期权等权益工具，应当按照活跃市场中的报价确定其公允价值。对于授予的不存在活跃市场的期权等权益工具，应当采用期权定价模型等估值技术确定其公允价值。

在等待期内每个资产负债表日，企业应当根据最新取得的可行权职工人数变动等后续信息做出最佳估计，修正预计可行权的权益工具数量。在可行权日，最终预计可行权权益工具的数量应当与实际可行权工具的数量一致。

根据上述权益工具的公允价值和预计可行权的权益工具数量，计算截至当期累计应确认的成本费用金额，再减去前期累计已确认金额作为当期应确认的成本费用金额。

（三）可行权日之后

（1）对于权益结算的股份支付，在可行权日之后不再对已确认的成本费用和所有者权益总额进行调整。企业应在行权日根据行权情况，确定股本和股本溢价，同时结转等待期内确认的资本公积（其他资本公积）。

（2）对于现金结算的股份支付，企业在可行权日之后不再确认成本费用，负债（应付职工薪酬）公允价值的变动应当计入当期损益（公允价值变动损益）。

实务8-3　服务期限条件下权益结算股份支付的会计处理

甲公司为上市公司。2×18年1月1日，公司向其200名管理人员每人授予1 000份股票期权，这些职员从2×18年1月1日起在该公司连续服务3年，即可以每股10元购买1 000股甲公司股票。根据期权定价模型，公司估计该期权在授予日的公允价值为18元。

第1年有20名职员离开甲公司，甲公司估计3年中离开的职员的比例将达到20%；第2年又有10名职员离开公司，公司将估计的职员离开比例修正为15%；第3年又有15名职员离开。假设全部155名职员都在2×21年12月31日行权，甲公司股票面值为1元。

要求：

计算各期应确认的费用并做出相关的会计处理。

实务分析：

本例中，只有一个服务期限的条件，只要管理人员满足这一条件，即可获得行权资格。

(1) 费用与资本公积计算表如表8-1所示。

表8-1　费用与资本公积计算表　　单位：元

年份	计算公式	当期费用	累计费用
2×18	200×1 000×(1−20%)×18×1/3	960 000	960 000
2×19	200×1 000×(1−15%)×18×2/3−960 000	1 080 000	2 040 000
2×20	155×1 000×18−2 040 000	750 000	2 790 000

(2) 账务处理如下：

1) 2×18年1月1日。

授予日不做账务处理。

2) 2×18年12月31日。

借：管理费用　　960 000

　贷：资本公积——其他资本公积　　960 000

3) 2×19年12月31日。

借：管理费用　　1 080 000

　贷：资本公积——其他资本公积　　1 080 000

4) 2×20年12月31日。

借：管理费用　　750 000

　贷：资本公积——其他资本公积　　750 000

5) 2×21年12月31日。

借：银行存款　　1 550 000

　　资本公积——其他资本公积　　2 790 000

　贷：股本　　155 000

　　　资本公积——股本溢价　　4 185 000

实务 8-4　非市场业绩条件下权益结算股份支付的会计处理

2×18 年 1 月 1 日，乙公司对其 100 名管理人员每人授予 1 000 份股票期权，行权价格为每股 15 元。自当日起，如果该管理人员在可行权日仍在职，则可按行权价格认购公司股票 1 000 股。行权条件如下：第 1 年年末的可行权条件为公司净利润增长率达到 20%；第 2 年年末的可行权条件为公司净利润 2 年平均增长达到 15%；第 3 年年末的可行权条件为公司净利润 3 年平均增长达到 10%。经评估，该股票期权在授予日的公允价值为 24 元。

2×18 年 12 月 31 日，公司净利润增长了 18%，同时有 8 名管理人员离开，公司预计 2×19 年将以同样速度增长，因此预计将于 2×19 年 12 月 31 日可行权。另外，公司预计 2×19 年 12 月 31 日又将有 8 名管理人员离开公司。

2×19 年 12 月 31 日，公司净利润仅增长了 10%，因此无法达到可行权状态。另外，实际有 10 名管理人员离开，预计第 3 年将有 12 名管理人员离开公司。

2×20 年 12 月 31 日，公司净利润增长了 8%，3 年平均增长率为 12%，因此达到可行权状态。当年有 8 名管理人员离开公司。

要求：

根据上述资料做出相应的会计处理。

实务分析：

按照股份支付会计准则，本例中的可行权条件是一项非市场业绩条件，同时等待期不确定。初始等待期为 1 年，如果在第 1 年年末达到可行权条件，则年末按实际可行权数量计算的费用全部由第 1 年承担，之后 2 年不再存在分摊计算费用的情形；如果第 1 年年末未达到可行权条件，则需要延长等待期，若预计第 2 年年末能达到可行权条件，则等待期调整为 2 年，将第 1 年年末预计的费用在 2 年内分摊；以此类推。

本例中，第 1 年年末未能达到可行权条件，但公司预计下年将以同样速度增长，能实现净利润 2 年平均年增长 15%的要求，所以公司将预计等待期调整为 2 年。由于有 8 名管理人员离开，公司同时调整了期满（2 年）后预计可行权期权的数量（100－8－8）。

第 2 年年末，虽然 2 年实现 15%增长的目标再次落空，但公司仍然估计能够在第 3 年取得较理想的业绩，从而实现净利润 3 年平均年增长 10%的目标。所以公司再次将预计等待期调整为 3 年。由于第 2 年有 10 名管理人员离开，高于预计数字，因此公司相应调增了第 3 年预计离开的人数（100－8－10－12）。

第 3 年年末，目标实现，实际离开人数为 8 人。公司根据实际情况确定累计费用，并据此确认第 3 年费用。

（1）费用与资本公积计算表如表 8-2 所示。

表 8-2　费用与资本公积计算表　　单位：元

年份	计算公式	当期费用	累计费用
2×18	(100－8－8)×1 000×24×1/2	1 008 000	1 008 000
2×19	(100－8－10－12)×1 000×24×2/3－1 008 000	112 000	1 120 000
2×20	(100－8－10－8)×1 000×24－1 120 000	656 000	1 776 000

(2) 根据表中的计算结果进行会计处理，会计处理方法与实务 8-3 相同，此处略。

实务 8-5　现金结算股份支付的会计处理

2×18 年 1 月 1 日，丙公司对其 200 名中层以上职员每人授予 1 000 份现金股票增值权，这些职员自当日起在该公司连续服务满 3 年，可以获得行权资格。获得行权资格的职员在行权有效期内可按照行权时股价的增长幅度获得现金，行权有效期为 2×20 年 12 月 31 日至 2×22 年 12 月 31 日。丙公司估计，该增值权在负债结算之前的每一个资产负债表日以及结算日的公允价值和可行权后的每份增值权现金支出额如表 8-3 所示。

表 8-3　现金股票增值权公允价值与现金支出表　　单位：元

年份	公允价值（资产负债表日）	现金支出
2×18	14	
2×19	15	
2×20	18	16
2×21	21	20
2×22		25

第 1 年有 20 名职员离开丙公司，丙公司估计未来 2 年中还将有 15 名职员离开；第 2 年又有 10 名职员离开公司，公司估计第 3 年还将有 10 名职员离开；第 3 年又有 15 名职员离开。第 3 年年末，有 70 人行使了现金股票增值权取得了现金。第 4 年年末，有 50 人行使了现金股票增值权。第 5 年年末，剩余 35 人也行使了现金股票增值权。

要求：

根据上述业务，计算各期应确认的负债公允价值变动并进行相应的会计处理。

实务分析：

本例为以现金结算的股份支付。与权益结算不同，权益结算授予日后其权益工具公允价值变动的承担者是市场，与公司无关，所以会计上不确认授予日后权益工具公允价值的变动。而现金结算的股份支付，授予日后权益工具的公允价值变动会导致公司应付金额发生变化，即公允价值变动的承担者是公司，因此等待期内公允价值变动引起的损益变化应调整所确认的服务费用，可行权期内公允价值变动引起的损益变化应计入公允价值变动损益。

在会计处理上，等待期内每一个资产负债表日，应预计可行权日负债的公允价值，将该公允价值作为服务费用分摊计入等待期各期费用，据此计算至本期期末为止累计应确认费用金额，该累计应确认金额即为负债的期末应有余额，再扣除前期为止累计已确认的费用金额（即上个资产负债表日负债的余额），即为本期应确认的费用和负债。简单的操作方法是，计算出本期期末为止应承担的负债公允价值，与原有账面余额之间的差额计入当期服务费用。

需要注意的是，等待期满时若已可行权且有职工行权，还需调整行权时实际结算的负债金额。等待期满后，资产负债表日剩余负债公允价值如果与职工行权后负债账面余额之间有差额，差额应计入公允价值变动损益。

（1）负债、费用和现金支出计算表如表8-4所示。

表8-4　负债、费用与现金支出计算表　　单位：元

年份	负债计算	现金支出计算	负债	支付现金	当期费用
2×18	(200－35)×1 000×14×1/3		770 000		770 000
2×19	(200－40)×1 000×15×2/3		1 600 000		830 000
2×20	(200－45－70)×1 000×18	70×1 000×16	1 530 000	1 120 000	1 050 000
2×21	(200－45－70－50)×1 000×21	50×1 000×20	735 000	1 000 000	205 000
2×22	0	35×1 000×25	0	875 000	140 000
总额				2 995 000	2 995 000

注：以2×20年费用计算为例：上期期末负债余额1 600 000元，本期期末结算支付现金1 120 000元，结算后负债余额480 000元，期末负债应有余额1 530 000元，本期应确认负债和费用＝1 530 000－480 000＝1 050 000元。

（2）账务处理如下（假设结算支付现金发生在可行权后每期期末，实务中可能发生在行权期内任意时间）：

1）2×18年12月31日。

借：管理费用　　770 000

　贷：应付职工薪酬——股份支付　　770 000

2）2×19年12月31日。

借：管理费用　　830 000

　贷：应付职工薪酬——股份支付　　830 000

3）2×20年12月31日。

借：管理费用　　1 050 000

　贷：应付职工薪酬——股份支付　　1 050 000

借：应付职工薪酬——股份支付　　1 120 000

　贷：银行存款　　1 120 000

4）2×21 年 12 月 31 日。

借：公允价值变动损益　205 000

　贷：应付职工薪酬——股份支付　205 000

借：应付职工薪酬——股份支付　1 000 000

　贷：银行存款　1 000 000

5）2×22 年 12 月 31 日。

借：公允价值变动损益　140 000

　贷：应付职工薪酬——股份支付　140 000

借：应付职工薪酬——股份支付　875 000

　贷：银行存款　875 000

三、两种结算方式下股份支付会计处理的区别

（一）权益结算的股份支付会计处理总结

权益结算的股份支付会计处理要点如表 8－5 所示。

表 8－5　权益结算的股份支付会计处理要点

类型		计量基础	会计处理
换取职工服务	等待期满行权	授予日权益工具的公允价值	授予日：不做处理 等待期内每个资产负债表日：对可行权权益工具数量进行最佳估计，按授予日公允价值确定整个等待期应确认的成本费用，扣除累计已确认的成本费用，确定本期应确认的成本费用，同时计入其他资本公积，待职工行权时再转入股本溢价 等待期满后行权前的资产负债表日：不做处理
	授予后即可行权		授予日：按照权益工具的公允价值确认成本费用，同时计入股本溢价
换取其他方服务		换取的服务或权益工具于取得日的公允价值	按照其他方服务在取得日的公允价值，将取得服务计入相关资产成本或费用；如果其他方服务的公允价值不能可靠计量，但权益工具的公允价值能可靠计量，则按照权益工具在服务取得日的公允价值，将取得服务计入相关资产成本或费用

（二）现金结算的股份支付会计处理总结

现金结算的股份支付会计处理要点如表 8－6 所示。

表 8－6　现金结算的股份支付会计处理要点

类型	计量基础	会计处理
等待期满行权	等待期内资产负债表日负债的公允价值	授予日：不做处理 等待期内每个资产负债表日：对可行权情况进行最佳估计，并按该资产负债表日公允价值确定整个等待期应确认的成本费用，扣除累计已确认的成本费用，确定本期应确认的成本费用，同时确认负债（应付职工薪酬） 等待期满后结算前的资产负债表日：重新计量负债的公允价值，其变动计入公允价值变动损益
授予后即可行权	授予日负债的公允价值	授予日：按负债的公允价值确认成本费用，并确认负债（应付职工薪酬） 结算前的资产负债表日：重新计量负债的公允价值，其变动计入公允价值变动损益

（三）比较

权益结算与现金结算的股份支付会计处理的比较如表 8－7 所示。

表 8－7　权益结算与现金结算的股份支付会计处理比较

时间节点	权益结算	现金结算
授予日	不做处理	不做处理
等待期内每个资产负债表日直至等待期满（可行权日）	按授予日权益工具公允价值与估计最终可行权数量计算截至本期期末累计应确认成本费用金额，减去上期期末为止累计已确认金额 借：管理费用等 贷：资本公积——其他资本公积	按资产负债表日权益工具的公允价值与估计最终可行权数量计算截至本期期末累计应确认成本费用金额，减去上期期末为止累计已确认金额 借：管理费用等 贷：应付职工薪酬——股份支付
可行权日之后的资产负债表日	不做处理	需根据剩余未行权的权益工具数量按资产负债表日的公允价值对负债进行重新计量，公允价值变动计入当期损益 借：公允价值变动损益 贷：应付职工薪酬——股份支付 或相反
行权日	借：银行存款 资本公积——其他资本公积 贷：股本 资本公积——股本溢价 其中，其他资本公积的结转按行权情况确定	借：应付职工薪酬——股份支付 贷：银行存款

如果该股份支付授予日可立即行权，相当于没有等待期，则授予日即为可行权日。在权益结算的情况下，按授予日权益工具的公允价值确认成本费用的同时，确认“资本公积——股本溢价”；在现金结算的情况下，按授予日权益工具的公允价值确认成本费用的同时，确认“应付职工薪酬——股份支付”。

第三节　股份支付的特殊问题

一、权益工具公允价值的确定

股份支付中权益工具公允价值的确定，应当以市场价格为基础。但一些股份和股票期权可能并没有一个活跃的交易市场，在这种情况下，应当考虑估值技术。通常情况，企业应当按照《企业会计准则第 22 号——金融工具确认和计量》的有关规定确定权益工具的公允价值，并根据股份支付协议条款的条件进行调整。

（一）股份

对于授予职工的股份，企业应按照其股份的市场价格计量。如果其股份未公开交易，则应考虑其条款和条件估计其市场价格。例如，如果股份支付协议规定了期权股票的禁售期，则会对可行权日后市场参与者愿意为该股票支付的价格产生影响，并进而影响该股票期权的公允价值。

（二）股票期权

对于授予职工的股票期权，因其通常受到一些不同于交易期权的条款和条件的限制，在许多情况下难以获得其市场价格。如果不存在条款和条件相同的交易期权，则应通过期权定价模型来估计所授予的期权的公允价值。

在选择适用的期权定价模型时，企业应考虑熟悉情况和资源的市场参与者将会考虑的因素。所有适用于估计授予职工期权的定价模型至少应考虑以下因素：（1）期权的行权价格；（2）期权期限；（3）基础股份的现行价格；（4）股价的预计波动率；（5）股份的预计股利；（6）期权期限内的无风险利率。

此外，企业选择的期权定价模型还应考虑熟悉情况和自愿的市场参与者在确定期权价格时会考虑的其他因素，但不包括那些在确定期权公允价值时不考虑的可行权条件和再授予特征因素。确定授予职工的股票期权的公允价值，还需要考虑提早行权的可能性。

二、回购股份用于职工激励

企业以回购股份形式奖励本企业职工的，属于权益结算的股份支付。企业回购股份时，应按回购股份的全部支出作为库存股处理，同时进行备查登记。企业应当在等待期内每个资产负债日按照权益工具在授予日的公允价值，将取得的职工服务计入成本费用，同时增加资本公积（其他资本公积）。在职工行权购买本企业股份时，企业应转销交付职工的库存股成本和等待期内资本公积（其他资本公积）累计金额，同时，按照其差额调整资本公积（股本溢价）。具体账务处理如下：

回购时：

借：库存股

贷：银行存款等

职工行权时：

借：银行存款

资本公积——其他资本公积

贷：库存股

资本公积——股本溢价（差额，或借）

等待期内资产负债表日及可行权日的会计处理与前述权益结算的股份支付相同。

三、限制性股票的会计处理

上市公司实施限制性股票的股权激励安排中，常见做法是上市公司以非公开发行的方式向激励对象授予一定数量的公司股票，并规定锁定期和解锁期。在锁定期和解锁期内，不得上市流通及转让。达到解锁条件，可以解锁；如果全部或部分股票未被解锁而失效或作废，通常由上市公司按照事先约定的价格立即进行回购。

（1）授予限制性股票时。

1）收到职工缴纳的认股款。

借：银行存款等

贷：股本

资本公积——股本溢价

2）应同时按照发行限制性股票的数量以及相应的回购价格计算确定的金额确认回购义务（包括未满足条件而须立即回购的部分）。

借：库存股

贷：其他应付款——限制性股票回购义务等

（2）锁定期内发放现金股利时。

1）现金股利可撤销。即一旦未达到解锁条件，被回购限制性股票的持有者将无法获得（或需要扣回）其在等待期内应收（或已收）的现金股利。

①按照等待期满可行权权益工具数量的最佳估计数计算应付股利：

借：利润分配——应付现金股利

贷：应付股利——限制性股票股利

同时，按分配的现金股利金额：

借：其他应付款——限制性股票回购义务

　贷：库存股

实际支付现金股利时：

借：应付股利——限制性股票股利

　贷：银行存款等

②预计未来不可解锁限制性股票的现金股利：

借：其他应付款——限制性股票回购义务

　贷：应付股利——限制性股票股利

实际支付现金股利时：

借：应付股利——限制性股票股利

　贷：银行存款等

后续最佳估计数有变化，按会计估计变更处理。

2）现金股利不可撤销。即不论是否达到解锁条件，限制性股票持有者仍有权获得（或不得被要求退回）其在等待期内应收（或已收）的现金股利。

①按照等待期满可行权权益工具数量的最佳估计数计算应付股利：

借：利润分配——应付现金股利

　贷：应付股利——限制性股票股利

实际支付现金股利时：

借：应付股利——限制性股票股利

　贷：银行存款等

②预计未来不可解锁限制性股票的现金股利：

借：管理费用等

　贷：应付股利——限制性股票股利

实际支付现金股利时：

借：应付股利——限制性股票股利

　贷：银行存款等

后续最佳估计数有变化，按会计估计变更处理。

（3）锁定期满时。

1）达到限制性股票解锁条件而无须回购的股票：

借：其他应付款——限制性股票回购义务

　贷：库存股

　　资本公积——股本溢价（差额，或借）

2）未达到限制性股票解锁条件而需回购的股票：

借：其他应付款——限制性股票回购义务

　贷：银行存款等

同时，注销该股票：

借：股本

资本公积——股本溢价

贷：库存股

实务 8-6　限制性股票的会计处理

2×15 年 1 月 2 日，甲公司股东大会通过向高管人员授予限制性股票的方案。方案规定：30 名高管人员每人以每股 5 元的价格购买甲公司 10 万股普通股，自方案通过之日起，高管人员在甲公司服务满 3 年且 3 年内公司净资产收益率平均达到 15%或以上，3 年期满即有权拥有相关股票。服务期未满或未达到业绩条件的，3 年期满后，甲公司将以每股 5 元的价格回购有关高管人员持有的股票。3 年等待期内，高管人员不享有相关股份的股东权利。

2×15 年 1 月 2 日，甲公司普通股的市场价格为每股 10 元；当日，被授予股份的高管人员向甲公司支付价款并登记为相关股票的持有人。

2×15 年，该计划涉及的 30 名高管人员中没有人离开甲公司，且预计未来期间不会有高管人员离开。2×15 年甲公司净资产收益率为 18%，预计未来期间仍有上升空间，在 3 年期间内平均净资产收益率达到 20%的可能性较大。

要求：

甲公司 2×15 年应进行的会计处理并说明理由（包括应如何确认及相关理由，并编制会计分录）。

实务分析：

本例属于限制性股票的股份支付。

（1）授予日的处理（以下会计分录单位为万元）。

甲公司所授予高管的限制性股票应作为股份支付处理，取得高管支付的价款应当确认为负债。

借：银行存款（30×10×5）	1 500	
贷：股本（30×10×1）		300
资本公积		1 200
借：库存股	1 500	
贷：其他应付款		1 500

（2）等待期内，按照权益结算的股份支付确认成本费用。

借：管理费用	500	
贷：资本公积——其他资本公积（30×10×（10−5）×1/3）		500

四、集团股份支付的会计处理

（一）会计处理原则

（1）结算企业以其自身权益工具结算的，应当将该股份支付交易作为权益结算的股份支付处理；除此之外，应当作为现金结算的股份支付处理。

结算企业是接受服务企业的投资者的，应当按照授予日权益工具的公允价值或应承担负债的公允价值确认为对接受服务企业的长期股权投资，同时确认资本公积（其他资本公积）或负债。

（2）接受服务企业没有结算义务或授予本企业职工的是其自身权益工具的，应当将该股份支付交易作为权益结算的股份支付处理。

接受服务企业具有结算义务且授予本企业职工的是企业集团内其他企业权益工具的，应当将该股份支付交易作为现金结算的股份支付处理。

（二）具体理解

（1）结算企业为母公司，接受服务企业为子公司，即母公司与为子公司提供服务的职工结算，子公司没有结算义务。

母公司应区分是否用其本身的权益工具结算作为权益结算或现金结算的股份支付；子公司相当于接受母公司的资本投入，均应视为权益结算的股份支付。

1）以母公司的权益工具结算，母公司和子公司均按权益结算的股份支付处理。

母公司等待期内的会计处理：

借：长期股权投资

　贷：资本公积——其他资本公积

子公司等待期内的会计处理：

借：管理费用等

　贷：资本公积——其他资本公积

合并报表的抵销处理：

借：资本公积

　贷：长期股权投资

在合并报表角度，属于报告主体授予职工本主体权益工具的股份支付。

2）不以母公司的权益工具结算，母公司按现金结算的股份支付处理，子公司按权益结算的股份支付处理。

母公司等待期内的会计处理：

借：长期股权投资

　贷：应付职工薪酬

子公司等待期内的会计处理：

借：管理费用等

贷：资本公积——其他资本公积

合并报表的抵销处理：

借：资本公积

借或贷：管理费用（差额）

贷：长期股权投资

在合并报表角度，属于报告主体授予职工现金结算的股份支付。

(2) 结算企业与接受服务企业均为母公司，如母公司与为母公司提供服务的子公司职工发生股份支付，实际上也就是普通的股份支付。

知识巩固

一、业务处理题

1. A公司为上市公司。2×17年1月1日，公司向其80名高级管理人员每人授予10万份股票期权，这些高管从2×17年1月1日起在该公司连续服务3年，即可以每股15元购买10万股A公司股票。公司估计该期权在授予日的公允价值为12元。第1年有5名高管离开A公司，公司估计3年内离开的高管的比例将达到20%；第2年又有3名高管离开公司，公司将估计的高管离开比例修正为15%；第3年又有2名高管离开公司。假设有行权资格的高管都在2×20年末行权，A公司股票面值为1元。

要求：

(1) 计算A公司2×17年、2×18年、2×19年因股份支付应确认的费用，并编制所有相关会计分录；

(2) 编制A公司高级管理人员行权时的相关会计分录。

2. 甲公司为上市公司，采用授予职工限制性股票的形式实施股权激励计划。2×17年1月1日，公司以非公开发行方式向100名管理人员每人授予10万股自身股票（每股面值为1元），授予价格为每股6元。当日，100名管理人员全部出资认购，总认购款项为6 000万元，甲公司履行了相关增资手续。甲公司估计该限制性股票股权激励在授予日的公允价值为每股6元。

激励计划规定，这些管理人员从2×17年1月1日起在甲公司连续服务满3年的，所授予股票将于2×20年1月1日全部解锁；在此期间离职的，甲公司将按照原授予价格每股6元回购。2×17年1月1日至2×16年1月1日期间，所授予股票不得上市流通或转让；激励对象因获授限制性股票而取得的现金股利由公司代管，作为应付股利在解锁时向激励对象支付；对于未能解锁的限制性股票，甲公司在回购股票时应扣除激励对象已享有的该部分现金股利。2×17年度，有5名管理人员离职，甲公司估计3年内离职的管理人员合计为 10 名，当年宣告发放现金股利为每股 1 元（限制性股票持有人享有同等分配权利）；2×18 年度，又有 2 名管理人员离职，甲公司将 3 年离职人员合计数调整为 8 人，当年宣告发放现金股利为每股 1.1 元；2×19 年度，甲公司没有管理人员离职，当年宣告发放现金股利为每股 1.2 元。假定甲公司管理人员离职均发生在年末，不考虑其他因素。

要求：

（1）编制甲公司授予日的会计分录；

（2）编制甲公司等待期内各期确认管理费用和资本公积的会计分录；

（3）编制甲公司等待期内各期分配现金股利和股票回购的会计分录；

（4）编制甲公司解锁日的会计分录。

二、简答题

1. 股份支付主要环节有哪几个？

2. 简要说明权益结算的股份支付与现金结算的股份支付在各个主要环节会计处理上的区别。

3. 什么是可行权条件？可行权条件有哪些类别？

4. 简述限制性股票的会计处理原则。

5. 简述集团股份支付的会计处理原则。

6. 可行权条件和条款发生修改时，应如何进行会计处理？

第九章

政府补助

学习目标

理解政府补助的含义、特征、分类、性质，掌握政府补助的确认和计量原则及其会计处理。

第一节　政府补助概述

B上市公司是一家生产和销售高效照明产品的企业。国家为了支持高效照明产品的推广使用，通过统一招标的形式确定中标企业、高效照明产品及中标协议供货价格。B公司作为中标企业，需以中标协议供货价格减去财政补贴资金后的价格将高效照明产品销售给终端用户，并按照高效照明产品实际安装数量、中标供货协议价格、补贴标准，申请财政补贴资金。2×20年度，B公司因销售高效照明产品获得财政资金5 000万元，对此应如何进行会计处理呢？

一、政府补助的定义

政府补助，是指企业从政府无偿取得货币性资产或非货币性资产。主要形式包括政府对企业的无偿拨款、税收返还、财政贴息，以及无偿给予非货币性资产等。

直接减征、免征、增加计税抵扣额、抵免部分税额等不涉及资产直接转移的经济资源，通常不适用政府补助会计准则。但部分减免税款按政府补助处理，例如，一般纳税人的加工型企业按税法规定招用自主就业退役士兵而减征的增值税额，应借记“应交税费——应交增值税（减免税额）”，贷记“其他收益”。

增值税出口退税不属于政府补助。

二、政府补助的特征

（一）政府补助是来源于政府的经济资源

这里的政府主要指的是行政事业单位及类似机构。只要有确凿证据表明企业获得的补助是来自政府，无论是直接取得还是间接取得，均属于政府补助。

（二）政府补助是无偿的

并非所有来自政府的经济资源都是政府补助，例如，政府以所有者的身份向企业投入资本就不属于政府补助；向政府出售商品或提供服务而获取的经济资源也不属于政府补助；等等。政府补助的基本特征是企业无须向政府支付任何代价，包括交付商品或服务等。

无须向政府支付任何代价并不意味着不需要满足任何条件。获得政府补助通常需要满足一定的条件，这里的条件只是企业获取政府补助的一种限制，而不是获得政府补助的代价。

三、政府补助的分类

政府补助应当划分为与资产相关的政府补助和与收益相关的政府补助。

（一）与资产相关的政府补助

与资产相关的政府补助，是指企业取得的、用于购建或以其他方式形成长期资产的政府补助。一般情况下，政府补助会要求企业将补助资金用于购置长期资产。长期资产会在较长的期间内给企业带来经济利益，会计上有两种处理方法可供选择：一种是将取得的政府补助确认为递延收益，随着资产的使用而逐步结转入损益；另一种是将取得的政府补助直接冲减资产的入账价值，以反映长期资产的实际取得成本。

（二）与收益相关的政府补助

与收益相关的政府补助，是指除与资产相关的政府补助之外的政府补助。如果企业取得的政府补助不形成资产，则该政府补助属于与收益相关的政府补助。企业应将取得的政府补助在满足其相应条件时冲减当期成本或计入损益。

第二节　政府补助的会计处理

一、会计处理方法

（一）政府补助的确认

政府补助的确认应同时满足下列条件：

（1）企业能够满足政府补助所附条件；

（2）企业能够收到政府补助。

（二）政府补助的计量

政府补助为货币性资产的，按照实际收到或者应收的金额计量。如果企业实际已经收到补助资金，则按照实际收到的金额计量；如果资产负债表日企业尚未收到补助资金，但企业在符合相关政策规定后就相应获得了收取款项的权利，且与之相关的经济利益很可能流入企业，企业应当在该项补助成为应收款时按照应收的金额计量。

政府补助为非货币性资产的，按照公允价值计量；公允价值不能可靠取得的，按照名义金额计量。

（三）政府补助的会计处理方法

政府补助有两种会计处理方法：总额法与净额法。

1. 总额法

总额法是指在确认政府补助时将政府补助全额确认为收益，而不是作为相关资产的账面价值或者费用的扣减。简而言之就是所获得的政府补助与所购置的相关资产或确认的相关费用的会计处理无关，在相关资产或相关费用（损失）按常规处理的基础上独立确认政府补助所获得的收益，按照资产价值实现方式确认为其他收益或营业外收入。

2. 净额法

净额法是指将政府补助作为相关资产账面价值或所补偿费用的扣减。简而言之就是与政府补助相关的资产或费用（损失）按扣除政府补助后的净额确认，即所获得的政府补助应抵减相关资产的入账价值或应确认的费用（损失）。

企业应当根据经济业务的实质，判断某一类政府补助业务应当采用总额法还是净额法，对于同类或类似的政府补助业务只能选用一种方法且不得随意变更。

与企业日常活动相关的政府补助，应当按照经济业务实质，计入其他收益或冲减相关成本费用。通常情况下，若政府补助补偿的成本费用是营业利润之中的项目，或该补助与日常销售等经营行为密切相关（如增值税即征即退等），则认为该政府补助与日常活动相关。

企业选择总额法对与日常活动相关的政府补助进行会计处理的，应增设“其他收益”科目进行核算。“其他收益”科目核算总额法下与日常活动相关的政府补助以及其他与日常活动相关且应直接记入“其他收益”科目的项目，对于总额法下与日常活动相关的政府补助，企业在实际收到或应收时，或者将先确认为“递延收益”的政府补助分摊计入损益时，借记“银行存款”“其他应收款”“递延收益”等，贷记“其他收益”等。期末，应将本科目余额转入“本年利润”，本科目结转后无余额。

与企业日常活动无关的政府补助，计入营业外收支。

二、与资产相关的政府补助

（一）总额法

企业在收到补助资金时应计入递延收益，并于收到补助资金后的折旧（或摊销）期限内分期转作其他收益。先收到补助资金的，应于该资产开始计提折旧或摊销后分摊计入其他收益（或营业外收入）；先购入资产后收到补助资金的，应于收到补助资金后在剩余折旧或摊销期限内分摊计入其他收益（或营业外收入）。

实务中存在政府无偿给予企业长期非货币性资产的情况，如无偿给予的土地使用权和天然起源的天然林等。对无偿给予的非货币性资产，企业应当在收到非货币性资产时，按照公允价值借记有关资产科目，贷记“递延收益”；在相关资产使用寿命内按合理、系统的方法分期计入损益，借记“递延收益”，贷记“其他收益”等。对以名义金额（1元）计量的政府补助，在取得时计入当期损益。

相关资产报废或提前处置时，剩余递延收益一次性转入当期损益。

（二）净额法

一般情况下，企业会先收到补助资金，再按照规定购入长期资产。企业在收到补助资金时，也应先计入递延收益。待购入资产后，再将补助冲减相关资产的入账价值，并按照扣减政府补助后的资产价值对相关资产计提折旧或进行摊销。

实务9-1　与资产相关的政府补助的会计处理

按照国家有关政策，企业购置环保设备可以申请补贴以补偿其环保支出。A公司于2×20年1月向政府有关部门提交了210万元的补助申请，作为对其购置环保设备的补贴。2×20年3月15日，A公司收到了政府补贴款210万元。2×20年4月20日，A公司购入不需要安装的环保设备，实际成本为480万元，使用寿命10年，采用直线法计提折旧（不考虑净残值）。2×28年4月，A公司的这台设备发生毁损。本例中不考虑相关税费。假设该设备用于污染物排放测试，折旧费用计入制造费用。

要求：

分别按照总额法与净额法做出A公司的相关会计处理。

实务分析：

本例属于与资产相关的政府补助。

在总额法下，收到的补助资金应作为递延收益，并在资产的预计使用期限内随着折旧的计提逐期确认为当期的其他收益。如果资产提前报废，则应在报废当期将剩余的递延收益余额转为当期损益。

在净额法下，收到的补助资金应在购入资产时冲减资产的入账成本。在资产的后续计量中，则以抵减补助资金后的资产实际成本为基础计提折旧，核算报废损益。

（1）总额法的会计处理。

1）2×20 年 3 月 15 日收到补助资金确认递延收益。

借：银行存款　　2 100 000

　贷：递延收益　　2 100 000

2）2×20 年 4 月 20 日购入设备。

借：固定资产　　4 800 000

　贷：银行存款　　4 800 000

3）2×20 年 5 月起每月计提折旧，同时分摊递延收益。

按月计提折旧：

借：制造费用　　40 000

　贷：累计折旧　　40 000

月末分摊递延收益：

借：递延收益　　17 500

　贷：其他收益　　17 500

4）2×28 年 4 月报废设备。

设备毁损：

借：固定资产清理　　960 000

　　累计折旧　　3 840 000

　贷：固定资产　　4 800 000

借：营业外支出　　960 000

　贷：固定资产清理　　960 000

转销的递延收益余额：

借：递延收益　　420 000

　贷：营业外收入　　420 000

（2）净额法的会计处理。

1）2×20 年 3 月 15 日收到补助资金确认递延收益。

借：银行存款　　2 100 000

　贷：递延收益　　2 100 000

2）2×20 年 4 月 20 日购入设备。

借：固定资产　　4 800 000

　贷：银行存款　　4 800 000

同时，

借：递延收益　　2 100 000

　贷：固定资产　　2 100 000

3）2×20 年 5 月起按月计提折旧。

借：制造费用　　22 500

　贷：累计折旧　　22 500

4）2×28 年 4 月报废设备。

设备毁损：

借：固定资产清理	540 000	
累计折旧	2 160 000	
贷：固定资产		2 700 000
借：营业外支出	540 000	
贷：固定资产清理		540 000

三、与收益相关的政府补助

选择总额法进行会计处理的，企业应将收到的补助资金计入其他收益或营业外收入；选择净额法进行会计处理的，企业应将收到的补助资金冲减相关成本费用或营业外支出。

（一）补偿尚未发生的相关成本费用或损失

企业收到的补助资金如果是用于补偿以后期间的相关成本费用或损失的，在收到补助资金时应当先判断企业是否能够满足政府补助的所附条件，只有满足政府补助确认条件的才能予以确认。客观情况通常表明企业能够满足政府补助所附条件，企业应当将收到的补助确认为递延收益，在将来确认相关成本费用或损失时，计入当期损益（总额法）或冲减相关成本等（净额法）。

暂时无法判断是否能够满足政府补助所附条件的，收到的补助资金先计入其他应付款，待客观情况表明企业能够满足政府补助所附条件后再转入递延收益。

实务 9-2　与收益相关的政府补助补偿尚未发生的相关成本费用或损失的会计处理

A 公司于 2×19 年 3 月 15 日与企业所在地地方政府签订合作协议，根据协议约定当地政府向 A 公司提供 800 万元奖励基金，用于企业的人才激励和人才引进奖励。A 公司必须按年向当地政府报送详细的资金使用计划，并按规定用途使用资金。协议同时约定，A 公司自获得奖励起 10 年内注册地不迁离本区，否则政府有权追回奖励资金。A 公司于 2×19 年 4 月 10 日收到 800 万元补助资金。分别在 2×19 年 12 月、2×20 年 12 月使用了 500 万元、300 万元作为年度奖金发放给了符合条件的总裁级高管。

要求：

分别按照总额法与净额法做出 A 公司政府补助业务的相关会计处理。

实务分析：

本例属于与收益相关的政府补助，且收到的补助资金用于补偿未来的成本费用。

企业在收到补助资金时首先应判断未来能否最终享有政府补助，即是否能够满足政府补助所限定的条件。如果客观情况表明企业在未来 10 年内将注册地迁离本区的可能性很小，则应将收到的补助资金确认为递延收益，并在未来期间内实际按规定使用补助资金时计入当期损益。如果企业在收到补助资金时无法判断能否最终满足政府补助的享有条件，则应将收到的补助资金计入其他应付款，待政府补助确认条件能够得以满足时再转入递延收益。

（1）总额法的会计处理。

1）2×19 年 4 月 10 日收到补助资金时。

借：银行存款	8 000 000	
贷：递延收益		8 000 000

2）2×19 年 12 月发放总裁级高管年度奖金确认管理费用时。

借：递延收益	5 000 000	
贷：其他收益		5 000 000

3）2×20 年 12 月发放总裁级高管年度奖金确认管理费用时。

借：递延收益	3 000 000	
贷：其他收益		3 000 000

（2）净额法的会计处理。

1）2×19 年 4 月 10 日收到补助资金时。

借：银行存款	8 000 000	
贷：递延收益		8 000 000

2）2×19 年 12 月发放总裁级高管年度奖金确认管理费用时。

借：递延收益	5 000 000	
贷：管理费用		5 000 000

3）2×20 年 12 月发放总裁级高管年度奖金确认管理费用时。

借：递延收益	3 000 000	
贷：管理费用		3 000 000

（二）补偿已发生的相关成本费用或损失

企业收到的补助资金如果是用于补偿企业已经发生的相关成本费用或损失的，应直接计入当期损益或冲减相关成本。这类补助通常与企业已经发生的行为有关，是对企业已发生的成本费用或损失的补偿，或是对企业过去行为的奖励。

实务 9-3　与收益相关的政府补助补偿已发生的相关成本费用或损失的会计处理

A 公司销售其自主开发生产的动漫软件，按照国家有关规定该企业的这种产品适用增值税即征即退政策，按 13%的税率征收增值税后，对其增值税实际税负超过 3%的部分，实行即征即退。2×20 年 6 月该企业实际缴纳增值税 100 万元，实际退回 30 万元。

要求：

对A公司的该笔业务做出相应的会计处理。

实务分析：

由于实际缴纳的增值税并不构成企业的费用支出，因此增值税的即征即退，只能采用总额法进行会计处理。该项政府补助是与企业的日常经营活动密切相关的补助，实际收到退回的增值税时，直接计入其他收益。

A公司实际收到退税款30万元时：

借：银行存款　　30

　贷：其他收益　　30

若税务机关已实际核定退回但企业尚未收到退税款的，记入“其他应收款”科目。

四、政府补助的退回

如果发生已计入损益的政府补助需要退回的，应当在需要退回的当期按以下方法进行会计处理：

(1) 初始确认冲减相关资产账面价值的，调整资产账面价值；

(2) 存在相关递延收益的，冲减相关递延收益账面余额，超出部分计入当期损益；

(3) 属于其他情况的，直接计入当期损益。

属于前期差错的政府补助退回，按照前期差错更正进行追溯调整。

五、特定业务的会计处理

(一) 综合性项目政府补助

综合性项目政府补助同时包含与资产相关的政府补助和与收益相关的政府补助，应区分进行相应的会计处理；难以区分的，应整体归类为与收益相关的政府补助进行会计处理。

(二) 政策性优惠贷款贴息

政策性优惠贷款贴息是政府为支持特定领域或区域发展，根据国家宏观经济形势和政策目标，对承贷企业的银行借款利息给予的补贴。企业取得政策性优惠贷款贴息的，应当区分财政将贴息资金拨付给贷款银行和财政将贴息资金直接拨付给企业两种情况，分别进行会计处理。

1. 财政将贴息资金拨付给贷款银行

财政将贴息资金拨付给贷款银行，贷款银行会按政策性优惠利率向企业发放贷款，承贷企业取得的贷款按优惠利率向银行结付利息。虽然贴息资金是拨付给贷款银行的，但贷款银行并非受益方，它只起到一个中介的作用，实际的受益方是承贷企业。在这种情况下，贷款企业的会计核算方法如下：

（1）直接视同普通贷款核算。即直接以收到的贷款资金作为负债的入账价值，按实际优惠利率计算各期利息费用。

（2）按同类市场利率计算该贷款的公允价值。其公允价值为未来应支付利息与应偿还本金按市场利率计算的现值。公允价值与实际取得的贷款本金之间的差额确认为递延收益，该递延收益在贷款存续期内按实际利率法调整利息费用。

两种方法虽然核算过程有异，但结果并无区别。

2. 财政将贴息资金直接拨付给受益企业

财政将贴息资金直接拨付给受益企业，受益企业将在正常贷款的过程中取得财政拨付的贴息资金，实际上就是用于补偿部分贷款利息。在这种情况下，贷款企业按正常贷款进行日常核算，取得的贴息冲减利息费用即可。

实务 9-4　政策性优惠贷款贴息的会计处理

2×20 年 1 月 1 日 A 公司向银行贷款 500 万元，期限为 3 年，按年付息，到期一次还本。由于该笔贷款资金将被用于国家扶植产业，符合财政贴息条件，贷款利率显著低于 A 公司取得同类贷款的市场利率。假设 A 公司取得同类贷款的市场利率为 8%。A 公司与银行签订的贷款合同约定的年利率为 2%，A 公司按年向银行支付贷款利息。财政按年向银行拨付贴现利息。贴息后实际支付的年利率为 2%，贷款期间利息费用满足资本化条件，计入相关在建工程的成本。

要求：

按两种方法对 A 公司该项政策性贷款业务做出相应的会计处理。

实务分析：

该项政策性贷款的财政贴息资金是拨付给银行的，但受益方是 A 公司，A 公司应按照政府补助准则进行会计处理。具体会计处理方法有两种：一种是直接按普通贷款核算，按照实际利率 2%计算年利息支出；另一种是按市场利率计算贷款的公允价值，与实际取得贷款金额之间的差额作为递延收益，并视为利息调整在贷款存续期内摊销调整利息费用。

（1）直接按普通贷款进行会计处理（以下会计分录单位为万元）。

1）取得贷款时：

借：银行存款	500	
贷：长期借款		500

2）按期计息（假设按年）：

借：在建工程	10	
贷：应付利息		10

(2) 按贷款的公允价值核算。

首先计算贷款的公允价值，其公允价值为贷款未来应付本息按市场利率计算的现值合计。

$$公允价值=10/(1+8\%)+10/(1+8\%)^2+510/(1+8\%)^3=422.69(万元)$$

各期会计处理如下：

利息调整与递延收益摊销表如表 9-1 所示。

表 9-1　利息调整与递延收益摊销表　　单位：万元

日期	应付利息①	利息费用②	利息调整与递延收益摊销③	期末借款账面价值
2×20.01.01				422.69
2×20.12.31	10	33.82	23.82	446.51
2×21.12.31	10	35.72	25.72	472.23
2×22.12.31	10	37.78	27.78	500.00

注：①应付利息＝500×2%＝10 万元。
②利息费用＝期初借款账面价值×8%。
③利息调整与递延收益摊销＝利息费用－应付利息。

1) 取得贷款时：

借：银行存款　　500.00
　　长期借款——利息调整　　77.31
　贷：长期借款——本金　　500.00
　　　递延收益　　77.31

2) 按期计息（假设按年）：

借：在建工程　　33.82
　贷：应付利息　　10.00
　　　长期借款——利息调整　　23.82
借：递延收益　　23.82
　贷：在建工程　　23.82

知识巩固

一、业务处理题

1. 2×20 年 1 月 1 日，AS 公司为建造环保设备向银行贷款 1 000 万元，期限为 2 年，年利率为 6%。2×20 年 2 月 1 日，AS 公司向当地政府提出财政贴息申请。经审核，当地政府批准按照实际贷款额给予 AS 公司年利率为 3% 的财政贴息，共计 60 万元，分两次支付，2×20 年 12 月 31 日支付的第一笔财政贴息资金 30 万元到账。2×20

年12月31日设备达到可使用状态，假设设备建设期为1年，2×20年全年均属于资本化期间。2×21年12月31日支付的第二笔财政贴息资金30万元到账。该设备预计使用年限为20年。

要求：

（1）编制2×20年12月31日第一笔财政贴息资金的会计分录；

（2）编制2×21年12月31日第二笔财政贴息资金的会计分录。

2. 2×20年1月5日，政府拨付A企业420万元财政拨款（同日到账），要求用于购买大型研发用设备1台。2×20年1月31日，A企业购入大型设备（假设不需要安装），实际成本为480万元，其中60万元以自有资金支付，使用寿命为10年，采用直接法计提折旧（假设无残值，且折旧于每年年末计提）。2×28年1月31日，A企业出售了这台设备，取得价款120万元。假定不考虑其他因素。

要求：

分别按照总额法与净额法做出与政府补助相关的会计处理。

二、简答题

1. 我国政府补助会计准则中所规定的政府补助的含义是什么？
2. 政府补助的主要形式有哪些？
3. 从会计处理的角度，对政府补助所做的分类有哪些？
4. 不同类别的政府补助，在确认、计量的会计处理上有何不同？
5. 简要说明总额法与净额法在会计处理上有何区别。
6. 政府补助有何特征？

图书在版编目（CIP）数据

高级财务会计 / 罗素清，贾明月主编. --北京：中国人民大学出版社，2021.6
普通高等学校应用型教材. 会计与财务
ISBN 978-7-300-29570-1

Ⅰ. ①高… Ⅱ. ①罗…②贾… Ⅲ. ①财务会计-高等学校-教材 Ⅳ. ①F234.4

中国版本图书馆 CIP 数据核字（2021）第 132266 号

普通高等学校应用型教材・会计与财务
高级财务会计
主编 罗素清 贾明月
Gaoji Caiwu Kuaiji

出版发行	中国人民大学出版社		
社　址	北京中关村大街 31 号	邮政编码	100080
电　话	010－62511242（总编室）		010－62511770（质管部）
	010－82501766（邮购部）		010－62514148（门市部）
	010－62515195（发行公司）		010－62515275（盗版举报）
网　址	http://www.crup.com.cn		
经　销	新华书店		
印　刷	固安县铭成印刷有限公司		
开　本	787 mm×1092 mm　1/16	版　次	2021 年 6 月第 1 版
印　张	22 插页 1	印　次	2025 年 8 月第 5 次印刷
字　数	470 000	定　价	45.00 元

中国人民大学出版社　管理分社

教师教学服务说明

中国人民大学出版社管理分社以出版工商管理和公共管理类精品图书为宗旨。为更好地服务一线教师，我们着力建设了一批数字化、立体化的网络教学资源。教师可以通过以下方式获得免费下载教学资源的权限：

★ 在中国人民大学出版社网站 www.crup.com.cn 进行注册，注册后进入“会员中心”，在左侧点击“我的教师认证”，填写相关信息，提交后等待审核。我们将在一个工作日内为您开通相关资源的下载权限。

★ 如您急需教学资源或需要其他帮助，请加入教师 QQ 群或在工作时间与我们联络。

中国人民大学出版社　管理分社

教师 QQ 群： 648333426(工商管理)　114970332(财会)　648117133(公共管理)
教师群仅限教师加入，入群请备注(学校+姓名)

联系电话： 010-62515782，82501868，82501048，62514760

电子邮箱： glcbfs@crup.com.cn

通讯地址： 北京市海淀区中关村大街甲 59 号文化大厦 1501 室（100872）

管理书社　　人大社财会　　公共管理与政治学悦读坊